존재의 이유

정덕호 에세이

존재의 이유

2025년 7월 20일 초판 1쇄 발행

지은이 정덕호 | 펴낸이 김은영 | 펴낸곳 북나비
출판신고 2007년 11월 29일 제380-2007-00056호
주소 04992 서울시 광진구 자양로9길 32 4층(자양동)
전화 (02)903-7404, 팩스 02-6280-7442
booknavi@hanmail.net
블로그 www.booknavi.co.kr

ⓒ 정덕호 2025
ISBN 979-11-6011-158-3 03810

※ 이 책의 저작권은 저자에게 있으며 출판권은 북나비에 있습니다.
※ 이 책의 전부 또는 일부를 이용하시려면 저작권자와 북나비의 동의를 받아야 합니다.
※ 책값은 뒤표지에 있습니다. 잘못된 책은 바꾸어 드립니다.

존재의 이유

정덕호 에세이

책머리에

"나는 누구인가? 나는 왜 여기에 있는 것인가?" 이는 오래된 철학의 질문이기도 하지만 철들 무렵부터 내 의식의 근저에 자리해온 궁극의 질문이기도 하다. 삶의 고비마다, 어려움에 처할 때마다 자신을 돌이켜 보며 무엇이 잘못되었는지를 궁구(窮究)해 보지만 시원한 해답은 나오지 않는다. 그때마다 매번 확인하게 되는 것은 "그럼에도 불구하고 삶은 지속되어야 한다."는 것이다.

때로는 종교에 답이 있지 않을까. 하나부터 열까지가 하느님의 조화와 은총이라는, 그래서 '하느님 아버지'를 되뇌이며 모든 것을 의탁하면 현실에서의 삶도 편해지고, 하늘나라의 영광, 부활과 영생이라는 보너스도 챙길 수 있는 것이니 이 얼마나 좋은 일이 아닌가 싶기도 하다.

하지만 인간의 본성이 그렇게 단순한 것이 아닐 뿐 아니라 의심까지 많아서 그저 믿고 따를 수만은 없다는 것이 문제인 것이다. 끝없이 의심하고 파헤쳐서, 논리적으로 더 이상 의심할 수 없는 지경에 이르러서야 비로소 긍정하는 성격 탓도 있을 것이다.

실존주의자들은 인간의 실존에는 그 어떤 의미도 목적도 없다고 한다. 그저 세상에 내 던져졌을 뿐이라는 것이다. 그렇다면 삶을 이어가는 한, 이 존재에 대한 의미를 찾고, 그 의미를 스스로 만들어 나가는 것은 철저히 개인의 몫일 수밖에 없다. 들판에 피어나는 한 송이 꽃이나, 땅을 파고 사는 지렁이나, 모든 생명체들이 의미도 목적도 모르지만 열심히 살아 나가는 것처럼, 나 역시 한 생명체로서 그렇게 주어진 삶을 열심히 살면 되는 것이라고 해 버리기에는 내 자존심이 허락하지 않는다.

내 존재에는 무언가 의미가 있어야만 한다. 그 의미를 찾고 싶다. 이것은 하나의 퍼즐게임이다. 너무 커서 그 끝을 알 수 없는 퍼즐이지만 한 조각, 한 조각 끌어 다 맞추다 보면 그 얼개라도 파악할 수 있지 않을까 하는 희망을 가져보는 것이다.

2025년 7월

정덕호

차례

책머리에 … 4

1장 에세이

공감 … 11
기(氣) … 24
꼰대 … 37
나는 누구인가? … 47
늙어 간다는 것 … 54
동물의 왕국 … 57
리비도(Libido) … 73
메멘토 모리 … 79
사랑을 위하여 … 86
생명의 가치 … 97
아름다운 것들 … 115
얼굴 … 123
옷 … 134
욕망(慾望) … 143
의식(意識) … 156
전쟁(戰爭) 게임(Game) … 169
초인(超人) … 176
폼 생(生) 폼 사(死) … 180
행복이란? … 204

2장 인문

개체(個體)와 집단(集團) … 211

대홍수(大洪水) … 217

멀지 않은 미래(未來) … 224

문명(文明) … 236

빅 퀘스천(Big Questions) … 272

악마의 제자들 … 296

영혼(靈魂) … 324

이성(理性)과 감정(感情) … 346

인간(人間) … 358

존재(存在) … 381

홍제(弘濟) … 409

휴머니즘(Humanism) … 418

3장 역사

사라진 고대 문명과 신세계 … 429
대륙의 백제(百濟) … 457
미인도(美人圖) … 469
신화와 역사 … 482
역사는 진보하는가? … 506
전쟁(戰爭)의 품격(品格) … 528
정립(正立) … 549

4장 종교

공(호) … 561
종교는 나에게 무엇인가? … 566

1장
에세이

공감

기(氣)

꼰대

나는 누구인가?

늙어 간다는 것

동물의 왕국

리비도(Libido)

메멘토 모리

사랑을 위하여

생명의 가치

아름다운 것들

얼굴

옷

욕망(慾望)

의식(意識)

전쟁(戰爭) 게임(Game)

초인(超人)

폼 생(生) 폼 사(死)

행복이란?

공감

제러미 리프킨(Jeremy Rifkin)은 『소유의 종말(The Age of Access)』에서 산업시대는 소유의 시대였으나, 이제 소유와 함께 시작되었던 자본주의의 여정은 끝났다고 주장했다.

21세기의 인간은 하루 생활의 거의 대부분을 경제라는 영역 안에서 보내게 된다. 이 새로운 세계에서 물건을 소유하는 것은 여전히 중요하지만 관심을 공유하는 네트워크, 관계망, 취향의 공동체에 상업적으로 접속할 수 있는 권리를 확보하는 것보다는 덜 중요해진다.

소속된다는 것은 새로운 글로벌 경제를 구성하는 수많은 네트워크에 연결된다는 뜻이다. 구독자, 회원, 클라이언트가 된다는 것은 재산을 소유하는 것 못지않게 중요해진다. 앞으로 사람의 지위를 결정하는 것은 단순한 소유가 아니라 접속이 되는 시대가 온다.

새로운 인간형이 탄생하고 있다. 이들의 세계는 점점 가상의 행사와 순간적 경험으로 채워진다. 그것은 네트워크와 문지기와 연결의 세계다. 이들에게 접속은 생명이다. 접속이 끊긴다는 것은 곧 죽음이다. 탈 근대에서 사람을 가르는 선은 소유가 아니라 접속이다.

20세기에 들어와 독일 과학자 베르너 하이젠베르크(Werner Karl Heisenberg)가 불확정성의 원리로 과학적 논쟁의 불길을 당기면서 계몽주의 철학에 처음으로 금이 갔다. 그는 관찰을 포함하여 우리가 하는 모든 행위는 어떤 식으로 든 결과에 영향을 미친다는 점을 보여 주었다.

인간은 경기자로서, 참여자로서 자신이 조작하고 입김을 불어넣으려고 애쓰는 세계에 끊임없이 영향을 줄 뿐 아니라 그로부터 영향을 받는다. 새로운 물리학은 존재와 운동을 분리하는 것이 불가능하다고 주장한다. 정지 상태에 있는 것은 아무것도 없다. 결국 사물은 시간과 무관하게 존재하는 것이 아니라 시간을 통해서만 존재하게 된다.

새로운 물리학에 따르면 물질은 에너지의 한 형식이고 에너지는 순수활동이다. '공간 관계의 정지된 틀' 안에 존재하는 딱딱한 실체라고 하는 양적 관념은 더 이상 설 자리가 없다.

이제 사람들은 자연을 불변의 법칙에 바탕을 둔 현실이 실타래처럼 술술 풀려나오는 것이 아니라 끝없이 이어지는 창조적 행위의 연속으로 이해한다. 자연은 미처 예상하지 못한 놀라움을 모든 고비에서 드러내며 앞으로 나아가면서 스스로의 현실을 창조한다.

근대가 목적을 추구했다면, 탈 근대는 유희를 추구한다. 내용 여하를 막론하고 아무튼 질서라는 것은 무조건 답답한 것, 숨막히는 것이라고 요즘 사람들은 생각한다. 반면에 창조적 무질서는 너그럽게 받아들이고 오히려 권장하는 쪽에 가깝다. 오늘날 현실적으로 통용되는 유일한 질서는 자발성이다.

중요한 것은 '지금'이다. 중요한 것은 순간을 느끼고 경험하는 것이다. 개인생활에서도, 사회생활에서도 절정감과 카타르시스는 효율성과 생산성보다 윗자리에 놓인다. 쇼와 연예, 정교한 무대에서 펼쳐지는 세련된 공연으로 이 세상은 가득 찬다. 새로운 시대는 모호하고 다양하며, 재미와 유머를 추구하며, 어수선하고 너그럽다.

절충을 중요하게 여기며 권위를 우습게 여긴다. 이데올로기, 만고 불변의 진리. 절대로 어겨서는 안 되는 철칙은 더 이상 설 자리가 없고, 대신 그 자리에서 온갖 유형의 공연이 펼쳐진다. 근대의 핵심이 근면이라면, 탈 근대의 핵심은 유희다.

인생은 역사나 먼 미래의 행복을 위해 희생하기에는 너무 짧다는 각성이 움튼다. 지금 이 자리에서 만족스럽고 행복하게 살아갈 수 있을 때는 그런 생각에 더욱 이끌리게 마련이다. '역사를 지향하는 인간'은 현재를 희생하고 미래를 위해 살아 가지만 '치료를 지향하는 인간'은 현재를 위해 살아가며 거창한 역사적 사명감 따위는 거들떠 보지도 않는다.

역사의식이 붕괴하고 치료의식이 부상하는 것은, 한 인간의 성취와 역사에 대한 공헌을 평가하는 잣대를 재산에서 찾던 세계가 막을 내리고 개인이 얼마나 다채로운 심리적 경험을 했고 자기 변신에 얼마나 투자를 했는가를 중시하는 세계가 부상하는 추세와 맥락을 같이 한다.

물질의 희소성을 극복한 사회에서는 비둘질적 가치가 우위를 점하며, 자기실현과 자기 변신에 사람들의 관심이 쏠린다. 그런 사회에서는 '충만한 삶'으로부터 배제되지 않을 권리야말로 개인이 보장받아야 할 가장 중요한 소유의 가치가 된다. 새로운 시대에 소유는 '개인이 인간으로서 충만한 삶을 영위할 수 있게 보장하는 역학관계의 체제에 참여하는 권리로 성격이 바뀔 필요가 있다.'고 말하는 것이다.

이제 리프킨이 『공감의시대(The Empathic Civilization)』에서 말하는 내용을 들어보자.

이언. D. 수티는 요한 하위징가(네델란드의 역사가)처럼 놀이가 가장 중요한 사회적 행동이라고 주장한다. 인간은 놀이를 통해 유대감을 만들고 신뢰를 쌓고 상상력과 창조성을 발휘하기 때문이다.

놀이는 우리의 실존적 외로움을 극복하는 수단이고, 최초의 놀이 친구였던 엄마와 함께, 처음 이룩했던 유대감을 되찾는 곳이다. 수티는 하나의 인간이 될 수 있게 해주는 가장 핵심적인 요소가 유대감과 놀이라고 말한다.

인간과 영장류에게 있는 거울 신경세포의 발견은 양육에 관한 우리의 사고방식을 새로운 패러다임으로 전환할 것을 촉구하고 있다. 인간에게 놀이는 인성 발달의 결정적 요인이다. 미국의 물리학자이자 신경 과학자인 폴 맥린(Paul Maclean)은 "인간 진화의 측면에서 어떤 행동적 발달도 놀이를 위한 두뇌의 잠재력보다 더 근본적일 수 는 없을 것이다."라고 분석한다.

맥린은 놀이가 "흠허물없는 무대를 마련해 주어 넓은 세상에 적응하게 해주는 책임감과 소속감을 발달시킨다."라고 생각한다. 맥린은 놀이를 통해 형성되는 사회적 유대감이 "공감 의식의 발달을 촉진시킨다."라고 말한다.

놀이가 없는 공감 발달은 상상하기 어렵다. 하위징아가 인간을 호모 루덴스(Homo Ludens, 놀이하는 인간)라 정의한 것도 어찌 보면 너무 당연한 일이다. 하위징아는 모든 문화는 놀이에서 생겨난다고 간파한다. 그는 "이런 놀이를 통해 사회는 삶과 세상에 대한 자신의 해석을 드러낸다."라고 말한다.

반세기 전에 행한 고전적 연구를 통해 학자들은 "쥐들이 레버를 당기면 음식이 나오는 것을 배웠다 할지라도, 자신들이 레버를 당길 때마다 가까이에 있는 동료 쥐가 전기충격을 받는 모습을 본 후에는 레버를 당기는 행동을 중지한다."는 사실을 발견했다.

뒤이어 붉은 털 원숭이를 상대로 한 실험에서도 같은 결과가 나왔다. 하지만 이번에는 감정적 반응이 보다 오래 지속되고 결과도 더 의미심장했다. 다른 원숭이가 전기충격을 받는 모습을 본 후 한 원숭이는 닷새 동안 레버를 당기지 않았고, 또 어떤 원숭이는 12일 동안이나 당기지 않았다. 원숭이들은 그들의 동료에게 고통을 주는 것보다는 차라리 굶어 죽기로 작정했던 것이다. 쥐와 붉은 털 원숭이의 행동은 공감 충동 말고는 달리 설명할 방법이 없다

인간과 가까운 포유류의 행동을 다루는 풍부한 연구 자료는 물론이고 아동 발달에 관한 새로운 연구는 마침내 우리에게 인간 본성의 의미를 묻는 이런 오래된 의문에 어떤 실험적 대답을 제시하고 있다.

우리는 경쟁적이면서도 협력적인 동물이다. 그러나 우리의 생물학적 구조에 내재되어 기본 규칙을 설정해 주는 것은 경쟁보

다는 협동심이다. 무엇보다도 우리는 사회적 동물이다. 때로 이익을 위해 경쟁하기도 하지만 어디까지나 사회적인 맥락 안에서 하는 경쟁일 뿐이다. 오히려 이기심이 사회적 단결을 해치는 수위에 이르면 도태될 위험을 감수해야 한다.

최근 몇 해 동안 학자들은 순수한 이타심이라는 소재를 놓고 여러 독창적인 실험들을 해 왔다. 그들이 발견한 내용을 보면 인간은 본질적으로 공감적이며, 이타심은 다른 사람에 대한 우리의 공감적 배려의 가장 성숙한 표현이라는 사실을 분명히 알 수 있다.

인간으로 하여금 공감이란 영역을 개발하여 성숙한 사회적 존재가 되도록 만드는 것이 바로 감정과 느낌이라는 사실이다. 감정과 느낌이 없다면 공감은 더 이상 존재할 수 없다. 공감이 없는 세상에는 인간이 무엇인가 하는 문제에 대한 진지한 고민도 있을 수 없다.

유대인들은 '황금률'을 최고의 도덕율로 받아들였지만, 황금률은 흔히 부정문으로 표현되던 경구였다. 즉 '남이 하지 말았으면 하는 행동은 남에게도 하지마라.'가 원래의 황금률이었다.

힌두교, 불교, 유교, 도교 등 동양의 종교 역시 이러한 황금율을 다양한 형태로 받아들였다.

칸트는 유명한 정언 명령으로 근대의 황금률의 이성적 기준을 만들었다. 칸트의 명령은 두 부분으로 되어 있다. 첫째는, "너의 의지의 준칙이 동시에 보편적 입법 원리로 타당하도록 행동하라."이고, 둘째는 "네 인격과 모든 타인의 인격에서 인간성을 한갓 수단으로 대하지 말고 항상 목적으로 대하도록 행동하라."이다.

공감의식은 존재와 당위의 간극을 극복한다. 공감적 행동은 실체적이고 경외감으로 차 있으며 이성에 호소한다. 공감의식은 설명적이면서도 동시에 규정적이다. 실제의 모습과 마땅히 그래야 하는 모습 사이에 어떤 구분이 없다. 그 둘은 하나이고 같은 것이다. 다른 사람의 고군분투하는 모습을 나의 모습인 것처럼 여기고, 고통에서 벗어나 좀더 잘 살아보려는 그들의 노력을 격려하고 지지해 줌으로써 그들의 삶을 찬양할 때, 내 삶도 진지해지고, 충만해지는 것이다.

그때 자아는 넘치고 확장되어 보다 넓고 포괄적인 동정적 참여사회로 들어간다. 공감은 도덕적 영역을 넓힌다. 진정으로 인간이 된다는 것은 보편적으로 공감하는 것이고, 따라서 실체적 경험속에서 도덕적으로 적절하게 되는 것이다.

십계명의 핵심 사상은 "네 이웃을 네 몸처럼 사랑하라."이다. 황금률이 그 혈족과 이웃만을 위한 것이 아니라는 사실을 보여주기 위해 성서는 그것을 보편적 법칙으로 받아들일 것을 분명히 했다. 구약성서「레위기」에는 이렇게 적혀 있다. "너희와 함께 사는 그 외국인 나그네를 너희의 본토인처럼 여기고, 그를 너희의 몸과 같이 사랑하여라. 너희도 이집트 땅에 살 때에는 외국인 나그네 신세였다."

무엇보다도 성서는 개인의 도덕적 책무라는 새로운 사상에 맞춰 살려고 애쓰는 보통 사람들의 개인적 이야기를 요약한 책이다. 이 새로운 도덕적 책무는 다른 사람에게 친절을 베풀려는 개인의 노력 그 이상의 개념이다. 기원전 7세기경에 쓰인 것으로 추정되는 「신명기」는 유대인의 사회적 의식을 엿보게 해준다.

거기에는 경제적으로 상대방을 압박하는 행위를 엄격히 금지하는 내용이 있다. "지주는 가난한 사람에게 수확량의 일정량을 기부해야 한다. 빚은 7년마다 탕감해 주어야 하고 고리 대금업은 불법이다."

"네 이웃을 네 몸처럼 사랑하라."는 황금률은 살아 보려는 인간성의 공통된 몸부림을 인정하는 것이다. 유대인만이 아니었다. 공감의식에 대한 각성은 요단강에서부터 인더스강 계곡과 양쯔강 유역에 이르기까지 문자를 쓰는 세상이면 어디든지 예외 없이 나타났다.

차축시대(Axial Age, 카를 야스퍼스가 만든 용어로 기원전 800~200년에 고대 중국과 인도와 그리스 등 세계 도처에서 동시 다발적으로 의식혁명이 일어났던 시기)는 공감의식이 싹트는 시기였다. 이들 새로운 메시지는 예외없이 사회적 동요라는 산고를 치렀다.

공자는 내세보다 현세를 더 중요시 했다. 삶의 진정한 목적은 천국을 얻는 것이 아니라 도(道)를 깨우치는 것이라고 그는 믿었다. 도는 개인을 초월하는 것이며, 에고를 버리고 다른 사람과 깊은 동정적 관계를 시작할 때 찾아지는 것이다. 그래서 그는 말했다. "내가 서고자 하면 남을 세워야 한다.(己欲立而立人)"

군자가 되는 길은 가족에서 시작하여 이웃과 모든 인간으로 실천을 확장하는 것이라고 공자는 생각했다. 사람에게 가장 필요한 단 한 가지 가르침을 알려 달라고 하자 그는 이렇게 대답했다. "내가 하기 싫은 일은 남에게도 시키지 마라.(己所不欲勿施於人)" 이스라엘과 7,000킬로미터도 더 떨어진 전혀 다른 문화권에서 한 중국 철인이 황금률을 말한 것이다.

근대의 중요한 의문은 느낌과 생각, 이 두 가지 중 어떤 것이 '인간의 본성'을 이해하는데 적절한가 하는 문제였다. 어떤 정신 활동은 '영혼'으로 통하는 진정한 창이고, 어떤 것은 보조 수단에 불과한 열등한 개념이거나 방해물인가?

존 로크는 육체적 감각이 두뇌에 전달되면 그곳에서 정신이 그들 감각을 관념과 합리적 형태의 행동으로 체계화한다고 보았다. 다시 말해 느낌이 어떠하다고 알려주는 것은 정신이다.

흄의 생각은 달랐다. 흄은 느낌이 관념을 만든다고 주장했다. 우리는 먼저 사물을 느끼고, 그 다음에 그 느낌을 사랑, 미움, 갈망 등 여러 범주로 구분한다. 그런 다음 그 범주를 비슷한 마음의 경험을 해석하기 위한 은유로 사용한다.

우리가 상대에게 공감하는 것은 이성적 판단에 의해서인가? 이성 이전에 느낌으로 먼저 다가오는 그 어떤 것이 공감을 이끌어내는 중요한 요소는 아닐까?

베르베르의 이야기를 들어보자. 연대의식은 기쁨이 아닌 고통에서 생긴다. 누구나 즐거운 일을 함께한 사람보다 고통의 순간을 함께 나눈 사람에게 더 친근함을 느낀다. 불행한 시기에 사람들은 연대의식을 느끼며 단결하지만, 행복한 시기에는 분열한다. 왜 그럴까? 힘을 합해 승리하는 순간, 각자는 자신의 공적에 비해 보상이 부족하다고 느끼기 때문이다. 자기가 공동의 성공에 기여한 유일한 장본인이라고 생각한다. 그리고 서서히 소외감에 빠진다.

어원적으로 보면 '공감(sympathie)'이란 말은 '함께 고통을 겪다.'

라는 뜻의 sunpathein에서 유래한다. 마찬가지로 '연민(compassion)'이란 말 또한 '함께 고통을 겪다.'라는 뜻의 라틴어 cum patior에서 생긴 것이라고 한다.

사람은 자기 집단의 헌신적인 구성원들이 겪은 고통을 생각하면서, 세상에 자기 혼자뿐인 것 같은 견디기 어려운 순간을 이겨낼 수 있는 것이다. 어떤 집단에 응집력과 결속력이 건재하는 것은 함께 나눈 어려운 시절에 대한 기억 때문이다.

현대는 근대의 이성 중심주의에 반대하며, '반 이성'을 주장하고, 근대의 합리주의에 저항하며 '비 합리성'을 추구하고, 근대를 벗어났다는 의미에서 '탈 근대성'을 말한다.

니체는 자신과 동시대를 살고 있는 근대의 유럽인들이 병들었다고 진단했다. 병명은 나약함과 왜소함이다. 그에 따르면 중세와 근대의 2천년을 지나오면서 유럽의 문화와 사상은 타락했고 퇴폐했다. 그리고 결론적으로 그러한 질병을 가져온 직접적인 요인은 바로 기독교와 이성 중심주의이다.

초인은 무엇인가? 니체는 짜라투스트라의 입을 통해 이렇게 말한다. "인간이란 짐승과 초인 사이에 놓인 밧줄"이라고, "인간은 스스로 몰락해야 한다. 왜냐하면 초인으로 건너가야 하기 때문이다."

초인은 독일어 '위버멘쉬(Übermensch)'를 번역한 말이다. 초인은 삶의 태도를 바꿈으로써 자기 자신을 극복한 존재를 말한다. 그는 형이상학적이고 초월적인 세계에 사로잡히지 않은 존재다. 그는 대지에 속해 있으며 건강하고 생명력이 넘치는 존재다. 그리고 신이 죽은 세상의 허무를 긍정하는 주체적인 존재다.

인간의 정신은 세 가지 차원으로 변화한다. 낙타에서 사자로, 그리고 사자에서 아이로 변화한다. 낙타가 된 정신은 내면이 외경심으로 가득한, 인내심 많은 강인한 정신이다. 이 정신은 무거운 짐을 잔뜩 지고 있다. 그는 사회, 종교, 도덕, 관습이 주는 의무에 순종하고 고통을 인내한다. 스스로를 금욕적으로 담금질한다. 무겁기 그지없는 짐을 짊어지고 사막을 달려간다.

두 번째, 고독한 사막 한가운데서 정신은 이제 사자가 된다. 자유를 쟁취함으로써 사막의 주인으로 서고자 한다. 이제 마지막 주인만 쓰러뜨리면 된다. 그것은 신이다.

신은 거대한 용의 모습으로 나타난다. 사자는 용에게 달려든다. 용의 이름은 무엇인가? 짜라투스트라는 이렇게 대답한다. "정신이 더 이상 주인으로서 섬기지 않는 거대한 용은 무엇인가? '너는 해야 한다' 이것이 거대한 용의 이름이다. 사자의 정신은 이에 대항하여 말한다. '나는 원한다'"라고

'너는 해야 한다'와 '나는 원한다'에는 어떤 차이가 있는가? 앞의 것이 의무라면, 뒤의 것은 권리다. 노예에게 주어진 의무와 주인에게 주어진 권리, 정신이 사자가 된다는 것은 종속적인 노예가 주체적인 주인으로 일어서려는 저항을 의미한다.

왜 새로운 가치의 창조는 아이만이 할 수 있을까? 그것은 창조의 과정이 하나의 유희이고 동시에 긍정이기 때문이다. 도대체 무엇을 긍정해야 하는가? 그것은 신이 죽은 허무한 세상에서 자신과 자신의 삶을 긍정하는 것이다.

기존에 우리가 가지는 세계관은 다음의 세 가지 정도다. 첫째, 기독교의 세계관이다. 이 세계관은 영원히 지속하는 시간성

을 기반으로 한다. 탄생과 성장, 그리고 노화와 죽음 이후에도 우리의 영혼은 사후세계에서 영원히 지속될 것이다.

둘째, 베다와 불교의 세계관이다. 이 세계관은 영원히 반복하는 시간성을 기반으로 한다. 우리는 탄생하고 성장하고 죽은 이후에 새로운 삶으로 다시 시작하게 되는 것이다.

세 번째는, 과학과 유물론의 세계관이다. 이 세계관은 단절된 시간성을 기반으로 한다. 우리는 죽음의 순간에 단절과 끝을 경험할 것이지만, 그 이후에는 아무것도 존재하지 않는다.

여기에 니체는 하나의 세계를 더 제시한다. 영원하고 조금도 변화하지 않는 반복의 세계가 그것이다. 영원회귀에 따르면 인간은 어떤 변화도 없이 자신의 삶을 반복하게 된다. 여기에는 어떤 이유나 목적도 없다. 성장도 없고, 휴식이나 끝도 없다. 다만 영원히 같은 삶을 반복할 뿐이다.

이러한 영원회귀는 인간이 상상할 수 있는 허무주의의 최고 형태다. 이러한 극단적인 허무를 인정하고 나의 삶을 끌어안을 수 있는 존재. '이것이 인생이라면 그래, 한 번 더'라고 외치며 허무의 깊은 심연 속으로 뛰어들 수 있는 존재, 그가 바로 초인이다.

우리는 선입견이 있다. 내면의 성숙은 고결한 방식을 통해서만 이룰 수 있다는 선입견이다. 하지만 그것으로는 얻지 못하는 절반의 배움이 있다. 고결하지 않고 만나고 싶지도 않은 세계에서의 경험들, 부당함에 굴복하고, 부조리에 타협하고, 옳은 주장을 꺾고, 스스로의 초라함에 몸부림칠 때에만 얻게 되는 그런 배움이 있다.

우리에게는 이런 세계에 머무르는 시간이 필요하다. 그래야만 우리는 나와 타인의 한계를 정확하게 이해할 수 있고, 그때에야 비로소 나에게 엄격하고 타인에게 너그러운 성숙한 어른이 될 수 있다.

혼자 살 수 없는 것이 인간이다. 사회 속에서 자신의 역할과 위치를 찾고, 자신의 가치를 실현하기 위해 노력하고, 부를 일구고, 명예를 획득하고, 이 모든 일들이 결국은 인간관계 속에서 이루어진다. 나만 잘났다고 떠들어 대고, 내 것만 소중하다고 움켜쥐고 있으면 결국은 외톨이가 되고 말 것이다. 친구가 필요한가?

인간관계의 기본은 상대에 대한 존중이라고 본다. 개인간에도, 부부간에도, 부모와 자식 간에도, 사회생활을 하면서 마주치게 되는 모든 관계 속에서, 더 나아가 국가 간의 관계에서도 그 원칙은 동일한 것이 아닌가 생각되는 것이다.

사람은 누구나 존중받기를 원하고 자신의 가치를 실현하고 높여 나가는 데에서 보람을 느낀다. 자신이 존중받지 못하고 있다는 것을 느끼면 상대에 대한 반감이 생기게 마련이고, 상해버린 자존심 회복을 위해 무슨 일이든 저지르게 되는 것이 인간의 본성이 아닌가 한다.

기본적으로 상대에 대한 존중의 자세를 유지하면서, 사생활을 침해하지 않고, 상대의 자존심을 건드리지 않고, 자신의 가치관을 상대에게 강요하지 않으면서 대화와 타협을 기본자세로 유지해 나간다면 문제 발생을 최소화할 수 있고, 상대의 공감을 얻어낼 수 있는 최선의 방법이 아닐까 생각해 보는 것이다.

기(氣)

　중국 무협 소설이 한창 인기를 끌던 시절이 있었다. 소설을 영화로 만든 작품들도 줄을 이었고 한 마디로 홍콩 영화 전성시대를 구가하였던 것이다. 지금도 중국의 드라마나 영화는 예전 무협 활극의 수준에서 크게 벗어나지 못하고 소재나 각본, 의상, 촬영기법 등에서 한국 드라마나 영화에 비해 한참 뒤진 것 같은 느낌이 든다.
　한마디로 한국 영화나 드라마는 우선 재미가 있고 화면이 산뜻한 느낌, 그리고 감상 후에는 잔잔한 여운이 남기도 하는데, 중국 쪽은 왠지 어설프고 칙칙한 느낌이 드는 것이 매력이 없다고 나 할까, 예전과는 차이가 많이 나는 현실에 격세지감(隔世之感)을 느끼기도 하고 한편으로는 한국의 문화산업에 대해 은근히 자부심을 갖게 되는 것도 사실이다.
　중학교 시절 친구들끼리 돌려 가면서 읽었던 비호(飛虎)라는 무협 소설은 그 당시 또래 학생들 사이에서 꽤 인기를 끌었던 것으로 기억한다. 그 후로도 비슷한 내용의 무협지들이 쏟아져 나왔고 급기야는 한국인이 쓴 중국 무협 소설들이 등장하였는데 적게는 3~4권, 많게는 7~8권에 이르는 방대한 분량임에도 불구하고 묘하게 뒷이야기가 궁금해지게 만드는 작품구성 때문에 시간 가는 줄 모르고 읽었던 기억이 난다.

이야기의 줄거리는 대개 비슷하다. 뜻하지 않은 사건에 휘말려 부모가 억울한 죽임을 당하고 아이만 천만다행으로 살아남는다. 아이는 자라 청년이 되고 부모의 원수를 갚기 위해 노력하지만 여의치 않아 절치부심(切齒腐心)하던 중, 기연(奇緣)을 만나 절세의 무공을 터득하게 되고 우여곡절 끝에 부모의 원수를 갚는 데 성공한다는 이야기다. 여기에다 절세미인과의 로맨스까지 곁들이니 금상첨화라 재미있는 요소는 다 갖춘 셈이다.

여기에서 많은 지면을 할애하는 것이 무공(武功)수련에 관한 것이다. 무협 속의 무공은 초능력에 가까운 형태로 표현된다. 무공은 크게 초식(招式)과 내공(內功)으로 나뉘는데, 초식은 권장(拳掌)이나 병장기를 사용하는 움직임을 말하는 것이고, 그 초식을 가능케 하는 힘의 원천을 내공이라 부른다.

내공이란 체내에 응축된 '기(氣)'의 흐름이다. '기'란 바로 '진기(眞氣)'이다. 내공의 세기를 '공력(功力)'이라 말하는데 그 정도를 나타내는 단위는 진기를 쌓아온 햇수로 나타낸다. 10년 공력이면 10년간 수련하여 얻은 진기의 힘이고, 1갑자 공력이라면 60년간 수련하여 얻은 힘을 나타내는 것이다. 내공의 수위가 비슷하다면 익히고 있는 무공의 질에 따라 승부의 결과가 달라진다.

동양의학에서는 인체를 작은 우주에 대응시킨다. 우주의 모든 것이 보이지 않는 힘에 이끌려 조화롭게 운행하듯, 인체 내부에도 보이지 않는 기운이 존재하고 있다고 보는 것이다. 기는 혈맥을 따라 흐르고, 기의 흐름을 이끌어내는 것은 호흡이다. 호흡을 통해 기를 생성하고 그 흐름을 조절하는 것을 '운기조식(運

氣調息)이라 한다. 비슷한 의미로 사용되는 '운기 행 공(運氣行功)'은 어떤 특징적인 자세를 취하면서 진기를 끌어 올리는 방법이다. 운기조식으로 만들어진 진기는 '단전(丹田)'에 가두게 되는데 필요에 의해 몸 밖으로 발출하게 된다.

체외로 배출되는 진기를 '경기(硬氣)'라 하며 내공의 수위에 따라 그 파괴력은 천차만별로 나타난다. 경기를 펼치듯 온몸에 두르면 호신 강기(護身罡氣)라 부르는 방어막이 되고 검(劍)을 통해 배출되면 검기(劍氣), 혹은 검강(劍罡)의 형태를 띠게 된다. 풀잎이나 나뭇잎에 진기를 실어 먼 거리의 적을 해할 수도 있다.

내공을 운용하는 방법은 문 파(門派)마다 다른데, 어떤 방식이든 정해진 운기법을 따르지 않고 급하게 서두르면 진기의 흐름이 막히거나 경락이 꼬여 낭패를 보게 된다. 진기가 제멋대로 흘러 제어할 수 없는 상태, 즉 주화입마(走火入魔)에 빠진다면 모든 것이 수포로 변하는 것이다.

진기는 선천 진기(先天眞氣)와 후천진기(後天眞氣)로 구분이 된다. 선천 진기는 태어날 때부터 지니고 있던 원기(元氣)로 생명체의 순수한 에너지라 한다. 나이가 들어가면서 선천 진기는 점차 소진되고, 후천 진기는 생명체가 생명을 영위하면서 얻어지는 에너지라 왕성한 활동을 하면 더욱 강해지는 속성을 지니고 있다. 강호 무사들이 얻은 내공의 태반은 수련을 통해 얻어지는 후천 진기이다.

선천 진기를 얻는 경우의 수는 여럿이나, 임독양맥(任督兩脈)이 타 통 되어 얻어지는 내공력을 보통 선천진기라 표현한다. 단전의 크기를 연못에 비유하면, 임독양맥이 관통하는 순간 작은 연못이 거대한 저수지를 넘어 댐의 규모만큼 커지는 것이다. 이를 소주천(小周天)이라 한다.

이보다 더한 경지는 대주천(大周天)이라 하는데, 전신의 경락으로 진기를 운용하는 지고무상의 경지이다. 이 상태에 도달하면 배꼽 부근의 하단전이 아닌, 중단전으로 진기가 모아지고 정기신(精氣神)이 삼색의 빛으로 화해 발광하게 된다. 이를 삼화취정(三華取頂)이라 부르는데 비범한 사람만이 이룰 수 있는 단계이다.

활활 타오르는 불길이 절정에 이르면 푸른빛을 띠어 부드럽게 변하듯 내공 역시 노화순청(爐火純靑)의 단계를 거쳐 표가 나지 않는 반박귀진(返撲歸眞)에 이르게 된다. 이 경지에 이르게 되면 터닝 포인트가 되는데, 그 이후의 단계는 마침내 머리 아래 상단전까지 진기를 모으는 경지에 다다른다. 오기조원(五氣朝元), 등봉조극(登峯造極)의 과정을 거치면서, 두개정 아래 생사현관(生死玄關)이 열리게 된다. 신의 단계에 올랐다는 입신지경인 것이다. 내공의 단계를 표현하는 단어들은 대부분 선인을 바라는 신선도에 사용되던 용어들이다.

진기란 인체 내부를 흐르는 보이지 않는 기운이라 하였다. 그 보이지 않는 기운을 가두고 흐르게 하는 통로가 바로 경락(經絡)이다. 경락은 혈맥을 말하는 바 경맥(經脈)과 낙맥(絡脈)을 합친 용어이다. 인체를 종으로 순행하는 큰 흐름이 경맥, 낙맥은 경맥에서 갈라진 작은 흐름으로, 횡으로 흐르거나 사행을 한다. 경락을 따라 진기가 흐를 때 예민하게 반응하는 부분이 있는데, 반응이 강한 점을 혈도(穴道)라 부른다. 혈도를 점한다는 말은 곧, 반응점을 제어하여 경락의 흐름을 구속한다는 것이다. 인체에는 혈도가 365개 존재하며, 경맥과 혈도를 합쳐 경혈(經穴)이라 한다.

　불가(佛家)에서는 주로 좌선(坐禪)을 한 채 내가 진기를 만든다. 결가부좌를 틀고, 눈을 반개한 채 기혈을 다스려 내가 진기를 숙성시킨다. 도가의 주력은 토납 도인(吐納導引)이다. 이 역시 호흡으로 기를 일으키는 것으로 단정법이라 부르기도 한다.

　사실 본래 내공이라는 말은 무협 소설에서 나오는 그런 의미가 아니고 경력, 실력, 지식, 숙련도 등을 가리키는 말이었으며, 중국 무술에서도 내공이 깊다고 하면 숙련도가 깊다는 것을 뜻했다고 한다. 그런데 기공 마케팅 때문에 변질되어서 무협 소설 같은 의미가 된 것이라고 한다.

　중국 무술에서는 사람은 원래 태어날 때 복식호흡을 하는데, 점점 나이가 들어가면서 가슴으로 호흡하다가 죽을 때가 되면 그 숨이 목에까지 차올라 목으로 간신히 호흡하다 숨이 끊어진다고 한다. 그 말은 맞는 말이다. 잠자는 아이들의 모습을 보면 배가 볼록 볼록하면서 호흡을 한다. 성인들은 가슴으로 호흡하고 임종 시의 환자들은 목으로만 힘들게 호흡을 하다 어느 순간 뚝 끊어지고 만다.

　요즈음 무협 소설에 대한 평가는 썩 좋은 편은 아닌 것으로 보인다. 그 이유는 여러 가지 있겠으나 몇 가지만 추려본다면, 중국 것을 베끼다가 나중에는 순수 국내 창작으로 돌아섰는데 원래 무협이라는 것이 원산지가 중국이니 배경은 중국이 될 수밖에 없는 것이고, 한국 사람들이 그들의 문화와 풍습을 제대로 이해하지 못한 채 흉내를 내다보니 사실성이 떨어진다는 것이다.

또한 말초적인 흥미 위주로 가다 보니 태가 산으로 간다 할까, 치밀한 구성도 없고 비현실적인 황당한 이야기가 이어지니 가히 만화가 따로 없다는 생각을 하게 되는 것이다. 사람이 하늘을 날아다니는 이야기가 되풀이된다면 무슨 재미가 있겠는가?

무협도 엄연히 소설이니만큼 사람 사는 이야기가 담겨야 하는 것이고 재미도 재미지만 읽고 나서 그래도 조금은 여운이 남을 수 있는 문학작품으로 자리매김을 해야만 무협 소설도 하나의 문학 장르를 차지하면서 당당히 대접받는 그런 날이 오지 않겠나 생각해 보는 것이다.

중국의 경우는 우리와는 사정이 많이 다른 것으로 보인다. 중국을 대표하는 무협 소설 작가로는 김용(金庸, Jin Yong)을 꼽을 수 있을 것이다. 그는 무협 소설 작가이자 홍콩의 신문사 명보를 창간한 언론인이다. 무협이라는 장르가 대중성을 넘어 작품성으로도 인정받을 수 있는 경지에 도달하도록 크게 기여한 인물로 평가받는다.

김용을 부르는 호칭으로는 대협(大俠) 또는 신필(神筆)이 있으며, 막대한 업적과 영향력으로 인해 동서고금(東西古今) 공전절후(空前絶後)의 작가로 불렸다. 김용의 작품은 그가 사망한 지금도 드라마, 영화 등으로 꾸준히 각색되고 있다.

김용이 쓴 소설들의 주요 특징 중 하나로 실제 역사와 연관 지어 대체 역사물 성격의 작품을 주로 쓰는 경향이 있었다. 그래서 무협물 자체의 재미도 있지만, 그가 그려낸 중국의 역사와 시, 문장, 도교와 불교에 대한 수준 높은 통찰에 감탄하게 된다.

그의 작품들을 보면 우리에게도 이미 익숙한 제목들이 많이 보인다. 서검은구록(書劍恩仇錄), 벽혈검(碧血劍), 사조영웅전(射鵰英雄傳), 신조협려(神鵰俠侶), 설산비호(雪山飛狐), 비호외전(飛狐外傳), 의천도룡기(倚天屠龍記), 원앙도(鴛鴦刀), 천룡팔부(天龍八部), 연성결(連城訣), 협객행(俠客行), 소오강호(笑傲江湖), 월녀검(月女劍), 녹정기(鹿鼎記) 등이 주요 작품들의 목록이다.

어느 것 하나 빼놓을 수 없는 걸작이라 동서양의 수십 개국에 번역되었으며, 대만에서 1천만 부, 중국에서 3억 부 이상이 팔린 것으로 알려졌다. 1994년에는 베이징대에 '김용 소설 연구' 과목이 정식 개설되었다. 김용의 무협 소설은 단지 많이 읽히고 잘 팔리는 통속, 대중 소설을 넘어서 유교, 불교, 도교 등 중국 전통사상에 대한 깊은 이해를 바탕으로 중국을 읽는 창 또는 중국을 대표하는 문화중 하나로 자리매김한 것이다.

중국어권에서는 김용의 무협을 김학 또는 용학이라고 부르면서 연구하고 있다. 김용을 연구하는 김학 연구로 학위를 받은 대학 교수들도 수두룩하다고 한다. 그의 소설은 중국의 교과서에도 수록되고 있으며, 그의 대표작『사조영웅전』은 싱가포르 고등학교 교과서에도 부분 전재되어 싱가포르 청소년들로 하여금 중국 문화를 이해하는데 대단한 기여를 하고 있다고 한다. 또한 캘리포니아 대학교의 버클리 캠퍼스와 프린스턴 대학교에서 중문학의 부교재로 쓰일 정도로 서구세계에서도 좋은 평가를 받고 있다고 한다. 김용은 삼류 통속소설로 치부되던 무협 소설의 경지를 한 단계 끌어올린 인물로 평가받는다.

무협 소설을 꾸준히 읽고 좋아하는 마니아층이 있는 한, 무협 소설도 엄연히 문학작품이다. 예술이든 문학이든 소비자에게 위로와 재미를 주고 나아가 감동까지 선사할 수 있다면 그 역할을 다 했다고 할 수 있을 것이다. 무협 소설을 좋아하고 재미를 느끼며 위안을 받는 사람들이 있는 한, 그것을 예술의 경지로 끌어 올리는 것은 작가는 물론 관련 업계에도 큰 책임과 사명이 있다 할 것이다.

단전호흡(丹田呼吸)은 원래 단전에 의식을 두고 호흡을 하며 정신을 가다듬는 종교수련법이라고 한다. 요즈음은 이 운동이 많이 대중화되어 전문 수련원이 상당수 있는 것으로 보인다.

단전은 배꼽 밑 2촌 4푼의 위치에 존재하는 가상의 공간이다. 서양인들은 인간을 정신(精神)과 육체(肉體)로 나누지만, 동양에서는 예로부터 인간은 정신과 육체 그리고 기(氣), 이 세 가지로 이루어졌다고 믿어왔다. 기란 한마디로 정신과 육체를 이어주며 그 두 요소가 조화롭게 작동되도록 하는 생명의 원천 같은 것이라고 이야기할 수 있으며 그 기가 머무르는 곳이 바로 단전이라는 곳이고, 기가 흐르는 통로가 기혈이라는 것이다.

따지고 보면 우리는 일상생활 속에서 알게 모르게 기에 대해 느끼고, 기에 대해 말하며 지내는데 그것을 의식하지 못할 뿐이다. 기절(氣絶)한다, 기가 산다, 기가 차다, 기를 쓰다, 기를 펴다, 기세가 강하다, 감기에 걸리다 등등 모든 것이 기(氣)의 상태에 대해서 논한다고 볼 수 있다.

태아는 뱃속에서 탯줄을 통해 호흡을 하다가 세상에 나오는 순간 긴 울음을 토하며 코와 입으로 첫 호흡을 시작한다. 그리고 어린 시절 내내 배꼽 호흡을 하다가 성인이 될수록 그 호흡이 점차 위로 올라와서 가슴에 이르게 되고, 종국에는 목까지 올라와 목 호흡을 하다가 숨이 끊어지게 되는 것이다.

그래서 건강, 장수를 위해서는 가슴까지 올라와 있는 호흡을 최대한 끌어내려 단전까지 내려보내는 것이다. 그리하여 호흡과 함께 묻어 들어온 기(氣)를 최대한 끌어모아 단전에 가두는 것이다. 이것이 단전호흡의 간단한 기본 원리라고 할 수 있다.

단전 호흡은 크게 세 가지 단계로 수행하게 된다. 준비운동 20분, 호흡 40분, 정리 운동 20분, 해서 80분간의 수련을 매일 행하는 것이다. 이것은 내가 젊었던 시절(30대 중반)의 경험을 토대로 말하는 것이다. 준비나 정리 운동은 평소에 잘 쓰지 않는 근육을 최대한 풀어주고 자극을 주는 방향으로 구성되며, 호흡은 결가부좌의 자세로 두 손은 단전 부근에 모은 채 구령에 맞춰 최대한 길게 숨을 들이쉬고 내쉬는 훈련을 하는 것이다. 숨을 쉬는 간격이 길어질수록 말하자면 고수가 되는 것이다.

그런데 몇 개월 수련을 계속하다 보니 잘 이해되지 않는 현상들을 목격하게 되었다. 경험해 본 사람들은 잘 알겠지만 결가부좌는 양 발을 서로 꼬는 것이기 때문에 그 상태에서 위치 이동은 불가능하다. 그런데 40대로 보이는 여자분이 그 상태로 통통 튀면서 30여 평 되는 수련장을 이쪽저쪽으로 왔다 갔다 하는 것이다.

두 번째는 50대 여자가 수련에서 다음 단계로 승급하기 위해 시험을 치르는데 깨진 병 조각들을 무수히 바닥에 깔아 놓고 그 위를 맨발로 걸어가는 것이다. 정말 괜찮을까, 마음을 졸이며 지켜보는데 결과는 놀랍게도 발바닥에 상처 하나 없이 깨끗하게 마무리가 되는 것이었다.

세 번째는 50대 남자의 이야기다. 평범한 직장인인데 상당히 고수급인지 시험 방법도 조금 달랐다. 대못이 거꾸로 총총히 박혀 있는 송판 위에 상의를 완전 탈의하고 맨살로 드러눕고 그 위에 사람이 하나 올라서는 것이다. 몇 분을 그렇게 버티다가 내려오는데 등에는 상처 하나 없이 깨끗했다.

사범의 이야기로는 수련의 결과에 따라 당연히 이루어지는 것이라는 데, 나는 아무리 생각해도 이해가 잘되지 않는 현상이라 내내 그 원리를 궁금해해 왔으나, 아직도 그 의문은 풀리지 않은 상태이다. 내가 본 것이 모두 사실이라면(직접 본 것이니 사실이 아닐 리가 없다), 무협지에 나오는 내공과 내공을 기초로 하는 각종 무술이 전혀 근거 없는 허무맹랑한 이야기는 아닌 것으로 생각된다. 그리고 그 내공을 모으는 방법이 호흡법에 있다는 것까지도 말이다.

한의학에서 나오는 침술 또한 신비하기는 마찬가지이다. 분명히 침으로 환자의 병세가 나아짐에도 불구하고 어떤 원리로 그렇게 되는지는 아직도 정확히는 모른다고 하니 신기한 노릇이다.

한의학에 대해서는 아무것도 아는 것이 없어서 책을 뒤지다 보니 베르베르의 책에 간략히 언급해 놓은 것이 있어 인용해 보기로 한다. 한의학은 순전히 우리의 전통 의술인데 프랑스 사람의 설명을 듣는다는 것이 조금 우습기는 하다.

침술(acupuncture)이라는 단어는 라틴어의 '바늘'을 뜻하는 아쿠스(acus)와 '찌르다'를 뜻하는 풍게레(pungere)에서 왔다. 침술을 행

기(氣) 33

한 최초의 기록은 기원전 3000년, 인도의 아유르베다 의학서에 남아있다. 또한 기원전 2000년, 고대 이집트의 에베르스 파피루스에서도 '생명의 에너지가 흐르는' 네 개의 통로가 그려져 있는 그림들이 발견되었다.

기원전 1000년경에 살았을 것으로 추정되는, 이탈리아와 오스트리아의 국경에서 냉동 상태로 발견된 미라 '외치'의 몸에서도 경혈에 해당하는 자리들에 동그라미 문신을 새겨 넣은 것이 발견되었다.

중국에서는 기원전 167년, 순우의라는 의사의 재판에서 이 의술이 최초로 언급되었다. 환자의 피부에 바늘을 꽂아 치료한 죄로 재판을 받게 된 순우의는 재판관들 앞에서 피부에 바늘을 꽂는 것이 의학적인 효과가 있음을 입증하라는 요구를 받았다. 그러자 그는 자신의 침술을 설명했다.

인간의 몸에는 음과 양의 두 가지 기운이 흐르는데, 생명을 구성하는 이 상보적인 두 기운 간에 불균형이 발생해 모든 질병이 생긴다는 것이 침술의 기본 전제다. 의사의 역할은 결국 이 상반 적인 두 기운이 조화를 이루게 만드는 것이다.

음과 양의 기운은 경락(경락에는 심장, 간, 폐, 콩팥… 등의 장기에 대응하는 정경이라는 12경맥과 기경이라는 8경맥이 있다)을 따라 흐른다. 경락은 피부밑에서 보이지 않게 흐르는 강물과 비슷해, 강물이 호수로 흘러들 듯이 경락도 경혈에 이른다. 사람 몸에는 360개의 핵심 경혈과 2천 개의 추가 경혈이 있다.

지난 오십 년간 서양에서는 고대 동양의 치료법에 기반한 대안 의학이 성장했다. 막혀 있는 기의 흐름을 다시 풀어내는 침술과 지압 등의 치료법은 물론이고 환자에게 우주의 생명 에너지를 전달하기 위해 환자의 몸에 시술자가 손을 대거나 몸 가까이에서 손을 움직이는 레이키[reiki, 영기(靈氣) '레이'는 '보이지 않는' 혹은 '영적인'의 의미. '키'는 생명의 에너지. 합쳐서 '우주의 생명 에너지'] 같은 치료법이 도입되었다.

서양의 의학 저널이 큰 외과 수술 시 약물 마취 대신 사용할 수 있는 진통제로서 중국 침술을 처음으로 소개했던 1972년 이후로 서양 의학은 격심한 만성 통증 관리나 뇌졸중 이후 마비에서의 회복, 호흡계 질환의 완화 등 다양한 조건에서 침술을 성공적으로 활용해 왔다.

침술이 어떻게 작용하는지는 여전히 규명이 안 된 문제이다.

중국인은 한마디로 음양적 사고를 한다. 기본적 실체는 기(氣)로 보는데, 이는 정신적 의지이자 물질에서는 에너지와도 같은 것으로 하나의 기가 음양으로 나뉜다. 기가 가볍고 청명한 것은 양이고, 음은 무겁고 탁한 것으로서 청탁(淸濁) 또는 중경(重經)에 따라 모든 대상이 음양으로 분류된다. 그러나 음양은 서로 모순되거나 대립하지 않는다. 때로는 서로의 위치가 바뀌고 상호 감응하며 무한의 변화를 거듭한다고 한다.

오늘날에는 과학이 그 자체로서 독립된 학문이 아니라, 우주와 인간을 포괄하여 상호 관련시키는 전일적(全一的) 준거(準據)의 틀로 끌어 올리려는 노력이 특히 신 과학운동의 일환으로 진행되고 있다고 한다. 그 예로서 요즈음 과학계에서 점차 주목받고 있는 기(氣)를 들 수 있다. 기는 우주에 충만해 있는, 우주의 모든 존재를 규정짓는 것이라고 할 수 있다. 동시에 기는 살아서 마음과 물질 두 가지를 겸해서 가진 것이며, 정신에 가장 가까운 것이다.

　기를 현대 물리학의 지식으로 조심스럽게 분석하려는 움직임은 결국 과학계에 종전과는 전혀 다른 새로운 인식론적 패러다임을 정립하게 될지도 모른다.

　어쩌면 기(氣)라는 것은 아직까지도 그 정체를 정확히 모르는 암흑 물질이나 암흑 에너지와도 연관이 있는 것인지 모른다. 호흡을 통해 기를 모으는 방법이 분명히 존재하고, 기를 응집해서 발출하면 큰 힘을 얻을 수 있다는 것까지 경험을 통해서 알고 있지 않는가 말이다. 또한 기는 우리의 영혼과도 관련이 있는 우주적 정신, 혹은 우주적 심적 에너지와도 연관이 있는 것인지도 모른다.

　인간의 지식은 아직도 바닥을 헤매고 있는데 우주적 신비는 너무도 크다. 가까운 장래에 이러한 의문점들에 대해 속 시원한 해답을 들을 수 있는 날이 올까?

꼰대

사이코패스(Psychopath)는 반사회적 인격 장애증을 앓고 있는 사람을 가리킨다. 평소에는 정신병질이 내부에 잠재되어 있다가 범행을 통해서만 밖으로 드러나기 때문에 주변 사람들이 알아차리지 못하는 것이 특징이라고 한다.

이들은 발정, 광신, 자기 현시, 의지 결여, 폭발적 성격, 무기력 등의 특징을 지닌다. 이들은 감정을 지배하는 전두엽 기능이 일반인의 15%밖에 되지 않아 다른 사람의 고통에 무감각하고, 양심의 가책을 느끼지 않는다. 또 공격적 성향을 억제하는 분비물인 세로토닌이 부족하여 사소한 일에도 강한 공격적 성향을 드러낸다고 한다.

사이코패스는 이와 같은 유전적, 생물학적 요인에 사회 환경적 요인이 결합되어 나타나는 전 인격적 병리 현상으로 본다.

소시오패스(Sociopath)는 자신의 성공을 위해서는 수단과 방법을 가리지 않고 나쁜 짓을 저지르며, 이에 대해 전혀 '양심의 가책'을 느끼지 않는 사람을 뜻한다. 그리고 자신의 행동을 합리화시키고 후회나 죄책감을 느끼지 않는다. 현실에서는 히틀러나 후세인 같은 독재자나, 일부 부패한 종교의 교주들이 소시오패스의 예라고 볼 수 있다.

소시오패스가 사이코패스에 비해 훨씬 많다고 알려져 있는데, 일반적으로 전 인구의 4% 정도가 소시오패스라고 한다. 소시오패스는 '평범한' 보통 사람의 모습으로 우리들 곁에 존재하면서 계산적이고 치밀한 반사회적 행동을 저지른다.

사이코패스는 선천적인 이유로, 소시오패스는 자라온 가정이나 사회적 환경에 의해 발생한다고 한다. 하지만 사이코패스든 소시오패스든 같은 인격장애에 속한다.

학창 시절 친구 한 놈이 내게 그런 질문을 한 적이 있었다. "길 가는데 생판 모르는 놈이 갑자기 달려들어 네 뺨을 때리면 어떻게 할래?" 황당한 질문이지만 "정신병원에서 막 뛰쳐나온 놈이 아니라면 그런 일이 있을 것 같지 않은데?" 내 대답이 그랬다. 친구 놈의 주장은 그런 것이다. 앞으로는 그런 세상이 다 가올 것이니 우리는 각자 나름대로의 대비를 해야만 한다는 것이다.

그런데 살다 보니 그런 황당한 일을 목격하게 되는 경우도 있는 것이, 길거리에서 부부싸움이 벌어졌는데, "여편네가 지 서방을 놔두고 딴 놈하고 바람을 피우고 다닌다."면서 남편이 아내를 마구 때리는 것이었다. 구경꾼들이 몰려들었다가 모두들 혀를 차고 돌아섰는데 상황이 대충 종료된 후 여자가 울면서 하는 말이 저 사람과는 부부관계도 아니고 오늘 처음 보는 사람이라는 것이다. 여자가 거짓말을 하는 것이 아니라면 참으로 기가 찰 노릇이다.

얼마전 SNS에 올라온 동영상을 보고 충격을 받은 적이 있어서 그 이야기를 해보고자 한다. 지하철에서 20대로 보이는 청년이 못해도 80세는 족히 되어 보이는 남자 승객을 향해 입에 담지 못할 욕을 해 대는 것을 보고 어이가 없어 내막을 따져 보니, 옆자리에 앉은 젊은이가 다리를 꼬고 앉아서 흙이 묻은 신발이 자꾸만 노인의 바지에 닿았던 모양이다. 노인이 다리를 좀 치워주면 어떠냐고 했던 모양인데 이에 발끈한 젊은이가 "니가 뭔데 그딴 식으로 말하느냐." 하면서 일이 터진 모양이었다.

그런데 한심한 것은 그 누구도 나서서 그 청년의 만행을 제지하지 않는다는 것이었다. 괜히 끼어들었다가는 봉변을 당할 것이 뻔한데 너라면 끼어들겠느냐 하면 나로서도 별로 자신은 없다. 참으로 비겁한 노릇이지만 현실이 그렇다.

우리들이 어렸을 때는 모두들 사는 모습이 곤궁했지만 적어도 사회 분위기는 지금과는 같지 않았던 것 같다. 한 동네 20여 가구가 매일 서로 얼굴을 마주하다시피 지내다 보니 이웃 간에 오고 가는 정이란 것이 있었고 거짓말 좀 보태면 저 집에는 숟가락이 몇 개인지도 서로 알 정도였던 것 같다.

구불구불 이어진 골목길은 비록 수채 냄새가 코를 찔렀지만, 아이들에게는 소중한 놀이터여서 구슬치기, 딱지치기, 자치기, 팽이 돌리기, 술래잡기, 사방치기, 오자미 놀이, 새총 만들기, 고무줄놀이, 소꿉장난, 무궁화꽃이 피었습니다 등으로 날이 새는 것도 모를 정도였다.

겨울에는 앞동산에서 연날리기로 바빴고, 대보름에는 쥐 불놀이를 하기 위해 온 동네를 헤매면서 버려진 깡통(통조림 캔)을 찾느라고 무척이나 바빴던 것 같다. 여름에는 잠자리를 잡으러 산과 들을 헤매고 다녔다.

머리들이 굵어지면서는 동네 어귀에 모여 담배를 피우다가도 동네 어르신들이 지나가면 피우던 담배를 얼른 등 뒤로 감추고 인사를 드렸다. 조금 아니다 싶으면 동네 어르신들이 "네 이놈들, 무슨 짓이냐. 썩 그만두지 못할까." 호통을 쳐댔으니 무척이나 조심하면서 예의범절을 지키며 살았던 것으로 기억한다.

그런데 경제적으로는 예전에 비해 훨씬 나아진 요즈음, 우리들 사는 모습은 왜 이렇게도 예전과는 딴 판으로 달라졌을까?

하기는, 전해오는 이야기에 따르면 소크라테스도 "요즘 애들은 왜 이렇게 제멋대로고, 어른도 모르고 예의범절도 모르니 참으로 말세로다." 한탄했다 하니 어느 시대나 젊은이들의 행동거지가 나이 든 사람들 눈에는 걱정스러워 보이기는 마찬가지였나 보다 생각되는 것이다.

요즈음은 젊은이들에게 몇 마디 충고라도 하려고 들면 꼰대라 불리기에 십상이다. 그래서 오늘 내가 하는 이야기도 아마 꼰대의 이야기로 치부될 것이 뻔하지만 그래도 꼰대 노릇 좀 해야겠다. 거의 잊혀 가는 삼강오륜에 대한 이야기다. 누군가 삼강오륜을 묻는 시험 답안지에 한강, 대동강, 낙동강을 들먹이고 오륜은 올림픽 깃발이라고 답했다고 하니 어디서부터 잘못된 것일까?

삼강오륜(三綱五倫)은 세 가지 강령과 다섯 가지 인륜, 즉 유교에서 기본이 되는 세 가지 법도와 다섯 가지 인간관계를 뜻한다. 먼저 삼강(三綱)은 군위신강, 부위자강, 부위부강을 의미한다. 군위신강(君爲臣綱, 임금은 신하의 벼리가 되며), 부위자강(父爲子綱, 아버지는 자식의 벼리가 되며), 부위부강(夫爲婦綱, 지아비는 지어미의 벼리가 되어야 한다)이다.

여기에서 벼리는 그물의 굵은 줄을 뜻하며, 현대적 의미에서는 법도(法度)라고 풀이하거나, 책임자 등의 의미로 해석한다. 이때 부위자강은 아버지는 아들의 법도가 된다는 뜻이 되는데, 풀이하면 아들은 아버지의 말을 따른다 혹은 복종한다 정도의 뜻이 된다.

오륜은 부자유친, 군신유의, 부부유별, 장유유서, 붕우유신을 의미한다.

부자유친(父子有親)　어버이와 자식 사이에는 친함이 있어야 한다.
군신유의(君臣有義)　임금과 신하 사이에는 의로움이 있어야 한다.
부부유별(夫婦有別)　부부 사이에는 구별이 있어야 한다.
장유유서(長幼有序)　어른과 아이 사이에는 차례와 질서가 있어야 한다.
붕우유신(朋友有信)　벗 사이에는 믿음이 있어야 한다.

삼강의 유래에 대해서는 백호통의(白虎通義)에서 기인한다고 생각하는 것이 통설이라고 한다. 오륜의 유래는 맹자의 등문공장구에 부자유친, 군신유의, 부부유별, 장유유서, 붕우유신이라고 적혀 있는 것에서 기인한다.

삼강오륜은 기본적으로 전 근대의 전제 군주정과 가부장제 질서를 기반으로 하는 사상이라 성평등, 개인 존중 등의 현대사회에서 필수로 여겨지는 사상과 정면으로 충돌한다. 기성세대, 기득권층은 자신들의 사회적 계급을 정당화하기 위해 삼강오륜을 자의적으로 왜곡해 해석하는 경향도 있었다. 이들의 입장은 민주주의와 인권, 자유와 평등에 대한 명백한 도전이지만, 전통적인 덕목이란 명목은 독재정권 시절 권위에 대한 일종의 복종 교육 수단으로 더할 나위 없는 것이었다.

그렇다고 삼강오륜에 담겨있는 심오한 뜻조차 폄하되어서는 안 된다고 생각된다. 그 어느 것 하나 사람이 살아가는데 불필요한 덕목이 있는 것도 아니며, 인간이 인간인 이상 당연히 행해야 하는 기본적인 도리를 언급해 놓은 것이니 그 정신은 이어받아야 마땅하다 할 것이다.

20대 청년이 이유야 어찌 되었든 할아버지뻘 되는 노인에게 막말을 해대는 것이 과연 아름다운 광경인가? 이런 상황에 아무도 나서서 제지하는 사람이 없는 것 또한 정상적인 사회라고 할 수 있을까? 초등학교 교감이 무단 조퇴하는 학생을 만류하다가 뺨을 얻어맞는 학교가, 사회가, 국가가 과연 정상이라고 이야기할 수 있을까? 모든 것이 미쳐 돌아가고 있다는 느낌이 드는 것은 내가 너무 예민한 탓일까?

우리 사회가 이렇게 돌아가는 이유를 내 개인적으로 판단해 보건대 근본적인 원인이 교육의 부재에 있다고 본다. 교육의 기본은 가정교육이다. 학교 교육은 이차적인 문제이다. 요즈음은 다자녀 가정이 흔치 않아서 하나 아니면 둘이라, 귀한 자식일 수밖에 없는 것으로 보인다. 내 자식이 세상에서 제일 예쁘고 귀하므로 그 사랑이 과도한 것까지는 이해한다 쳐도, 세상에 오직 자기 혼자 존재하는 양 모든 것이 자신을 중심으로 돌아가야 하는 것은 아니지 않는가 말이다.

자식이 잘못을 저질러도 나무라지도 않는다. 애를 기를 죽이면 안 된다는 것이다. 식당 등 공공장소에서 난리를 피우고 다녀도 내버려 둔다. 역시나 같은 이유 때문이다. 주위 사람들이 그 때문에 피해를 입는 것은 생각지도 않는다. 대단히 이기적인 사고방식이다.

사회생활의 기본이 상대에 대한 배려에 있는 것이고 공중도덕을 지킬 수 있도록 어릴 때부터 자식에게 교육을 시켜야 함에도 그 기본적인 부모의 임무를 망각하는 것이다. 기본적인 예의범절을 가르치지 않아서, 어른에게 인사하는 법도 모르고 공손하게 말하는 법도 모른다. 제멋대로 휘젓고 돌아다녀도 부모들은 좋아서 희희낙락(喜喜樂樂)이다. 부모 자격이 없는 사람들이 어떻게 부모가 되었을까?

학교에서는 여러 사람이 함께 생활하며 배운다. 모든 것이 1/n일 수밖에 없다. 교사 한 사람이 여러 학생을 가르쳐야 하므로 관심도 사랑도 1/n이다. 전부를 자기 자식에게만 쏟아 주기를 바라는가? 그렇다면 학교에 보내지 말고 집에서 개인 교사를 채용해서 개인 교육을 시켜야 한다.

자식이 돈 버는 기계가 되기를 바라는가? 인간이 되기를 바라는가? 애들이 학교에서 배우는 것은 학과 공부가 전부가 아니다. 함께 어울려 사는 방법, 사회생활의 기본을 배우는 것이다. 소중한 친구를 사귀는 것이다. 타인의 생각을 이해하고 받아들이며 상대를 배려하는 마음가짐을 배우는 것이다.

맹자(孟子)의 가르침을 도올 선생께서 해설해 놓은 좋은 구절이 있어 소개하고자 한다.

"맹자왈(孟子曰), 중야양부중(中也養不中), 재야양부재(才也養不才), 고인낙유현부형야(故人樂有賢父兄也), 여중야기부중(如中也棄不中), 재야기부재(才也棄不才), 칙현불초지상거(則賢不肖之相去), 기간불능이촌(其間不能以寸). [이루장구(離婁章句)]"

맹자께서 말씀하시었다. 도덕의 품성이 마음 내면에 가득 차 있는 자가 그러한 품성을 아직 갖추지 못한 자를 훈도해야 하고, 재능이 있는 자가 재능이 부족한 자를 훈도해야 한다. 그러므로 집안에 슬기로운 아버지나 형제가 있는 것이 다행스러운 일이다. 저절로 도덕과 재능이 함양될 수 있기 때문이다.

여기서 훈도란 향을 피우면 오랜 세월을 거쳐 향이 방에 은은히 배는 것을 말한다. 그러나 훈도라는 것은 어디까지나 자화(自化) 즉 자기 스스로 감화되어 변해가는 것을 기약하는 것이다.

맹자는 이 글에서 양극화 현상과 매우 유사한 문제점을 지적하고 있다. 인간이 살아가는데 가장 필요한 것은 중(中)과 재(才)이다. 그것은 도덕(morality)과 재능(talents)이다. 이 두 가지만 구비하면 인간이 이 세상에 태어난 일인 몫을 하고도 남는다.

도덕과 재능을 구비한 자를 현(賢)이라 하고 그렇지 못한 자를 불초(不肖)라고 한다면, 이 사회의 가장 큰 문제점은 현과 불초가 양극화되는 현상이라는 것이다. 이 정신적 양극화를 막는 가장 좋은 방법이 바로 "가정교육의 훈도"라는 것이다.

집에 도덕과 재능을 갖춘 훌륭한 부모와 형제자매가 있는 것처럼 인간의 정신적 양극화를 해소시킬 수 있는 사회적 자산은 없다는 것이다. 아버지가 아들을 직접 가르치지 않는다. [군자지불교자(君子之不敎子)]라는 논의와는 차원을 달리하는 것이다.

앞에서 말한 것은 교(敎)에 관한 것으로 보다 전문적인 교육을 의미한다. 여기서는 양(養)에 관한 것으로 방에 향기가 스며드는 것 과도 같은 자연스러운 훈도에 관한 것으로 훈도는 자화(自化)를 목적으로 하는 것이다. 자화의 장(場)으로서 가정 이상의 좋은 교육장소가 없다는 것이 맹자의 지론이다.

서구에서 근대에 들어오면서 교육을 가정에서 분리시켜 대중화(mass education)시킨 것은 피치못할 역사적 추세라고 말할 수는 있겠으나, 가정을 너무 프롤레타리아 생산 단위로 파악하거나 자본주의 사회의 원리에 맞는 효율성의 측면에서만 규정하는 오류가 검토되지 않은 채, 보편적 규범인 양 오인되는 상황 또한 적지 않다.

가정을 인간 훈도의 장으로서 재건(the reconstruction of family education)하는 작업은 21세기의 중요한 문제이다." 여기까지가 도올 선생의 해설이다.

평소부터 늘상 해 오던 생각이지만 나는 자식을 둔 모든 학부모 들에게 학교에 가지 말라고 권하고 싶다. 특별한 일이 있어 학교에서 선생님이 부모를 호출하기 전에는 절대로 학교에 들락거리지 말라는 것이다.

당신 자식만 중요한 것이 아니고 세상 모든 부모들의 자식이 모두다 똑같은 비중으로 소중한 것이다. 집에서 교육시킬 수 없어 학교에 맡겼으면 처음부터 끝까지 학교를 믿고, 선생님을 믿고 간섭하지 말라는 것이다. 교권을 함부로 침해하지 말라는 이야기이다. 선생님의 그림자도 밟지 않는다는 이야기를 들으며 자라온 우리 세대는 현재의 돌아가는 세태를 참기 힘든 것이 사실이다. 교육현장에서 열심히 제자들을 잘 가르치기 위한 방안을 강구하기에도 모자란 시간에 그 많은 선생님들을 어찌하여 거리로 나서게 만드는 것인가?

학부모들이여! 진정으로 자식을 사랑한다면 아이들이 스스로 경험하고 깨달을 수 있도록, 친구들과 트러블이 생기면 스스로 헤쳐 나가는 지혜를 터득할 수 있도록, 어른을 공경하고 선생님을 존경하는 예의 바른 아이가 되도록, 모든 것을 선생님께 맡기도록 합시다.

교단에서, 천직이라는 사명감으로 분투하는 교사들에게는 우리 모두 존경과 감사의 마음을 전해야 마땅할 것으로 생각한다. 마음을 바꾸면 말이 달라지고, 말이 달라지면 행동이 변하고, 행동이 변하면 인생이 바뀐다는데, 우리의 아이들을 이러한 인간의 길로 이끌어 주는 선생님들이 좀더 힘을 내서 분투해 주시기를 우리 모두 빌면서, 대한민국의 모든 선생님들, 파이팅!!!

나는 누구인가?

나쁜 X, 나쁜 XX. 평소에 우리가 입버릇처럼 달고 사는 익숙한 단어다. X나 XX에다 어떤 단어를 넣는 것이 좋을까? 놈, 놈들, 년, 년들, 새끼, 조직, 사회 등등 여러 가지를 대입해서 사용할 수 있을 것이다.

'나쁜'이라는 말은 그 어원이 '나 뿐인'이라고 한다. 즉 다시 말해서 세상에 '나'만 존재하는 것처럼 생각하고 상대에 대한 배려없이 이기적으로 행동하는 것을 말한다. 나쁜 '놈/년'이 되면, 자기만 알고 자기만 편하면 그만이고 자신의 이익만 챙기고 상대에 대한 배려가 없는 사람이 되는 것이다.

나쁜 '조직'은 소규모 집단을 지칭하는데, 회사, 단체 등이 이에 속한다고 볼 수 있을 것이다. 이들은 그 지향점이 선하지 않을 경우 결과적으로 타인에게 피해를 주게 되는 경우도 많은데 가까운 예로 조직 폭력배들을 들 수 있을 것이다.

여기서 규모가 조금 더 커지면 나쁜 '사회'가 된다. 이들은 대규모 집단이나 국가가 되는데 그 누구에게도 도움이 되지 않는, 인류에게 재앙을 가져다주는, 예를 들면 나찌 독일이나 일본 제국주의를 들 수 있을 것이다. 이들의 공통점은 세상에는 나(혹은 우리)뿐이라고 생각하고 그에 어울리는 조직논리를 개발해서 자신들의 이익을 위해 모든 역량을 집중하는 것이다.

그런데 문제는 이 세상이 혼자서는 살아갈 수 없도록 되어 있다는 것이다. 개인이든 단체든 국가 조직이든, 어울려 살아야 하는 세상이고 그러기 위해서는 상대에 대한 이해와 배려가 있어야 하고 개인이든 국가든 지켜야 할 최소한의 예의와 규율이 존재한다는 것이다.

개인에게는 사회의 일원으로서 또한 국민으로서 마땅히 지켜야할 법과 질서와 도덕이 있는 것이고, 국가 간에는 국제법을 준수하고 상대국에 대한 최소한의 예의와 배려가 있어야만 원활한 통상과 문화교류가 가능한 것이니 국제사회의 일원으로서의 책임과 의무가 요구되는 것이다.

'나'라는 존재는 좋든 싫든 연대(連帶)의 끈에 묶여 있는 상태로 살아가야 하는데, 나를 낳아 주신 부모님께는 효도를 다 해야 하고, 처자식은 사랑으로 보살펴야 할 책임과 의무가 있는 것이고, 형제간에는 끈끈한 우애로 연결이 되고 직장 동료, 친구들, 그리고 많은 이웃들과는 직간접적으로 도움을 주고받아야 하는 관계가 성립되는 것이니 혼자 살고 싶다고 해서 혼자 살아지는 것이 아니라는 것이다.

따라서 '나'라는 존재를 생각할 때 독립적인 존재로서의 '나'는 의미가 없으며 모든 사람들과 어떤 형태로든 연결된 상태로서의 '나'만 존재할 수 있다는 것이다. 그래서 '나는 누구인가'를 탐구하기 위해서는 군중 속의 '나'에 대해 탐구해야만 하는 것이다. 나는 누구인가? 혹은 나는 무엇인가?

한 마디로 나는 이기심으로 똘똘 뭉친 한 없이 나약한 존재이며 항상 욕심으로 들끓는 심장을 갖고 사는 존재라고 해야 할 것이다. 나는 아니라고? 그럴 수 있다면 그 또한 한없이 좋은 일이라고 할 수 있을 것이다.

오랜 역사와 드넓은 공간 속에 덩그렇게 내 던져진 나를 찾아 먼저 시간 속으로 들어가 보자. 우리의 우주는 약 138억 년 전에 대 폭발(Big Bang)로 만들어졌으며, 46억 년 전에 태양계가 형성되었다. 당시의 지구 온도는 표면이 1,200°C에 이르렀으며 이산화 탄소와 질소, 수증기만이 존재했다.

7억 년 전 첫 번째 빙하시대를 겪었고, 1억 년 전에는 지구가 공룡의 지배 아래 놓여 있었다. 6천5백만 년 전 운석 충돌 및 화산 분출 등으로 유독가스 구름과 운석 먼지구름으로 태양 빛이 차단되어 2차 빙하기가 도래하였는데 이때 공룡은 멸종하게 된다.

5천만 년 전 최초의 포유류가 등장하였으며, 200만 년전에는 아프리카 동부 지구에 인류의 조상이 출현하게 된다. 같은 시기에 엄청난 결빙 현상이 북극에서 남으로 퍼지기 시작하여 또다시 소 빙하기에 돌입하였으며 이는 수만 년간 지속하게 된다.

대서양 해류의 순환이 차단되는 것은 단순한 가설이 아니다. 실제로 그런 일이 있었다. 마지막 빙하기 말기이던 1만 2,000년 전에 세계는 기온이 오르다가 갑자기 뚝 떨어진 상태로 1,000년 이상 버텨야 했다. 이때 빙하 면적이 팽창되고, 새로 숲이 조성된 지역은 다시 추운 툰드라지대로 변했다. 이 시기는 드라이아스 옥토페탈라(담자리 꽃나무의 일종)라는 극지 고산 꽃식물의 이름을 따서 영거 드라이아스(Younger Dryas)라 불린다. 토탄질이 많은 퇴적층의 경우 이 꽃가루가 항상 발견되기 때문이다.

당시 노르웨이의 기온은 지금보다 7~9℃ 정도 낮았으며, 남유럽마저도 거의 빙하기로 회귀했다고 할 정도로 추위에 시달렸다. 기후변화의 직접적인 원인은 애거시 호수를 이루던 천연 댐이 무너지면서 대서양 해류의 순환이 갑자기 차단되었던데 있었다. 이 거대한 호수는 북아메리카의 거대한 빙상(氷床)들이 북쪽으로 후퇴한 자리에 녹은 물이 고이면서 생성되었다.

댐이 무너지자 호수의 엄청난 물(지금의 오대호보다 일곱 배나 많은 양)이 허드슨만을 거쳐 대서양으로 흘러든 것으로 보인다. 이렇게 많은 양의 민물이 유입되자 북대서양 바닷물은 염분농도가 지나치게 떨어지면서 가라앉지 않게 되었고, 그러면서 심해 해류의 순환이 중단되어 전 세계의 기후가 불안정해졌다.

이후, 1만 년 전 지구가 다시 온난해지면서 초창기 인류가 지구를 차지하게 된다.

영겁의 시간 속에서 고작해야 70~80년 머물다가는 우리네 인생은 어떤 의미가 있는 것일까?

이제는 공간 속으로 들어가 보기로 하자. 우주에는 2~3천억 개의 은하계가 존재하며 그 끝이 어디인지는 알 수 없다고 한다. 우리가 속한 은하계 안에는 수천억 개의 별이 존재한다고 하며, 가장 가까운 은하라 하더라도 70만 광년의 거리에 있다고 하니 그 크기가 가히 상상이 되지 않는다. 있다는 것은 무엇이고 없다는 것은 무엇인가? 무(無)에서 유(有)가 어떻게 생겨났는가? 무의 상태에서도 시간은 흘러가는가? 아인슈타인은 공간이

휘었다는데 아무리 상상의 나래를 펼쳐도 그 모습을 떠올릴 수가 없으니 우리의 지적 능력은 얼마나 보잘것없는지.

무한한 공간을 생각하면 그 속에 있는 '나'라는 존재는 한 톨 먼지만도 못한 존재가 아닌가? Big Bang 이전에는 무엇이 있었는가? 특이점은 무엇이고 우주는 한없이 팽창해서 그 끝이 어디에 이르게 되는지. Black hole, White hole, Worm hole은 무엇인지? 모든 것이 의문에 쌓여 있으며 속 시원한 설명은 어디에도 없다.

무한대의 시공 속에서 인간은 얼마나 하잘것없는 존재인가? 우주적 관점에서 보면 꾸물대는 개미 떼와 무엇이 다른 것인가? 그렇게 보면 정말로 가치 없어 보이는 인생을 왜 살아야 하는 것인가?

한탄은 그만하고 시 한 편을 읽어 보기로 하자.

국화 옆에서
서정주

한송이의 국화꽃을 피우기 위해
봄부터 소쩍새는
그렇게 울었나 보다

한송이의 국화꽃을 피우기 위해
천둥은 먹구름 속에서
또 그렇게 울었나 보다

그립고 아쉬움이 가슴 조이던

머언 먼 젊음의 뒤안길에서
이제는 돌아와 거울 앞에 선
내 누님같이 생긴 꽃이여

노오란 네 꽃잎이 피려고
간밤에 무서리가 저리 내리고
내게는 잠도 오지 않았나 보다(전문)

한 송이의 국화꽃을 피우기 위해서도 이리할진대 인간의 한 생명에 있어서는 오죽하겠는가? '나'라는 존재가 지금 이 시간, 여기에 있기까지 내가 존재하기 위해 우주가 생성되고, 지구가 태어나고, 수많은 생물들이 나고, 죽고, 그 많은 시간이 필요했다고 보면 '나'라는 존재는 얼마나 소중한 것인지 모른다는 생각이 든다.

우리네 생활, 하루하루가 사실은 기적인지도 모른다. 병실에 누워 하염없이 밖을 바라보는 병자들은 기적을 갈구하며 기도하고 또 기도한다고 한다. "하느님, 내게 기적을 베푸시어 저 사람들처럼 걷고, 말하고, 활동할 수 있는, 평범한 일상으로 돌아갈 수 있는 기적을 베풀어 주소서." 다리를 저는 사람들은 "내게도 기적이 일어나 다른 사람들처럼 뛰고, 등산하고, 자전거도 탈 수 있다면" 하고 간절히 소망한다. 사람들은 그 모든 기적을 갖고 하루하루를 살아가는 것이 사실은 우리 자신임을 깨닫지 못하는 것이다.

드넓은 공간 속에서 왜 하필 지구이고, 그 가운데 여기에 내가 존재하는 이유는 무엇인지 그 누가 속 시원히 대답할 수 있을 것인가? 결국 그에 대한 해답을 찾아야 하는 것은 내 자신일 수밖에 없을 거라는 생각이 든다.

내게는 사랑하는 사람들이 있고, 또 나를 사랑해 주는 사람들이 있다. 부모 형제자매도 있고, 사랑하는 처자식과 직장 동료, 그리고 친구들, 살가운 이웃들이 존재하는 것이다. 인생 전부가 내 것인 것처럼 생각하는 것은 큰 착각일 것이다. 손가락 다섯이 내 인생 전부라면 그중 하나는 아내의 몫이요, 또 하나는 자식들 몫이고, 하나는 부모·형제, 하나는 사회생활에 필요한 것이라고 보면 오롯이 내 것이라고 할 수 있는 것은 겨우 하나(20%)에 불과한 것이다.

이 '나'라고 하는 존재는 내 것이 아니며 겨우 20%의 지분을 가지고 있는 것이니 내 마음대로 함부로 행동해서는 안 될 것이다. 주주들의 의견을 항시 경청하고, 나 자신을 소중하게 여기며, 항상 겸손하게, 책임 있게 행동하면 되지 않을까? 좀더 가치 있는 존재가 되기 위해서!!

늙어 간다는 것

학창 시절 함석헌 선생의 강연을 들을 기회가 있었다. 선생은 『씨알의 소리』라는 잡지의 편집자로 활동했고, 『뜻으로 본 한국 역사』의 저자이기도 했으며, 무엇보다도 민주화, 반독재운동의 선봉에 선 열혈지사이기도 했던 것으로 기억한다.

그때 당시 그분의 나이가 정확히 어느 정도였는지 모르지만 백발에 흰 수염, 동안(童顔)에 형형(炯炯)한 눈빛이 대단히 인상적이었고, 민주화의 염원을 담아 토해내는 열변에 심취하기도 했었다.

나이가 들어가면서, 그렇게 동화 속 신선의 풍모를 연상케 하는 모습으로, 또한 열정적인 모습으로 늙어 간다면 그것도 괜찮겠다 하는 생각을 가끔씩 해보기도 했었다.

이제 내가 그 나이 또래가 된 지금, 거울 속을 들여다보면 그 속에는 세파에 찌들고 쪼그라져 가는 한 노인네가 들어앉아 있는 것을 보게 된다. 나이 40이 되면 얼굴에 책임을 져야 한다는 이야기도 있지만, 70평생을 살아온 내 인생 역정이 고스란히 그 거울 속에 담겨있는 것 같아 씁쓰레한 심경에 잠기기도 한다.

늙어 가는 것을 무슨 수로 막을 수 있을까마는, 가능하면 추하지 않게, 곱게 늙어 가고 싶다는 소망을 간직하고 살아왔는데, 지금의 저 모습은 얼마나 그 소망을 닮아가고 있는 것인지.!! 어떻게 하면 남은 생을 추하지 않게, 곱게 늙어 갈 수 있을까? 어떻게 하면 아름다운 꽃들이 사방에서 피어나는 것처럼, 즐거움과 사랑으로 가득 찬 일상을 만들어 갈 수 있을까?

미국 캘리포니아 대학교 의과대학의 교수인 루이즈 애런슨(Louise Aronson)의 저서 『나이 듦에 관하여(Elderhood)』의 내용을 잠시 들여다보고자 한다.

노화가 왜, 그리고 어떻게 일어나는지에 대해서는 여전히 대부분이 베일에 가려진 채다.

우선 진화론 측면에서의 가설은 크게 두 가지로 나뉜다.

하나는, 자연선택이 개체의 유전자에 거의 영향을 주지 못한다는 것이다. 다른 하나는 노화를 유발하는 특질들이 번식에 필요한 핵심 특질들과 묶여 마치 끼워팔기처럼 계속 대물림된다는 것이다.

사회 심리학 가설은 노화를 인간 행동과 연관 지어 설명한다. 사회 심리학에서는 노년기를 세 가지 맥락으로 해석하는데, 첫째는 인간이 성숙해 가는 자연스러운 한 단계라는 것이고, 둘째는 생물학적 변화에 대처하기 위한 일종의 적응전략이라는 것이다. 셋째는 과거의 가치관, 인간관계, 경력들을 적극적으로 증명하거나 거부하려는 반응이라는 것이다.

생리학 영역에서는 우열을 가리기 힘든 다수의 가설이 팽팽하게 맞선다. 몇 가지만 꼽으면, 노화가 방사선과 화학물질에 의한 유전자 손상 때문이라는 가설, 유전자와 단백질의 오류가 축적되어 일어난다는 가설, 필수 세포의 고갈이 원인이라는 가설 등이다. 생리학의 관점에서 노쇠는 면역력 저하와 만성 염증

상태를 말한다. 몸을 오래 쓰고 유해인자에 수도 없이 노출시킨 결과로 자연스럽게 닳고 해진다고 보는 셈이다.

생물 분류상 인간종은 하나뿐인지라 인간이 태어날 때 부여받는 생물학적 수명은 모든 개체가 거의 똑같다. 여기에 후천적 요소들이 추가로 작용하면서 사람마다 각양각색의 모양새로 늙어 가는 것이다.

의학은 인간이 자연스러운 생의 단계를 보다 편안하게 넘기도록 돕는 사회적 수단이어야 마땅하다. 의학은 스스로를 죽음이라는 절대 악에 대항하는 무기라 자처해 왔으나 이는 사실상 불가능한 일인 것이다. 의술로서 노인을 젊은 시절의 완벽한 건강 상태로 되돌리는 것은 불가능하다. 노인들이 목말라하는 것은 삶의 목적, 의미, 선택할 기회라는 정신적 풍요인 것이다.

하지만 오늘날과 같은 사회제도 아래서는 다 그림의 떡일 뿐이다. 이것은 의료제도가 건강한 상태와 행복을 질병 상태와 그 치료만큼 중요하게 취급할 때만 실현될 수 있는 가치들이다.

다리에 힘도 빠지고, 기억력조차 깜박깜박해지는 요즈음인데 어디까지 가능할지는 알 수 없지만, 하루하루 보람을 찾고 한순간 한순간이 의미 있는 삶이 될 수 있도록 노력해 보고 싶다. "생각이 귀(貴)하면 사람도 귀해지고, 생각이 천(賤)하면 사람도 천해진다."고 하였으니, 오늘을 진실되게, 충실하게 살고, 내일은 또 오늘보다 더 나은 날들을 만들기 위해 귀한 생각을 갖고 노력한다면 사람도 귀해지고, 남은 삶이 좀더 귀한 것이 되지 않을는지…:

동물의 왕국

견묘지간(犬猫之間)이라는 말이 있다. 개와 고양이 사이라는 뜻으로 서로 좋지 못한 사이를 이를 때 주로 쓴다. 요즘은 반려동물을 키우는 사람들이 예전에 비해 부쩍 많아졌고 그 주류를 이루는 것은 아무래도 개와 고양이가 아닌가 싶다. 그러다 보니 개와 고양이를 함께 키우는 사람들도 상당수 있는 것 같은데, 두 반려동물을 한 집에서 키우고 싶다면 반드시 알아 둬야 할 것이 있다고 한다. 고양이를 개보다 먼저 들여놓는 것이 좋다는 것이다. 개인 성향을 지닌 고양이와 달리 개는 서열을 매우 중요시 하기 때문이라고 한다.

강아지의 서열 싸움은 생각보다 심각해서 단순히 장난이나 우위 다툼을 넘어 짖고, 공격성을 보이며 심지어는 위험한 사고로 이어질 수도 있다고 하니 집사들의 입장에서는 여간 난감한 문제가 아닌 것이다.

모든 강아지는 사회적 동물이며, 무리 내에서 자신의 위치를 확립하려고 한다. 이러한 서열 싸움은 강아지의 본능적인 행동이며, 특히 어린 강아지나 여러 마리의 강아지를 키우는 경우 더욱 빈번하게 발생한다고 한다. 그런데 강아지들의 서열을 정하는 방식은 사람들이 생각하는 것과는 약간 다르다고 한다. 단순히 물리적인 힘으로 서열을 정하는 것이 아니라 자신감, 안정감, 그리고 리더십을 통해 서열을 확립한다는 것이다.

강아지는 무리의 리더를 따르는 본능적인 습성이 있기 때문에 강아지 서열 싸움을 해결하기 위해서는 집사가 명확한 리더십을 보여주는 것이 중요하다고 한다. 강아지에게 명령을 내리고, 규칙을 정하고, 일관성을 유지함으로써 집사가 무리의 리더임을 확실하게 보여주어야 한다는 것이다. 이는 강아지에게 안정감과 안전함을 제공하며, 불필요한 서열 싸움을 예방하는 데도 도움이 된다고 한다.

통계자료에 의하면 국내 반려묘 인구는 342만 명에 달한다고 한다. 떠돌이 길고양이 숫자까지 합하면 그 숫자가 얼마가 될지는 가늠하기 어려울 정도인 것 같다. 고양이는 수명이 15~20년이며, 길고양이는 열악한 생존환경 때문에 5년 정도 산다고 한다.

고양이는 독립적인 성향의 동물로 알려져 있지만, 집단생활을 하면서 서열이 형성되고 때로는 싸움이 발생하기도 한다. 고양이의 서열은 구성원 간의 관계를 안정시켜주는 중요한 역할을 한다. 집사의 선택으로 집단을 이루는 경우, 대부분의 고양이들은 매우 느슨한 서열 관계를 유지하며 우두머리 고양이 한 마리만 존재한다. 서열은 주로 고양이들 간의 사회적 상호작용을 통해 형성된다. 높은 서열의 고양이는 안락한 자리나 집사에게 먼저 다가가는 권리를 가지며, 선호하는 화장실을 사용할 수 있는 권리를 갖는다. 이러한 서열 관계는 고양이들이 평화롭게 공존할 수 있도록 도와준다. 새로운 구성원이 들어오거나 고양이들 간의 관계가 나빠지면 서열에 변화가 생기고 이는 고양이들 간의 갈등을 초래할 수 있다.

늑대의 무리는 철저한 계급 사회이다. 계급이 높고 낮음에 따라 역할과 행동이 다르다. 늑대는 보통 10여 마리가 무리를 이룬다. 늑대는 무리 안에서 서열을 정하기 위해 싸움을 벌이게 되는데, 그 싸움은 자신의 능력을 보여주기 위함이기 때문에 싸움에서 질 것 같은 늑대는 곧장 자신이 약함을 인정하고 드러누워 배를 보인다. 상대가 이겼음을 인정하는 것이다. 싸움에서 이긴 늑대는 진 늑대를 다치지 않을 정도로 살짝 입으로 물어 준 다음 자신의 승리를 선언한다.

이렇게 서열이 정해지고 나면 늑대 무리의 대장은 자신의 무리를 보살피는 데 있어서 모든 것을 책임진다. 그 무리 중에 다치거나, 새끼를 배거나, 나이가 들어 힘이 없어 사냥을 못 하는 늑대가 있으면 자신이 사냥을 해서 먹이를 가져다준다. 늑대 무리에서 하극상은 전혀 찾아볼 수 없다. 늑대 대장은 암컷 중에 자신의 짝을 선택한다. 한 무리에서 새끼를 낳는 것은 보통 대장 암컷이다. 대장 암컷이 낳은 새끼는 무리의 모든 늑대가 힘을 합쳐 공동으로 그 새끼를 키우게 된다.

사자는 모든 야생 고양잇과 동물 중에서 가장 사교적이며, 새끼와 함께 관련 개체 집단을 이루어 생활한다. 이러한 그룹을 '가족(pride, 프라이드 무리)'이라고 하며 대개 15 마리 내외로 이루어진다. 성체 수컷은 한 마리뿐이며 우두머리 역할을 하고, 여러 마리 암컷과 새끼들을 거느린다. 사냥은 암컷들이 도맡아 한다. 새끼 수컷은 태어난 지 2년 정도가 되면 프라이드에서 쫓겨난다. 반면 대부분의 암컷은 출생 프라이드에 그대로 남는다.

수컷 사자는 다른 수사자와의 힘겨루기를 할 때만 그 용맹성을 보이며, 무리에 침입한 수컷 사자가 기존의 대장이었던 수컷 사자를 상대로 이기면 영역 내의 모든 것을 차지한다. 쫓겨난 수컷은 홀로 생활하며 근근이 삶을 이어가지만 체력이 떨어져 더 이상 홀로 사냥하기가 힘들어지면 외롭게 생을 마감한다.

하이에나는 무리의 우두머리에게 철저하게 복종하며 위계질서가 강하지만, 우두머리가 무리를 제대로 챙겨주지 못할 경우에는 집단으로 반란을 일으켜 우두머리를 추방시키거나 죽이기도 한다. 점박이 하이에나는 클랜이라는 집단을 이루어 사는데 많은 수의 암컷과 적은 수의 수컷으로 뒤섞인 80마리에 달하는 대규모 무리를 형성한다. 서열은 철저히 암컷이 우위에 있으며 덩치도 암컷이 더 크기 때문에 수컷은 암컷에게 대항하지 않는다. 암컷은 새끼를 낳거나 양육할 때쯤에 수컷을 내쫓는다.

하이에나는 생긴 모습과 기분 나쁜 울음소리, 썩은 고기를 즐겨 먹는 습성과 이로 인해 몸에 밴 냄새 때문에 부정적인 이미지로 인식되어 있다.

침팬지는 유전적으로 사람과 가장 유사한 동물이라고 알려져 있다. 주로 초식을 하지만 가끔은 사냥을 하여 육식을 하기도 하므로 현재는 잡식동물로 재해석되고 있다. 20~50 마리 정도가 무리를 지어 사는데 활동을 할 때는 적은 마릿수가 무리를 지어 다닌다.

수컷 중심으로 엄격한 위계질서가 존재하며, 무리 속에서 분쟁이 일어날 경우에는 위계질서에 따라 해결하므로 비폭력적인 해결이 가능하다. 수컷은 자신이 태어난 무리에 머무르지만 암컷은 청년기에 원래의 무리를 떠나 다른 무리로 이동한다.

동물의 왕국에서 모든 동물들은 항상 위협에 노출되어 있다. 먹이사슬에 따라 상위의 포식자가 언제 들이닥칠지 모르기 때문이다. 그래서 24시간 경계를 게을리하지 않으며 포식자에게서 벗어나기 위해 갖가지 방법으로 위험에서 벗어나는 기술을 발전시켜 왔다. 포식자 또한 먹이를 확보하기 위해 갖가지 사냥 기술을 발전시켜 왔으므로 초원에서는 매일 창과 방패의 싸움이 벌어지는 것이다.

기본적으로 모든 동물들의 일차적인 목표는 생존이다. 살기 위해서는 먹어야 하고, 본인은 먹히지 않아야 한다. 사냥과 자기방어를 위해 영역을 확보하고, 영역 내 타자의 침입은 허용되지 않는다. 무리 생활을 하는 종들은 나름의 질서를 가지며 그 질서의 유지를 위해 서열 싸움을 한다. 서열 싸움의 승자는 절대적인 권력을 갖는데 인간의 시각에서 보면 하찮아 보이지만 먹이의 우선권을 갖고 암컷을 차지하며 상대적으로 좋아 보이는 공간을 차지한다. 또한 자신의 핏줄로 무리를 채워 나간다.

인간은 상대적으로 뛰어난 지능과 도구의 사용으로 동물의 왕국에서 최상위 포식자의 위치에 올라섰다. 영역 싸움이든 단순 서열 싸움이든, 아니면 목숨을 건 생존 싸움이든 정글의 법칙은 힘이 지배하고 힘이 강한 자가 승리하므로 모든 동물들은 힘을 갖기 위해 필사의 노력을 기울인다.

힘(force)이란 사람을 비롯한 생물이 자신 혹은 남을 움직일 수 있게 하는 능력의 정도를 말한다. 동물은 주로 근육을 통해 힘을 발휘한다. 고전역학에서 힘은 '물체의 운동상태 또는 모양을 변화시키는 작용'을 말한다. 다시 말해서 물체의 운동에 변화를 일으키는 작용이 힘이라고 생각하면 된다.

힘을 구하는 공식인 F=ma는 '힘은 물체(질량)를 가속시키거나 감속시키는 작용'임을 보여준다. 물체의 질량(m)에, 그 물체의 가속도(a)를 곱하면 물체에 작용시킨 힘의 크기를 구할 수 있는 것이다. 이 공식은 아이작 뉴턴의 유명한 운동 법칙 중 두 번째 법칙이지만, 이 공식의 형태로 정리한 것은 뉴턴이 아니라 레온하르트 오일러였다.

위에서 '가속도'란 표현을 보면 알 수 있듯, 힘은 양(magnitude)뿐만 아니라 방향(direction)을 갖고 있다. 이처럼 방향성을 갖는 물리량을 '벡터'로 부른다.

동물이 사용하는 힘은 근력(筋力, strength)이라고 할 수 있으며, 근육의 근섬유가 수축하는 힘이다. 섬유이므로 물리학적 힘으로 분류하자면 장력에 해당한다.

인간 사회에서 볼 수 있는 힘은 크게 두 가지로 나누어 볼 수 있는데 권력(勸力, power)과 재력(財力, wealth)이 그것이다. 돈, 사회적 지위, 전문적 지식, 명예 등에서 창출되어 인간관계에 작용하는 힘이 그것인데 이러한 의미에서 힘없는 사람을 '사회적 약자'라고 부른다.

권력이란 타인을 복종시키거나 지배할 수 있는 공인된 권리와 힘이다. 정부가 국민에 대하여 가지고 있는 강제력을 이른다. 타인 또는 조직 단위의 행태를 좌우할 수 있는 능력으로 아비투스의 절정을 뜻한다. 아비투스(habitus)란 '제2의 본성'과 같은 것으로, 친숙한 사회집단의 습속이나 습성 따위를 뜻하는 말이다. 프랑스의 사회학자 부르디외가 규정한 용어이다.

어떤 체제건 간에 여론을 주도하는 소수가 있기 마련이다. 이들을 통칭 엘리트라 명명하고, 이들의 행동 위주로 권력을 정의해 나가는 이론을 엘리트론으로 부른다. 집단은 반드시 계층을 이루는데, 이중 최상층에 있는 자가 권력 엘리트이다.

1959년에 프렌치와 레이븐이라는 두 연구자는 무엇을 기초로 함으로써 권력이 나타나는가에 관심을 두었으며, 이들은 6가지의 권력 기반을 제시하였다.

보상(reward) : 상대가 원하는 물질을 제공하면서 생기는 권력이다.

강제적(coercive) : 보상과 반대로 상대에게 무력이나 징계 등 패널티를 주는 권력이다.

정당성(legitimate) : 선거, 계급 등 합법적인 지위를 통해 생기는 권력이다.

참고적(referent) : 이념, 브랜드, 카리스마 등 감정교류를 통해 생기는 권력이다.

전문성(expert) : 면허, 자격증, 교수 직위 등 특정분야에 대한 권위자로 인정받으면서 생기는 권력이다.

정보적(informational) : 내게 필요한 정보를 상대가 가지고 있을 때.

오해와 달리 권력은 강제성을 동반하는 경우만을 의미하지 않는다. 학자에 따라 다르나, 대부분의 학자는 소위 말하는 소프트 파워, 권위, 존경처럼 여론을 조작하는 요소들 역시 권력으로 정의한다.

게오르게. A. 쿠르베르타리스는 권력의 9가지 속성을 다음과 같이 정의했다.

- 상호작용으로서의 권력 : 권력은 인간관계에서만 생겨난다.
- 사회적 교환으로서의 권력 : 보상과 처벌을 의미한다.
- 공간 및 제약으로서의 권력 : 권력자는 더 많은 공간에서 제약없이 활동할 수 있다.
- 자율성으로서의 권력.
- 의례 및 상징으로서의 권력 : 왕좌, 제사, 십자가 등 상징적인 행동과 물건에서 생겨나는 권력이다.
- 정치 및 현실의 구축과 해체로서의 권력 : 미디어를 통해 아젠다를 설정할 수 있는 권력이다.
- 지위로서의 권력 : 경제적 지위, 사회적 지위, 정치적 지위 등 힘을 가진 자가 타인보다 높은 위치에 있으며, 권력자를 따르는 것이 옳다고 타인에게 인식시키면서 생겨난다.
- 잠재적, 의도적 활동으로서의 권력 : 핵무기처럼 지금은 쏠 의도가 없더라도 나중에는 쏠 수 있다는 가능성에서 상대를 굴복시키는 권력이다.
- 촉진제 또는 방지제로서의 권력 : 균형적 또는 불 균형적 권력 행사.

권력에는 부작용이 따른다. 과도한 인기, 의전, 권한 등 자신을 우월하게 여기게 하는 모든 상황에서 인간은 권력에 도취될 확률이 높아진다. 정치뿐만 아니라 기업, 연예계, 스포츠계에까지 흔한 현상으로 연예인 병, 명장 병, 경제 활동에서 권력에 중독된 사람들이 벌이는 일은 갑질 등으로 일컬어진다. 일반적으로 권력에 따르는 부작용은 다음과 같이 열거해 볼 수 있다.

1) 도파민 시스템의 활성화 : 인기나 성공은 뇌에서 보상과 관련된 화학물질인 도파민의 방출을 증가시킨다. 이는 일시적인 기분 상승과 만족감을 유발하지만, 과도한 도파민 노출 경험은 자제력의 감소와 오만이나 거만함으로 이어질 수 있다.

2) 자아중심적 사고의 증가 : 지속적인 칭찬과 관심은 자아중심적 사고를 강화할 수 있다. 이로 인해 타인의 필요와 감정에 둔감해지고, 자신을 중심으로 세상을 바라보게 된다.

3) 자신에 대한 과대평가 : 지속적인 성공과 인기는 자기 과대평가의 심리를 조장할 수 있다. 이는 자신의 능력과 중요성을 과대평가하게 만들며, 비판에 대한 저항성을 증가시킨다.

4) 사회적 격리와 연결성 감소 : 지속적인 성공과 인기는 개인을 일반인과 분리시킬 수 있으며, 이는 사회적 연결성의 감소와 공감 능력의 저하를 가져올 수 있다.

5) 스트레스 호르몬의 변화 : 지속적인 관심과 압박은 스트레스 호르몬 수준의 변화를 가져올 수 있으며, 이는 기분, 행동, 사고방식에 영향을 미친다.

이러한 여러 가지 부작용이 있으므로 이런 환경에 노출되는 사람들은 스스로 끊임없는 겸손을 환기시키고, 비판을 의식적으로 받아들이는 자세가 필요하다. 사회 문화적으로까지 권력자나 인기 있는 사람을 대단하게 보지 않는 자세, 건강한 비판을 옹호하는 태도, 카리스마가 아닌 합리적 정책이나 전략이나 비전에 기반한 지지, 권력을 분산시키는 여러 제도가 요구된다.

권력 추구 자체는 자신의 생존에 필요한 안전성, 사회를 쉽게 개선시키는 힘을 가져다줄 수도 있다. 하지만 이기심과 비합리적인 판단을 이끌 수도 있는 양날의 검과 같은 속성이 있는 것이다.

권력의 본질은 그 주변을 에워싸며 외압을 행사하는 사람들이지만, 그들이 직접 행동해 행사할 수 있는 외압 그 자체임을 잘 모른 채로 상부의 권한에 집착하는 경향이 있다. 대개 권력을 얻은 후에 피해의식에 대한 보상 심리로 눈이 멀거나 공감 능력이 퇴보하고 정치병자가 되는 것이 다수이다. 권력을 가지고 겸손함을 유지하는 것은 그만큼 힘들다는 것이다.

정치학자 브라이언 클라스(Brian Klaas)는 권력을 절대로 잡아서는 안 되는 3가지 유형으로 나르시시즘, 마키아벨리즘, 사이코패스를 꼽았다. 그러나 아이러니하게도 이 3가지 유형은 권력을 가지기 가장 쉬운 유형들이라는 것이다.

민주주의와 권위주의, 정치폭력과 선거 등에 대해 오래도록 연구해온 브라이언 클라스, 유니버시티칼리지런던(UCL) 부교수는 저서 『권력의 심리학(Corruptible)』을 통해 자격 없는 자들에게 권력이 주어졌을 때 우리의 삶이 어떻게, 얼마나 피폐해질 수 있는지를 각국 중앙정부와 지자체, 기업 및 크고 작은 집단의 사례를 통해 보여준다.

권력과 부패가 밀접하게 얽혀든 것은 어제오늘 일이 아니다. 19 세기 영국의 역사가 액턴 경은 "권력은 부패하는 경향이 있고, 절대권력은 절대적으로 부패한다."는 명언을 남기기도 했다.

저자에 따르면 인간 사회는 애초에 평평했다. 위계질서는 농경사회의 진입과 더 넓은 거주지를 갖기 위한 전쟁이 빈번해지면서 생겨났다. 30만 년에 걸친 호모 사피엔스의 역사를 단 일 년으로 축약한다면 새해 첫날부터 크리스마스 즈음까지는 위계질서가 없고, 1년의 마지막 6일 동안 복잡한 문명이 전 세계에 뿌리를 내리면서 위계질서가 규범으로 자리 잡았다고 할 수 있다.

저자는 인간과 생물학적으로 가장 유사한 침팬지, 개코원숭이 등에 대한 실험 결과를 동원해 석기시대 때 우두머리를 선택하던 습성이 현대인들에게도 남아있다고 설명한다. 큰 키와 자기 확신에 찬 목소리, 공격적인 성향 같은 것들 말이다. 그로 인해 현대사회와 맞지 않는 지도자를 선택하는 오류가 발생한다고 저자는 지적한다.

게다가 권력자가 되어서는 안 되는 인물이 유독 권력을 탐하는 경향이 있어 사회는 퇴보하고 피폐해진다. 이들 '악한 리더'에게는 부정적인 3요소가 강하게 내재되어 있다. 바로 마키아벨리즘, 나르시시즘(narcissism, 자기애(自己愛), self-love), 사이코패스(psychopath, 반 사회성 인격장애) 성향이다. '목적은 수단을 정당화한다'는 마키아벨리즘과, 오만, 자아도취, 과장, 인정욕구로 범벅인 나르시시즘, 공감 능력 결여와 무분별, 조작, 공격성 등을 특징으로 하는 사이코패스 기질을 모두 갖춘 인물은 다른 사람들의 눈을 속이고, 심키를 갖고 놀면서 권력을 기어이 쥐고 만다.

문제는 이들이 권력을 쥐는 데는 유능한지 몰라도 권력자로서 마땅히 해야 할 일을 수행하는 데는 취약하다는 데 있다. 예를 들어 공감 능력 결여와 기만술은 면접자를 속이고 입사해서 승진 가도를 달리거나 유권자를 현혹해 권좌에 오르는데 도움이 되지만, 상호작용과 타인에 대한 이해가 필요한 업무에는 당연히 해가 된다.

이런 악한 자들이 권력을 쥐지 못하게 할 수 있는 방도는 없는 것인가? 우선 사회가 '지켜보고 있다'는 감각을 권력자에게 주어야 한다. 그리고 무작위성을 활용해서 억지력을 높여야 한다. 무작위로 표본을 추출해 청렴성 시험을 진행한다면 모두에게 긴장감을 줄 수 있다. 권력자에게 책임의 무게를 상기시키는 것도 중요하다.

심리학 박사 조지선이 '셀럽 심리학'이라는 제목으로 행한 권력의 심리학 특강 내용도 주목해 볼 만하다.

첫째는 권력을 얻은 후에 당신은 다른 사람이 될 수밖에 없다는 것이다. 권력은 '타인에게 자원을 제공하거나 회수 함으로써 그 사람의 상태나 지위를 변화시킬 수 있는 개인의 상대적 능력'을 의미한다. 키 워드는 사회적 관계, 자원 통제력, 상대성이다. 두 사람이 모이면 권력의 위아래가 생긴다. 자원이 제한된 상황에서는 자원 통제권을 중심으로 권력이 형성된다. 내 권력의 크기는 내 통제권 아래에 있는 자원을 타인이 얼마나 원하는지에 따라 결정된다. 연애도 마찬가지다. 상대가 나를 얼마나 좋아하는지에 따라 내 권력의 크기가 정해진다. 그래서 밀당이 필요하다.

모든 상황에서 아무런 권력도 없는 사람을 찾기는 어렵다. 과장에게 매일 혼나는 대리도 신입사원에게는 권력자다. 부장에게는 하늘 같은 리더인 CEO도 회장에겐 팔로어다. 누구나 상황에 따라 높은 혹은 낮은 권력을 가진 사람이 된다.

대부분의 사람은 권력을 얻고 난 후, 자기에게 어떤 심리적 변화가 일어나는지 알지 못한다. 누적된 연구가 제시한 일관된 결론은 파워 있는 사람과 파워 없는 사람의 심리적 체계가 확연히 구분된다는 점이다. 권력을 얻기 전 당신과 권력자가 된 후 당신은 다른 사람이다. 권력감을 느끼면 세상과 사람을 인지하고 행동하는 방식이 달라진다. 조직 피라미드의 꼭대기에 있는 리더들은 이 사실을 깨닫지 못하는데, 무의식 수준에서 변화가 일어나기 때문이다.

변화의 핵심은 행동접근 시스템(behavioral approach system, 접근성향)이다. 이에 늘 붙어 다니는 짝은 행동억제 시스템(behavioral inhibition system, 억제성향)이다. 접근, 억제 성향은 원래 개인적 특성이다. 접근 성향이 강한 사람의 눈에는 환경내의 잠재적 보상이 크게 보인다. 반면 억제 성향이 강한 사람의 눈에는 잠재적 위협이 크게 보인다.

접근 성향은 그 자체로 긍정적이거나 부정적인 것이 아니다. 그러나 상황에 따라서 결과는 다르다. 권력감은 목표를 향해 나아가는 진취적 리더가 되도록 도와주기도 한다. 자리가 사람을 만드는 것이다. 권력자의 오만은 고삐 풀린 접근 성향에서 시작한다. 권력감을 느낀 연구 참여자들은 본인의 의사결정의 정확성에 지나친 자신감을 드러내는 성향이 있다. 비윤리적 행동도 마찬가지다.

권력의 심리적 효과를 요약하는 키워드는 첫째, 탈 억제(disinhibition)다. 권력남용의 원인이지만 엄밀히 말하면 탈억제 자체는 부정적인 개념이 아니다. 불의를 보고 참지 않은 권력자의 행동은 탈억제가 긍정적인 결과로 이어진 사례다.

두 번째는 자기 중심성(self-focus)인데, 공감결핍이라는 권력의 큰 부작용과 맞닿아 있다. 그러나 이것도 그 자체로는 중립적인 개념이다. 상황에 흔들리지 않고 자신의 목표에 집중하는 리더의 강점으로 나타나기도 한다.

요점은 권력의 심리적 영향을 통찰함으로써 탈억제와 자기 중심성의 부작용에 대처하는 동시에 권력이 주는 순기능을 극대화하는 것이다.

일단 권력에 눈이 멀기 시작하면 그 끝없는 욕심에 결국 과오를 저지르기 마련이며, 통제되지 않는 권력, 즉 고인 물은 썩고 절대권력은 절대적으로 부패하는 것이다.

여러 가지 학문적 고찰에도 불구하고 민주적 절차에 따라 다중이 리더를 선택하는 데에는 많은 함정이 도사리고 있는 것으로 보인다. 믿고 선택했는데 엉뚱한 결과가 빚어지는 것을 보고 '이게 아닌데, 무엇이 잘못된 것이지?' 하는 경우를 현실 속에서 너무 많이 보기 때문이다.

오래전부터 사람들은 정치적 현실에 실망한 나머지 철인정치를 주장하는 경우도 있었다는데, 소크라테스나 플라톤이 리더가 되어 정치를 했다면 지상낙원이 실현되었을까? 그건 아닐 것이다. 철학과 정치는 엄연히 다른 분야이기 때문이다. 그러나 여기에도 하나의 원칙은 있어야 하는 것으로 보인다. 리더의 기본 자질에 대한 것이다. '상식에 기반한 건전한 가치관과 도덕성의 소유자'여야 하며 사리 판단에 필요한 기본적인 지식을 갖추고 있어야 하고, 무엇보다도 타인에 대한 존중과 배려, 그리고 따뜻한 마음씨의 소유자였으면 좋겠다는 것이 내 생각이다.

말이 쉽지 그런 조건을 다 갖춘 사람이 어디에 있겠는가 할지 모르지만, 최근 우리 사회에는 이름난 그리고 공식적인 '바보'가 두 사람 있었다. 한 사람은 종교계의 지도자였고 한 사람은 정치 지도자였다. 두 분 다 아쉽게도 고인이 되셨지만 지금까지도 많은 사람들이 그분들을 존경하고 사랑하고 그리워한다.

김수환 추기경과 노무현 전 대통령이 그분들이다. 김수환 추기경은 한국 카톨릭 계를 대표하는 인물로서 수십 년간 군부 정권의 독재에 저항하며 한국 민주주의 발전을 위해 헌신을 해 오신 분이다. 인권의 수호자로서 인간의 존엄성에 대한 신념과 공동선의 추구를 바탕으로 교회가 세상에서 빛과 소금의 역할을 감당해야 한다는 신념에 따라 신앙을 몸으로 실천한 분이었다. 서슬 퍼런 군부 독재의 위협에도 굴하지 않고 바른말을 아끼지 않았으며 자기 자신에게는 지나칠 만큼 엄격하여 스스로를 '바보'로 칭하며 채찍질을 하였고, 어려운 사람들을 위해서 일하는 사회선교의 모범을 삶으로 보여주었다.

노무현 전 대통령에 대해서는 긍정적인 평가와 부정적인 평가가 극명하게 엇갈리는 것처럼 보인다. 그는 인권 변호사로 활동하다 1988년 제13대 국회의원으로 정계에 입문하게 되었으며, 5공 청문회에서 큰 활약을 펼치면서 국민들의 뇌리에 강한 인상을 심어주게 되었다.

1998년 재 보궐 선거에서 종로구에 출마하여 당선되면서 재선의원이 되었으나, 2000년 총선에서 지역주의를 타파하겠다며 종로 대신 부산에 출마하여 낙선하였는데, 이런 모습을 본 지지

자들은 '바보 노무현'이라는 별명을 붙여 주었고, 이때 대한민국 최초의 정치인 팬클럽인 '노사모'가 탄생하기도 했다.

그는 2002년 제16대 대통령에 당선되었으며, 재임중 2004년에는 탄핵소추를 당했다가 다시 직무에 복귀하기도 하는 등 재임 기간 내내 긍정 평가와 부정 평가가 상존하는 가운데 순탄지만은 않은 시간들을 감내해야 했던 것으로 보인다.

퇴임 후에는 고향인 봉하 마을로 내려가 평범한 노후 생활을 즐기는 듯했으나 박연차 게이트로 수사를 받던 중, 2009년 5월 투신자살로 생을 마감하여 많은 국민들을 안타깝게 하였다.

그의 정치 인생은 원칙을 굽히지 않으면서, 권위주의와 지역주의 정치를 타파하기 위해 애쓴 노력의 연속이었으며, 일각에서는 그를 대한민국의 역대 대통령 중 가장 민주적이고 서민적인 대통령이라는 평가를 하기도 한다.

그는 생전에 열정적인 명연설을 많이 남겼는데, 다음은 1995년 부산시장 선거에서 그가 남긴 연설 중 일부이다. "결코 굽히지 않는, 결코 굴복하지 않는, 결코 타협하지 않는 살아있는 영혼이! 깨끗한 영혼을 가지고 이 정치판에서 살아남는 증거를 여러분들에게 보여줌으로 해서 우리 아이들에게 결코 불의와 타협하지 않아도 성공할 수 있다는 하나의 증거를 꼭 남기고 싶었습니다."

유서에 남긴 그의 말처럼 '삶과 죽음이 모두 자연의 한 조각 아니겠는가?'

리비도(Libido)

지그문트 프로이트(Sigmund Freud)는 "우리의 마음에 안정과 의미를 부여하는 것은 일과 사랑이다."라고 했다. 일은 우리의 삶에 책임과 목적을 부여하며, 추상적인 꿈을 더욱 선명하게 만들어 준다. 일은 삶을 훈련시키고 조직적으로 만들어 주며, 우리에게 자신감과 성취감, 그리고 충만감을 안겨준다.

또한 사랑은 각 개인을 사회와 연결시켜 주는 근본적인 요소이다. 사랑이 없으면 뿌리도 없고, 삶은 공허해진다. 타인과의 관계가 두절되면 자신만의 세계에 표류하면서 의미 없는 삶을 살게 될 것이다.

프로이트 이론의 핵심은 이드, 리비도, 에고, 슈퍼 에고이다. 먼저 그는 인간의 심리구조를 이드(본능), 에고(자아), 그리고 슈퍼에고(초자아)로 분류한다.

이드(Id)란 한 마디로 '욕망'이다. 즉 인간 정신의 밑바닥에 있는 원시적, 동물적, 본능적 요소로, 쾌락 원칙에 지배되어 즉각적인 욕구 충족을 목적으로 하는 본능적 에너지이다. 그리고 이러한 이드는 리비도의 저장고이다.

리비도(Libido)는 일반적으로 '성욕'으로 번역하지만, '우정이나 집착까지 포괄하는 넓은 의미의 본능적 에너지' 정도로 해석할 수 있다. 그는 리비도가 사춘기에 갑자기 나타나는 것이 아니라 태어나면서부터 서서히 발달하는 것이라고 주장하였다.

에고(Ego,자아)는 '사회적 성격'이라고 할 수 있다. 이성적 판단과 합리성을 달성할 수 있는 것은 바로 에고가 있기 때문이다. 에고는 이드의 욕구를 눌러 함부로 방출되지 않도록 한다. 그런데 이드의 욕구를 일방적으로 계속 누르면 스트레스가 쌓이고, 더 이상 방출할 수 없을 때 그 이드는 폭발할 수밖에 없게 된다.

슈퍼 에고(Super Ego)는 '현실의 세계에서 추구할 수 없는 이상을 좇는 무의식'이라고 볼 수 있다. 즉 인간은 원시적 이드의 상태에서 사회적 에고의 상태를 겪으면서 이상과 도덕, 윤리, 상식 등에 의해 제한을 받게 되는데, 그 억압의 체계가 내면화된 것이 바로 '슈퍼 에고'이다.

나라는 주체는 '나의 이성(에고)뿐만 아니라, 나의 욕망(이드), 그리고 내 안에 내면화된 타자(슈퍼 에고)'까지 모인 복합적인 것으로 이루어진다. 인간은 주체적이고 합리적인 판단에 의해 행동하는 것이 아니라, 심연의 통제할 수 없는 무의식에 의해 규정된다는 파격적인 이야기를 하는 것이다. 우리는 자유로운 의식만으로 이루어지지 않으며, 우리의 욕망과 사회가 복합되어 탄생한 주체라는 것이다.

프로이트는 성적 본능의 에너지를 '리비도(Libido)'라고 하고, 리비도의 집중 부위에 따라 발달 단계를 5단계로 나눈다. 구강기에 리비도는 구강(입, 입술, 혀)에 집중된다. 항문기는 대소변 훈련의 시기로 리비도가 항문 주위에 집중된다. 남근기는 리비도가 성기 부위에 집중된다. 잠복기는 리비도가 무의식 속에 잠복하는 시기로, 동성 친구나 외부 세계에 관심이 집중된다. 마지막으로 생식기는 신체적인 성숙이 이루어짐에 따라 진정한 의미에서의 성욕이 나타나며, 이성과의 성적 결합에서 정점에 이르러 완전한 어른으로 성숙하게 된다.

리비도는 한 마디로 정신분석학에서 인간 행동의 밑바탕을 이루는 성적 욕망이며 생활력의 근원인 생명력이라고 할 수 있다.

프로이트는 또한 공격욕동(Aggressive Drive)이라는 개념을 제안했는데, 공격성(aggression)이 삶에 대한 동력으로 작용한다고 보았다. 살기 위해서는 외부 환경으로부터 자신을 지켜야 하는데, 이러한 자기방어 기제가 '공격성'으로 나타난다는 것이다. 여기서 욕동(欲動 : drive)이란, 인간의 마음을 움직이는 요소로 '욕구를 움직인다'라는 뜻으로 해석할 수 있다.

프로이트는 자기 보존적 본능과 성적 본능을 합한 삶의 본능을 에로스(Eros)라 했고, 공격적인 본능들로 구성되는 죽음의 본능을 타나토스(Thanatos)라 했다. 삶의 본능에서 성격 발달에 가장 큰 영향력을 발휘하는 것이 성 본능이고, 이것에 내재하는 정신적 에너지를 리비도(Libido)라고 했다. 삶의 본능은 생명을 유지 발전시키고, 자신과 타인을 사랑하며, 한 종족의 번창을 가져오게 한다.

죽음의 본능은 파괴의 본능이라고도 불렸다. 이것은 생물체가 무생물로 환원하려는 본능이다. 그래서 인간 자신을 사멸하고, 살아있는 동안 자신을 파괴하며, 처벌하며, 타인이나 환경을 파괴시키려고 서로 싸우며 공격하는 행동을 하게 된다. 이러한 삶과 죽음의 본능들은 서로 중화를 이루기도 하고, 대체되기도 한다고 한다.

"사랑이란 다름 아닌, 리비도라는 성적 충동을 사회적으로 받아들여질 수 있게 순화한 표현방식"이라고 말한다. 리비도란 생명이 본능적으로 자신의 임무를 수행하기 위해 사용하는 에너지이다. 생명의 본능적 임무라는 것은 '살아남는 것'과 '번식하는 것'이다. 애착과 다르게 리비도는 배고픔이나 갈증 같은 생물학적 욕구이기 때문에 끊임없이 만족을 추구한다. 리비도의 크기는 사람마다 태어날 때부터 다르다고 한다.

리비도는 정신분석학 용어로 성 본능(性本能), 성충동(性衝動)이라는 뜻이지만 보통 말하는 성욕, 다시 말해서 성기(性器)와 성기의 접합을 바라는 욕망과는 다른, 넓은 개념이다. 프로이트는 리비도가 사춘기에 갑자기 나타나는 것이 아니라 태어나면서부터 서서히 발달하는 것이라고 생각하였다. 리비도는 승화되어 정신 활동의 에너지가 되기도 한다.

미국의 심리학자이자 철학자인 에이브러햄 매슬로(Abraham H. Maslow)는 '욕구 5 단계설'을 주장하였다. 인간의 욕망을 생리적 욕구, 안전, 소속감과 애정, 자존심, 자아실현의 단계로 구분한 것이다.

생리적 욕구, 안전, 소속감과 애정, 자존심에 이르는 욕구를 결핍 욕구(D-need, Deficit need)라고 부른다. 모든 결핍 욕구가 채워졌다 해도 인간의 욕망은 사라지지 않는다. 오히려 자신을 옭아매던 결핍 욕구에서 벗어난 순간, 인간은 비로소 진정한 자신을 실현하려고 하는 욕구에 휩싸인다. 이를 매슬로는 자기 자신이 되려는 욕망 즉 존재 욕구(B-need, Being need)라고 부른다.

존재 욕구는 차우면 채울수록 줄어들기는커녕, 오히려 더 강해진다. 예컨대 지존의 음악가는 모든 부와 명성을 얻은 후에도 더 완벽한 연주를 위한 노력을 포기하지 않는다. "능력은 곧 욕구이기 때문이다." 사람은 누구나 자신이 완전히 기능할 때 최고의 행복을 느낀다. 이른바 자아실현이란 이런 상태를 말한다.

프로이트의 이론은 한편으로는 한물간 이론으로 치부되기도 하지만, 자세히 들여다보면 수긍이 가는 점도 상당히 많은 이론으로 보인다. 사춘기로부터 시작되는, 자기 자신에 대한 인식의 문제부터 우정과 사랑, 일과 성취, 자아실현에 이르는 일련의 과정에서 리비도가 중요한 역할을 하는 것으로 보인다.

중요한 것은 리비도가 생활력의 근원인 생명력이라는 사실과 정신 활동의 에너지라는 것은 분명한 사실인데, 리비도의 차원 높은 승화 작용이 없이는 그 가치를 제대르 발휘할 수 없다는 점이다. 승화되지 않은 리비도는 본능적인 성욕에 불과할 뿐이다. 자신과의 치열한 싸움과(개인의 정신적 수양 문제) 적절한 교육을 통하여, 인간은 누구나 다 단순한 본능에서 벗어나 한 차원 높은 사랑을 할 수 있고, 개인의 욕망과 사회가 복합적으로 어우러져 돌아가는 세상 속에서 자기 자신을 실현해 나가는 방법을 찾을 수 있을 것이다.

젊은이들에게서는 젊음 그 자체로 빛이 난다. 젊음의 정열은 무한한 가능성을 품고서 힘차게 날아오른다. 일견 더설프지만 새로운 생각과 시도는 인류발전의 중요한 단초가 되기도 한다.

반면 승화되지 않은 무분별한 행동으로 자기 자신을 사회적으로 지탄의 대상이 되는 상황으로 몰아가는 경우도 숱하게 많이 보아 온 것이 사실이다.

이성과 성적 충동이 적절히 조화를 이루는 중년의 시절이 지나고 나면 이제 리비도는 거의 사라지고 삶에 대한 추동력도 사라져가는 노년의 시절을 맞아야만 한다. 남는 것은 후회뿐, 왜 젊은 시절에 좀더 자제하지 못하고 좀더 가치 있는 일에 집중하지 못했을까 하는 후회만이 남아서 씁쓰레한 마음만 남는 것이다.

얼마전 사회적으로 큰 물의를 몰고 왔던 미투 운동을 기억할 것이다. 젊은이는 젊은 대로, 늙은이는 늙은 대로 분별없는 행동으로 추한 모습을 만천하에 드러내는 것을 보고 혀를 찼던 사람들이 많을 것이다. 그런데 그것은 그 사람들만의 문제는 아니고, 우리 모두의 주변에서 항시 튀어 오를 기회만을 엿보는 용수철 같은 것이 아닌가 하는 생각이 든다.

리비도를 제대로 승화시켜 그 정열과 끊임없는 열정으로 가치 있는 일을 하고 자기 자신을 실현시켜 나가는 사람이 있는가 하면, 순간의 빗나간 성적 충동으로 평생 쌓아온 공든 탑이 하루아침에 무너져 내린다면 이 얼마가 허망한 일인가? 지나친 성적 관심으로 그것만이 최상의 가치인 양 생각하는 사람들도 있는데, 노년이 되어 그도 저도 안 되면 삶의 가치를 어디에서 찾아야 한단 말인가?

진정한 기쁨, 삶의 보람, 가슴 저리도록 절절한 사랑, 이 모두가 리비도를 제대로 승화시켜 자기실현을 이룰 때에 얻어질 수 있는 것이 아닐까 생각해 보는 것이다.

메멘토 모리

영혼과 마음은 같은 것인가? 영혼과 마음이 머무르는 곳은 머리인가, 가슴인가? 흔히들 이야기하듯이 영혼이 불멸하는 것이라면, 영혼은 어디에서 와서 어디로 가는 것인가?

영혼의 사전적 의미는 '정신과는 구별되는 일종의 생명의 원리'라고 되어있고, 칼 융(정신과 의사/심리학자)은 영혼을, 인간의 외부에서 내부로 들어와, 생명의 원리로 작용하는 실체로 보고, 정신과는 다른 것이라고 했다.

그에 따르면 영혼은 스스로 자발적인 운동과 활동을 하며, 감각적인 지각에 의존하지 않고, 이미지를 산출할 수 있는 능력이 있으며, 이러한 이미지들은 자율적으로 조절할 수 있다고 하였다.

따라서 영혼은 인간의 창조물이 아니며, 오히려 인간은 영혼의 활동을 통하여 창조적인 능력을 부여받는다고 하였다.

이러한 영혼과 마음을 가진 나는 누구인가? 이 '나'를 '나'라고 인식하고 있는 나라는 개체는 어떤 존재인가? 나는 영속적인 시간대 위에서 도대체 어디쯤에 있으며, 무한히 광활한 우주 가운데에서 어떤 의미를 부여받을 수 있는 존재인가?

우주는 138억 년 전에 특이점으로부터의 Big Bang(대폭발)에 의해 생성되었으며, 45억 년 전에는 지구가 만들어지고, 200~500만 년 전에 인류의 조상이 태어났다고 한다. 앞으로 50억 년이 지나면 태양은 적색거성이 되어 부피가 점점 커지다가 수성과 금성, 그리고 지구까지 삼켜버릴 것이다. 용광로보다 뜨거운 태양의 대기 속으로 지구가 유입되면 분자구조가 분해되면서 모든 것이 증발하고, 생명체는 흔적도 없이 사라질 것이다.

그런데 Big Bang 이전에는 무엇이 있었지? 그리고 이 우주는 언제까지 존재하는 것이지? 대답은 아무도 모른다. 우리의 행성인 지구는 은하수 은하에 속해 있으며 우리의 은하에는 약 4,000억 개의 별이 있고, 이 우주에는 약 1,000억 개 정도의 은하가 존재한다는데, 그 바깥쪽에 무엇이 있는지, 그 끝이 있기는 있는 것인지는 아무도 모른다.

이 무한한 시간과 공간 속에서 인간이 살다 가는 80년 인생은 그야말로 찰나에 불과한 것이며, 우주적 관점에서 보면 인간의 존재는 꼼지락거리는 개미와도 같은 하찮은 존재가 아닐는지. 어린 시절에 잠자리 잡으러 산으로 들로 헤매고 다닐 적에 가끔씩 개미들이 열을 지어 이동하는 것을 보고, 그 뒤를 따라가 보면 엄청난 규모의 개미집을 발견할 수가 있었다. 그것은 집이라기보다는 방대한 규모의 한 사회이며, 거기에는 엄격한 위계질서와 신분에 따른 역할 분담, 그리고 자신들의 세계를 지키기 위해서라면 자신보다 몇천 배는 됨직한 적에게도 죽음을 도외시하고, 맹렬히 달려들어 싸우는 광경을 목격할 수가 있었다.

어찌 보면 숭고해 보이기까지 하는 이 개미들에게 미물이라는 명칭이 격에 어울리는 것인지, 인간과 비교해서 어느 쪽이 더 우수하고, 어느 쪽이 더 열등한 종인지, 종의 우열을 가리는 그 기준과 논리가 합당한 것인지에 대해 많은 의구심에 휩싸인 적도 있었다.

아메리카 대륙에 사는 수십 종의 개미들은 식물을 재배한다고 한다. 이 개미들은 모두 자신들의 거주지 안에 마당을 만들고 특정한 종류의 호모균이나 버섯을 재배한다. 재배 개미들은 자연 상태의 땅을 이용하는 것이 아니라 자신들이 특수한 타입의 혼합토를 직접 만든다. 어떤 종은 애벌레의 배설물을 모아 거기에서 재배하고, 또 어떤 종은 곤충의 시체나 마른 식물, 또 다른 종(가위개미)은 싱싱한 잎사귀, 줄기, 꽃 등을 재배한다.

예를 들어 가위개미는 잎을 잘라 가늘게 부수어 필요 없는 버섯이나 세균을 제거한 후, 땅속의 둥지 안에 운반해 놓는다. 개미들은 이 가느다란 잎을 풀처럼 축축한 입자로 만들고 타액이나 배설물로 비료를 만들어, 그곳에 자기들이 좋아하는 버섯 종류를 심는다.

개미는 동물을 가축으로 길들여 필요한 것을 얻기도 한다. 그들은 진딧물이나 가루깍지벌레, 깍각충, 틀 애벌레, 뿔매미, 거품벌레 등 여러 가지 곤충으로부터 감로라 불리는 당분이 많은 체액을 모은다. 감로를 얻는 대신 개미들은 그들의 '젖소'들을 포식자나 기생자로부터 보호해 주는 것이다.

개미는 1억 2천만 년 전에 출현했으며, 인간은 길게 잡아도 7백만 년 전부터 지상에 존재하기 시작했다고 한다. 개미는 수백만 개체를 수용할 수 있는 도시를 건설해 냈을 뿐만 아니라, 농업이며 목축이며 전쟁 등을 창안해 냈고 우리보다 더 먼저 이 땅에 정착한 지구 생활의 선 주민인데다, 훨씬 더 손위의 사회성 동물이니만큼 그들보다 젊은 종(種)인 우리는 마땅히 그들을 존중해 주는 것이 당연한 것인지도 모른다. 최소한 그들은 지구를 말아먹을 궁리를 하지는 않으니 말이다.

그렇다면 인간다움이란 도대체 어떠한 것을 말하는 것인가? 인간에게는 영혼이 있다고? 인간에게는 고도의 지성과 문명과, 예술을 추구하는 능력과 과학을 발전시켜 나가는 지능이 있다고? 인간은 종교를 만들었으며 서로 사랑할 줄 알며, 이타심을 발휘하여 타인을 위해 봉사하고 심한 경우 목숨까지 버리는 일도 자주 벌어진다고?

그러나 역사를 더듬어 보면 인간의 역사는 전쟁과 파괴, 정복과 약탈, 약육강식 그 이상도 이하도 아니었다고 생각된다. 신대륙이 발견되었을 때 신대륙(남북 아메리카) 전체의 인구는 약 1,550만으로 추정되었는데, 그중 450만이 아즈텍제국에, 610만이 잉카제국에 거주했다고 전한다. 잉카제국 사람들은 역학이나 토목, 건축기술이 발달해 있었고, 태양을 숭배하는 거대한 신전이 건조되었지만, 문자가 없어 키푸라 불리는 결승문자를 사용해서 수를 기록하고 있었다.

에스파냐의 피사로는 상륙 당시 150명의 병사를 거느리고 있었지만, 잉카 황제 아타발리파를 사로잡아 포로로 한 다음, 석방 조건으로 금과 은을 제공받았다. 그러나 피사로는 약속을 어기고 황제를 처형한 후 수도 쿠스코로 쳐들어가 처참한 살육을 자행하였다. 그들은 말을 타고(신대륙에는 그때까지 말이 없었음), 총을 쏘며, 칼을 휘두르는(당시 신대륙에는 청동기 문명이라 철이 없었음), 소수의 침략자들을 당해낼 수 없었던 것이다.

그들은 또한 원주민들에게는 생소한 각종 병균까지 퍼뜨려서 원주민을 죽음으로 몰아넣기도 했었다. 원주민들은 무지했지만 자연스럽고 소박했던 것으로 보인다. 그들은 거짓말하는 법도 없으며, 사람을 속이는 일도 없었다. 그들은 용기를 최상의 미덕으로 알고 있었고, 처자나 남편에게 강한 애정을 가지고 있었다. 더욱이 그들은 건강하여 병이라고는 몰랐다. 침략자들은 종교를 앞세워 이교도를 길들이고 교화한다는 명분으로 나름 숭고한 뜻을 지니고 있다고 믿고 있었지만 그들의 행위는 살인과 약탈 그 이상도 그 이하도 아니었다. 그들의 행위는 중세의 기독교도들이 벌여온 마녀사냥과 십자군 전쟁, 노예사냥의 틀에서 크게 벗어나지 않았고, 침략의 무리에는 반드시 선교사들이 뒤를 이었으니 무엇을 위한 선교이며 누구를 위한 선교인지 기독교도들은 "원수를 사랑하라"던 그리스도의 가르침을 제대로 이해는 했었는지 심히 의심스러운 대목이 아닐 수 없는 것이다.

도대체 미개라는 것은 야만과 같은 뜻을 가지는 것인가? 원주민들의 도덕은 유럽인의 그것보다 분명히 더 건전하고 수준이 높았던 것으로 보인다. 누가 누구를 교화하는 것이 더 옳은지 의심스러운 마당에 강한 무기를 가졌다고 해서 무고한 살상을 자행하며 남의 땅과 재물을 빼앗고, 노예로 삼아 사고팔며, 병균을 퍼뜨려 한 제국을 무너뜨리는 것이 숭고한 영혼을 지닌 인간의 행위라면, 그것이 인간이 이룩한 문명의 결과물이라면 짐승보다 더 나은 점이 무엇인지 묻지 않을 수 없고, 그것이 서구 문명이 걸어온 길이라면, 그들이 인류문명의 발전에 지대한 공헌을 했다고 으스댈 수만은 없을 것이다.

우주적인 관점에서 보면, 지구라는 행성에 살고 있는 인류는 참으로 보잘것없는 존재임에도 불구하고, 마치 지구의 주인인 것처럼 행동해 온 것이 사실이다. 우주의 광활함 속에 티끌에 불과한 지구 위에서 꼼지락거리는 인류는, 신이 보기에는 바이러스와 같이 하찮아 보이는 존재일는지도 모른다.

신께 기도한다고 열심인 종교인들의 기도를 왜 신께서 잘 들어주지 않는 것인지? 하찮은 존재인 인간의 기도에 일일이 응답할 만큼 신께서는 한가하지 않은 것인지도 모른다.

우리에게 주어진 이 짧은 시간, 어떻게 살아야 할까? 방황하는 영혼의 안식처를 어디에서 찾아야 할까? 확실한 것은 인간이 한없이 나약한 존재라는 것이다. 죽음 앞에서는 그야말로 속수무책인 존재이며, 가장 무서운 것은 육신의 소멸 이전에 영혼이 소멸되는 것이고, 두려움에 떠는 것이다. 대자연의 섭리 앞에서 한없이 겸손해져야 하리라. 시저도, 진시황도, 칭기즈칸도, 나폴레옹도, 알렉산더도 모두 죽었다. 세월 앞에 장사 없다고 대영웅이라는 정복자들도 늙고, 병들고, 죽어가는 과정을 면해 갈 수는 없었다.

로마제국 시대 전쟁에서 큰 승리를 거둔 장군에게는 대규모의 개선식을 거행해 주었는데, 개인에게 있어 더 없는 영광인 개선 행렬의 후미에 노예들을 배치시켜 "메멘토 모리(memento mori)"를 외치게 하였다고 한다. 메멘토 모리의 의미인즉슨 "죽음을 기억하라."인데, "네 비록 오늘 큰 승리를 거두어 영광스러운 자리에 섰지만 너도 언젠가는 죽는다는 것을 알고 자만하지 말고 겸손하라."는 의미였다고 하니, 참으로 의미심장한 이야기이고, 로마인들의 철학적 성찰에 경의를 표하게 만드는 장면이 아닐는지.

지구의 주인인 것 같지만 사실은 나약하기 짝이 없는 한 생명체에 불과한 것이 인간이다. 이 부족한 인간이 가장 겸손한 자세로 사는 방법은?

오체투지(五體投地 : 두 무릎과 팔굽과 이마를 땅에 대임)하고, 두 손바닥을 위로 향하는 불교의 배례 행위는 "나"를 세상에서 가장 낮은 곳에 두고, 당신을 우러러 받든다는 의미인데, 이런 자세로 삶을 대한다면 좀더 보람이 있는 하루하루를 꾸려갈 수 있지 않을는지.

사랑을 위하여

　오스트리아 출신 작가 슈테판 츠바이크(Stefan Zweig)가 쓴 소설 중에 『모르는 여인의 편지』(최근 출판물은 제목이 '낯선 여인의 편지'로 되어있음)라는 작품이 있기에 소개해 본다.
　남자는 어느 날 두툼한 편지 한 통을 전해 받았는데, 겉봉에 쓰여진 이름은 자신이 전혀 들어본 적이 없는 생소한 것이었다. "제 아이는 방금 숨을 거두었습니다. 이 아이는 제 아이이자 또한 당신의 아이이기도 합니다."로 시작되는 편지의 내용인즉, 가까운 이웃 동네로 이사 온 남자를 사랑하게 된 그 여자의 그간의 사정이 숨김없이 기록되어 있었던 것이다.
　여자는 매일같이 정해진 시간에, 자기집 앞을 지나는 남자를 두근거리는 가슴을 안고 기다렸고, 행여라도 남자가 보이지 않는 날은 어디 아픈 것이나 아닌지 가슴을 졸이기도 하는 시간들이 꽤나 흘렀지만, 착하기만 했던 여자에게는 남자 앞에 나타나 사랑을 고백할 용기 같은 것은 꿈에도 생각할 수 없는 먼 나라의 일이기만 했다.
　그러던 어느 날 늦은 시간까지 남자가 나타나지 않아 초조하고 궁금한 마음에 거리로 나섰던 여자는 술에 취해 늦게 귀가하는 남자와 마주치게 되었다. 한창 젊은 나이에 술까지 먹어

얼큰한 상태였기에, 남자는 여자를 거리의 여자로 여기고 따라올 거냐 물었고 여자는 평소에 사랑하던 남자의 말 한마디에 그만 아무 말도 못 하고 남자가 이끄는 대로 따라나서게 되었다.

그렇게 남자와 함께 꿈 같은 시간을 보낸 후 오래지 않아 여자는 자신이 임신했음을 알게 되었다. 그녀는 아무도 자신을 알아보지 못하는 곳으로 가서 아이를 낳겠다는 결심을 하고, 이웃 도시로 떠나게 되었다. 그곳에서 홀로 아이를 낳고, 어려운 생활고를 겪으면서도 어떻게 든 아이를 건강하게 잘 키워보겠다는 여자의 바람과는 달리 아이는 병이 들었고, 제대로 치료도 받아보지 못한 채 결국 숨을 거두고 말았던 것이다. 그녀에게 있어서 삶의 전부였던 아이를 잃은 그녀는 삶에 대한 의지를 잃고, 자신도 세상을 버릴 결심을 하고, 마지막으로 사랑했던 남자에게 그간의 실상을 전해주기로 마음먹었던 것이다.

그녀는 편지에서 남자를 처음 알게 된 시점부터 그를 사랑해서, 그를 만나기 위해 그의 집에서 하염없이 기다리던 일, 그와 3일을 보낸 뒤 여행 간 남자의 연락을 기다리던 일, 돈 많은 남자를 만나지만 그들의 청혼을 늘 거절한 일, 어느 날 술집에서 남자를 만나 그와 함께 밤을 보낸 후 그가 돈을 찔러 넣어 준 일, 매년 그의 생일에 흰 장미꽃을 보낸 일등을 상세히 적어 보냈던 것이다. 이 편지를 받게 되면 그때는 이미 자신이 죽은 후일 거라며 당신을 원망하지 않는다, 당신을 사랑하여 행복했다는 내용이 적혀 있었다.

편지를 읽던 남자는 오랫동안 기억을 더듬었으나 어떠한 이미지도 만들어 내지 못한 채 모든 기억이 너무 흐릿하고 혼란스럽기만 했다. 다만 책상 위의 꽃병이 지난 몇 년 이래 처음으로 그의 생일에 비어 있음을 발견했을 뿐이다.

소설이라서 너무 황당한 이야기로 치부해 버릴 수도 있는 것이지만, 때로는 소설보다 더 소설 같은 일들이 우리 주변에는 얼마나 많은 것인지 모른다.

"인생은 만나고 마주치며 지내는 시간이 반, 그리고 그것을 추억하는 시간이 반이다. 그래서 만나고 마주치고, 기쁘고 슬프고 하는 시간들이 나중에 그럴 기력도 없을 때, 추억의 대상이 되고 힘이 된다. 그래서 1년이든 2년이든 불같은 사랑을 해야 하는 것이다. 나머지 시간 동안 그것만 기억할 수 있어도 살아갈 힘이 된다. 벚꽃이 열흘 반짝 피어도, 나머지 기간은 볼품없는 시커먼 나무로 있어도, 그 기억 때문에 나머지 시간을 견디는 것이다. 겨우 열흘 남짓한 그 시간 때문에 벚나무라고 불리는 것이다."

어느 책에서 읽은 구절인데 구구절절 옳은 말씀이 아닌가 싶다. 그렇게 보면 여자의 짧은 사랑, 일방적인 사랑이 그렇게 값어치 없는 것은 아닐지도 모른다는 생각을 해본다.

따지고 보면 남자의 경우는 돈을 주고 여자를 샀을 뿐이요, 그렇게 잠시 잠깐 성욕을 해소했을 뿐이고, 여자의 경우는 일방적으로 혼자만의 사랑을 불태웠을 뿐이니 정상적인 사랑이라고 부를 수는 없을 것이다. 그런데 사랑에 정상 비정상이 어디 있을까? 사람들은 왜 사랑에 목을 매다는 것일까? 신경림 시인의 시 한 편을 읽어 보기로 하자.

가난한 사랑 노래

가난하다고 해서 외로움을 모르겠는가
너와 헤어져 돌아오는
눈 쌓인 골목길에 새파랗게 달빛이 쏟아지는데.

가난하다고 해서 두려움이 없겠는가
두 점을 치는 소리
방범대원의 호각소리 메밀묵 사려 소리에
눈을 뜨면 멀리 육중한 기계 굴러가는 소리.

가난하다고 해서 그리움을 버렸겠는가
어머님 보고 싶소 수없이 뇌어보지만
집 뒤 감나무에 까치밥으로 하나 남았을
새빨간 감 바람 소리도 그려보지만.

가난하다고 해서 사랑을 모르겠는가
내 볼에 와 닿던 네 입술의 뜨거움
사랑한다고 사랑한다고 속삭이던 네 숨결
돌아서는 내 등뒤에 터지던 네 울음.

가난하다고 해서 왜 모르겠는가.
가난하기 때문에 이것들을
이 모든 것들을 버려야 한다는 것을.
　　　　　　　―신경림 「가난한 사랑」 노래 전문

사랑이란 세상에 존재하는 무수히 많은 사람 중에서 어떤 한 사람을 특별하고 소중한 존재로 인식하게 되는 과정이라고 한다. 전문용어로는 '대상선택'이라고 하며, 프로이트는 대상 선택의 기준을 의존적 대상 선택과 자기애적 대상 선택, 크게 두 가지로 나눈다.

의존적 대상 선택이란 말 그대로 의존할 대상을 사랑으로 선택하는 것이다. 아기가 엄마에게 애착을 품는 이유는 엄마가 먹을 것을 주고, 보살펴 주고, 정서적으로 교류하며, 생존에 필요한 것을 책임지고 있는 사람이기 때문이다. 최초의 사랑의 속성이 의존이듯 우리는 무의식적으로, 자동적으로, 자신의 생존에 필요한 사람을 알아보고 그를 사랑하게 된다.

자기애적 대상 선택의 특징은 우선 자기 이미지와 닮은 사람에게 사랑을 느낀다는 점이다. 타인을 사랑할 때에도 그 대상을 사랑하는게 아니라 그 대상에 비친 자기 이미지를 사랑한다. 자기 이미지가 미화되고 부풀려져 있기 때문에 사랑하는 대상도 실제보다 이상화시켜 흠모하는 경향이 있다. 자기애적 사랑이 불행한 진짜 이유는 상대방에 대한 이해나 공감, 배려가 없다는 점이다. 상대방에 비친 자신의 이미지를 사랑하고, 자기 멋대로 사랑을 쏟아붓기 때문에 상대방의 의견이나 감정은 고려되지 않는다.

프로이트의 이야기는 사랑의 본질에 대해 너무 비관적인 견해를 가지고 있는게 아닌가 생각이 된다. 그의 말대로라면 사랑은 다분히 이기적인 것이고, 그래서 헌신적인 사랑, 목숨을 걸어도 아깝지 않은 그런 사랑은 있을 수 없다는 이야기인지?

그런가 하면 옛 그리스의 철학자들은 사랑을 다음의 6가지 유형으로 구분했다고 한다.

　스토르게(storge) : 친구 같은 사랑

　아가페(agape) : 이기적이지 않은 헌신적 사랑

　마니아(mania) : 소유욕이 강한 사랑

　프라그마(pragma) : 실리적인 사랑

　로두스(lodus) : 장난스럽고 유희적인 사랑

　에로스(eros) : 낭만적이고 성적인 사랑

이 중에서 사람들의 입에 자주 오르내리는 것은 아가페와 에로스 두 가지 사랑이 아닌가 싶다. 흔히들 알고 있기로 아가페는 신이 인간에게 베푸는 조건 없는 무한한 사랑이며 에로스는 그저 통속적인 모든 사랑을 일컫는 것으로 보면 좋을 것이다.

사랑이란 무엇인가? 어느 가수의 노랫말처럼 눈물의 씨앗인가? 물론 그것이 전부는 아닐 것이다. 사람은 태어나는 순간부터 부모의 사랑을 받고 자라며, 형제가 태어나면 형제간의 사랑을 배우고, 이성을 만나 사랑하고 결혼하며, 아이를 낳고 또 그 아이에게 사랑을 쏟아붓고, 친구도 조금 사랑하고, 이웃도 조금 사랑하고, 그렇게 살다 가는 것이 사람의 일생이라면, 사랑이란 인간의 삶 그 자체요 거의 모든 것이라고 이야기할 수 있을 것이다.

사랑의 사전적 정의는 "인간의 근원적인 감정으로 인류에게 보편적이며, 인격적인 교제 또는 인격 이외의 가치와의 교제를 가능하게 하는 힘"이라고 하였으며, 옛사람들은 '아무리 아름다운 금수강산이라 해도 님이 없으면 적막강산'이라 하였듯이 인간은 사랑함으로써 아름답고 보람이 있으며, 낙이 있는 것이라

하였으니 참으로 적절한 지적이라 아니할 수 없을 것이다.

강가의 모래알처럼 수도 없이 많은 사랑이야기 가운데, 한 시인의 평범하지만 또 한편으로는 결코 평범할 수 없는 사랑이야기가 있다.

서울시 성북구 성북동에 길상사(吉祥寺)라는 절이 있는데, 시민운동 '맑고 향기롭게'의 근본 도량으로 해마다 5월이면 봉축법회와 함께, 장애인, 결식아동, 해외아동, 탈북자 등 도움이 필요한 사람들을 위한 자선 음악회를 개최한다고 한다. 이 절은 법정 스님이 1977~2003년까지 회주(會主 : 법회를 주관하는 법사)로 주석하였고, 2013년에 서울 미래유산에 등재되었다고 한다. 또한 이 절은 고급요정 '대원각'을 운영하던 김영한(법명 : 길상화)이 대원각을 법정 스님에게 시주하여 탄생하였으며, 1995년 조계종 송광사의 말사(末寺)인 '대법사'로 등록하였다가 1997년에 길상사로 사찰명을 바꾸어 창건하였다고 한다.

백석(1912~1995) 시인은 본명이 백기행으로 평안북도 정주에서 출생하였으며, 일본 유학으로 영어를 전공하였고, 귀국 후 조선일보사에 입사하여 2년여 근무하였다. 1936년 스물다섯 살의 나이로 조선일보사를 사직한 그는 함경남도 함흥의 영생 고보에 영어 선생으로 부임하였는데, 여기서 조선 권번(朝鮮券番) 출신의 기생 김진향(당시 21세)을 만나 사랑에 빠지고, 그녀에게 '자야'라는 이름을 지어 주었다고 한다.

궁중무용을 포함한 가무에 능했던 자야와 백석은 동거생활에 들어갔고, 3년간의 동거 기간 중 백석은 부모의 강권으로 두 번이나 결혼했지만, 그럴 때마다 그는 얼마 지나지 않아 부인을 버리고 다시 자야의 품으로 돌아왔다고 한다.

마침내 백석은 1939년 자야에게 만주로 도망가자고 제안하였으나, 백석의 장래를 걱정했던 자야는 그의 의견을 따르지 못하고 결국 그는 홀로 만주로 가서 지내다 해방을 맞이하게 되었다. 해방 후 고향인 정주로 돌아온 백석은 계속 북한에서 활동하였으나, 1959년 양강도 삼수군에 있는 국영 협동농장으로 쫓겨나서 축산반에서 양을 치는 일을 맡아 하다가, 1996년 그곳에서 사망한 것으로 알려졌으나 상세한 정황은 알려진 것이 없는 실정이다.

누이처럼 모든 것을 품어주었던 자야는 백석에게 '나타샤'라는 여성으로 형상화되어, 1938년 3월 『여성』이라는 잡지에 「나와 나타샤와 흰 당나귀」라는 시를 발표하게 된다.

해방 후 남쪽으로 내려온 자야는 사업을 잘해서 많은 돈을 벌었고, 불교에 귀의하여 길상화(吉祥華)라는 법명을 가지게 되었으며, 1996년 그녀는 자신이 운영하던 대원각이라는 요정을 길상사로 바꾸어 법정 스님에게 시주(施主)한 것으로 유명해지게 되었다.

뜻밖의 장소에서 뜻밖의 인연을 만나, 그 인연이 모티브가 되어 이후의 삶에 지대한 영향을 주게 되는 것, 이런 것을 운명적 만남이라고 부른다면 백석과 자야의 만남이 바로 그런 것이 아니었을까? 백석에게는 자야와의 사랑이 시적 감흥을 불러일으키는 추동력이 되었고, 이후의 가혹한 삶을 버텨내는 힘의 원천이 되지 않았을까? 자야는 자야 대로 화류계 인생으로 점철된 삶 속에서, 짧지만 절절했던 그와의 사랑이 굳건한 버팀목이 되지는 않았을는지?

일반적으로 남녀가 만나서 사랑에 빠지면 사랑의 호르몬이 분비되는데, 그 기간이 길어야 2년이라고 한다. 그 이후 사랑의 호르몬 분비는 멈추지만, 그 2년 남짓 기간 중의 격정적인 사랑이 있어, 나머지 40여 년 세월을 버티게 해준다는 것이니, 백석과 자야의 짧았지만 강렬했던 그 사랑이 결코 가치가 작은 것은 아니었다는 생각이 든다.

인생의 황혼에 접어들어 그들이 생각했던 것은 무엇이었을까? 제행무상(諸行無常 : 모든 것이 영원할 것이라는 잘못된 믿음을 버릴 때, 세상을 있는 그대로 볼 수 있고, 그 속에서 바르게 사는 길을 알게 된다.), 제법 무아(諸法無我 : 모든 것은 항상 변하기 때문에, 즉 인연에 따라 생긴 것은 인연이 다 하면 흩어지기 때문에 고정불변의 실체란 없다. 무아(無我)가 되어 나를 텅 비우고, 아집(我執)과 소유욕을 버리면, 인연으로 형성된 존재의 실상을 깨우칠 수 있다.)와 같은 불가(佛家)의 가르침이 아니었을지. 그렇기에 평생을 모은 수백억 재산을 망설임 없이 시주할 수 있는 마음 수양의 경지에 이르게 되었을 것이라고 짐작해 본다.

백석의 삶을 보면서 또 한 가지 떠 오르는 생각은 시인의 숙명에 대한 것인데, 시인이란 본래 숙명적으로 자유로운 영혼을 갈구하며, 타인의 영혼마저도 자유롭기를 갈망한다. 영혼의 자유를 억누르고 짓밟는 어떤 형태의 외적 압력에도 굴하지 않고 저항한다. 언론의 자유를 포함, 기본적인 인간의 권리가 보장되기를 바라며, 개인의 인권이 존중받지 못하는 체제에 저항하는 것은 시인에게 있어서는 필연적인 귀결일 뿐이다. 자유로운 영혼은 거짓과 위선을 거부한다. 스스로 끊임없는 정화작용을 통해 더 높은 경지에 이르는 영혼의 고양(高揚)을 지향한다. 시인 백석도 크게 이 범주를 벗어나지 않았을 것이고, 북에서 시작 활동을 계속할 수 없게 된 것도 이와 무관치 않았을 것이라고 짐작을 해본다.

백석의 시 「나와 나타샤와 흰 당나귀」를 읽어보면서 행간에 서린 그들의 깊고 슬픈 사랑과 동경을 음미해 보는 것도 좋으리라.

나와 나타샤와 흰 당나귀

가난한 내가
아름다운 나타샤를 사랑해서
오늘밤은 푹푹 눈이 나린다

나타샤를 사랑은 하고
눈은 푹푹 날리고
나는 혼자 쓸쓸히 앉어 소주(燒酒)를 마신다
소주(燒酒)를 마시며 생각한다
나타샤와 나는
눈이 푹푹 쌓이는 밤 흰 당나귀 타고
산골로 가자 출출이 우는 깊은 산골로 가 마가리에 살자

눈은 푹푹 나리고
나는 나타샤를 생각하고
나타샤가 아니 올 리 없다
언제 벌써 내 속에 고조곤히 와 이야기한다
산골로 가는 것은 세상한테 지는 것이 아니다

세상 같은 건 더러워 버리는 것이다

눈은 푹푹 나리고
아름다운 나타샤는 나를 사랑하고
어데서 흰 당나귀도 오늘밤이 좋아서 응앙응앙 울을 것이다.
　　　　　　　—백석 「나와 나타샤와 흰 당나귀」 전문

생명의 가치

지구상에 존재하는 모든 생명체의 조상은 바다에 살던 어류 즉 물고기이며 진화의 과정을 통해 양서류, 파충류, 포유류 등으로 진화하였다고 한다. 생명의 탄생과 관련해서는 창조론, 진화론, 지적설계론 등 여러 가지 학설이 있으며 그 어느 것 하나 확실하게 입증된 바는 없다.

인간에 대해서도 200~500만 년 전에 나무 위에서 살던 무리가 벌판으로 내려와 직립 보행하면서 문화를 일구고 번성하기 시작했다고 하는데, 고고학(考古學)이라는 학문 자체가 강가의 모래알처럼 많은 사실들 중 조개껍데기에 비유할 만한 뼈다귀 몇 개를 모아 놓고 모래밭 전체(인류의 역사)를 평가하는 형국이라 믿기 힘든 것 또한 사실이다.

생명체의 기원과 관련한 여러 가지 가설들 가운데 범종 설(Panspermia)이라는 것이 있는데, 간단히 말해서 인류를 포함한 모든 생명체의 공통 조상이 외계에서 유입되었다는 설이다. 범종설은 씨앗이 파종되듯 지구 생명체의 공통 조상이 우주에서 지구로 뿌려졌다는 것이 이 이론의 핵심이다. 탄소나 단백질 등 생명의 기본 구성요소 또는 초기생명(유기화합물이나 미생물) 형태가 혜성이나 소행성 등에 실려 지구로 떨어졌을 거라는 것이다.

또한 외계의 지적 생명체에 의해 지구상의 생명체가 생겨났다고 주장하는 사람도 있는데 바로 영국의 분자 생물학자인 프랜시스 크릭이다. 그는 제임스 왓슨과 함께 DNA 이중나선 구조를 발견하여 1962년 노벨생리의학상을 받은 인물이다. 크릭의 외계 고등 생명체에 의한 지구 생명체의 탄생이론을 '정향 범종설'이라고 한다.

크릭은 1973년 "40억 년쯤 전에 다른 천체의 고등 생명체가 의도적으로 미생물을 무인 우주선에 실어 지구로 보냈고, 그 미생물이 지구 생명체의 기원 즉 공통 조상이다."라고 주장했다. 크릭은 생육 가능한 미생물이 우주에서 오랜 시간을 여행하고도 복사 에너지에 손상되지 않은 채 지구에 도착하기 어렵다는 점에서 그 미생물들이 우주선에 실려 왔을 것으로 추측했다.

2013년에는 미국의 한 과학자가 "지구의 생명체중 인간은 지구에서 진화한 생명체가 아니라 외계에서 왔다."는 주장을 내놓았다. 생태 과학자인 엘리스 실버 박사는 『인간은 지구에서 나오지 않았다(Humans are not from Earth)』라는 책을 통해 이와 같은 가설을 주장했는데, 그는 그 근거로 생태학적 근거를 여러 가지 내세웠다.

그는 인간이 지구환경에 적응하지 못하고 있다는 증거로 "인간이 특히 햇볕에 매우 취약하고, 자연 생성음식을 싫어하며, 만성질병에 많이 노출되어 있다는 것이 외계에서 온 증거"라고 주장했다. 그는 또, 다른 척추동물과는 달리 인간은 만성적 척추, 경추 관련 병으로 고생하는데 이는 인간이 지구보다 중력이 약한 외계 천체에서 왔기 때문이라는 것이다. 아이의 머리가 커서 임산부들이 출산할 때 고생하는 것도 지구환경에 적응을 못 했다는 것이 그의 주장이다.

실버 박사의 주장에 동의하는 일부 학자들은, 인간은 스스로 비타민 C를 합성하지 못하는 것도 외계에서 온 생명체설의 근거로 제시한다. 대부분의 동물들은 체내에서 스스로 비타민 C를 만들어 내는데 사람과 원숭이 등 영장류, 기니피그는 음식이나 영양제 등을 통해 외부에서 비타민 C를 섭취해야 한다.

범종설을 주장하는 사람들의 여러 가지 이론에도 불구하고 결정적인 결함이 하나 있는데, 우주에서 씨앗이 날아왔다는 것까지는 좋은데 그 씨앗은 태초에 어떻게 생겨났느냐 하는 것이다. 이것은 결국 달걀이 먼저냐, 닭이 먼저냐 와 같은 돌고 도는 질문 속으로 빠져드는 것이니 아무런 의미가 없는 이야기가 되고 만다.

생명의 역사는 약 38억 5천만 년이며, 참고로 지구의 표면이 굳어진 것은 39억 년 전의 일이었다. 머치슨 운석은 45억 년이나 되었고, 그 손에는 아미노산이 잔뜩 들어 있었다. 모두 74종의 아미노산이 발견되었고, 그중에서 8종은 지구상의 단백질에 쓰이는 것이었다. 충돌 후 30년 이상이 지난 2001년 말에 캘리포니아주의 에임스 연구소의 연구진은 머치슨 암석으로부터 지구에서는 발견된 적이 없었던 폴리 올이라는 복잡한 당(糖)이 발견되었다고 발표했다.

2000년 1월에 캐나다 유콘의 태기시 호수에 운석이 떨어졌는데, 그런 운석들도 역시 우주에 유기화합물이 많이 있다는 것을 확인시켜 주었다. 이제는 핼리혜성의 약 25퍼센트가 유기분자라고 믿고 있다. 그런 것이 지구처럼 적당한 곳에 떨어지게 되면, 생명이 출현하기에 필요한 기본요소가 갖추어지게 된다.

무엇 때문에 생명이 시작되었는지는 알 수 없지만, 생명의 출현은 단 한 번만 일어났다. 그것은 생물학적으로도 아주 특별한 사실이다. 지금까지 살았던 모든 식물과 동물들은 모두 동일한 원시 생물에서 시작되었다. 오랜 옛날 약간의 화학물질이 생명이 되기 위해서 대기하고 있었고, 그 생명은 약간의 영양분을 흡수해서 부드러운 숨을 쉬면서 아주 잠깐 동안 삶을 유지했다. 그 정도는 과거에 여러 차례 일어났을 것이다. 그런데 그런 원형 덩어리가 그 이상의 특별한 일을 했다. 스스로 갈라져서 후손을 만들어 낸 것이다. 한 생명으로부터 아주 적은 양의 유전물질이 다음 생명에게로 전해졌고, 그 이후로는 그런 일이 한 번도 멈춘 적이 없었다. 이것이 바로 우리 모두가 창조되는 순간이었다. 생물학자들은 그 순간을 대탄생(Big Birth)이라고 부르기도 한다. 모든 생명은 하나이다 우리 모두는 거의 40억 년 전에 시작되었던 단 한 번의 유전적 마술이 세대를 통해서 끊임없이 이어진 결과이다.

태고시대, 지구상에 있던 산소의 양은 오늘날 화성에 있는 것보다 더 적었다. 또한 옷을 녹이고, 피부에 물집이 생기도록 만드는 염산과 황산 같은 독가스가 가득했었다. 당시의 대기 중에 가득했던 화학물질 때문에 지표면에 도달하는 햇빛은 거의 없었을 것이다. 20억 년 동안에 박테리아 정도의 생물체가 유일한 생명이었다. 생명이 태어나고 10억 년이 지나는 사이에 언젠가 사이아노 박테리아(cyanobacteria), 즉 남세균(藍細菌)이 물속에 엄청난 양으로 녹아 있어서 마음대로 활용할 수 있는 자원이었던 수소를 이용하는 방법을 알아냈다. 그들은 물을 빨아들여서 수소를 섭취하고, 폐기물인 산소를 뱉어냈다. 그런 과정에서 그들은 광합성 방법을 발명했다. 광합성의 출현은 지구 생명의 역사에서 가장 중요하고, 유일한 대사 과정의 발명임이 틀림없다. 광합성을 발명한 것은 식물이 아니라 박테리아였다.

남세균이 번성하게 되면서 세상은 산소로 가득 채워지게 되었고, 새로 출현한 산소를 사용하는 생물체는 두 가지 이점을 가지고 있었다. 산소는 에너지를 생산하는데 효율적인 수단이기도 했지만, 경쟁상대가 되는 생물체를 제거해 주기도 했다. 남세균은 대단한 성공을 거두었다. 처음에는 그들이 만들어 내는 여분의 산소가 대기 중에 축적되는 대신에 철과 결합하여 산화철이 되어 원시 바다 밑에 가라앉았다. 그런 역사는 오늘날 세계의 철광석을 제공해 주고 있는 띠 모양의 철광상(鐵床)에 생생하게 기록되어 있다. 그러다가 약 35억 년 전에 일상의 화학적 변화를 일으키는 과정에서 남조류들은 아주 조금 더 끈적끈적해졌고, 그래서 먼지와 모래처럼 작은 입자들이 달라붙어서 좀더 단단한 구조를 만들게 되었는데 이것이 스트로마톨라이트 이다.

이것은 표면에 노출되어서 살거나, 그 속에서 사는 다양한 종류의 원시 생물체들이 서로에 의해서 만들어진 조건을 이용해서 살아가고 있었다. 세상에 처음으로 생태계가 나타난 것이다. 이렇게 무디게 보이는 돌들은 생명으로 가득 차 있고, 제곱미터당 36억 마리의 생명체가 있는 것으로 추정된다. 자세히 보면 산소를 배출하느라고 생기는 작은 기포를 볼 수도 있다. 20억 년 동안에 그렇게 배출된 산소가 지구대기의 산소를 20퍼센트로 끌어 올림으로써, 다음 단계의 더욱 복잡한 생명의 역사가 시작될 수 있었다.

생명이 복잡하게 진화하는 데에 그렇게 오랜 시간이 걸렸던 한가지 이유는 단순한 생물체들이 대기 중에 충분한 양의 산소를 불어 넣을 때까지 기다려야 했기 때문이다. 대기 중의 산소 농도가 대체로 오늘날의 수준으로 늘어나는 데에는 지구 역사의 40%에 해당하는 20억 년 정도가 걸렸다.

산소 농도가 그런 수준에 도달하자, 아주 갑작스럽게 전혀 새로운 형태의 세포가 등장하기 시작했다. 핵과 세포기관이라고 부르는 작은 몸을 가진 세포가 출현했다. 그런 과정은 서투르거나 모험심이 강한 박테리아가 다른 박테리아에 의해서 침략을 당하거나 포획되었는데, 포획된 박테리아는 미토콘드리아가 되었을 것으로 생각된다. 생물학자들이 내 공생(內共生)이라고 부르는 미토콘드리아(Mitochondria) 침략에 의해서 복잡한 생명이 가능하게 되었다. (식물에서도 비슷한 방법으로 엽록체가 만들어져서 광합성을 할 수 있는 식물이 생겨났다.)

미토콘드리아는 산소를 이용해서 영양분으로부터 에너지를 방출시킨다. 미토콘드리아는 모래알 정도의 공간에 10억 개 정도가 들어갈 수 있을 정도로 아주 작지만, 아주 굶주린 상태라서, 생물체가 흡수하는 거의 모든 영양분은 미토콘드리아를 먹여 살리는데 사용된다. 우리는 미토콘드리아가 없으면 2분 이상 살 수 없다. 미토콘드리아는 그 자신만을 위한 DNA를 가지고 있다. 새로운 형태의 세포는 '진짜 핵을 가지고 있다'는 뜻의 진핵세포(eukaryote)라고 부른다. 화석에 의하면 진핵세포는 갑자기 나타난 것처럼 보인다. 구식 세포는 '핵이 생기기 전'이라는 의미로 원핵세포(Prokaryote)라고 한다.

진핵세포는 원핵세포보다 더 크다. 결국은 1만 배나 더 크게 되었고, 1,000배나 더 많은 DNA를 가지고 있다. 세상은 점점 식물처럼 산소를 배출하는 생물체와 인간처럼 산소를 소비하는 생물체의 두 종류가 지배하게 되었다. 진핵생물은 10억 년 정도의 오랜 세월에 걸쳐 함께 모여서 복잡한 다세포 생물을 만드는 마술을 배우게 되었다. 그런 혁신 덕분에 크고, 복잡하고, 눈으로 볼 수도 있는 우리와 같은 생물이 태어날 수 있게 되었다.

미생물은 우리가 숨 쉬는 공기를 제공해 주고, 안정하게 만들어 준다. 현대판 남조균을 포함한 미생물은 지구상에서 호흡할 수 있는 산소의 대부분을 공급한다. 바다 밑에서 기포를 올려 보내주는 조류(藻類)를 비롯한 작은 생물체들이 매년 1,500억 킬로그램의 산소를 생산하고 있다.

지금까지 사용하던 생물의 분류가 적절하지 않다는 인식이 확산되면서, 1969년 코넬 대학의 생태학자 R.H. 휘태커는 『사이언스』에 발표한 논문을 통해서 생물을 동물계(Animalia), 식물계(Plantae), 진균계(Fungi), 원생 생물계(Protista), 모네라계(Monera)의 다섯 가지 계(界, Kingdom)로 분류할 것을 제안했다.

생명체들은 오랜 세월을 두고 진화를 거듭하여 다양한 모습으로 변화하였다. 다윈의 진화론의 가장 큰 문제는 생명의 기원을 증명해 내지 못한다는 것이다. 애초에 생명이 어디서 왔을까 하는 문제 말이다. 다윈의 이론은 특정한 고등동물이 존재할 때는 적용되지만, 애초에 생명이 어떻게 태어났는지는 설명하지 못한다.

어쨌거나 인간이 생명체로 가득한 우리 지구에 살게 된 것은 크나큰 행운임이 분명하다. 각양각색의 식물이 있어 초식 동물들이 여유로운 삶을 누릴 수 있고, 그 초식 동물들은 잡아 먹고 사는 육식 동물들 또한 풍요로움을 즐기며 산다. 물론 사냥을 위해서는 약간의 수고로움과 때로는 위험도 감수해야 하지만 말이다. 식물과 동물 모두를 먹고 사는 인간은 먹이사슬의 최상위에 위치하면서 지구라는 행성 전체를 지배하는 호사를 누리며 번성해 왔다.

엉뚱한 생각인지 모르지만 가끔 그런 생각을 해본다. 지구상에 흙(표토)이 없어지면 어떻게 될까? 사하라 사막도 예전에는 물과 숲이 풍성한 땅이었다는데 지금은 모래밖에 없지 않은가? 바람에 이 모래마저 다 날려가 버리면 암반투성이의 황량한 외계 행성 같은 모습으로 변할 것이고, 폭우가 쏟아져 모래를 다 쓸고 내려갈 수도 있지 않을까?

그리되면 식물이 뿌리를 내릴 수 없어 모두 죽을 것이고, 이어서 먹을 것이 없어진 초식 동물들이 죽을 것이고, 그들을 잡아먹고 살던 육식 동물들의 멸종이 뒤를 따를 것이다. 동식물이 모두 사라진 지구에서 인간은 무엇을 먹으며 생존할 수 있을까?

동화 같은 이야기라고 웃어넘길지 모르지만 실제로 그런 일들이 진행되고 있다는 것이다.

지표면이 더워지면 수분 증발속도가 빨라지기 때문에 건조해진다. 그리고 그만큼 식물들이 말라붙고, 그러다가 큰비가 오면 표토에 남은 것들은 간단히 쓸려나간다. 일부 역사가들에 따르면 약 6,000년 전 신화 속 에덴동산의 실제 배경이 사하라 지역이며, 그곳 원주민들이 죄를 지어 추방된 것이 아니라, 기후가 너무 건조해져서 이주한 것이라고 한다.

인더스강 유역의 고대 하라파 문명은 4,200년 전의 극심한 가뭄 때문에 소멸된 것으로 보인다. 온난화는 인구증가, 토양유실, 지하수 고갈, 생태계 파괴 등을 동반한다.

생태계는 기후를 조절하는데 중대한 역할을 담당한다. 그래서 지구를 생명이 살만한 곳으로 유지해 준다. 플랑크톤은 구름의 형성을 도와주는 가스들을 배출하며, 아마존 우림의 나무들은 방대한 면적에 걸쳐 물을 순환시킴으로써 뇌우를 만들어 낸다. 장기적으로 볼 때 바다 생물들은 해저 퇴적층에 탄소를 격리하여 백악층이나 석회암을 만들어 내고, 그로써 대기 중 이산화탄소 농도를 견딜 만한 수준으로 지지해 준다. 육지에서는 식물이 토양의 화학적 풍화작용을 가속화 하는 과정에서 역시 탄소를 격리시킨다. 그런데 오늘날에는 지구 생태계의 자가 복원력이 급격히 훼손되었다.

다량의 탄소는 바다 밑바닥에서 썩어가는 플랑크톤 잔해의 형태로 퇴적되어 깊은 유기물 진흙의 층을 이룬다. 이런 탄소의 일부는 지질학적 과정으로 요리되고, 암석의 작은 구멍을 통해 압착되어 저장되는데, 이것이 바로 석유이다. 오래전 지구는 대기의 지나치게 높은 이산화 탄소 수치를 낮춰 지구 기온을 견딜 만한 정도로 유지하려고 애썼다. 그 결과물 중 많은 양이 인류가 지금 에너지를 얻기 위해 석탄, 석유, 가스를 태움으로써 대기 중으로 돌려보내려고 애쓰는 바로 그 탄소이다.

지구 시스템의 기온 반응 시차 때문에 0.5 ℃에서 1℃ 정도의 기온상승은 이미 시작된 것이나 다름없다. 따라서 내일 당장 온실가스 배출량을 제로로 하더라도, 우리는 1℃ 상승의 세상으로 가게 될 가능성이 크다. 우리가 대기 중에 쏟아낸 탄소의 양이 이미 엄청나기 때문에 기온은 앞으로 적어도 30년 동안 급격히 상승할 것이다.

지구 기온이 2℃ 상승하여 아마존이 붕괴되고 마침내 온난화 현상의 티핑 포인트를 넘어선다면, 이산화 탄소 250ppm 이 추가로 대기 중에 배출될 것이다. 또한 추가로 기온이 1.5℃ 올라가면서 우리는 곧장 3℃가 아닌 4℃ 상승의 세계로 접어들 것이다. 일단 그 단계에 도달하면, 시베리아 영구 동토층이 녹으면서 나오는 탄소와 메탄의 배출이 가속화되어 대기 중으로 배출되는 온실가스가 늘어날 것이다. 그 때문에 온난화가 더 심화되어 우리는 금방 5℃ 상승의 세계로 접어들 것이다. 이 정도로 온난화되면 바다의 메탄 하이드레이트(methane hydrate) 배출 가능성이 심각하게 높아지면서 우리는 결국 6℃ 상승에 따른 대멸종의 재앙을 맞이할 수 있다.

기온 변화를 2℃ 이내로 유지하려면 이산화탄소 농도 목표치가 400ppm 이내여야 한다. (2007년 현재 수준 380ppm) 국제 에너지 기구(IEA)의 전망에 따르면 세계 에너지 수요는 2030년이면 50퍼센트 이상 늘 것이며, 그 가운데 80퍼센트는 청정 에너지원이 아니라 화석연료를 태워 얻어질 것이라고 한다. 오늘날 세계인구는 70억에 달하지만, 이중 고작 5억 명이 매년 대기 중에 새롭게 배출되는 이산화 탄소의 '절반'을 배출하고 있다. 기후 문제는 부유한 사람들의 문제이기도 하다. 세계 경제는 오늘날 1820년보다 1인당 11배 더 많은 생산을 하고 있지만, 세계 인구의 77퍼센트가 빈곤하다. 오늘날 세계에서 인류의 1/5 정도 되는 부자들은 카푸치노를 마시는데 2달러를 쓰고, 인류의 절반은 2달러로 하루를 살아가기 위해 악전고투한다. 주로 미국, 유럽, 일본을 비롯한 다른 선진국에 살고 있는 이 상위 20퍼센트의 사람들은 전 세계 수입의 85퍼센트를 차지하며, 개발 도상국 국민과 비교했을 때 평균적으로 곡물과 생선은 2배, 육류는 3배, 종이는 9배, 가솔린은 11배 더 소비한다.

최초의 유정(油井)이 개발된 지 150년 만에 이 편리한 농축 연료는 이미 최소 40퍼센트에서 절반 가까이 고갈되었다. 최고의 효율성에 이른다고 하더라도 화석연료에 기반한 인간의 문명은 이번 세기까지 버티지 못할 것이다. 지난 두 세기 동안 진행된 이와 같은 폭발적인 에너지 사용증가에서 비롯된 위험은 '느린 죽음'과 '기습'이라는 두 가지 일반적 범주로 나눌 수 있다. 느린 죽음의 위험은 종의 소멸, 토양의 침식과 오염, 물 고갈, 삼림 파괴, 식품 사슬의 전반적인 오염, 인간 활동에 의한 자연계의 부담 누적 같은 친숙한 문제들을 말한다.

제2차 세계대전 이후 43퍼센트의 녹지(123억 에이커)가 토양유실과 사막화, 열대우림 파괴 등으로 사라졌다. 몇십 년 뒤에는 상상하지도 못했던 손실이 나타날 것이 확실하다. 가을철 뉴잉글랜드의 설탕 단풍나무 숲이나 열대 바다의 산호초들, 북극곰과 같은 헤아릴 수없이 많은 동식물과 저지대 섬들과 모래 해변, 그리고 일부 해안 도시 같은, 우리가 지금 알고 있는 세상의 많은 것들이 오늘 태어난 아이가 살아있는 동안 사라질 가능성이 높다.

지구환경을 위협하는 또 하나의 존재가 있는데, 사람들은 그 문제의 심각성을 아직은 미처 깨닫지 못하고 있는 것으로 보인다. 제레미 리프킨(Jeremy Rifkin)은 그의 저서『육식의 종말(원제 : Beyond Beef)』에서 지구환경을 위협하는 소 떼에 대해 상세히 설명해 주고 있다. 이제 그의 설명을 따라가 보기로 하자.

전 세계 온대지역의 토양 부식은 상당 부분 길들여진 소가 그 원인이다. 소의 사육은 지금 전 대륙에서 진행 중인 사막화 확산의 주범이며, 남아있는 지구 열대림의 파괴에도 상당 부분 책임이 있다고 한다. 소 사육은 지구 표면의 담수를 고갈시키는 직접적인 원인이다. 현재 일부 저수지와 대수층(帶水層)들은 마지막 빙하시대 이래 최저 수위를 나타내고 있다. 또한 소들은 유기체 오염의 주요 원인인데, 소들의 배설물은 전 세계의 호수, 강, 개울들을 오염시키고 있다. 소의 증가는 자연 생태계의 부양 능력을 압박하면서 전례 없이 야생의 모든 종을 멸종의 위기로 내몰고 있다. 소들은 지구 온난화를 촉진하는 주요 원인이며, 최근에는 점점 더 증가하는 소들의 수가 지구 생물권의 화학작용까지 위협하고 있다.

1960년대 이후 중앙아메리카 삼림의 25%가 육우 사육을 위한 목초지로 개간되었다. 1970년대 말 중앙아메리카에서는 육우와 다른 가축들이 농경지의 2/3를 차지하고 있었으며, 그들은 대부분 북아메리카로 수출되었다. 1966년부터 1983년 사이에 4만 제곱마일(1평방마일=약 1.3㎢)에 이르는 아마존 밀림이 상업적 목적으로 개간되었다. 브라질 정부는 이 기간 동안 이루어진 대규모 목초지 개발로 모든 열대우림의 38%가 훼손되었다고 추산했다.

오늘날에는 수백만 마리의 육우들이 개간된 목초지에서 풀을 뜯고 있다. 그런데 여기에는 개간되고 사유화된 땅이 정작 목축에는 그리 적합하지 않다는 비극적인 아이러니가 숨어있다. 열대 생태계에서는 밑바닥에서 꼭대기까지 순식간에 에너지 재순환이 이루어지는 절정의 상태에서 토양 기반이 유지된다. 그런데 이곳에서 육우를 사육하면 삼림 바닥에는 거의 남겨지는 게 없으며, 결국 불과 3~5년 동안 목축을 하고 나면 토양은 고갈된다. 그래서 목축업자들이 어쩔 수 없이 새로운 천연림을 개간하는 악순환이 되풀이되는 것이다.

지금부터 2,000년 전 열대 우림 지역은 지표면의 12%인 25억 에이커의 면적을 차지하고 있었다. 그 사이에 인간은 전체 열대 생물체의 절반을 파괴했으며, 특히 유럽의 식민지 팽창 정책이 시작된 지난 2세기 동안 열대 생물체의 대부분이 파괴되었다. 현재 남아있는 열대 삼림의 57%는 남아메리카에 있으며, 또 그 대부분이 아마존에 위치해 있다.

육우 목축을 위해 수백만 에이커의 열대우림을 파괴하고 불태우는 데 따르는 미적, 환경적, 상업적 충격의 여파는 우리의 상상을 훨씬 뛰어넘는다. 중앙아메리카와 남아메리카의 열대우림—세계 도처에 산재해 있는 여타 열대우림도 마찬가지—에서 발견되는 풍부한 다양성이 없다면, 미래의 세대들은 새로운 식량, 의약품, 섬유, 에너지 공급원을 상실하게 될지도 모른다. 모든 약물과 의약품의 1/4은 열대우림에서 추출된 것이다. 항암제

성분을 지닌 것으로 확인된 식물의 70%는 열대우림이 원산지이다.

오늘날 소 사육은 사막화의 주요한 원인으로 부각되고 있다. 사막화의 발생은 가축의 과잉 목축, 과잉 경작, 삼림 벌채, 부적절한 관개기술에서 비롯된다. 그중에서도 소 사육이 사막화의 가장 큰 주범이다. UN에서는 오늘날 전 대륙의 29% 가 '경미하거나 중간 정도이거나 극심한' 사막화로 몸살을 앓고 있다고 추산한다. 전 세계적으로 해마다 1,500만 에이커의 토지가 사막화 과정에서 소실되고 있으며, 5,200만 에이커의 토지는 목축과 경작이 불가능할 정도로 심하게 침식되어 있다고 한다. 이러한 사막화의 확산은 수많은 가족들을 몰락의 구렁텅이에 빠져들게 한다.

UN 환경 프로그램은 사막화에 대해 다음과 같이 정리하고 있다. "사막화는 인간 활동의 영향으로 인한 건조, 반건조로 인해 생태계를 불모지로 만드는 것이라고 정의한다. 이런 과정을 통해 가치 있는 식물의 생산량이 감소하고, 생물군과 종 다양성이 변화하고, 토양 침식이 가속화되고, 인간 거주지의 위험이 증가한다."

사막화로 인해 가장 영향을 받는 곳은 미 서부, 중앙아메리카와 남아메리카, 오스트레일리아, 아프리카 사하라 사막 이남 등 모두 주요 소 사육지역이다. 오늘날에는 전 세계 수십억 마리의 소들이 천연 및 인공 목초를 모조리 뜯어 먹고 밟아 뭉개면서 지구상에 남겨진 초원 대부분을 벗겨내고 있다. 만약 토양에 단단한 뿌리를 박고, 수분을 흡수하고, 영양분을 재순환시키는 식물군이 없다던 토지는 바람과 물의 침식에 점점 더 취약해질 것이다.

지난 반세기 동안 전 세계 방목지의 절반은 과잉 목축으로 인해 피해를 입었다. 뿐만 아니라 소를 비롯해 다른 가축들을 위한 곡물 사료와, 증가하는 인간의 식량을 생산하기 위해 농부들이 토양을 지나치게 혹사시킴에 따라 수백만 에이커의 농경지가 과잉 경작으로 침식되고 있다. UN 환경 프로그램에서는 전 세계 연간 표토 손실을 250억 톤쯤으로 추산한다. 최근 몇 년 동안의 표토손실은 전 세계 농작물 생산을 29% 이상 감소시켰다.

자연 상태에서 2.5센티미터의 표토가 만들어지기까지는 200년에서 1,000년의 세월이 걸린다. 하지만 인간과 소의 수가 유례 없이 빠른 속도로 증가하기 시작하면서 당장 내일이나 미래세대에 대한 고려 없이 이용 가능한 모든 목초지와 경작지가 개발되고 고갈되고 침식되고 있는 것처럼 보인다. 토양 침식과 사막화의 확산은 미국에서도 심각한 문제로 대두되고 있는 것으로 보인다. 200년 전만 하더라도 미국의 경작지에는 최소한 53센티미터의 표토가 층을 이루고 있었지만, 오늘날에는 과잉 목축, 과잉 경작, 삼림 벌채의 결과로 전 국토의 표토손실이 1/3에 육박하고 있다. 심지어 어떤 지역에는 불과 15센티미터의 표토만 남아있다.

공유지를 자유롭게 돌아다니는 소 한 마리는 매달 900파운드의 식물을 먹어 치운다. 그들은 목초지의 풀을 모조리 뜯어 먹고 관목과 나무의 싹도 훑어 먹으며, 그것도 모자라 선인장과 나무껍질까지도 입에 댄다. 그들의 강력한 발굽은 토착 식물들을 짓밟고 1평방인치 당 24파운드의 압력으로 토양을 단단히 다진다. 토양이 다져지면 흙 알갱이 사이의 공간이 좁아지는데, 이는 결국 흡수되는 수분의 양이 줄어드는 것을 의미한다. 그런 토양은 눈이 녹은 웅덩이로부터 많은 수분을 저장할 수 없으며, 지표면을 흐르는 급류에 의해 손쉽게 침식된다. 서부 콜로라도 주만 하더라도 방목되는 하천 지역이 방목되지 않는 지역보다 76%나 더 많은 침전물이 생겨난다.

아프리카는 과잉 목축 문제가 가장 심각하게 나타나는 지역이다. 그곳에서는 해마다 수백만 에이커의 방목지가 훼손되고 있다. 사막화가 그 대륙의 생태계와 인구의 생존에 가장 큰 위협으로 부각되고 있는 것이다. 동아프리카 지표면의 50%가 2,300만 마리에 달하는 소들의 방목지로 이용되고 있다. 사하라 사막은 해마다 48킬로미터씩 놀라운 속도로 남하하면서 3,500마일의 경계선을 따라 예전에는 비옥했던 목초지를 집어삼키고 있다.

유엔 개발프로그램(UNEP)에서는 전 세계 목초지 중 대략 77억 에이커가 이미 사막화의 영향을 받고 있다고 주장한다. 소의 과잉 목축과 주기적인 가뭄은 인간의 위기를 점점 더 증폭시키고 있다. 현대적인 축산단지는 아프리카 대륙의 많은 지역을 훼손시키고 있다. 100년 전만 하더라도 야생동물, 무성한 식물, 울창한 삼림, 태고의 사바나로 가득했던 이 풍요로운 대륙이 지금은 세계에서 가장 황폐화된 곳으로 변해가고 있다. 과잉 목축으로 인해 토지는 침식되고 식물군과 동물군이 사라지고 있다.

흙이 있어야 식물이 뿌리를 내리고 물을 가두고, 그 식물과

물을 먹고 사는 동물이 번성하고, 또 그 동물을 먹고 사는 상위 포식자가 살아갈 수 있도록 만들어져 있는 것이 이 지구, 가이아라면 지금 그 기초가 무너져 내리고 있는 상황에서 더 이상 많은 시간이 주어져 있는 것처럼 보이지 않는다. 지구는 인간의 것이 아니다. 땅에서 바다에서 그리고 하늘에서 오래도록 생명을 이어온 모든 식물과 동물, 모든 생명체의 것이다.

지렁이는 바위가 대부분을 차지하는 지표면에 부드러운 토양을 토해내는데, 그렇게 만들어 내는 토양의 양은 연간 1에이커당 수 톤에 이른다. 동시에 나뭇잎과 풀잎에 포함된 상당량의 유기물을 땅속 글로 끌고 들어가서 다른 토양과 잘 섞어준다. 또한 지렁이가 파 놓은 구멍을 통해 토양에 공기가 공급되고 배수도 용이해지며 식물도 뿌리를 자유롭게 뻗는다. 지렁이 덕에 토양 속 박테리아의 질소 화합 능력이 배가되며 토양의 부식도 줄어든다. 유기물은 지렁이의 소화관을 통해 분해되어 배출되는데 이 분비물 덕분에 토양은 더욱 비옥해진다.

우리말 속담에 '지렁이도 밟으면 꿈틀한다'고 한다. 지렁이를 미물 중의 미물로 간주한 비유일 것이다. 그러나 그 하찮은 미물이 이토록 중요한 일을 수행하고 있다는 것은 실로 대단한 일이라 아니할 수 없을 것이다. 지렁이도 밟으면 꿈틀한다는데 우리의 가이아는 이렇게 마구 짓밟아도 정녕 괜찮은 것일까? 식물과 동물, 그리고 인간, 모든 생명체들이 그 영향을 주고받으며, 의식하든 무의식적이든 서로 도우며 살아가는 것이 가이아에서의 삶이라면 이제 인간은 오만한 독주를 멈추어야만 할 것이다. [*가이아(Gaia)는 1970년대 영국의 과학자 제임스 러브록

(James. E. Lovelock)과 미국의 생물학자 린 마굴리스(Lynn. Margulis)가 내놓은 Gaia가설을 말하며, 지구를 자체 조절 기능이 있는 살아있는 유기체로 보는 이론이다.]

생명은 참으로 소중한 것이다. 풀 한 포기도 그 역할이 결코 가볍지 않다. 지렁이 한 마리도 이렇게 나 큰 역할을 수행함에 있어서랴. 하물며 인간은 어떠한가? 인간은 그 존재자체로서도 이미 소중한 것이다. 수십억 년의 고난에 찬 역사를 뒤로하고 오늘의 인류가 존재한다는 것이 그 얼마나 소중한 일인가? 인간은 인간이라는 이유만으로도 존재가치가 있으며 따라서 인간 하나하나마다 소중히 여겨져야 하고, 그 인격은 존중받아야 마땅하다 할 것이다.

소중한 인간은 이제부터 정말로 소중한 일들을 해 나가야 한다. 인류의 미래를 위해서, 또한 가이아(Gaia, 지구)를 위해서, 그 위에서 삶을 이어가는 모든 생명체를 위해서, 땅과 바다와 하늘에서 가이아가 원활하게, 그리고 건강하게 작동할 수 있도록 최선의 노력을 경주해야 할 것이다. 모든 생명체가 더불어 살아가는 지구를 위하여!!

아름다운 것들

'아름다운 것들'은 오래전에 가수 양희은이 부른 노래의 제목이다. 잠시 이 노래의 가사를 살펴보기로 하자.

꽃잎 끝에 달려 있는 작은 이슬방울들
빗줄기 이들을 찾아와서 음~ 어데로 데려갈까.
바람아 너는 알고 있나 비야 네가 알고 있나
무엇이 이 숲속에서 음~ 이들을 데려갈까.
　　　　　　　양희은 의 노래 〈아름다운 것들〉 2절 가사 전문

이 노래의 원곡은 스코틀랜드 민요로, 미국의 포크 가수이자 인권 운동가인 존 바에즈(Joan Baez)의 〈매리 해밀튼(Mary Hamilton)〉 노래에 싱어송 라이터인 방의경이 가사를 붙인 노래라고 한다.

꽃잎, 이슬방울, 빗줄기, 바람, 숲 등 가사를 가만히 들여 다보면 동화적인 아름다움과 때로는 모든 것을 달관한 은자(隱者)의 여유로움이 느껴지기도 하는 노랫말에 양희은의 청아한 목소리가 어우러져 지금까지도 많은 사랑을 받아온 노래가 아닌가 한다.

사람들은 아름다운 것을 좋아한다. 아름다운 꽃이나 경치, 그림, 조각, 건물, 음악, 여자, 사람, 더 나아가서는 감동을 주는 현상 또는 그에 관한 이야기를 아름답다고 생각한다. '꽃을 사랑하는 사람 중에 악인은 없다'는 말도 있지만, 길 가다가 예쁘게 피어난 꽃은 보면 누구나 한 번쯤은 발걸음을 멈추고 다가가 보는 그런 경험들을 자주 해보았을 것이라고 생각된다. 인간의 본성이 근본적으로 아름다운 것에 끌리거나 아름다움을 추구하고픈 열망에 사로잡히도록 구성되어 있는 것인지도 모른다.

아름답다는 것은 무엇을 말하는 것일까? 아름다움, 즉 통상 우리가 미(美)라고 부르는 것은 '감각, 특히 보고 듣는 것을 매개로 얻어지는 기쁨이나 쾌락의 근원적 체험을 주는 것'이라고 말해진다. 미는 원래 인간이 추구해야 할 중요한 가치이며, 특히 선(善)과 밀접하게 관련되는 것으로 여겨져 왔다.

'아름다움'은 글자 그대로 '앎'이라고 한다. 앎은 각성(覺醒)을 의미한다. 인간에 대하여, 사회에 대하여, 삶에 대하여 각성하게 하는 것이 아름다움이라는 것이다. 진정한 아름다움은 세계와 자기를 대면하게 함으로써 자기와 세계를 함께 깨닫게 하는 것이다. 그런 뜻에서 아름다움은 우리가 자주 이야기하는 '성찰' '세계 인식'과 직결된다고 한다.

따라서 아름다움은 단순히 보고 듣는 것으로부터 얻어지는 감각적인 것뿐만이 아니라, 인간 존재의 근본적인 허무를 상쇄하기 위해 본능적으로 주어진 욕구나 욕망을 표출하기 위한 예술에의 의지를 나타내는 것이기도 하고, 삶에 대한 깊은 성찰을 통해 한 차원 더 높은 경지의 기쁨을 얻을 수 있는 도구가 아닌가 생각해 보는 것이다.

그리하여 인간의 욕망은 단순한 시각적, 청각적 즐거움을 벗어나 마음속 깊이 감동을 불러일으키는 생각과 행위로 향하도록 인간을 이끌어 가는 것이라고 생각된다. 물론 인간은 저열한 욕망으로 가득 차서 하루를 살아가기도 하지만 또 한편에서는 아무도 흉내 낼 수 없는 숭고한 일들을 행하기도 하는 것이 또한 인간이니, 가히 천사와 악마를 동시에 지닌 존재가 인간이 아닌가 생각해 보는 것이다.

아름다움에 대한 판단은 다분히 주관적인 요소가 많이 작용하는 것으로 보인다. 동일한 사물을 바라보는 관점이 사람마다 다를 수 있다는 것이다. 그것은 아마도 그 사람이 살아온 환경과 그로 인해 많은 영향을 받아 형성되었을 가치관의 차이에서 오는 것이 아닌가 생각된다.

두문불출(杜門不出)이라는 말이 있다. 고려가 망하고 조선이 들어서자 고려의 충신들은 관직을 버리고 두문동 골짜기로 숨어들었다. 한번 들어간 사람은 죽는 날까지 바깥세상에 모습을 드러내지 않는다고 해서 두문불출이라는 말의 유래가 된 것이라고 한다.

원래 이곳에 숨어 들어간 고려의 충신은 모두 73명이었는데 오직 한 명만 살아남았다. 그 유일한 생존자가 바로 조선왕조 5백 년 역사상 가장 훌륭한 재상으로 꼽히는 황희 정승이다.

조정은 그들을 설득하는 것이 불가능하다는 결론을 내리고 마지막 통첩을 하기에 이르렀다. 끝까지 반항하면 마을 전체를 불태워 없앤다는 것이다. 그날 밤 두문동 선비들은 마지막 회의를 열고 "우리 중 누군가는 살아서 후세 사람들에게 오늘의 이야기를 전할 수 있어야 한다." 비록 고려는 이미 없어졌어도 백성들은 그대로 남아있으니 누군가는 살아서 의지할 데 없는 백성들을 이끌어 주어야 한다는 게 그날 회의의 중론이었다.

결국 전체의 의견을 모아 한 사람을 선택하기로 했는데 그가 바로 황희 정승이었다. 두문동 대학살이 있던 날 황희는 눈물을 흘리며 관군들 앞으로 나왔고, 고려의 마지막 충신 72명은 끝내 투항을 거부한 채 모조리 불에 타 죽고 말았다.

현대적 시각으로 본다면 너무 무모하고 어리석은 짓이었을지도 모른다. 하지만 당시의 대쪽 같던 선비들의 기개는 현대에 사는 우리들이 감히 상상할 수 없는 높은 경지의 것이 아니었을까 생각해 보는 것이다. 상황의 유불리에 따라 쉽게도 진영을 옮겨 다니는 요즘 정치에 비하면 그래도 배울 점은 있지 않은지? 많은 사람들은 투항을 거부한 채 불에 타 죽은 72명도, 또한 본의 아니게 살아남게 된, 그리하여 백성을 위해 평생토록 헌신한 나머지 1명도 모두 아름다운 사람들이라고 평가한다. 많은 사람들에게 감동을 주기 때문이다.

이제는 고인이 된 천상병(千祥炳) 시인에 대해 이야기해보고자 한다. 시인은 20대 초반의 나이에 문단에 갓 나왔으며, 처음에는 독설로 선배 문인들을 곧잘 골탕 먹이는 날카로운 신예 비평가였다고 한다. 한때는 일정한 직장이나 숙소도 없이 이리저리 떠돌아다니는 생활을 했던 것 같다. 그는 1967년 동백림사건에 연루되어 옥고를 치르게 된다.

동백림사건이란 베를린 유학생들이 동베를린에 간 사건으로 이응로 화백과 윤이상 선생이 걸렸던 바로 그 사건이다. 유학생들 여럿이서 같은 베를린에 사는 동포의 주선으로 동베를린을 구경했는데, 그 배후에 북한의 조종이 있었다는 것이 말하자면 혐의의 전부로써 '북괴의 돈을 받고 적성 국가에 들어갔으니 반공법을 위반한 것'이 되고 만 것이다.

베를린 유학에서 돌아와 대학에서 강의를 하고있는 대학 동기가 그 주모자의 하나였던 것이다.

"다정한 친구도 인해 동백림사건에 걸려들어 심한 전기 고문을 세 번 받았고, 그로 인해 정신병원에도 갔고, 아이를 낳지 못하는 몸이 되였지만, 나는 지금의 좋은 아내를 얻었다. 고문을 받았지만, 진실과 고통은 어느 쪽이 강자인가를 나타내 주었기 때문에 나는 진실 앞에 당당히 설 수 있었던 것이다. 남들은 내가 술로 인해 몸이 망가졌다고 말하지만 잘 모르는 사람들의 추측일 뿐이다."(『외 할머니와 손잡고 걷던 바닷가』, 『천상병 전집』)

정보부에서 한 3개월, 교도소에서 또 3개월, 그렇게 고생을 하다가 선고유예로 나온 그는 몸이 극도로 쇠약해져 있었다. 행려병자로 시립병원에 입원 되어있다가 나온 그는 극도로 기운이 쇠락하여 손놀림이나 걸음이 불편했고 귀가 멀었으며 말이 어둔해져 있었다고 한다.

이제 그의 시 「귀천」을 함께 읽어 보기로 하자.

나 하늘로 돌아가리라.
새벽빛 와 닿으면 스러지는
이슬 더불어 손에 손을 잡고,
나 하늘로 돌아가리라.
노을빛 함께 단둘이서
기슭에서 놀다가 구름 손짓하며는,

아름다운 것들

나 하늘로 돌아가리라.
아름다운 이 세상 소풍 끝내는 날,
가서, 아름다웠더라고 말하리라

―천상병 시 『귀천』 전문

    천상병 시인은 뒤에 이 글을 보고 자신은 독실한 가톨릭 신자로서 이 시는 바로 독실한 신앙심의 표현이라고 말했다고 한다.
    나는 이 시를 참 좋아한다. 그런데 애를 써도 도저히 이해가 안 되는 부분이 있다. '아름다웠다'는 부분이다. 그의 삶을, 어느 구석을 들여다봐도 그렇게 아름다웠다고 표현할 만한 구석이 없기 때문이다. 차라리 나쁜 XXX, 망할 X의 세상, 등등 있는 욕 없는 욕 모조리 끌어 다가 퍼부어 대도 모자랄 것 같지 않은가 말이다. 속말로 시인이 무슨 부처님 가운데 토막도 아닌데 말이다.
    그래서 행여 원망이나, 분노, 원한, 욕설, 저주 등등 나쁜 말들을 모조리 끌어모아서, 이런 것들을 은근히 역설적으로 표현한 것이 아닐까 싶어 몇 번이고 곱씹어 보지만 문맥 어디에도 그런 구석은 보이지 않는다. 그냥 시가 참으로 아름답다는 생각만 들 뿐이다. 아마도 그 이유는 시구 하나하나에 시인의 삶에 대한 긍정과 소박함, 맑은 영혼에의 갈구와 진심이 느껴지기 때문이리라.
    정부에서는 2003년 시인에게 은관 문화훈장을 추서했다고 한다. 죄 없는 시인을 끌어 다가 고문을 가해서 반병신을 만들어 놓은 것도 정부기관이요, 그에게 문화훈장을 추서한 것도 정부

기관이라니 참으로 그런 모순이 없다는 생각이 든다.

시인은 평소에도 으스갯말로 자신은 죽어서 저승에 가면 천국과 지옥의 갈림길에서 포장마차를 하고 있을 테니 거기서 만나자고 즐겨 말했다는데, 훈장을 보면서 어떤 생각을 했을까? 잘은 모르지만 평소와 그랬다면 그냥 허허 웃으면서 "막걸리나 한 잔하세." 했을 거라는 생각이 든다.

어떠한 경우에도 인간의 존엄을 해치는 것은 가장 큰 죄악이다. 무고한 백성이 무참한 꼴 당하지 않고 사는 세상이 정의사회라고 했던가? 두고한 백성을 잡아다가 "아이론 밑 와이셔츠같이/ 당한 그날은…"(천상병 시 『그날은 —새』 부분)이라고 말하도록 만든 사회는 분명 정상이 아니다.

그 정상이 아닌 사회가 조금은 나아졌다고는 하지만 아직도 갈 길은 멀어 보인다. 불과 얼마 전까지만 해도 국가조직에 고문기술자라는 것이 존재했던 것이 사실이고, 그렇게 멀지 않은 과거에 대학생 고문치사 사건이나 성고문 사건이라는 것 등으로 한바탕 사회가 떠들썩했던 것이 바로 엊그제 일이니 말이다.

유시민 작가는 『국가란 무엇인가』에서 니버(Reinhold Niebuhr)의 『도덕적 인간과 비도덕적 사회(Moral Man and Immoral Society)』에 대해서 이야기한다.

도덕이 개인의 내면에서 형성된 이성적 의식인 데 반해, 국가 또는 집단을 지배하는 것은 집단적 감정과 충동이다. 집단에는 양심이 없다. 개인과 국가의 행동은 상이한 원리에 따라 이루어진다. 개인으로서 사람은 서로 사랑하고 봉사해야 하며 서로 간의 정의를 확립해야 한다는 사실을 믿는다. 그런데 인종적, 경제적, 국가적 집단으로 서의 개인들은 스스로 그 힘이 명하는 것이면 무엇이든 한다. 개인과 국가는 도덕적 이상이 서로 다르다.

개인이 행하는 선은 남을 이롭게 하는 행동이다. 그런데 그러한 개인들이 모여 집단을 이루면 이야기가 달라진다. 여기서는 누구도 이타적 행동을 선으로 여기지 않는다. 그 집단의 이익을 도모하는 것이 선이요, 다른 집단을 이롭게 하는 것은 악이 될 수 있다.

니버는 가족의 범위를 넘어서는 큰 사회집단인 공동체, 계급, 인종, 민족은 사람들에게 자기부정과 자기확대의 이중적인 기회를 제공한다고 보았다. 니버는 "사회에 요구할 수 있는 최고의 도덕적 이상은 정의(Justice)"라고 했다. 개인을 중심에 놓고 보면 최고의 도덕적 이상은 이타성(unselfishness)이다.

우리 사회는 정의가 실현되고 있는 사회인가? 아니면 언제쯤 그것이 가능할까? 어떠한 경우에도 중요한 것은 사람의 마음이고 그 마음이 아름다운 것이었으면 좋겠다는 생각을 해본다.

얼굴

고교 시절에 사귄 친구 놈이 하나 있었다. 성격도 나와는 딴판이고 무엇 때문에 친한 사이가 되었는지도 아리송하지만 어쨌든 서로 좋아했고 그 시절에 젊음이 할 수 있는 많은 것을 함께 했던 것으로 기억한다.

그런데 특기할 만한 것은 그 친구가 지독한 음치였다는 사실이다. 음치가 무엇이냐? 노래할 때 음정과 박자가 하나도 맞지 않는 사람, 그럼에도 불구하고 남의 시선 상관없이 종일 떠들어 대는 사람을 말하는 것이라면 그 친구가 꼭 그랬다. 언제나 밝고 명랑한 모습으로 낙천적인 자세로 친구들을 대하는 모습에 친근한 감정이 들었던 것인지도 모른다.

대학 시절 친구 놈들 여럿이 어울려 하변으로 캠핑을 가게 되었다. 밤이 되자 모닥불을 피워 놓고 둘러앉아 노래를 불렀는데 주인공은 역시 그 친구였고 거기서 배운 노래가 얼굴이라는 노래였다. "동그라미 그리려다 무심코 그린 얼굴…" 그런 가사였는데, 그 노래 말고도 그 당시에 우리들 젊음이 좋아했던 노래는 대개 비슷한 감성을 노래했던 것 같다. 아침이슬, 꽃반지 끼고, 하얀 손수건, 사랑해, 제목은 생각이 안 나지만 "조개 껍질 묶어 그녀의 목에 걸고…" 등등 아무튼 그런 노래도 있었고…. 중요한 것은 이 모든 노래를 가르쳐준 선생이 바로 그 음치 친구였다는 사실이다.

시간이 흘러 군 복무를 마치고 각자 직장생활을 시작했는데, 얼마 지나지 않아 그 친구는 뜻하지 않은 사고로 일찍 유명(幽明)을 달리하게 되었다. 그 시절 함께 불렀던 노래의 여운이 채 가시지도 않았는데 말이다. 그런데 그것으로 그 친구와의 모든 인연이 끝난 것은 아니었나 보다. 친구의 부모님이 나의 장인 장모님이 되었으니 말이다. 이어서 아들 딸이 생겼고 이제는 눈에 넣어도 아프지 않을 손자, 손녀까지 생겼으니 인연이라는 오묘한 섭리(攝理)가 이런 것인가 하는 감회에 젖어 보기도 하는 것이다.

석가모니 부처님은 현실적으로 인간의 자유를 박탈하고 끝없이 고통스럽게 하는 노(老), 병(病), 사(死)는 근본적인 원인이 있어서 그로부터 비롯되는 것임을 알았다. 그리하여 그 근본적인 원인이 무엇인가 하는 것을 깊이 추구하였는데, 그것은 곧 인간의 마음 깊이 깃들어 있는 진리에 대한 무지, 곧 무명(無明)이라는 것을 깨달았다. 그리하여 고타마 싯달타는 내심의 깊은 성찰에 잠겨 모든 것이 연기(緣起)한다는 이치를 관찰하였다.

연기라는 것은 이 세상의 모든 것은 하나도 예외가 없이 모두 다 그것이 형성될 수 있는 조건 '인연(因緣)'에 의하여 이루어져 있다는 것이다. 즉 일체 만유는 모두가 조건에 의해 생성되어 진다는 것인데, 이 절대적인 진리가 연기(인연)의 법칙이다.

연기(緣起)란 '조건에 의해 생겨남'을 뜻한다. TV를 켜면 소리가 나오고 화면이 뜨는 데 없던 것이 왜 생겨났을까? 소리가 나고 화면이 뜨는 것이 연기의 '기(起)'에 해당한다. "소리가 왜 날까?" 설명하는 부분이 연기의 '연(緣)'으로 소리가 날 여러 가지 조건이 갖추어졌기 때문이다.

'연기'의 글자 그대로의 의미는 '조건에 의해 생겨난다'이지만, 여기에 함축된 의미는 '조건에 의해 생겨났다가, 조건이 변하거나 소멸하면 함께 변하고 소멸한다'이다. 이때의 조건을 불교에서는 인연(因緣)이라고 한다. 우주의 모든 것은 예외 없이 연기의 이치에 따라 생겨나고 소멸한다는 것이다.

연기한 모든 것은 이와같이 조건에 의해 특정한 모습을 하고 있지만, 동시에 그 모습에 구속되어 있지 않고 거기에서 자유로운 초월성도 함께 가지고 있다고 한다. 진흙탕이라는 상황에서도 더러워지지 않고 청정한 연꽃이 피어 있는 것과 같다. 모두가 다 가지고 있는 이 자유로운 초월성, 이것을 불성(佛性)이라 한다.

"나는 누구인가?" 이 질문에 대해 불교는 나는 오온(五蘊)의 가화합(假和合)에 붙여진 명칭일 뿐이다'라고 답한다. 오 온은 색, 수, 상, 행, 식을 말한다. 색(色)은 육체를 달하며, 수(受)는 좋고 싫다는 등의 느낌, 상(想)은 이미지와 개념을 형성하고 언설을 일으키는 작용, 행(行)은 의지 작용, 식(識)은 마음 그 자체를 가리킨다.

가화합(假和合)은 인연에 의해 임시적으로[가(假)] 조화롭게 결합되어 있다[화합(和合)]는 뜻이다. 인연이 다 하면 다섯 요소의 화합도 다 하고 '나'도 없어진다. 나를 구성하고 있는 다섯 요소 가운데 영원하며 변치 않는 것은 하나도 없다. 이 몸도 언젠가는 사라지고, 기쁨도 잠깐이며 영원한 미움도 없다. 이 오 온이 가 화합되어 있는 상태를 편의상 '나'라고 부를 뿐이다.

따라서 영원히 머무르며 변치 않는, 즉 상주불변(常住不變)의 '나'가 있다는 생각은 착각에 불과하다. 그와 같은 상주 불변의 '나'는 없다는 것을 '무아(無我)'라고 한다.

'얼굴'의 옛말은 얼골이라고 한다. 얼 골은 얼꼴에서 왔으며, '얼 의 꼴' 다시 말하자면 '영혼의 모습'이다. 그 사람의 영혼의 모습이 가장 잘 드러나는 부위가 바로 얼굴이기 때문에 그렇게 이름 붙였다고 한다. 그러고 보면 예로부터 우리의 조상님 들이 즐겨 보았던 관상은 곧 그 사람의 내면이 어떠한가를 보는 것이니 나름 일리가 있었다는 생각이 들기도 한다.

또한 이 말은 그 사람이 잘 생겼느냐, 못 생겼느냐 하는 문제와는 별개일 것이다. 그보다는 차라리 그 사람이 지닌 분위기와 품위 있는 행동거지에서 나타나는 것이 아닐까 생각되기도 한다. 이것은 또한 그 사람만이 지니는 정체성이 아닐까 생각해 보기도 하는 것이다.

정체성(identity)은 E.H. 에릭슨의 정신분석적 자아심리학과 G. 올포트의 인격심리학 등에서 사용한 용어이다. 정체성은 사회에 둘러싸여 있는 개인으로서의 자신이나 집단으로서의 자신이 타자(他者)와는 다른 어떠한 고유한 의미를 갖는 존재인지 아닌지를 문제로 할 때 기초가 되는 개념이다.

한 사람의 인간이 성장해가는 과정에서 획득한 자기 자신의 연속성과 안정성에 관한 자신(自信), 이것이 있으면 오늘날의 자신과 내일의 자신과의 정합성(整合性)을 의심하지 않게 된다. 사회 속에서 다양한 기대에 부응하고 다양한 역할을 하면서 자신이라는 존재의 통합을 잃지 않는 핵심이 된다.

또한 정체성은 자신이 어떠한 사람인지를 타인에게 이해시킬 수 있는 형태로 나타내는 표지이기도 하다. 계속성이 있는 신체적 특징, 이름, 부모나 혈연 집단과의 관계 명시, 그 외 사회가 중요하다고 생각하는 여러 집단, 단체, 조직으로의 귀속명시 등이 표지로써 이용된다.

자신이 어떠한 사람인지를 사회 속에서 위치부여하고 타인과의 관계에서 애매함을 줄이기 위해 이용되는 집합적인 속성을 나타내는 추상적 개념이라고 할 수 있다. 정체성이란 한마디로 '나는 누구인가?'라는 질문이고, 더 나아가서는 사회 속에서 나는 어떤 존재로 위치하고 있는 것인가에 대한 끝없는 의문이 될 것이다.

리처드 도킨스(Richard Dawkins)는 『이기적 유전자(The Selfish Gene)』에서 인간은 유전자의 생존 기계이며, 인간이 존재하는 것은 바로 '유전자를 보존하기 위해서이다'라고 말한다.

도킨스에 의하면, 우리는 신의 뜻이나 어떤 '선(善)'을 실천하기 위해 만들어진 존재가 아니라, 우리 세포 속에 간직하고 있는 DNA(유전자)를 유지하기 위해서 만들어진 존재에 불과하며, 우리를 주조해 낸 것은 바로 '불멸의 코인, DNA'라는 것이다.

다윈은 진화에 영향을 주는 선택의 원리로 인위 선택, 성 선택, 자연선택 등 3가지를 말하였는데, 여기에 도킨스는 하나를 더 보탠다. 바로 '선택 행위자가 없는 선택'이다.

우리는 유전자의 기계로 만들어졌고 '밈(meme : 유전자가 아니라 모방 등에 의해 다음 세대로 전달되는 것'의 기계로서 자라났다. 그러나 우리에게는 창조자에게 대항할 힘이 있다. 이 지구에서는 우리 인간만이 유일하게 '이기적 자기 복제자의 폭정'에 반역할 수 있다.

인간이라는 동물이 아메바라는 원생동물과 구별되는 것은 바로 '자유의지'이다. 문화를 일구고, 문화라는 아이디어의 총체를 후손들에게 전달해 주는 독특한 사회적 유전자, 비유전적 문화 요소인 '밈'은 인간의 특성이기도 하다.

매트 리들리(Matt Ridley)는 『이타적 유전자(The Origins of Virtue)』에서 도킨스와는 약간 결이 다른 이야기를 들려준다. 인간의 정신은 이기적 유전자에 의해 만들어졌다. 그럼에도 불구하고 인간의 정신은 사회성과 협동성과 신뢰성을 지향한다.

인간은 사회적 본능을 가지고 있다. 인간은 세상에 태어날 때부터 협동의 방식을 계발하고, 믿을 만한 사람과 그렇지 못한 사람을 구별하고, 스스로 믿을 만한 사람임을 과시해 좋은 평판을 쌓고, 재화와 정보를 교류함으로써 노동 분화를 이루는 것 같은 소양들을 타고 난다. 이것은 인간만이 가지고 있는 능력이다. 이 정도면 그럭저럭 인간임에 자부심을 느끼며 살아도 좋지 않을까?

어쨌거나, 왜 사느냐고 묻는다면 대부분의 사람들이 행복을 이야기할 것이다. 어떻게 사는 것이 행복하게 사는 방법일까? 우선은 돈이 많아야지? 그것이 행복의 기초가 될 테니까. 당연한 이야기다.

일본의 생태 운동가 쓰지 신이치가 제안한 GNH라는 것이 있다. 이제는 국가의 풍요를 재는 GNP(Gross National Product)에서, 행복의 개념으로 풍요를 재는 GNH(Gross National Happiness)로 전환해야 한다고 주장한다. 이를 위해 신이치는 다음과 같은 항목을 제시했다.

얼마나 많은 시간을 가족과 보내는가?

여유 시간이 얼마나 많은가?

얼마나 많은 시간을 친구, 이웃과 보내는가?

얼마나 적은 돈으로 행복할 수 있는가?

기계나 도구(이를테면 노래방 반주기계)의 도움 없이도 얼마나 많은 노래를 부를 수 있는가?

멋진 차, 훌륭한 레스토랑, 돈 없이도 행복한 데이트를 할 수 있는가?

얼마나 자유로운가?

일하며 행복한가?

물론 여기에 나열한 조건들은 신이치 개인의 주관적인 생각이고, 사람마다 가치관에 따라서 인생에서 중요하다고 생각하는 문제들이 다를 수밖에 없으니 그에 따라 행복을 위한 조건 또한 각양각색일 것으로 보인다.

개인의 생각과는 딴 판으로 세상 돌아가는 것은 기묘하다. 종교적인 가르침 대로라면 착한 일 많이 하고, 많이 베풀고 살면 분명 복을 받고 행복한 삶을 누려야 될 터인데, 현실은 영 딴판인 것이다 착한 사람은 요령 부족으로 이리 차이고 저리 차이며 눈물을 삼키는가 하면, "귀신은 뭐하는지 몰라, 저런 놈을 안 잡아가고" 하는 사람들은 콧노래 불러가며 산다.

어려운 이야기 하기로 유명한 임마누엘 칸트(Immanuel Kant)의 이야기를 들어보자.

신(神)의 실존(實存)에 대한 문제의식은 바로 인간의 도덕성과 행복의 불일치라는 인간의 실존적 현실로부터 출발하고 있다. 다시 말해서 도덕적으로 선업(善業)을 쌓는 인간에게 그 선업에 비례하여 행복이 보장되지 않는다는 것이다.

행복이란 현세에 사는 이성 존재자가 자기의 전체에 있어서 모든 것을 제 뜻대로 할 수 있는 상태이다.(실천이성 비판) 따라서 우리의 도덕적 의욕과 행복한 상태는 자연적 현실 속에서 구현되어 있어야 한다. 그러나 우리가 목격하는 자연적 현실은 이러하지 못하다.

그럼에도 불구하고 순수한 이성의 실천적 과제에 있어서는, 다시 말해서, 최고선의 필연적 추구에 있어서는 도덕과 행복의 연관은 필연적인 것으로 요청된다. 따라서 최고선이 가능하게 되기 위해서는 이러한 연관의 근거, 즉 도덕성과 행복이 엄밀히 조화되는 근거를 내포하는 원인으로서의 하느님이 생존하는 것이 요청되게 되는 것이다.

다시 말해서 불행한 현실 속에서도 인간이 끊임없이 도덕적인 행위를 지속할 수 있기 위해서는, 언젠가는 우리에게 반드시 행복을 보장해 주리라는 우리의 신념을 가능케 하는 선(善)의 근원으로서의 하느님의 실존이 요청되는 것이다.

제러미 리프킨(Jeremy Rifkin)은 『공감의 시대(The Empathic Civilization)』에서 낭만주의에 대한 한 없는 애정을 나타내 보여준다. 낭만주의를 대표하는 상징적인 작품으로 아르투르 쇼펜하우어(Arthur

Schopenhauer)의 『도덕의 기초에 관하여』를 꼽는 것도 그중 하나일 수 있다.

쇼펜하우어는 당대의 모든 주류 사상에 맞서, 도덕성의 기초는 순수 이성이 아니라 동정심이며 감정과 느낌이 동정적 본능을 활성화한다는, 당시로서는 대담한 주장을 내놓았다고 한다. 그는 칸트를 정면으로 부인하면서, 순수한 이성에 입각한 칸트의 규범적 윤리학을 도덕적 행동이 현실 세계에서 펼치는 방법을 외면하는 지적 환상이라고 폄하했다. 쇼펜하우어 역시 이성은 열정의 노예라고 생각했다.

쇼펜하우어는 칸트의 정언 명령에 설득력이 없다고 단정한다. 어떤 보답이나 벌이 없다면, 인간은 아프리오리한[경험과는 관계없이 알 수 있는 진리. 이를테면 논리 법칙이나 수학의 정리(定理)] 도덕적 규약을 떠받들어야 할 의무만으로 사심 없고 도덕적인 행동을 하지는 않는다.

칸트의 정언 명령을 허물어 버린 후에, 쇼펜하우어는 인간의 본성에 깊이 박혀 있다고 그가 주장하는 도덕적 행동을 상세하게 파헤친다. 제대로 깨닫기만 한다면 그것은 사회가 끄집어내서 육성해 주어야 할 소질이다. 그는 동정심이야말로 인간 본성의 핵심에 자리 잡고 있는 도덕적 소질이라고 주장한다. 그 자초지종을 쇼펜하우어는 이렇게 설명한다.

"다른 사람을 동정하는 가운데 나는 그를 직접 겪으며, 평소에 나만의 비애를 느끼던 것처럼 그의 비애를 느낀다. 그리고 마찬가지로 나는 나 자신의 행복을 바라는 것처럼 그의 행복을 직접적으로 바란다. 어떤 순간에도 고통을 받는 것은 그 사람이

지 내가 아니라는 것을 나는 분명히 의식하고 있다.

그리고 안타깝게도 우리가 그 고통을 느끼는 것은 우리 안에서 일어나는 일 때문이 아니라 그 사람 안에서 일어나는 일 때문이다. 우리는 그와 함께 고통스러워하고 따라서 그 안에서 고통스러워한다. 우리는 그의 고통을 그의 것으로 느끼고, 그것이 우리의 고통이라고 상상하지는 않는다."

쇼펜하우어는 동정의 심리학적 기원을 해명할 수 없다는 사실은 인정하면서도 동정이 모든 도덕성의 기초라는 사실은 의심하지 않았다. 쇼펜하우어는 이렇게 쓴다.

"인정과 자애와 친절과 자비에 대한 모든 호소가 지향하는 것은 결국 정의가 아니라 바로 이런 지식이다. 왜냐하면 그런 호소는 우리가 모두 하나이며 같은 존재라는 바로 그 점을 상기시켜 주기 때문이다."

여러 선현의 이야기를 종합해 보건대 인간에게 중요한 것은 이성보다 오히려 감정 쪽으로 기우는 것 같은 느낌이 든다. 감정의 가장 중요한 역할은 '무엇이 중요하고 무엇이 값지며, 무엇이 예쁜지, 그리고 무엇이 나에게 유익한지'를 판단하는 것이라고 한다.

감정이 없으면 모든 것의 가치가 똑같아지면서 아무것도 선택할 수 없게 된다. 감정은 사치품이 아니라 지능을 갖기 위해 반드시 필요한 요소이다.

감정에 충실한다는 이야기는 다시 말해 거짓 없이 진실되게 살라는 의미와도 일맥상통하는 것이 아닐까? 이성 쪽으로 넘어가면 쉽게 말해 자신에게 유리한 방향으로 재가공하기 위해서,

머리를 굴릴 테니까 말이다. 어린아이의 얼굴 표정에는 그 마음이 숨김없이 그대로 드러난다. 그러나 어른들, 특히나 똑똑하고 잘 나간다는 사람들이 더욱 그렇지만 웬 만 해서는 얼굴 표정만으로 속내를 짐작하기가 쉽지 않다. 포커페이스라고 하던가?

 착한 마음으로, 동정심을 갖고 이웃에게 베풀기도 하면서, 이기심만이 아닌 이타심도 가지고 있는 것이 인간이므로, 이성보다는 먼저 감정적으로, 상대에게 공감을 일으킨다는 생각으로 다가간다면 우리들의 얼굴 표정도 아이들을 닮아갈 수 있지 않을까?

옷

 오랜 옛날에는 사람들이 어떤 옷을 입고 살았을까? 더운 열대지방에서야 대충 치부만 가리고 다녀도 별문제가 없었겠지만, 사계절이 뚜렷한 온대와 극지방에 다가갈수록 그 추위가 만만치 않았을 터인데 어떻게 그 추위를 극복할 수 있었을까?
 구석기 시대 사람들은 동굴에 살면서 사냥한 동물의 고기를 먹고, 그 동물의 가죽으로 옷을 만들어 입었다고 한다. 직조(織造), 즉 옷감을 짜기 시작한 것은 신석기 시대부터였을 것으로 추정된다.
 동물들 가운데 옷을 입는 동물은 인간이 유일한데(요즈음에는 개 님들도 옷을 입는다), 인간은 언제부터, 왜 옷을 입기 시작했을까?
 옷을 입는 이유로는 첫째, 몸을 보호하기 위한 목적이다. 겨울의 추위로부터, 또 여름의 뜨거운 태양으로부터 피부를 지키기 위한 것이며, 외부의 충격으로부터 몸을 보호하는 기능도 한다.
 대머리(나도 대머리이니 욕이라고 생각하지 않았으면 좋겠다)인 사람들은 경험들이 많을 것으로 생각되는데 머리카락이 없는 관계로 자주 상처가 나고, 일주일씩 머리 감는 데 불편함을 겪고 나면

머리카락의 소중함이 새삼 느껴지는 것이다.

요즈음은 외출할 때는 언제나 모자를 쓴다. 겨울에는 추위도 막아주고 여름에는 직사광선을 막아주며 웬만한 충격에는 상처로부터 보호해 주는 기능도 있으니 일석 삼조의 효과라고 할까? 모자를 쓰다 보니 패션에도 신경이 쓰이게 된다. 형태와 색상, 계절 감각, 의복과의 조화 등등, 그래서 모자의 개수가 자꾸 불어난다. 그래도 다행인 것은 모자의 가격이 그렇게 비싸지 않다는 것인데 작은 사치라고나 할까?

나이가 들어감에 따라 피부와 근육도 약해지는지 조그만 충격에도 상처가 생기는 것을 보면, 이젠 갈 때가 돼가는가보다 싶어 서글픈 생각이 들기도 한다. 다들 느끼는지 모르겠지만 지하철이나 고속 열차를 타는 경우, 에어컨 때문에 아주 곤욕을 치르기도 한다. 젊은 사람들은 아무렇지도 않은 모양인데 에어컨 바람이 너무 강하게 느껴지고 추위가 몰려오는 것이다. 그래서 요즈음은, 한번 장거리 여행 때 혼이 난 이후로는 항상 여분의 옷을 준비해 가지고 다니게 된 것이다

옷을 입는 두 번째 이유는 정숙(靜淑)이라 할 수 있을 것이다. 옷을 이용해 부끄러운 부위를 가리는 것이다. 우리는 사람들 앞에 맨몸을 내놓는데 부끄러움을 느끼며, 그렇기 때문에 물리적인 보호가 필요 없는 상황에서도 옷을 입는 것이다.

구석기도 신쓰기도 아닌 요즈음은 세 번째 이유가 가장 중요한 것이 되지 않았나 생각된다. 바로 장식(裝飾)이다. 외모를 돋보이게 하기 위한 옷 입기를 말한다. 주목받고 싶은 욕망을 충족시키기 위한 수단이라는 점에서 노출도 장식의 한 방편이다.

그래서 정숙과 장식은 때때로 서로 모순관계에 놓이기도 한다. 남들과 달라 보이기 위해 노출도가 높은 옷을 입을 경우, 정숙이라는 동기와 충돌하기 때문이다.

옷은 보호와 정숙, 장식의 수단인 동시에 옷을 입은 사람의 내면과 정체성을 나타내는 강력한 표현의 수단이다. 이것이 우리가 옷을 입는 네 번째 이유가 될 것이다. 옷을 입은 모습을 보면서 우리는 은연중 그 사람의 성격과 취향에 대한 단서를 포착할 수 있는 것이 아닐까?

유니폼은 많은 사람이 함께 입는 옷으로 개성을 감추는 옷이라고 할 수 있다. 유니폼(uniform)은 라틴어로 '하나'라는 뜻의 우누스(unus)와 '형태'라는 뜻의 포르마(forma)'가 합쳐져서 만들어진 단어로 '일정한 형태'를 의미한다. 군복은 가장 많은 사람이 입는 유니폼이다.

고대 그리스에서 사용하던 암포라(Amphora)라는 도자기에 군복을 입은 사람의 모습이 그려져 있는데, 이것으로 보아 최소 기원전 5세기경부터 사람들이 군복을 입기 시작했다는 것을 알 수 있다.

학생들이 입는 교복 또한 대표적인 유니폼인데, 교복 자율화 이후에도 교복에 대한 찬반 논란은 여전한 것으로 보인다. 교복을 찬성하는 이유는 경제적인 이유와, 학생들의 행동을 바르게 이끌기 위한 수단으로서 꼭 필요하다는 주장이 있는가 하면, 학생들의 자기 계발을 위해서는 통일성보다 개별성이 중요하고, 획일화보다 다양화가 더 중요하다는 주장을 하는 사람들은 교복이 아이들의 성격형성에 부정적인 영향을 끼친다고 말한다.

유니폼은 집단의 옷이다. 개개인의 개성이나 매력을 죽이는 대신 집단으로서의 정체성을 강조한다. 유니폼의 장점은 규모가 큰 집단을 효율적으로 관리할 수 있고, 소속감에서 오는 자부심을 심어줄 수 있다고 말한다. 반면 유니폼은 나를 숨기는 옷이 되어 중요한 순간에 집단 뒤로 숨을 수 있게도 만들어 주므로 바람직하지 않다는 주장도 있다.

유니폼과 비슷하지만 그와는 또 다른 옷이 있다. 이슬람권에서 여성들이 입은 옷이다. 이슬람권의 여자들은 무조건 뒤집어쓴다고 생각하기 쉽지만 내용적으로는 생각보다 복잡하다.

부르카(Burqa)는 천으로 만든 통옷이다. 머리끝부터 발끝, 얼굴까지 가리도록 만들어져 있다. 얼굴을 천으로 가리기 때문에 눈앞쪽에 구멍을 뚫어 그물망을 친 다음 그 틈으로 간신히 앞을 볼 수 있도록 만들어 놓았다. (아프가니스탄에서 주로 착용)

니캅(Niqab)은 얼굴을 가리는 것은 부르카와 같지만 눈을 완전히 밖에 내놓을 수 있다는 차이점이 있다. (이집트에서 주로 입는다)

히잡(hijab)은 큰 스카프로 머리카락만 가린다. (이라크, 이란 등)

차도르(Chador)는 부르카나 니캅처럼 몸 전체를 가리지만 얼굴은 드러낼 수 있도록 한 옷이다.

부르카와 니캅은 이슬람교 여성들이 착용하는 전통 의상이다. 많은 이슬람 국가들은 여성들이 의무적으로 이런 옷을 입도록 법으로 정해 놓았다. 『꾸란』은 여성에게 남성을 유혹할 수 있는 신체 부위를 밖으로 내어놓지 않을 것을 권고하고 있기 때문이다.

이슬람의 경전 『꾸란』을 포함해 기독교의 성경, 모르몬교의 모르몬경 등 많은 종교의 경전에는 남녀 차별적인 구절들이 다수 포함되어 있다. 아담과 이브의 이야기부터 따지고 보면 성차별적 요소를 내포하고 있는 것이다. 지금도 기독교에서는 여성은 신부나 교황이 될 수 없고, 불교에서도 여성 승려를 '비구니'라고 칭하며, 남성 승려인 '비구'의 말을 따라야 하는 존재로 격차를 두고 있다.

『꾸란』에는 재산을 상속할 때 남자가 여자보다 두 배를 받아야 한다고 규정해 놓았다.(꾸란 4장 11절). 아내가 말을 잘 듣지 않을 때는 때려도 좋다고 한다(꾸란 4장 34절). 아내가 간음을 했을 경우 죽을 때까지 집에 가두어 놓으라는 권고도 있다.(꾸란 4장 15절)

각 종교의 경전에 이와 같은 이야기가 실려 있는 것은 그 종교가 태동하던 시대의 시대상, 즉 수백 년, 혹은 수천 년 전 남성 위주의 사회상이 반영되어 있기 때문이다. 지금은 오랜 세월이 흘렀고 인간의 사는 모습 전체가 상전벽해 수준으로 변화되었으니 시대에 맞게 종교의 교리도 변해야 하는게 아닌가 하는 생각이 들기도 하지만, 경전의 내용을 곧이곧대로 받아들여야 한다는 원리주의자들이 존재하는 한 종교의 변화는 요원하다 할 것이다.

전 세계에서 남성 화장품이 가장 많이 판매되는 나라는 한국이라고 한다. 2012년, 한국 남성들은 화장품 구매에 약 6,300억 원을 사용하면서 화장품 구매 순위 세계 1위를 차지했다. 참고로 2위는 중국으로 약 6,100억 원 정도라고 한다. 왜 그럴까? 설마 남자들이 여자가 되고 싶어서? 분석 결과는 이렇다. 경제력만으로도 여성들에게 매력을 어필할 수 있었던 시대는 지났다는 이야기다. 그래서 외모를 꾸미기 시작했다는 것이다.

 남자들이 이럴 때에 여자들의 경우는 어떨까? 아름다움에 목을 매달고 사는 것이 여자가 아니던가? 신이 만든 작품 중에 가장 훌륭한 걸작품이 여성이라는 생각이 든다. 아름답기도 하지만(정신세계는 빼고), 천국과 지옥을 오가는 변덕이 물 끓듯 하고, 대단히 비이성적인 생각을 하며, 감정에 쉽게 휘둘리고 말이 많아서 아침부터 저녁까지 쉴 새 없이 떠들어 대야 조성이 풀리는 그런 존재인데 걸작품일 리가?

 사실이다. 그런 여자들이 없었다면 세상은 활기를 잃고 진작에 죽은 자들의 도시가 되었을 것이다. 점심을 먹고 지하상가를 돌아보면 온통 여자들 천지다. 남자는 열에 한둘 정도? 왜 그런가 했더니 남자는 돈 벌러 다니고, 여자는 돈 쓰고 다니는 게 일이라고 한다.

 옷이며 신발이며 화장품, 액세서리 등등 모두가 여자들 물건이다. 남자용품점을 찾으려면 한참을 헤매야 한다. 만약에 여자들이 화장도 안 하고 똑같이 유니폼을 걸치고 살기로 작정한다면 어찌 될까. (사회주의가 한창 기세를 올릴 때는 실제로 그랬다. 요즈음 여자들이 그 시절 사회주의 국가에 가면 모두가 자본주의에 물든 부르주아 반동으로 몰려서 어려움을 겪을 것이다. 아마도 북쪽은 지금도 그러할 듯?)

 아마도 모든 산업이 연쇄반응을 일으켜 문을 닫아야 하는 지경에 이르지 않을까? 여자들의 소비심리와 아름다움의 추구는 한편으로는 부정적 시각도 있지만, 또 한편으로는 사회를 활기차게 돌아가게 하는 원동력이라고 말할 수 있을 것이다.

 타고난 미모를 가진 여자들은 태어나면서 부터 이미 몇십억

옷 139

재산을 가지고 태어나는 것과 같다는 생각이 든다. 수천만 원이 든다는 성형수술 안 해도 되고 살아가면서 음으로 양으로 더해지는 눈에 보이지 않는 혜택이 셀 수 없이 많을 테니까 말이다.

중국에서는 4대 미녀라고 하는 전설적인 미녀에 대한 이야기가 전해온다. 서시, 양귀비, 초선, 왕소군이 바로 그들이다.

서시(西施)는 기원전 5세기, 춘추시대 말기에 살았던 월 나라 사람인데 월 왕 구천이 오 왕 부차와의 전쟁에서 패배하자 월 나라 구천의 참모 범려의 전략에 따라 패전에 대한 공물로 오 왕 부차의 여인이 된다. 서시는 오 왕 부차의 마음을 사로잡아 월 나라를 위해, 오나라의 멸망에 결정적 원인을 제공한다. 그녀의 용모는 너무 아름다워 강가에서 빨래를 하는데 물고기가 그 용모에 도취되어 헤엄치는 것을 잊어버려 가라앉았다는 침어서시(沈魚西施)의 고사가 전해온다.

초선(貂蟬)은 실존 인물이 아니며, 소설『삼국지연의』에 나오는 인물이다. 초선은 한 나라의 대신 '왕윤'의 수양딸로서 당시 16세였는데, 동탁과 여포를 미인계로 이간질시켜 여포로 하여금 동탁을 죽이게 하는데 결정적인 역할을 한다. 그녀 또한 용모가 너무 아름다워 달이 그녀의 미모에 움츠려져 구름 뒤로 숨었다는 폐월초선(閉月貂蟬)의 고사가 전해져 온다.

왕소군(王昭君)은 한 나라 원제의 궁녀였으나 흉노의 호한야 선우(왕)에게 보내졌으며 그의 장남을 나았다. 이후 호한야가 사망하자 당시 흉노의 관습대로 아들 복주류약제 선우의 처가 되어 둘째 딸을 낳았다. 한족은 부친의 처첩을 아들이 물려받는 것을 꺼려하여, 이것이 왕소군의 비극으로 민간에 전승되었다고 한다. 그녀가 길을 걸어가며 비파를 연주하는 모습을 보고 감탄한 기러기들이 날갯짓을 잊어버려 땅으로 떨어졌다는 낙안소군(落雁昭君)의 고사가 전해온다.

양귀비는 당나라 현종의 비(妃)였으며 이름은 옥환(玉環)으로 춤과 음악에 뛰어나고 총명하여 현종의 총애를 받았으나 안녹산의 난 때 죽임을 당한다. 원래는 현종의 아들 수왕의 왕비 즉 현종의 며느리였으나 우여곡절 끝에 시아버지와 불륜의 사랑을 하게 되는 것이다. 수화(羞花)라는 별명은 양귀비가 피어나는 꽃들을 만지게 되자 그녀의 외모에 부끄러워진 꽃이 꽃잎을 숨겼다고 하는 이야기에서 만들어진 것이다.

천하를 울렸던 절세미인들의 삶도 그렇게 행복하지만은 않았던 것으로 보인다. 그래서 미인박명(美人薄命)이라는 말이 생긴 것일까? 그렇게나 아름다웠던 여자들도 이제는 한 줌 흙이 되었고 사람들의 기억 속에 애잔한 감정으로만 남아있다. 그토록 사람들의 마음을 흔들었던 아름다움도 세월과 함께 다 사라지는 것이다. 젊음은 축복이다. 아름다움은 더 한 축복이다.

사람의 일생이 70~80세가 평균치라면, 그 가운데서도 소위 젊음이라고 이야기할 수 있는 기간은 10대 후반에서 30대까지나 될까? 고작해야 20여 년 세월이다. 한 번뿐인 젊음이니 최대한 잘살아내야 한다. 세월이 지나면 아름다움도 시들어가는 것이니 가능한 오래 그 젊음과 아름다움을 유지하도록 노력해야 할 것이다.

세상의 모든 여자들에게 이야기해주고 싶다. 아름다워지고 싶어하는 욕망을 버리지 말고 최대한 노력해야 한다. 화장도 열심히 하고, 옷도 유행에 뒤처지지 않도록 세련되게 입도록 신경 쓰고, 필요하다면 성형수술도 망설이지 말라는 것이다. 그것은 개인의 만족에 그치지 않고 온 사회에 활력을 불어넣으며, 삶의 동력을 불어 넣으며, 아담 스미스의 보이지 않는 손처럼 작동하여 사회와 국가의 발전에 공헌하는 일이 될 수도 있겠다 생각되는 것이다.

 신의 걸작품인 여성들의 아름다움을 위하여, 파이팅!!

욕망(慾望)

욕구(慾求)든 욕망이든 무엇을 간절히 원한다, 혹은 구엇인가를 하고 싶다는 충동을 이야기하는 것으로 보인다. 같은 의미인 것 같으면서도 두 낱말이 약간은 다른 뉘앙스를 풍기는 것이, 욕구는 먹고 싶은 욕구나 자고 싶은 욕구 등 약간은 생리적이고 본래적인 갈망을 말하는가 하면, 욕망은 그보다는 한 단계 위의 것, 다시 말하면 부자가 되고 싶다던가 진급하고 싶다는 등의 갈망을 표현하는 것이 아닌가 생각된다. 욕구 든 욕망이든 간절히 원하는 무언가 가 있다는 것은 삶의 추동력이 된다는 점에서 바람직한 것이라고도 말할 수 있을 것이다.

예로부터 동양쪽에서는 인간을 욕망으로부터 해방시키려고 하는 반면, 서구 쪽에서는 인간에게 자신이 가진 욕망을 자유롭게 실현하라고 부추긴다. 동양은 세계를 일종의 환상으로 생각하도록 가르치는 반면, 서구에서는 세계만이 유일한 행동의 장이며 행복을 추구할 수 있는 공간이라고 주장한다. 동양에서는 영혼의 윤회를 말하며, 서구에서는 영혼의 구원을 이야기한다.

에이브러햄 매슬로(Abraham H. Maslow)는 '욕구 단계설(hierarchy of needs)'이라는 개념의 창시자로 유명하다. 그는 인간의 욕망을 생리적 욕구, 안전, 소속감과 애정, 자존심, 자아실현의 단계로 구분하였다. 생리적 욕구, 안전, 소속감과 애정, 자존심에 이르는 욕구를 '결핍 욕구(D-need, Deficit need)'라고 부른다.

모든 결핍 욕구가 채워졌다 해도 인간의 욕망은 사라지지 않는다. 오히려 자신을 옭아매던 결핍 욕구에서 벗어난 순간, 인간은 비로소 진정한 자신을 실현하려고 하는 욕구에 휩싸인다. 이를 매슬로는 자기 자신이 되려는 욕망, 즉 '존재 욕구(B-need, Being need)'라고 부른다.

존재 욕구는 채우면 채울수록 줄어들기는커녕, 오히려 더 강해진다. 예컨대 지존의 음악가는 모든 부와 명성을 얻은 후에도 더 완벽한 연주를 위한 노력을 포기하지 않는다. "능력은 곧 욕구이기 때문이다." 사람은 누구나 자신이 완전히 기능할 때 최고의 행복을 느낀다. 이른바 자아실현이란 이런 상태를 말한다.

제러미 리프킨(Jeremy Rifkin)은 『공감의 시대(The Empathic Civilization)』에서 자아실현과 욕구에 대해 깊은 통찰을 보여주고 있다.

심리학자들은 현실적 자아, 이상적 자아, 진정한 자아를 말한다. 현실적 자아(actual self)는 다른 사람에게 보이기 위한 자아이고, 이상적 자아(ideal self)는 우리가 열망하는 자아인 반면, 진정한 자아(true self)는 우리가 실제로 우리 자신이라고 생각하는 자아이다.

현실적 자아는 상처받기 쉽고, 거부당할까 두려워하기 때문에 다른 사람 앞에 쉽게 드러나지 않는다. 인터넷은 개인에게 '진정한 자아'를 연기할 기회를 주어 연극적 의식에 참여할 수 있는 가상의 무대를 제공한다. 현실적인 자아나 이상적인 자아를 연기하는 것처럼 진정한 자아를 연기하는 것은 하나의 역할이자 평생의 역할이다. 진정한 자아가 현실보다는 가상의 환경에서 더 쉽게 드러난다는 사실이 이상하게 보일지 모르지만 따지고 보면 충분히 납득이 가는 일이다.

전문가들은 유명해지고 싶은 욕구에는 실존적 외로움과 인정받고 싶은 간절한 욕구가 숨어있다고 분석한다. 유명해지려는 욕구는 삶의 유한성에 대한 두려움, 시간이 지나도 소멸하지 않는 흔적만이라도 남겨야 하겠다는 생각, 또는 수많은 다른 사람에게 자신의 존재를 알리고 인정받고 축하받아야 하겠다는 생각에서 비롯되는 경우가 많다고 한다.

승승장구하던 서구 문명이 한계에 봉착했다고 생각하는 사람들이 많은 것처럼 보인다. 자본주의, 자유 민주주의로 요약될 수 있는 서구 문명은, 과학의 발달에 따라 물질문명이 발달하면서 풍요로운 사회가 된 것만은 사실인 것 같은데 넘치는 부와 풍요를 미처 감당 못하는 계층이 있는 반면에 다른 한쪽에서는 하루 1달러 미만의 돈으로 살아가야 하는 빈민층이 존재하는 것 또한 사실이다.

문명이 발전하고 진보한다면 인간의 일상이 좀더 평화롭고 안락해져야 할 터인데 지구촌의 양상은 오히려 그 반대의 방향으로 흘러가는 것처럼 보인다. 전쟁은 하루도 그치지 않고 지구촌 여러 곳을 피폐하게 만들고 각종 질병과 굶주림으로 죽어가는 사람들을 보면서 지옥도가 따로 없다는 생각을 금치 못하게 되는 것이다. 무언가가 잘못되어 가는 것은 분명한데 그것이 무엇인지 인류가 나아가야 할 방향은 어느 쪽인지 모두들 방향을 잃고, 길을 잃고 방황하는 것처럼 보인다.

기후 위기는 갈수록 심각해지는 양상을 보이고 있다. 가뭄과 홍수가 되풀이되고 그로 인한 산불이 세계 도처에서 그 위세를 떨치는가 하면, 지구 온난화로 인해 전에 없던 각종 기상이변에 대처해야 하는 상황에서 더 이상의 온난화 방지를 위한 대책 마련에 그 어떤 단초조차도 찾지 못하고 있는 것이 현실이다.

생명의 원천인 바다는 오염되어 생명체가 살 수 없는 환경으로 변해가고, 거대한 쓰레기 섬이 대양을 떠돌아다니고 있다. 어떤 나라에서는 방사능에 오염된 죽음의 물을 지속적으로 바다로 흘려보낸다. 북극의 빙하는 상상할 수 없는 빠른 속도로 녹아내리고 있다. 그 결과가 어떻게 될지는 아무도 모른다.

위기의식을 느끼는 사람들이 한둘이 아닐 것이다. 서구 문명은 이미 그 한계에 봉착했고, 그래서 그들은 동양의 사상에서 그 해결의 단초를 찾아보고자 하는 것인지도 모른다.

불교 이전부터 있었던 인도의 전통 종교인 바라문교에서는 윤회를 그와 같이 생각했다. 즉, 전생에서부터 고정불변의 내(영혼)가 있었고, 이것이 이생에 태어나 살다가 다시 내생으로 원래 그대로 인 채 옮겨간다고 생각했다. 즉 아뜨만(atman, 我)이라는 '고정불변의 나(영혼)'가 있고, 이것이 윤회의 주체라고 본 것이다.

『우빠니샤드』에서 정립된 '업에 의한 윤회와 그로부터의 해탈' 이라는 통찰은 이후의 불교나 자이나교, 힌두교의 사상에 지대한 영향을 미쳤다. 일반적으로 아뜨만은 개개인의 본질을 이루는 영혼으로 이해되고 있다.

『우빠니샤드』에서는 사후에 육체는 소멸하지만 심장의 내부에 있는 나의 아뜨만은 영원히 소멸되지 않는다고 하였다. 윤회의 종식인 해탈은 어떻게 가능할까? 아뜨만을 직관하여 최고 실재인 브라흐만(brahman, 梵) 그 자체가 되면 된다. 원래부터 브라흐만(梵)과 아뜨만(我)은 동일한 것이었다. 이것을 범아일여(梵我一如)라고 한다.

모든 욕망을 남김없이 버리고 명상에 의해 정신을 통일하여 아뜨만의 본질에 전념하는 자는 진실한 아뜨만을 직관한다. 브라흐만과 아뜨만은 같다는 범아일여의 가르침을 깨닫는 것이다. 이때 그는 몸을 빠져나와 브라흐만 그 자체가 된다. 이것이 해탈이며 이제 다시 윤회하는 일은 없다. 몸을 갖지않는 불사(不死) 아뜨만이 바로 브라흐만 그 자체인 것이다.

자이나교는 기원전 6세기 무렵에 탄생했다. 그 무렵 인도에는 주류 종교인 바라문교에 대항해 자신들의 가르침을 펼치던 육사외도(六師外道)라고 하는 여섯 명의 종교인 또는 사상가가 있었다. 이들은 바라문교가 지배하던 인도의 침체된 사상계, 종교계에 새로운 활력을 불어넣은 것도 사실이지만 또 다른 측면에서는 잘못된 사상으로 민중을 현혹시키기도 했다. 그런 까닭에 부처는 이들을 경계하라는 의미에서 '도에서 벗어난 여섯 스승'이라는 의미의 육사외도라고 불렀던 것이다.

그 가운데 니간타 나타풋타(Nigantha Nataputta)라는 인물이 있었는데, 그는 훗날 '위대한 영웅'이란 의미의 마하비라(Mahavira)라고 불렸다. 서른 살 무렵에 출가한 그는 12년여의 고행 끝에 지혜를 깨달아 자이나(Jina) 또는 지나(승리자)라고 불리기 시작했으며, 이때부터 많은 신자를 모으게 되었다. 자이나 교(Jainism)가 탄생

욕망(慾望) 147

한 것이다.

자이나 교에 따르면 영혼은 순수한데도 속된 물질의 업(業)에 속박되어 비참한 상태에 빠졌기 때문에 고행을 통해 본래의 영혼을 되찾아야 한다. 그런 까닭에 자이나 교도의 삶은 불살생(不殺生), 불 간음(不姦淫), 무소유, 금욕과 고행의 삶이다.

간디가 추구한 비폭력, 불복종주의도 그 원천은 자이나 교라고 할 수 있다. 나타풋타가 처음 주장한 아힘사(ahimsa)라는 불살생의 원리에 기반을 두고 자신의 정치적 이념을 발전시켰기 때문이다. 이러한 아힘사는 자이나 교의 기본 덕목이자 행동의 표준이 되는 것으로, 채식주의가 기본이다

불교에서는 모든 괴로움의 근본 원인은 갈 애(渴愛)와 무명(無明)에 있다고 본다. 갈애란 만족할 줄 모르는 욕망을 말하고, 무명은 진리에 대한 어리석음을 뜻한다. 끝없이 갈구하는 탐욕을 채우지 못해 분노의 불길이 일어나고, 이 탐욕과 분노는 결국 중생의 어리석음으로 귀결되는 것이다. 갈 애와 무명을 달리 표현한 것이 탐(貪, 탐욕), 진(瞋, 화), 치(癡, 어리석음)의 삼독(三毒)이다.

이러한 욕망에서 벗어나는 길을 불교에서는 사성제(四聖諦) 중의 도성제(道聖諦)에서 가르침을 주고 있다. 즉 욕망을 없애기 위해서는 다음의 네 단계가 필요하다는 것이다. 첫 번째, 마음의 각성, 두 번째, 사상의 정화, 세 번째, 악의와 분노로부터의 해방, 네 번째, 사람뿐만 아니라 무릇 생명이 있는 모든 것에 대한 자애를 마음에 불러일으키는 일이다.

자신의 헛된 육체적 욕망을 억누르기 위해서는 무엇보다도 나쁜 생각으로부터 마음을 정화하지 않으면 안 된다. 진정한 해

방은 오직 사랑 속에만 있다. 오직 육체적 욕망을 사랑으로 바꾼 사람만이 무명(無明)과 번뇌의 사슬을 끊고 고통과 죽음에서 벗어날 수 있다.

중국의 불경 연구가 페이융(費勇)은 『법화경 마음공부』에서 사랑에 대해 이야기한다. 진정한 사랑은 아주 단순하다. 얻기 위해 노력한다면 그건 이미 사랑이 아니라 거래다. 섹스와 결혼을 놓고 시장에서 흥정하듯 거래를 하는 것이다.

하지만 사랑은 결코 거래가 아니며, 이성적인 사고가 필요하지도 않다. 사랑은 직감이다. 사랑은 그냥 사랑일 뿐, 다른 이유는 없다. 두 사람이 서로 사랑한다면 사랑하는 것이지 다른 이유도 수단도 필요로 하지 않는다.

부처님께서 스스로 보편 타당한 깨달음 등정각(等正覺)을 성취한 붓다(buddha)가 된 다음에 사람들에게 말하는 세 가지가 있다.

첫째, 생명을 가진 것들을 해치지 말라는 것이다.

둘째, 무엇이든지 생성한 것은 모두가 소멸하게 되어 있는 법이다.

셋째, 나라고 집착할 만한 실체가 어디에도 없으니 나라는 실체 관념에서 벗어나고, 내 것이라는 소유욕의 굴레에서 벗어나라는 것이다.

근래에는 각종 흉악한 사건들이 하루가 멀다하고 뉴스에 등장한다. 지구 반대편에서는 전쟁으로 하루에도 수많은 사람들이 목숨을 잃는다. 생명을 이렇게 나 가볍게 여겨도 좋은 것인지 그저 안타까울 따름이다. 아프리카에서는 가뭄으로 수많은 사람들이 마실 물도, 먹을 것도 없어 죽어가고 있다.

그런가 하면 한편에서는 각종 구호단체들이 나서서 어려운 이웃들을 돕고자 안간힘을 쓰고 있는 것 또한 엄연한 현실이다. 국경 없는 의사회에서는 수많은 의료 보건 인력들이 나서서 분쟁 지역에서 자신의 안위도 돌보지 않고 어려운 이웃에게 의료 혜택을 베풀기 위해 노력하고 있다. 더러운 물로 인해 목숨을 잃는 이웃들을 위해 지하수를 퍼내서 맑은 물을 공급하는 사업도 있다. 그러나 어려움은 많고 혜택은 턱없이 부족한 것이 현실이다.

<울지마 톤즈>라는 영화로 널리 알려진 이태석 신부의 이야기는 많은 사람들에게 깊은 감동을 안겨준다. 훌륭한 일을 하는 사람들이 왜 이렇게도 빨리 유명을 달리하는지에 대해서는 안타까운 마음 뿐이다. 그러나 그의 뒤를 이어서 또 다른 많은 신부님과 수도사들이 오로지 봉사를 위해서, 어려운 이웃을 돕기 위해서 오지로 향하는 것을 보면서는 절로 고개가 숙여지기도 한다.

요즈음 같이 물질 숭배와 이기주의가 팽배한 시기에 진실로 존경할 만한 사람을 만나보기가 하늘에 별 따기처럼 어려운데, 종교인들 가운데 많은 분들이 이처럼 어려운 길에 서슴없이 온몸을 내 던지는 모습을 보면서 그래도 아직은 희망을 버려서는 안 된다는 생각을 하게 되는 것이다.

카리스마(charisma)는 대중의 마음을 사로잡고 그 들로부터 자발적인 지지를 이끌어내는 힘을 말한다. 카리스마의 원뜻은 원시 기독교에서 하느님의 은사(恩賜)를 일컬을 때 이 말을 썼다고 한다. 카리스마라는 그리스어가 처음 문자화되어 나타난 것은 서기 50~62년 사이의 일이다. 교회에 보내는 편지에서 사도 바울은 카리스마를 은사라는 뜻으로 사용했다.

기독교에서 은사란 하느님이 값없이 주시는 은혜로운 선물이다. 카리스마(charisma)의 어원이 된 카리스(charis)가 은혜나 호의를 뜻한다는 점에서 이는 자연스러운 의미전개라 할 수 있다. 독일의 사회과학자 막스 베버는 카리스마라는 용어를 종교의 울타리를 벗어나 사회과학 분야에서 재활용했을 뿐 아니라 개념 자체를 재창조했다. 베버는 세 가지 형태의 지배에 대해 언급했는데 그 가운데 하나가 카리스마적 지배다.

카리스마적 지배는 추종자의 자발적 복종에 따라 지배하는 것으로, 카리스마를 지닌 지도자의 영웅적 행위나 모범적 특징이 이를 가능하게 한다. 보통 사람들이 하기 어려운 이타적 행위에 온몸을 내던지는 사람들을 보면서 우리는 강한 카리스마를 느끼면서 누가 시키지 않아도 자연스럽게 고개를 숙이게 되는 것이다.

칼 융(Carl Jung)은 말하기를 인간은 빛의 형상을 상상함으로써 계몽되는 것이 아니라 어둠을 의식함으로써 계몽된다는 것이다. 우리는 늘 탁월하고 훌륭한 것들에 이끌리도록 교육받지만, 추악한 것들, 암흑 속에 있는 것들에도 마음을 돌려야 한다. 인간에게 추악한 본성이 있다는 것, 인간에게 사악한 욕망, 절망적인 요소들이 내재되어 있다는 것을 인정하고 의식할 수 있을 때 비로소 영혼의 성장은 시작된다고 한다.

또한 융은 말하기를 현대인의 불행의 원인으로 '감성과 지성의 불일치'를 든다. 아는 만큼 느끼고 느낀 만큼 행하는 것이 인간의 이상이라면, 감성과 지성과 행동의 일치가 기능한 사람이야말로 아름다운 인격을 지닌 사람일 것이다.

『화엄경』의 화엄은 야생에서 자라는 수많은 꽃들이 자기만의 자태와 향취로 펼쳐내는 장관을 뜻하는 것이다. 이 처럼 대승불교가 꿈꾸었던 화엄세계는 너무나 복잡하고 너무나 무질서하고, 너무나 다채롭기까지 한 세계이다.

싯다르타가 임종할 때 "무소의 뿔처럼 혼자서 가라"고 강하게 이야기한 것은 어떤 의미인가? 맨드라미는 맨드라미로 만개해야만 한다. 맨드라미가 장미를 모방해서도 안 되고, 모방해서 될 일도 아닌 것이다. 장미를 따라하지 말고, 맨드라미는 맨드라미로, 들국화는 들국화로, 그리고 히야신스는 히야신스로 피어야 하는 것이다.

타인의 삶을 흉내내지 말아야 하고, 타인에게 내 삶을 흉내 내도록 강요하지도 말아야 한다. 다른 팽이의 회전이 멋있다고 해서 그것을 흉내내는 순간 자신만의 스타일로 돌고 있던 팽이는 더 이상 돌 수 없을 것이다. 그래서 우리는 억압뿐만 아니라 모방이나 자발적 복종도 철저하게 거부해야만 한다.

뉴스에 얼핏 들으니 대학을 나와서 아무것도 하지 않고 그냥 쉬는 청년이 44만 명이라고 한다. 그중 75%는 아예 일할 생각조차 없다는 것이다. 어떻게 나온 통계인지 모르지만 사실이라면 참으로 안타까운 일이라고 아니할 수 없을 것이다. 우리가 통상 젊다고 이야기하는 나이, 젊음이라고 부를 수 있는 기간은 얼마나 되는 것일까?

10대 후반부터 시작해서 통상 중년이라고 부르는 40대 중반까지 로 친다면 30년 남짓 되는 기간이다. 인생의 모든 중요한 일들이 이 시기에 이루어진다. 꿈을 키우고 진로를 결정해서 전공을 선택하고, 대학을 나오고 군 복무를 마쳐야 하고, 직장을 잡고 연애도 하고 결혼도 해서 가정을 이루고, 아이를 낳아 기르고 내 집 마련을 위해 허리띠를 졸라매고, 직장에서는 승진과 자기실현을 위해 온갖 스트레스를 견디며 불철주야 노력해 나가다 보면 어느새 중년의 나이에 접어들게 되는 것이다.

그때부터는 인생의 내리막길이 시작된다. 신체적 기능이 서서히 저하되고 배도 나오고 고혈압이니 당뇨니 하는 성인병들이 찾아오기 시작하고, 직장에서는 후배들이 치고 올라와 자리를 위협하고, 안팎으로 가해지는 소리 없는 압박감과 씨름해야 하고 언제 그만두고 물러나야 하는지를 고민하기 시작하는 그런 나이가 되는 것이다. 노후에 대한 대비는 되어있는지 걱정하기 시작하는 나이이기도 할 것이다. 그때가 되면 인생에서 처음으로 시간이 얼마 없다는 생각을 하게도 될 것이다. 덧없이 흘려보낸 시간들이 아깝다는 생각에 사로잡히게 될 것이다.

대학을 나와서 그냥 놀고 있는 것이 마냥 편해서만은 아닐 것이다. 나름대로 이유가 있다는 것을 모르지 않는다. 제대로 된 직장, 말하자면 대기업의 정직원으로 일하고 싶은데 그것이 바늘구멍만큼 어렵다는 것이다. 한때는 공무원 시험에 지원자가 몰리기도 했지만 봉급 수준이 눈에 차지 않아서 그것도 별로다. 그렇다고 흔히들 말하는 3D(dirty, difficult, dangerous) 업종에 종사할 생각은 털끝만큼도 없다. 대학까지 나와서 그런 일을 한다는 것은 정말 자존심 상하는 일일 수도 있다. 창업을 하자니 경험도 없고 자본금 마련도 여의치 않고 무엇보다도 답답한 것은 과연 무엇을 해야 성공할 가능성이 있느냐 하는 것을 모르겠다는 것이다. 그래서 그냥 쉰다.

그런데 문제는 시간이 나를 기다려주지 않는다는 것이다. 나이가 들어갈수록 상황은 점점 더 어려워진다. 부모 덕분에 편히 먹고 지내는 것도 슬슬 눈치가 보이는 시점이 올 것이다. 이러지도 저러지도 못하는 상황, 즉 언더도그(underdog)가 되어버리는 극단적인 상황이 되기 전에 빨리 거기서 벗어나지 않으면 안 된다. 언더도그는 투견(鬪犬)에서 밑에 깔린 개, 즉 싸움에 진 개를 언더도그라고 부른 데서 유래한 말이다. 패배자, 낙오자, 희생자, 약자 등을 뜻하는 말이다. 인생에서 한 차례뿐인 젊음을 그렇게 보내 버리기에는 너무 아깝다는 생각이 들지 않는가?

그래서 나는 젊은이들에게 욕망을 가지라고 권하고 싶다. 지금껏 욕망을 버리라는 이야기를 해놓고서 무슨 말이냐고? 종교적인 관점에서 욕망을 버리라는 것은 인간이 인간답게 살기 위한 방법을 설하는 것인데, 현실을 살아내야 하는 속세의 인간들에게는 욕망이 없다면 삶의 추동력이 사라져서 무기력한 인간이 되고 말 것이다. 그렇다고 손가락질받는 추한 욕망을 가지라는 이야기가 아니다. 한 인간으로 바로 서고자 하는 것도 일종의 욕망일 수 있는 것이고, 자아실현을 위한 피나는 노력 또한 욕망의 발현이다. 뛰면서 생각하다 보면 길이 보일 수도 있다. 길이 안 보이면 새로운 길을 만들어 나가면 되지 않는가? 이기심을 버리고 타인에 대한 배려도 해 가면서 말하자면 사람 구실 해가면서 열심히 살다 보면 어느새 비중 있는 사회인으로 자리매김되는 날이 올 것이다. 젊은이들의 장밋빛 미래를 기원하며, 파이팅!!

의식(意識)

　우리 인간은 죽은 다음에 어떻게 되는 것일까? 그걸로 모든 것이 끝일까? 육신이야 땅에 묻힌 채 시간이 지남에 따라 부패되어 흙으로 돌아간다지만, 우리의 정신 즉 영혼이라 불리는 존재는 어떻게 되는 것일까? 내세에 대한 견해는 종교마다 조금씩 차이를 보이는 것 같다.

　이슬람교의 무슬림들은 '정원'이라고 불리는 낙원으로 가는데, 그곳은 아라비아 사막에서는 대단히 희귀한, 그리고 이슬람 문명을 가능케 했던 많은 것들로 넘쳐나고 있다. 강과 샘물, 그늘진 언덕, 나무와 우유, 벌꿀과 포도주, 그리고 특히 남성들에게는 1인당 72명의 여성들이 기다리고 있다고 한다.

　반면 기독교적 천국의 이상을 만들어낸 신학자들은 이러한 음탕한 이야기에 부정적반응을 보이고 있다. 지성인이자 금욕주의자들인 이들 신학자들은 플라톤으로부터 영혼의 개념을 가지고 왔으며, 철학자로서 천국에 가장 잘 어울리는 인물로 여겨지는 사람들이다. 이들이 말하는 낙원은 성 아우구스티누스의 낙원으로서, 거기에서 사람들은 평생 동안 공부하고 기도함으로써 신을 영원히 묵상할 수 있는 기회를 보상으로 누린다고 한다.

　요즘 사람들의 기준으로 보면 참으로 재미없고 따분한 이야기일 수도 있겠다 생각되는데, 독실한 신자들의 입장에서는 이런 생각에 대해서 펄쩍 뛰며 나무랄 수도 있겠다 싶기도 하다.

기독교의 사도 바오로는 소아시아에서 그리스 본토까지 그리스도의 말씀을 전하는데 앞장섰다. 그는 가는 곳마다 사람들을 개종시키면서 그들을 위한 교회를 설립하고 영적 지도자로 활동했다. 이후 그가 교회를 위해 썼던 편지들은 초기 기독교 문헌으로서 성서에 포함되었으며, 그 기록은 복음서 이전에 작성된 것으로 알려져 있다.

바오로의 기독교는 부활에 대한 약속을 그 기반으로 삼고 있다. 예수를 만난 적이 한 번도 없었기에, 사도 바오로는 예수의 직접적인 말씀이 아니라 그가 드러내고자 했던 메시지를 중심으로 글을 썼다. 바오로가 보건대 메시아의 삶에는 중요한 사건들이 두 가지가 있었다. 그것은 '십자가 위의 죽음, 그리고 사흘만의 부활'이다. 그리고 그 사건들은 그 자체로 예언의 증명이었다. 종말의 도래를 알리고 믿음 있는 자들을 무덤으로부터 일으켜 영생으로 인도하고자 하는 신의 계획을 드러내는 것이었다.

오늘날 주류 기독교는 우리에게 영혼이 있으며, 그 영혼은 죽음 뒤에 육체를 떠나 천국 또는 지옥으로 가게 된다는 그리스인들의 세계관에 더 가까운 입장을 보이고 있다. 그러나 이러한 세계관은 예수와 바오로를 포함한 초기 기독교인들이 설파했던 메시지와는 완전히 상반된 것이다.

바오로의 기독교가 제시했던 비전은 실제로 살아있는 낙원에 대한 약속이었으며, 그 속에서 사람들은 지금 이 세상에서 와 마찬가지로 즐거움을 누릴 수 있다는 것이다. 그리고 그 약속이

가능한 것은 우리가 지금 알고 있는 것과 동일한 물리적인 육체이면서 동시에 불멸에 합당하게 변화된 새로운 육체를 가지고 부활하게 될 것이라는 바오로의 주장 덕분이었다. 이와 같은 생각은 당시 그리스와 로마인들이 보편적으로 믿고 있었던 영혼의 개념과 명백한 대조를 이룬다.

그리고 다음으로 바오로는 그 부활의 개념을 당시 유대인들 사이에 널리 퍼져 있던 종말론에 대한 믿음, 머지않아 최후의 심판이 있을 것이라는 믿음과 함께 묶었다. 그날이 오면 적어도 믿음이 있는 자들에게는 선이 악을 이기는 지상낙원이 열릴 것이었다.

육체적 부활에 대한 믿음은 유대교 전통으로부터 비롯되었으며, 오늘날 유대인의 정통 신앙이라는 랍비 유대교(Rabbinic Judaism)는 성 바오로가 속해 있었던 바리새인들의 가르침으로부터 유래한 것이다.

세계 인구의 절반에 해당하는 약 35억 명의 사람들이 그들이 알고 있는 바로 그 육체를 통한 물리적 부활이라는 개념에 '공식적으로' 동의를 표하고 있다고 한다. 그런데 여기에는 여러 가지 논리적 허점이 있는 것으로 보인다.

동일한 육체라면 늙어서 죽어가던 순간의 육체인지, 젊었던 시절, 활기 넘치던 시절의 육체인지, 그리고 의식 또한 어느 순간에 가지고 있던 의식이며 생전에 가지고 있던 의식의 연장선상에 있는 의식인지 아니면 완전히 새로운 의식인지, 만일 새로운 의식이라면 '나'라는 존재의 연속성이 끊어져서 실질적인 부활이라고 할 수 없는 상태가 되는 것은 아닌지 등등, 어떻게 보면 별로 쓸모없어 보이는 질문들이 끝없이 솟아나는 것이다.

육체는 사라지더라도 영혼만은 살아서 천국으로 가 영원한 복락을 누리리라는 근래의 교리는, 2천년 세월이 흐르는 동안 애초의 논리적 허점을 보완하기 위한 나름의 고육지책이 아니었을까 하는 생각이 들기도 한다.

인간은 약 100조 개에 달하는 세포의 집합이며, 절반의 유전자 집합만을 가지고 있는 정자나 난자를 제외하고 각각의 세포들 속에는 완전한 유전자 복사본이 들어있다고 한다. 진화적 차원에서 최근까지도 지구상의 모든 생명체들은 자유롭게 돌아다니며 홀로 살아가는 단세포 생물들 뿐이었다. 진화 역사상 여러 다양한 시점에서 이들 단세포 생명체들은 함께 뭉쳐서 각자의 자원을 공유하기로 결정을 내렸다. 식물과 동물 및 다양한 다세포 생명체들은 바로 이러한 공동체적 결정의 산물인 것이다.

한편에서 우리는 독자적으로 존재하는 하나의 생명체다. 그러나 다른 한편에서 우리는 각각의 유전자들의 결정에 따라 통제를 받는 세포들의 식민지다. 우리는 그 나이가 수십억 년 된, 그리고 그 끝이 보이지 않는 생명사슬이 일시적으로 확대된 형태인 것이다. 그렇다면 하나의 인간을 언제 태어나서 언제 죽은 특정 개체로서 설명하는 방식은 단지 편리한 지름길에 불과하다.

개인이란 절대 죽지 않는 생명의 그물망에서 아주 작은 부분을 차지하는 하나의 단위라는 주장은 어쩌면 사실일지도 모른다. 그렇게 본다면, 결국 광대한 연속체의 작은 일부에 불과한 '내'가 태어나서 죽는다는 생각은 착각에 불과하다. 그럼에도 불구하고 작은 일부인 나에게는 개별적인 의식이 주어져 있으며, '나'라는 존재가 사라질 때 그러한 개별적인 의식도 함께 사라질 것이다.

생명의 거대한 그물망 속에서 영원히 살아갈 수 있을 것이라 소망해 보지만, 나의 개별적인 의식이 사라진다면 그러한 불멸의 주장은 그저 공허한 외침일 뿐이다. 정말로 우리가 바라는 것은 의식의 연속성이라는 사실이다.

사회적 곤충을 연구하는 학자들은 극단적인 형태의 협력을 통해서 일하는 곤충들이, 초개체(Superorganism)라는 완전히 새로운 존재를 형성하고 있다는 사실을 오래전부터 알고 있었다. 개미 집단은 한 마리 개미의 능력과 이해 수준을 훨씬 뛰어넘는 복잡한 과제들을 수행할 수 있다. 예를 들어 개미 집단은 내부 온도와 습도를 정교하게 통제할 수 있는 방식으로 집을 지으며, 그 속에서 균류를 재배하고 진딧물을 기르기까지 한다.

수많은 세포들이 인간을 이루는 것과 마찬가지로, 다양한 측면에서 각각의 개미들은 집단이라는 더 큰 전체를 구성한다. 일반적으로 우리가 생존과 번식이 개체의 기본적인 본능이라고 여기는 것과는 달리, 대부분의 개미들은 집단을 위해 스스로를 희생한다. 집단의 생존을 위해서라면 개미들은 개체의 생존에 대해서는 아랑곳하지 않는다.

가이아(Gaia)와 같은 존재의 경우에서도, 합목적적인 것으로 보이는 현상들이 의식과 같은 어떠한 역량으로부터, 그리고 수많은 인간들을 포함한 다양한 생명체들의 긴밀한 상호작용으로부터 비롯되는 것이라고 설명할 수도 있을 것이다. 다시 말해서 복잡성에서 인간의 두뇌와 충분히 견줄 만한 상호 연결시스템으로서의 지구는 스스로 의식을 지니고 있는 것일지도 모른다.

1970년대에 영국 과학자 제임스 러브록(James. E. Lovelock)과 미국 생물학자 린 마굴리스(Lynn Margulis)는, 지구상에 생명이 존재할 수 있는 이상적인 환경을 유지하기 위해 지구 화학적 과정과 생물학적 과정이 서로 긴밀하게 상호작용한다는 이론을 발전시켰다.

이들의 흥미로운 가이아(Gaia) 가설은 그 후 수십 년간 다양한 과학 분야의 전문가들의 지지를 받았다. 지지자들은 러브록과 마굴리스의 이론을 뒷받침하는 추가 증거를 내놓으며 가이아 가설에 힘을 실었다.

러브록과 마굴리스는 지구를 생명체처럼 작동하는 자기조절 시스템이라고 본다. 그들은 그 근거로 산소와 메탄의 조절을 예로 든다. 생명체가 살아가기 위해서는 지구의 산소 농도가 아주 좁은 범위내로 유지되어야 한다. 산소가 그 범위를 넘어 상승한다면 지구는 화염에 휩싸이고 생명체는 절멸하고 말 것이다. 그렇다면 산소는 어떻게 조절될까?

그들은 대기중 산소 농도가 적정치 이상으로 상승하면 이것이 기폭제가 되어 미세 박테리아의 메탄 생성과 방출이 늘어난다고 말한다. 이렇게 늘어난 메탄은 대기중으로 들어가서 산소 농도를 떨어뜨리고 이로써 산소는 다시 적정수준으로 내려간다.

이것은 지구 생물권을 생명체가 번성하는 환경으로 유지하기 위해 작동하는 무수히 많은 피드백 루프 가운데 하나일 뿐이다. 도시나 개미굴 또는 박테리아 군집과 같은 존재들이 스스로

의식을 지니고 있는 것인지 확인할 수 있는 장비는 없다. 그래도 최근 과학자들 사이에서 우리의 두뇌 속에서 의식을 가능하게 하는, 복잡한 상호 연결성을 생물 생활권에서 미생물 군집에 이르기까지 다양한 시스템들 속에서 발견할 수 있다는 인식이 증가하고 있다.

그리고 이러한 분위기는 오랫동안 많은 철학자와 신비주의자들로부터 주목을 받아왔던 세계적 또는 우주적 의식의 존재에 대한 가능성의 문을 열어 두고 있다.

의식의 내적 본성은 순수한 구조 이상의 어떤 것이 세상에 존재한다는 생각을 할 만한 이유를 제공해 준다. 1928년 간행된 『물리적 세상의 본질 : Nature of the Physical world』에서 아서 에딩턴은 이렇게 선언한다. "세상을 구성하는 물질이란 정신적 물질(mind-stuff)을 의미한다."

실체의 기본 구성물질이 정신적 물질이라는 개념은 아주 기이한 한가지 내용을 암시하고 있다. 만일 이 주장이 사실이라면, 의식은 모든 물리적 본질에 스며들어 있어야 한다. 주관적인 경험은 우리의 것과 같은 두뇌로만 제한되지 않으며 모든 물질 안에서 나타나야 한다. 의식이 실체에 스며든다는 주장은 이른바 '범신론 (Pantheism)'으로 불린다. 이 기원은 동물과 나무, 물 등에 영혼이 깃들어 있다고 믿었던 정령신앙과 같은 원시시대의 미신에까지 거슬러 올라간다.

요즈음 A.I에 대한 관심이 아주 뜨거운 것으로 보인다. 머지않아 인간의 능력을 넘어서는 A.I가 등장하여 모든 것이 바뀌는 세상이 올 거라고 들 이야기 한다. A.I는 Artificial Intelligence

의 약자로 인공지능(人工知能)을 말한다. 근래 들어 SF 영화에서 자주 보이는 것처럼 인간을 초월하는 A.I가 등장하여 인간 세상을 지배하는 그런 세상이 정말 올 수도 있는 것일까?

인간이 믿음과 욕망을 갖고 있으며, 생각하고 계획을 세울 수 있다고 하는 일련의 긴밀한 사실들을 설명해 내기 위해, 우리는 영혼의 존재를 인정해야만 한다. 그 어떤 기계도 믿음을 갖고, 욕망을 품고, 생각할 수 없다. 단순한 기계들이 믿음과 욕망을 갖고, 목표를 세우고, 스스로 판단을 내릴 수 있으리라고는 생각되지 않는다.

진정한 의미에서 기계가 생각할 수 없고, 정신적인 기능을 할 수 없다고 말할 때, 그것은 감성적인 측면을 가질 수 없다는 뜻이다. 순수하게 물리적인 존재가 사랑을 느낄 수 있을까? 공포를 경험할 수 있을까? 희망을 품을 수 있을까? 로봇이 감정을 느낄 수 있을까? 아마도 그것은 영원히 불가능한 일일 것이다.

인간은 감정을 느낄 수 있다. 그러므로 인간은 단순히 물리적인 것 이상의 존재다. 로봇이 제아무리 최첨단 기능을 탑재하고 행동적 측면에서 감정을 갖고 있다고 해도, 느낌과 경험의 차원에서 감정을 가질 수는 없다고 생각할 수 있다. 어떠한 기계도 고통을 느끼고, 색깔을 인식하며, 희열을 맛보지 못한다. 기계는 경험의 행동적 측면을 가질 수는 있으나 질적인 측면을 가질 수는 없다. 그러나 우리 인간은 두 가지 측면을 모두 가질 수 있다. 그러므로 우리는 순수한 물질적 존재 이상이다. 인간은 기계 이상의 존재인 것이다.

A.I에게서 가장 우려되는 점은 A.I 스스로 독립하여 경이로운

속도로 스스로를 재설계하는 것이다. 느린 생물학적 진화의 제약 안에 갇혀 있는 인간은 이런 A.I와 경쟁할 수 없으며 결국에는 A.I에게 밀려날 것이다. 그리고 미래의 A.I는 우리의 의지와 충돌하는 자신만의 의지를 개발하게 될 것이다.

단기적으로 볼 때, 전 세계 군대들은 목표물을 스스로 선택하고 제거할 수 있는 자동무기 시스템의 개발을 위한 군비확장 경쟁을 고려하고 있다. A.I의 단기적 영향력은 누가 통제권을 가지느냐에 달려 있는 반면, 장기적 영향력은 그것이 애초에 통제될 수 있기는 한 것인지에 달려있다.

A.I의 진짜 위험성은 적개심이 아니라 일 처리 능력이다. 만일 A.I의 목표와 인간의 목표가 일치하지 않는다면 우리는 곤란한 지경에 처하게 될 것이다. 모든 연구자들과 설계자들이 모든 로봇 설계에 자폭 스위치를 포함시켜야 한다는 것을 강조하고 있는 것도 이러한 이유 때문이다.

물리주의자의 관점에서 의식이란 거대한 미스터리와 같은 존재이다. 물리주의의 관점에서는 의식이라는 존재를 제대로 설명하지 못한다. 생명 현상을 이해하기 위해서는 비물질적이고 물질을 초월한 존재가 반드시 필요하다.

의식에 관해 우리가 알고 있는 것은 아직 초보적인 수준을 벗어나지 못하고 있으며, 물리적 차원에서 의식을 설명해 낼 수 있는 가능성을 발견하지도 못하고 있다. 영혼은 물리적인 존재와는 차원이 다른, 그래서 의식을 가질 수 있는 존재이다. 의식에 대해 물리주의보다 더 뛰어난 설명을 제시하고 있기 때문에 우리는 이원론을 선택해야 한다.

인간에게는 자유의지가 있다. 바로 이런 점에서 영혼의 존재에 대한 새로운 주장이 등장한다. 순수하게 물질적인 존재인 로봇과 컴퓨터에게는 자유의지가 없다. 바로 이런 점에서 인간은 순수하게 물리적인 존재 이상이다. 그렇게 말하기 위해서는 초월적이고 비 물질적인 존재, 즉 '영혼'이 필요하다. 다시 말해 자유의지를 설명하기 위해 영혼의 존재를 끌어들일 수밖에 없는 것이다.

컴퓨터는 절대적으로 물리적인 법칙을 따라 움직인다. 물리법칙은 일종의 결정론(決定論)이다. 철학적인 차원에서 우리는 컴퓨터를 결정론적 시스템이라 할 수 있다. 컴퓨터는 과정속에서 아무런 선택권을 갖고 있지 않다. 보다 일반적으로 설명하자면 결정론적 물리법칙을 기반으로 일어나는 모든 물리적 사건들의 경우에 원인과 결과가 있고, 이때 원인이 주어지면 반드시 이에 상응하는 결과로 이어진다. 이것이 바로 물리적 시스템이 작동하는 결정론적 그림이다.

자유의지와 결정론은 절대로 공존할 수 없는 것으로 보인다. 즉, 결정론의 지배를 받으면서 동시에 자유의지를 누릴 수는 없다. 결국 자유의지란 어떤 선택을 내릴 때 그것과는 다른 선택도 내릴 수 있어야 한다는 뜻이다. 똑같은 상황이 주어졌을 때 과거와는 다른 결정을 내릴 수 있어야 한다.

다시 말해서 내게 자유의지가 있다면 나는 결코 결정론적 법칙에 지배를 받지 않는다. 반대로 결정론적 법칙에 지배를 받는 존재는 자유의지를 누릴 수 없다. 결론적으로 두 가지는 양립이 불가능하다. 이런 관점을 일컬어 말 그대로 양립 불가론이라 부른다. 그래서 이원론자들은 자유의지를 설명하기 위해서 인간에게는 순수하게 물리적인 존재 이상의 것이 있어야만 한다고 주장한다.

인간의 의식과 동물의 의식을 구별하는 기준은 무엇인가? 인간은 동물 중에서 유일하게 내일이라는 개념을 이해하는 동물이다. 인간의 의식은 이 세상의 모형을 만들 수 있을 뿐만 아니라, 과거에서 미래로 시간이 흐름에 따라 그 모형이 어떻게 변해가는지도 예측할 수 있다. 이것이 가능하려면 수많은 피드백 회로를 조정하고 값을 매길 수 있어야 한다.

인간 두뇌의 가장 큰 특징은 현실 세계에 존재하지 않는 물체나 사건을 상상할 수 있다는 점이다. 바로 이 능력 덕분에 인간은 미래를 생각하고 예측할 수 있다.

우리의 두뇌는 물질의 입자로 이루어져 있다. 일정한 형태로 배열되어 있는 이 입자들은 주관적인 생각과 감정들을 만들어낸다. 물리적인 특성만으로는 이러한 주관성에 대해 설명해 주지 못한다. 우주 전체의 구성물질에는 반드시 의식의 일부가 포함되어 있어야 하는 것이다.

가치에 대한 가장 급진적인 회의론자들의 유래를 따져보면 데이비드 흄까지 거슬러 올라가는데, 흄은 객관적인 선의 같은 것은 존재하지 않는다고 주장했다. 흄에 따르면 옳고 그름에 대한 우리의 판단은 그저 우리 감정의 문제에 불과한 것으로, 세상에 우리의 감정을 투영하여 실체 구성의 일부가 되는 것을 상상하는 것이다. 도덕적 판단 같은 것들은 설사 그럴 만한 이유가 있다 하더라도 객관적인 사실과는 아무런 상관이 없다.

이렇게, 저렇게 따져보아도 의식이니 영혼이니 하는 문제에는 아직까지 인간의 지적 수준이 도달하지 못한 것으로 보인다. 어쩌면 그것은 영원히 인간의 능력 밖의 문제로 남을 수도 있을 것이다. 한가지 고무적인 현상은 많은 사람들이 단지 물리적인 것만 가지고는 이 세상이 설명될 수 없다는 것, 정신적인 것, 더 나아가 우주적 영혼 같은 것이 있어야만 설명이 가능할 것 같다는 인식에 이르렀다는 점이 아닐까 하는 생각을 해본다.

엘리시움(Elysium)은 그리스-로마 신화에서 저승의 행복한 처소를 말한다고 한다. 호메로스는 엘리시움을 세상의 끝, 오케아누스 강가에 있는 완전한 행복의 땅으로 묘사했고, 헤시오도스도 축복받은 자들의 섬을 그와 비슷하게 묘사했다.

처음에는 신들의 호의로 불멸을 얻은 자들이 가는 곳이었으나 차츰 축복받은 망자들이, 그리고 더 나중에는 의로운 삶을 살았던 자들이 가는 곳으로 생각되었다.

레테(Lethe)는 엘리시움의 가장자리에 흐르는 강으로 망각의 강으로 불리운다. 엘리시움에서 다시금 육신을 지니고 살게끔, 다시 태어나게 될 자들은 이 강물을 마심으로써 지난 기억들을 씻어버린다고 한다. 이승에서의 기억은 모두 잊고 새로운 몸으로 태어나 행복을 만끽하며 사는 것이다. 그런데 기억이 모두 씻겨져 버린 존재를 계속해서 '나'라고 이야기할 수 있는 것일까? 그는 나와는 다른 존재이지 어떻게 나의 연장선상에서 생각할 수 있다는 말인가? 좋은 기억이든 나쁜 기억이든 함께 안고 살아가고 있는 것이 진정한 '내'가 아닌가 하는 것이다.

그래서 중요한 것은 죽은 다음에 어디로 가서 어떻게 사느냐

하는 것이 아니다. 지금 현재 이승에서, 좋든 싫든 부대끼며 살아가고 있는 이승에서의 생활, 즉, '나'를 '나'라고 생각하는 의식을 지닌 채로 살아가고 있는 현재의 하루하루가 중요하다는 것이다.

하루하루가 행복한 날들이 되어야 한다. 가능한 한 많이 사랑하고, 많이 베풀고, 보람 있는 일을 하고, 후회 없는 삶이 될 수 있도록 끊임없이 노력하는 것, 그 밖에 중요한 일이 또 무엇이 있다는 말인가?

전쟁(戰爭) 게임(Game)

〈엔더의 게임(Ender's Game)〉이라는 영화가 있었다. 미국에서 만든 SF(Science Fiction, 과학소설)장르의 영화로 2013년 11월 1일 개봉하여 국내에는 12월 13일에 소개되었다. 많은 비용을 들여 제작하였음에도 불구하고 흥행실적은 저조하여 적자를 면하지 못한 작품으로 알려져 있다. 아무래도 원작 소설이 주는 재미를 제대로 살리지 못하고, 이야기가 산만한 데다 논리적인 설명이 부족하여 공감을 끌어내는데 실패한 것으로 보인다.

원작은 오슨 스콧 카드(Orson Scott Card)가 쓴 밀리터리 SF 소설 엔더 위긴 시리즈의 제1부에 해당하며, 먼 훗날 행성 간에 벌어지는 전쟁에 관한 이야기이다.

인류는 인류의 생존을 위협하는 외계 종족인 포믹의 침공을 받았고, 메이저 라캄이라는 한 영웅의 활약 덕분에 이들의 침공을 막아낼 수 있었다. 인류는 미래에 또다시 벌어질지 모르는 포믹의 재 침공에 대비하여 인류의 군대를 지휘할 천재 소년병 부대를 조직하게 되는데, 여기에 뽑힌 삼 남매 중 막내인 주인공 앤드류 위긴 의 이야기이다.

작중에서 나오는 주인공의 이름인 엔더(Ender)는 사실 별명이다. 위긴 집안의 둘째인 발렌타인이 앤드류를 귀여워하였는데,

어렸을 때 앤드류라는 이름을 제대로 발음할 수 없어 혀 짧은 소리로 엔더라고 부르게 된 것이 사실상 본명처럼 쓰이게 된 것이다. 또한 엔더(Ender)는 끝내는 자, 해결사 등의 의미도 있어 작중에서도 다른 소년들이 엔더의 이름을 가지고 시비를 걸기도 한다.

포믹의 침공 이후, 인류는 포믹 종족의 순발력과 의사 판단 능력이 인간의 반응속도를 초월하는 것이어서 아무리 뛰어난 지휘관이라도 이들을 상대할 수 없음을 깨닫고, 재능이 있는 어린 아이들을 뽑아 포믹을 상대하기 위한 전문 훈련을 시켜 지휘관으로 양성하기로 한다.

엔더는 그중에서 두각을 나타내며 거듭된 훈련 속에서 카리스마와 지도력을 발휘하여 지휘관으로 인정받게 되고 기존의 학교에서 다른 행성으로 이동한다. 그곳에서는 죽은 줄 알았던 메이저 라캄을 만나게 되고 그의 개인지도를 받게 된다. 결국 엔더는 정식으로 포믹과의 최후 전쟁에서 인류를 이끌 지휘관으로 선출된다. 여기서부터 는 실전에 투입하기 전에 새로운 훈련들을 진행하기 시작한다. 메이저 라캄이 직접 짜 놓은 상대의 알고리즘을 돌파하는 방식의 훈련이다. 기존의 훈련과 달리 시뮬레이션(simulation) 훈련들을 진행하게 된다.

엔더와 엔더의 부하 소년병들은 거듭되는 시뮬레이션 훈련 끝에 마침내 실전 투입 전 최후의 테스트를 앞두게 된다. 시험 난이도는 한도 끝도 없이 올라가지만, 정작 주어지는 전력은 점점 약화되어 가는 현실, 지쳐가는 부하들과 자기 자신, 그 안에서 일어나는 충돌 등에 질려버린 엔더는 마지막 테스트의 설정이 아군은 극소수의 구식 함대이고, 포믹의 전력은 포믹 함대에 가리어 모성이 보이지 않을 정도로 엄청난 규모라는 사실에 열 받은 나머지 작전 수행을 거부하기까지 하지만, 주변의 설득에 결국 테스트를 개시한다. 그는 함대를 포믹의 모성에 직접 돌입 시킨 뒤 최종병기 MD로 자폭하는 극단적인 방식으로 승리를 거둔다. 그러나 시뮬레이션이 끝나자 이를 지켜보던 지휘관들은 모두 이상하리만치 환호하기 시작했고, 엔더에게 충격적인 사실 을 말하게 된다.

엔더가 시뮬레이션이라 생각했던 모든 지휘는 작전 중인 실 제 군인들과 실제 함선들을 원격 지휘하는 것이었고, 군의 고위 지휘부는 이를 엔더와 다른 동료들이 부하들의 희생에 신경 쓰 지 않도록 일부러 숨기고 있었던 것이다.

마지막 시뮬레이션 시험에 들어가기 전에 엔더가 라캄에게 "MD를 행성에 쓰면 어떻게 됩니까?"라는 질문을 던지지만 그 는 명확한 답변을 하지 않는다. 사실 그 누구도 MD를 행성 급 목표물에 쏘면 어떻게 될 것인지 실험해 본 적이 없었던 것이 다.

테스트가 진행될수록 아군의 함대가 구식화 되어가는 것도, 그 함대들이 보다 먼저 출항하여 오랜 시간을 항행해 먼 곳에 서 '지휘'를 기다리고 있었기 때문이다. 엔더도 교육을 받는 중 교육내용이 전쟁을 대비한다기보다는 공격을 준비하는 것 같은 인상을 받지만 애써 무시하게 되는데, 지구는 엔서블이라는 초 광속 통신기술을 보유하고 있었기 때문에 이 모든 것이 가능했 던 것이다.

엔더는 뒤늦게 자신이 전멸시킨 포믹이 사실은 평화를 사랑하는 종족이었음을 깨닫게 된다. 사실 포믹 과의 전쟁은 다름 아닌 양자 간의 소통이 원활하지 못했던 것에 기인하였다. 인류의 입장에서는 하나의 개체가 전 종족의 생각을 마음대로 결정한다는 사실을 이해할 수 없었고(포믹의 경우), 포믹의 입장에서는 모든 개체가 전부 다 각기 다른 생각을 한다는 것(인류의 경우) 자체가 상상조차 불가능한 것이었기에 서로의 입장이 다를 수밖에 없었던 것이다. 포믹의 여왕이, 인간이 각각의 개체가 다른 생각을 하는 종족이란 사실을 어느 정도 이해했을 때에는 이미 엔더가 종족을 멸망시켜버린 뒤였다.

포믹은 "하나하나의 개체가 별개의 생각을 하고, 별개의 생명을 가지며, 별개의 영혼을 영위한다."는 개념 자체를 이해하지 못하는 상태에서 인류가 침공해 왔기 때문에, "인간 종족은 왜 이렇게 죽기 살기로 반격을 하는 거지? 수십, 수백억 개체 중 고작 몇백만 개체만 죽였을 뿐인데?"라는 식으로 생각할 수밖에 없었던 것이다. 포믹 종족은 마치 개미와도 같은, 곤충과 유사한 종족이었던 것이다.

나이 든 사람들은 잘 모르지만 IT(information technology), 즉 정보 통신기술의 발전과 그에 따라 발전을 거듭하는 인터넷 게임에 익숙한 젊은 세대들은 이를 쉽게 받아들이고 즐기기도 하는 것으로 보인다. 게임(game)에 빠져본 적이 없기에 밤을 세워 열중할 만큼 그렇게 재미있는 것인지도 사실 잘 모른다. IT 기기에 익숙하지 않은 쉰 세대로써 는 그냥 그림의 떡이라고 할까?

전쟁 게임 같은 것이 재미도 있고 인기도 많다고 한다. 전략을 짜고, 총도 쏘고, 대포도 쏘고, 적을 쓰러트리고, 진지를 점령해서 승리하는 그 과정이 짜릿한 재미를 주는 것으로 생각된다. 그런데 실제로 전투가 벌어진다면, 여기저기서 시체가 뒹굴고 총탄이 날아오고 포탄이 날아오고 폭탄을 실은 드론(Drone)이 머리 위를 맴도는 상황이 되면 그때도 과연 재미가 있을까?

아마도 모든 사람들이 그러하 듯이 공포를 느끼고 몸을 숨기기에 바쁠 것이고 가족과 친지의 죽음에 가슴을 쥐어뜯으며 애통해 할 것이다. 어린 자식의 주검을 앞에 두고 비통한 심정에 사로잡혀 하늘을 향해 울부짖는 부모의 심정이야 겪어보지 않은 사람은 알 수 없는 극한의 고통이 아니겠는가?

지구촌 곳곳에서 수많은 전쟁이 진행 중인 지금, 조금은 묘한 생각에 사로잡히게 된다. 어린 시절 영웅전을 읽어보면 거의 모두가(아니 전부가), 전쟁에 관한 이야기이고 전쟁에서 승리한 쪽의 리더는 영웅으로 묘사된다. 전쟁에서 승리하기 위해서는 적을 죽일 수밖에 없는 것이고, 그중에서도 적을 죽임에 있어 가장 큰 공을 세운 사람이 영웅이 되는 것이다. 전쟁에서 큰 공을 세운 사람에게는 훈장이 수여된다. 평시에는 살인이 큰 죄가 되어 그에 합당한 벌을 받지만 전쟁 중에 적군을 죽이는 것은 영웅적인 행위로 여겨진다.

그러나 전과(戰果)에 가리어 잘 보이지 않는 전쟁의 이면이 존재한다. 군인이 전투에 투입되어 싸우다가 죽는 것은, 애석하지만 군인의 임무가 그런 것이니 숙명(宿命)이려니 생각할 수밖에 없다. 그러나 비전투원, 즉 부녀자와 아이들, 거동이 불편한 노인과 병자들은 죽어야 할 이유가 없다. 하지만 실제로 사망자와 부상자는 군인보다는 비전투원 쪽이 훨씬 더 많은 것으로 보인다.

전쟁 마당의 한켠에서는 무고한 학살이 자행되고 부녀자들에 대한 강간이 수도 없이 벌어진다. 전쟁범죄인 것이다. 그러나 전쟁범죄라는 말만 있을 뿐, 전쟁범죄를 저질러서는 안 된다는 사실은 이미 무법천지가 되어버린 전쟁터에서는 아무런 의미가 없다. 당한 이들은 어디에 가서 하소연할 데도 없다. 다행히 목숨을 건진 것을 그나마 다행이라고 생각해야 하는 것이다.

연이은 전투와 폭격으로 폐허가 되어가는 전쟁터에는 더 이상 생업이라는 것은 존재하지 않는다. 무엇을 먹고 무엇을 마실지, 잠은 어디에서 자며 부상자는 어디에서 치료를 받아야 할지 병원도 학교도 모두가 폭격으로 잿더미가 되어간다. 일상이 사라져 버리는 것이다.

전쟁에는 분명 명분이 있다. 명분이 불 확실한 경우라면 없던 명분이라도 억지로 만들어낸다.

그런데 만약에 광인(狂人)의 손에 흉기가 쥐어져 있는 경우라면? 그 이후의 일을 어떻게 알 수 있다는 말인가? 광인이 아니라도 좋다. 그들이 전쟁을 한낱 게임 정도로 인식하는 개념이 무의식 속에서나마 존재하는 것이라면 이 얼마나 무서운 일이란 말인가? 히틀러가 그러했고 일본의 군국주의자들이 그러했음을 우리는 너무도 똑똑히 기억하고 있는 것이다.

전쟁의 주역들에게 묻고 싶다. 자신의 처자식, 부모 형제가 머무는 곳을 향해 총을 쏘고 포탄을 날릴 수 있는 것인지 말이다. 그리고 그들에게 강력히 요구하고 싶다. 어른들이야 세상을 이렇게 나 어지럽게 만든 죄가 있으니 죽어도 싸다고 치자. 그러나 아이들은 죄가 없다. 짐승도 어린 새끼들은 돌보거늘 인간의 탈을 쓰고 어떻게 죄 없는 어린아이들을 마구 죽여 댈 수 있는가 말이다. 어린아이들에 대한 학살은 멈춰야 한다. 그 어떤 논리로도 그것은 용서받을 수 없는 만행이다. 대의를 위해서 그 정도의 희생은 어쩔 수 없다고? 도대체 누구를 위한, 무엇을 위한 대의라는 말인가? 미래의 주역들을 다 죽여 놓고 대의 운운해본들 무슨 의미가 있다는 말인가? 그것은 극악무도한 악마들이나 할 수 있는 짓이다.

한탄해 본들 공허한 외침일 뿐이지만 그래도 계속해서 외치고 싶다. 이제는 게임을 끝내자고! 차라리 현실이 아닌 게임이라면 얼마나 좋겠는가? Game over를 수도 없이 외쳐 댈 텐데 말이다. "GAME OVER !!!"

초인(超人)

잘 알려진 이야기지만 곱씹어볼 만한 가치가 있을 것 같아 재탕을 해보고자 한다.

2007년 1월 12일 미국 워싱턴 랑팡 플라자 지하철역에서 재미있는 사건이 하나 벌어졌다고 한다. 유명한 바이올리니스트 조슈아 벨(Joshua Bell, 1967~)이 거리의 악사가 되어 남루한 차림으로 45분간 아름다운 클래식 연주를 들려주었다. 비록 거지꼴을 하고 있었지만, 그의 손에 들린 것은 350만 달러(약 42억 원)를 호가하는 그 유명한 스트라디바리우스 바이올린이었다.

클래식 음악이 그 자체로 향유되는 것이 사실이라면, 아마도 조슈아 벨 주변에는 엄청난 군중이 몰려들었을 것이다. 그런데 현실은 그렇지 않았다. 잠시라도 멈추어 그의 연주를 들은 사람은 달랑 7명뿐이었고, 심지어 그의 구걸함에 동전 한 닢이라도 던져 넣어준 사람은 27명에 불과하였으며, 모금된 돈도 27달러에 불과했다.

이것은 미적 취향이 얼마나 강하게 사회적 함의를 갖는지를 보여주는 흥미로운 사례로 회자된다. 조슈아 벨의 연주가 아무리 훌륭한들, 값비싼 연주회장, 매스컴의 주목, 저명 인사들의 환호로 이루어진 아우라가 걷히면 그 가치는 제대로 인정받지 못하는 것이 현실긴 것이다. 바로 인간의 속물근성이 여실히 드러나는 생생한 실례라고 해야 할 것이다. 살면서 우리 주변에서, 일상에서 마주치는 일들 가운데 이렇게 거짓으로 포장된 껍데기들을 벗겨내고 나면 진실의 알맹이는 어느 정도나 남을까?

여자들이 수천만 원을 호가하는 명품 백을 사는 이유도 제품이 좋아서(튼튼하고 실용적)가 아니라 아무도 못 갖는 것이기 때문에 사는 거라고 한다. 비싼 명품을 구입할 때 그들이 의도하는 것은 자신들이 하류 계급과는 전혀 다르다는 것을 스스로에게, 그리고 타인에게 분명히 입증하고자 하는 것이다.

내 돈 벌어서 내가 쓰는데 무슨 잔말이냐고 말하면 할 말 없는 거지만, 현대의 산업 자본주의는 인간의 허영이라는 치명적 약점을 집요하게 파고 들어간다는 사실, 그리고 자본주의 사회에서의 자유는 돈을 가진 자의 자유, 소비의 자유에 불과할 뿐이라는 것을 생각하게 되는 것이다. 소비의 자유라는 것은 결국 돈에 대한 복종, 그 이상도 이하도 아니다. 우리는 소비의 자유를 위해서 돈의 노예가 된 사실을 심각하게 생각하지 않는데, 가령 우리가 향유하는 자유가 돈이 있을 때 가능한 그런 성격의 것이라면, 그것은 돈의 자유이지 우리 삶의 자유일 수는 없다.

항상 머릿속을 맴도는 두 가지 화두(話頭)는, "자유로운 영혼, 그리고 마음의 평화"인데 지금껏 단 한 순간도 영혼이 자유롭지 못했고, 마음의 평화도 누려보지 못했다는 것이 많이 아쉬운 부분이긴 하다. 하지만 꿈을 잃는 것은, 이미 삶을 잃는 것이니 마무리하는 순간까지 최선을 다하는 것이 존재에 대한 예우가 될 것이다.

기독교는 현재와 현재의 삶을 부정한다. 현재의 삶은 사후 천국에서의 행복한 삶을 위한 단순한 수단에 불과하기 때문이다.

니체(Friedrich Nietzsche)는 미래의 목적을 위해 현재의 삶을 수단으로 삼는 기독교를 허무주의라고 강하게 비판했다. 기독교적 허무주의를 극복하려고 했던 니체는, 이 순간의 삶과 현재를 절대적인 것으로 긍정할 필요를 느낀다. 이 대목에서 영원회귀(永遠回歸)라는 니체의 주장이 출현한다.

바로 지금, 그리고 이곳의 삶, 그리고 이 속에서 이루어지는 우리의 선택은 영원히 반복된다고 생각해야 한다. 이 논리에 따라 만약 현재 자신의 삶이 행복하지 않다면, 이 행복하지 않은 삶이 어떤 주기를 가지고 영원히 반복된다는 것이다. 바로 지금, 현재의 삶이 행복해야 하는 것이다. 따라서 우리는 매 순간 현재의 삶 속에서 자신의 선택과 행위가 어떤 파장을 불러일으킬지 심사숙고해야만 한다는 것이다.

그리고 현재의 고통을 해소하기 위해 각고의 노력을 기울여야 한다. 지금 행복하지 않으면, 사실 앞으로도 영원히 행복할 수 없는 법이다. 그것은 현재의 우리 삶이 다른 어떤 시간의 삶으로도 바꿀 수 없는 절대적인 것이기 때문이다. 또한 현재의 삶에서 고통을 견디는 이유는 우리가 그것을 순간적인 것이라고, 다시 말해 일회적인 것이라고 믿기 때문이다. 영원히 계속되는 고통이라면 어떻게 살아나갈 수 있겠는가?

니체는 현재라는 시간, 그리고 내재적 삶을 부정하는 모든 초월주의를 허무주의라고 불렀다. 그가 말한 초인(超人)은 바로 이 허무주의를 극복하는 데 성공한 인간이다. 그래서 초인은 "하늘 나라에 대한 희망을 설교하는 자들을 믿지 않는다."라고 했던 것이다.

   만해 한용운은 나이 47(1925년)세에 두 권의 책을 탈고했다고 한다. 『십현 담주해(十玄談註解)』와 『님의 침묵』이다. 두 권의 책을 쓸 때 한용운의 곁에는 서여 연화(徐如蓮花)라는 여인이 있었다고 한다.
   남자가 큰일을 하고자 할 때에 여자의 내조가 얼마나 중요한 것인가 하는 것을 생각해 보기도 하고, 또 평생 그렇게 내조를 잘 받으며 살아오는 사람들에게는 진심으로 존경하는 마음을 금치 못하는 것이 요즈음의 솔직한 내 심정이다. 지금이 어느 시대인데 여자의 내조 운운하느냐 할지 모르지만, 서로 간에 존중과 신뢰가 바탕이 되어 백년해로하는 부부는 실로 얼마나 행복한 것인가?

폼 생(生) 폼 사(死)

'폼 생 폼 사'라는 말이 있다. '폼(fom)나게 살다가 죽을 때도 폼 나게 죽는다'는 뜻이다. 폼 나게, 바꿔 말해서 멋지게 살려면 어떻게 해야 하는 걸까? '머(무엇)니 머니 해도 돈'이라고 했으니 첫째는 돈이 필요하고(큰소리치면서 살려면 그것도 아주 많이 필요하다.), 기죽지 않고 살려면 권력도 필요하다. 부와 권력, 이 두 가지는 폼 나게 살기 위해서는 반드시 필요한 요소일 것이다.

그런데 부와 권력을 손에 넣었다 한들 건강이 뒷받침되지 않으면 그것을 마음껏 누릴 수 없으니 건강 또한 중요한 요소임에 틀림이 없다 할 것이다. 진 시황 같은 이도 천하를 두 손에 움켜쥐고도 불로초를 구하지 못해 일찍 생을 마감했으니 아무것도 갖지 못한 촌로(村老)에 비해 더 나을 것이 별로 없고 어쩌면 더 많이 가졌기 때문에 상대적으로 생에 대한 미련과 아쉬움이 더 컸을지도 모른다는 생각이 든다.

그렇게 돈도 많이 벌고 권좌에 올랐던 사람들은 모두 다 행복했을까? 역으로 돈도 못 벌고 권력의 근처에도 가보지 못했던 사람들은 모두 다 불행했는가? 개인의 행복은 다분히 주관적인 요소가 많기 때문에 겉보기만으로 판단을 하기는 쉽지 않으리라 생각된다. 행 불행을 가르는 요소는 오히려 그런 것과는 거리가 있는 것, 요컨대 한 존재의 가치와 그 가치를 인정받는다는 사실에 있는 것이 아닐까 생각해 보는 것이다. 한 사람을 진정으로 사랑하게 되면 그 대상은 세상 그 무엇과도 바꿀 수 없는 소중한 존재가 되는 것이기에 서로 사랑하면 행복해지는 것이고, 그 행복감의 근저에는 '나도 소중한 존재로서 인정받는다는 사실'이 자리잡고 있는 것이라 생각된다.

죽을 때에 폼 나게 죽으면 무슨 의미가 있을까? 이래 죽으나 저래 죽으나, 죽으면 모든 것이 끝나는데 그런 것들이 무슨 의미가 있다는 말인가? 오래 수행한 선승들이 좌선한 채 입적했다는 이야기는 들어본 적이 있긴 한데, 우리 주변에서 그런 품위 있는 죽음은 보기가 쉽지 않은 듯하다. 대부분의 경우 질병으로 인한 고통과 싸우다가 기력이 쇠진하여 생을 마감하는 것으로 보인다. 따라서 모든 사람들이 바라는 것처럼 그렇게 품위 있게 생을 마감한다는 것은 생각처럼 그렇게 쉽지는 않은 것 같다.

유럽 쪽에서는 안락사를 허용하는 곳도 있는 모양인데 품위 있게 생을 마감하고 싶다는 본인의 생각과는 달리 윤리적인 문제 때문에 찬반 논란이 치열한 것으로 보인다. 마지막 순간까지도 삶에 매달리는 것이 인간의 본성인데 고통스럽다고 해서 쉽게 안락사에 동의하는 사람은 그렇게 많지는 않을 거라는 생각도 든다. 나라면 그런 상황이 닥쳤을 때 어떻게 할 것인가? 사실은 잘 모르겠다는 것이 솔직한 심경일 것이다. 당해보지 않고서는 알 수 없는 일이 아닌가 싶기도 하다.

폼 나게 죽는 것이 어려운 만큼 몸이 아파서 병원에 가면 인간의 품위는 나락으로 떨어지고 만다. "이리 오시오, 저리 가시오." 해서 본인의 의지와는 상관없이 떠밀려 다녀야 하고, 부끄러운 모습으로 여기저기 만지고 찔러 대는 수모를 견뎌야 하니 아픈 와중에도 "참으로 아플 일은 아니다."는 생각이 드는 것이다.

사실 내 몸이지만 내 몸이 아닌지도 모른다는 생각이 들 때도 있다. 내 것이라면 당연히 내 마음대로 행하고 움직일 수 있어야 할 터인데, 따지고 보면 내 몸 가운데 내 의지대로 움직일 수 있는 부분은 그렇게 많지 않은 것 같다. 병을 겪는 일 또한 그러하지 않는가? 내 의지와는 무관하게 여기저기가 주저앉고 힘을 쓰지 못하게 되는 것이니 영혼은 물론이고 몸조차도 잠시 빌려다 쓰는 것은 아닌지, 이러한 일들을 주관하는 어떤 존재가 사실로 존재할지도 모른다는 생각이 들기도 한다.

프란치스코 교황(Franciscus. PP)께서 최근에 미국의 대선 주자들을 겨냥해 내놓은 견해를 보면 지구촌 사람들에게 생명에 대해 좀더 넓은 포용과 사랑으로 대해줄 것을 강조한 것으로 보인다.

반 이민정책에 대해서는 "이주는 성경에 명시된 권리이며, 나그네를 환대하라는 성경의 말씀을 따르지 않는 사람은 중대한 죄를 짓는 것"이라고 말씀하셨고, 낙태권 수호에 대해서도 "낙태를 하는 것은 인간을 죽이는 것이다. 이렇게 말하는 것을 싫어하든 좋아하든 낙태는 살인이다."라고 했으며, 이민자를 쫓아내는 사람이든, 아기를 죽이는 것을 지지하는 사람이든 둘 다 생명에 반한다. 따라서 어쩔 수 없다면 덜 나쁜 쪽을 선택하는 수밖에 없지 않냐 하는 것이다.

최근에 지구촌 돌아가는 상황을 보면 곳곳에서 전쟁이요, 기근과 질병으로 하루에도 숱한 생명들이 사라져가고 있으니 종교계의 수장으로써 가히 시의적절한 말씀을 하신 것이 아닌가 생각된다.

"나그네를 홀대하지 마라. 너희도 이집트에서 살 때는 나그네였느니라." 굳이 성경 구절을 들먹이지 않더라도 미국이라는 나라는 태생부터 이민자들의 나라였는데 "이제는 우리끼리 잘 살 터이니 더이상 들어오지 마."하는 것은 지나친 집단 이기주의로 비춰지는 것만 같고, 미국의 국익에 도움이 되는 경우에 있어서는 별도의 기준을 적용하는 것 같으니, 살길을 찾아서 목숨을 걸고 불법 이민도 불사하는 불쌍한 사람들에게 너무 야박한 것이 아닌가 싶기도 하지마는 남의 나라 일이니 왈가불가할 수도 없는 일이다.

불법 이민자 문제는 미국만의 문제는 아니다. 해다마 수많은 난민들이 작은 보트를 타고 바다를 건너다가 목숨을 잃는 유럽 쪽도 상황이 심각한 것은 마찬가지인 것으로 보인다. 또한 한국도 불법 이민자 문제로 애로를 겪고 있는 것이 어제오늘의 문제는 아니지 않느냐 하는 것이다.

어느 사이엔가 선진국 반열에 올라선 지금 개발도상국 국민들에게는 한국이 새롭게 기회의 땅으로 인식되고 있고, 합법적으로 입국해서 일자리를 찾기가 쉽지 않으니 불법으로라도 기회를 가져보고자 하는 사람들이 갈수록 늘어나는 추세인 것 같다.

한편으로는 출산율 하락으로 조만간 인구절벽을 걱정해야 하는 처지가 되었고, 또 한편에서는 구인난으로 애를 태우는가 하면, 젊은이들은 선호하는 직장을 찾지 못해 자의 반 타의 반 실업자 생활을 하고 있으니 각자의 이해가 맞물려 해법을 찾는 것이 쉬운 문제는 아니라고 생각된다.

하지만 언제까지나 이런 상태가 지속된다면 사회적으로 큰 손실을 초래할 것이 분명하므로 빠른 시간 내에 해법을 찾아내지 않으면 안 될 것으로 생각된다. 차제에 적극적으로 이민자들을 받아들이는 것이 어떠한지 고려해보는 것도 바람직하지 않느냐 생각해 본다. 그렇게 해서 우선은 부족한 일손 문제를 해결하고 최저임금 문제와 맞물려 임금의 차등적용이라는 어려운 문제가 있기는 하지마는 그 또한 머리를 맞대고 해결책을 찾는다면 전혀 불가능한 문제는 아닐 것으로 생각된다.

낙태 문제는 생명의 가치문제와 맞물려 그 누구도 쉽게 단정적으로 말할 수는 없는 문제인 것으로 보인다. 정자와 난자가 만나서 수태가 되는 순간에 생명이 시작된다는 것은 생물학적으로 보아서 당연한 것처럼 보이지만, 낙태 옹호론자들의 생각은 아마도 이런 것이지 않을까 싶다. 수태가 되는 순간부터 영혼이 생성되는 것은 아니지 않느냐, 영혼이 없는 존재는 아직 인간이라고 부를 수는 없는 것이 아니냐. 맞다. 그렇게 따지면 약간은 일리가 있어 보이는 주장인 것 같기도 하다. 그렇다면 어느 시기에 영혼이 생성되는 것인지 누가 어떻게 알 수 있다는 말인가?

헌법재판소는 2019년 4월 11일 낙태를 처벌하도록 한 형법 규정이 여성의 자기 결정권을 과도하게 침해해 헌법에 어긋난다고 결정, 헌법 불합치 결정을 내렸다. 특히 헌재는 이날 판결에서 산부인과 학계 견해를 빌어 태아가 독자 생존할 수 있는 시점을 '임신 22주 내외'라고 판단했다. 낙태죄 조항에 헌법 불합치 의견을 낸 재판관들은 '태아가 모체를 떠난 상태에서 독자적으로 생존할 수 있는 시점인 임신 22주 내외에 도달하기 전이면서, 임신 유지와 출산 여부에 대해 자기 결정권을 행사하기에 충분한 시간이 보장되는 시기까지의 낙태는 국가가 생명 보호 수단과 정도를 달리 정할 수 있다.'고 밝혔다. 이후 관련 법안이 2020년 12월 31일까지 개정되지 않으면서, 해당 조항은 사실상 효력을 잃은 상태라고 한다.

우리의 선조들은 아이가 태어나면 1살이라는 나이를 부여했다. 수태가 되는 순간 생명이 생겨난 것으로 보고 10개월을 자궁에서 보낸 후 세상에 나왔으니 1살이라는 나이를 먹는 것이 당연하다고 생각했을 것이다. 요즈음은 정책적으로 만 나이로 모두 통일한다는데, 선조들의 철학적 성찰에까지 생각이 닿지 못하고 행정편의주의에 너무 치우친 것이 아닌가 싶기도 하다.

최근에 36주 된 태아를 낙태하는 상황을 생중계하는 사람들이 나타나 모든 사람들을 경악하게 만들었는데, 낙태에 대해 찬성하는 쪽이든 반대하는 쪽이든 생명의 경시 현상이 이 정도까지 다다른 것에 대해서는 우리 모두가 반성을 해봐야 하는 일이 아닌가 생각된다.

인권(人權, Human rights)이란 인간으로서 마땅히 누려야 할 기본적인 권리를 뜻한다. 세계 인권선언 제1조는 "모든 인간은 태어날 때부터 자유로우며 그 존엄과 권리에 있어 동등하다. 인간은 천부적으로 이성과 양심을 부여받았으며 서로 형제애의 정신으로 행동하여야 한다."로 되어있다.

또한 대한민국 헌법 제10조에는 "모든 국민은 인간으로서의 존엄과 가치를 가지며, 행복을 추구할 권리를 가진다. 국가는 개인이 가지는 불가침의 기본적 인권을 확인하고 이를 보장할 의무를 진다"라고 되어있다.

인간이 가지는 주요 권리는 크게 네 가지로 나눌 수 있다.

첫째, 생명권은 생명의 가치를 존중받을 권리를 말한다.

둘째, 자유권 : 인간은 타인에게 간섭받지 않고 자유롭게 행동할 수 있는 자유가 있다. 종교의 자유, 신체의 자유, 언론의 자유 등이 여기에 포함된다.

셋째, 평등권 : 모든 사람은 평등하다. 다만 주의할 것은 평등권은 절대적인 평등을 말하는 것이 아니라, 합리적인 이유가 있으면 차별을 인정하는 상대적인 평등을 말한다.

넷째, 사회권 : 인간이 인간다운 삶을 살 수 있게 보장하는 권리이다. 사회권을 통해 최소한의 의식주와 교육을 받을 수 있는 권리, 노동 삼권 등이 보장된다.

사람은 존엄성을 지키기 위해 살기도 하고 죽기도 한다. 그것이 인간이다. 존엄(尊嚴, dignity)이란 무엇인가? 존엄은 인간 언어생활에서는 존경과 고귀함을 의미한다. 칸트에 따르면 존엄은 가치를 따질 수 없다. 어떤 것의 가치는 사람들이 가치를 인정하는지, 인정한다면 얼마만큼 높게 평가하는지에 좌우된다.

그러나 '그 자체가 목적인 것'은 가치를 따질 수 없다. 도덕적 차원을 가진 것, 옳은 것과 그른 것 사이의 선택을 나타내는 것만이 그 자체로 목적이 된다. 인간다움(humanity), 존엄성(dignity)이 그런 것이다.

인간 존엄성의 필수조건은 자유의지(free will)이다. 살든 죽든, 인간의 존엄은 자신의 행동을 스스로 결정하는 능력과 관련되어 있다. 자유의지는 자신이 자기 삶의 주인임을 인식하면서 원하는 삶을 스스로 설계하고, 그 삶을 자신이 옳다고 생각하는 방식으로 밀고 나가는 정신의 태도와 능력이다.

칸트는 초월자의 존재를 상정하지 않고, 모든 인간은 자유의지를 가진 존재이기 때문에 보편적인 존엄성을 갖는다고 설명했다. 인간 개개인은 고유한 가치를 가지며 다른 인간을 위한 수단이 아닌 '그 자체가 목적'으로만 대우받는 존재라고 주장했다. 즉 인간의 가치는 상대방에게 또는 사회적으로 유용한 존재인지에 대한 평가에 따라 결정되지 않는다고 강조한다.

이런 인간의 가치를 '절대적 가치'라고 명명하고, 이런 가치를 존엄이라고 이름 붙였다. 모든 인간이 존엄성을 갖는 이유는 모든 인간은 '자유의지' 즉, 도덕적으로 어떻게 행동해야 하는지를 아는 '실천이성'의 소유자이기 때문이다.

스피노자(Baruch Spinoza)는 그의 저서 『윤리학(Ethica)』에서 '코나투스의 윤리학'을 피력하였다. 코나투스(conatus)는 라틴어로 원래의 의미는 노력, 충동, 경향 등으로 되어있으며 일찍이 심리 철학이나 형이상학에서 사용된 서술어로 사물이 본디부터 가지고 있고 스스로를 계속 높이려는 경향을 말한다. 여기서 사물(thing)이란 심리적 실체, 물리적 실체, 혹은 그 양자의 혼합물을 가리킨다.

그런데 인간은 유한한 존재이기 때문에 자신의 존재를 보존하기 위해서 어쩔 수 없이 타자와 연결되어야만 한다는 것이다.

타자와 연결될 때 우리의 코나투스는 증진되거나 아니면 약화될 것이다. 만일 코나투스가 증진된다면 우리에게는 '기쁨(Laetitia)'의 감정이, 그렇지 않고 약화된다면 '슬픔(tristitia)'의 감정이 찾아올 것이다. 하지만 중요한 것은 나의 기쁨을 위해서 내가 마주친 타자를 슬픔에 빠뜨려서는 안 된다는 것이다. 나와 관계한 그 타자가 슬픔에 빠지면, 나의 기쁨은 얼마 가지 않아 슬픔으로 변할 것이기 때문이다.

그렇다면 결국 기쁨의 윤리학은 나만의 기쁨이 아니라, 우리 모두의 기쁨을 지향하는 것일 수밖에 없다. 바로 이 대목에서 자유라는 개념이 어떤 의미를 갖는지 더욱 분명해진다. 나의 기쁨을 가로막는 타자와 힘써 싸우고, 또한 동시에 타자의 기쁨을 가로막지 않는 것, 이것이 바로 자유의 진정한 의미일 것이기 때문이다. 그래서 마침내 기쁨의 윤리학은 이제 자유의 정치학으로 변모하는 것이다.

기쁨과 자유, 이것이야말로 철학과 시를 포함한 모든 인문학의 궁극적인 꿈 이자 인문학이 존재하는 이유이다. 그래서 역사상 수많은 철학자와 시인들은 인간의 자유를 억압하고 기쁨을 박탈하려는 권력의 시도에 맞서 그렇게 단호했던 것이다.

근대 시민사회에서 말하는 '자유'란 다름 아닌 개인의 자유를 지칭한다. 이때 개인이란 '개체'로서의 인간을 말한다. 오늘날 개인은 '개체'로서의 인간이자 행위 주체자로서의 인간으로 이해되는 것이 보통이다.

홉스(Th. Hobbes)는 자유란 '(물리적)강제로부터 벗어 남'이라고 규정했는데, 이로부터 정치 사회적으로 중요한 '자유' 개념이 나왔다. 오늘날 자유는 '~으로부터 벗어남'이라는 소극적 의미 외에 '스스로에서 비롯함'이라는 원래의 적극적인 뜻 아래에 '자기 하고 싶은 대로 함'이라는 의미와 함께 '자신이 세운 법칙에 자신을 종속시킴=자율적임'이라는 의미를 가진다고 한다.

근대 자유의 개념은 다른 사람의 의지가 아니고 스스로 자기 의지에 따라 실천하는 행위다. 이 자유 개념이 유럽 봉건시대 불 평등한 신분제에서 해방을 주장했던 사상으로 유럽 시민혁명을 일으켰다.

존 스튜어트 밀(John Stuart Mill)은 『자유론』속에서 말한다. "인간 사회에서 누구든-개인이든 집단이든-다른 사람의 행동의 자유를 침해할 수 있는 경우는 오직 한 가지, 자기보호(self-protection)를 위해 필요할 때뿐이다. 다른 사람에게 해를 끼치는 것을 막기 위한 목적이라면, 당사자의 의지에 반해 권력이 사용되는 것도 정당하다고 할 수 있다. 이 유일한 경우를 제외하고는, 문명사회에서 시민의 자유를 침해하는 그 어떤 정치 권력의 행사도 정당화될 수 없다."

심리학자들은 행복을 가능케 하는 심리적 요인 중에 가장 중요한 것이 지각된 자유(perceived freedom)라고 주장한다. 행복은 얼마나 자유로움을 느끼느냐에 달려있다는 이야기다. 우리가 돈을 많이 벌고 높은 지위에 올라가고 싶은 것은 많이 벌수록, 높아질수록 그만큼 '자유로워질 것'이라고 생각하기 때문이다.

사르트르(Jean Paul Sartre)의 관심은 항상 개인에게 있었다고 한다. '나 자신으로 사는 삶', 사르트르 사상의 진정한 핵심은 여기에 있다는 것이다. 다른 사람과의 관계와 그 들에 대한 배려는 나 자신의 삶에 비하면 부차적일 뿐이다. 그렇지만 모든 사람이 자기 자신으로 살기를 원한다면, 도덕은 설 자리가 없어진다.

제2차 세계대전은 사르트르의 관심을 다른 사람과 사회로 돌려놓았다. 전쟁이라는 집단적 폭력 앞에서 그는 '앙가주망(Engagement)', 곧 참여의 중요성을 깨달았다. 인간은 본질적으로 자유롭다. 하지만 자유를 억누르는 세력과 집단이 있는 한, 인간은 결코 완전하게 자유로울 수 없다. 따라서 그는 인간의 자유를 억누르는 모든 세력에 대항해 싸우리라 결심한다.

개인과 집단은 도덕이나 자유에 대한 생각이 다르다. 개인은 도덕적일 수 있지만 집단은 그렇지 못하다. 라인홀드 니버(Reinhold Niebuhr)의 『도덕적 인간과 비도덕적 사회』에 쓰여진 이야기를 살펴보기로 하자.

종교적, 정치적 이상주의에 있어서 절대주의(absolutism)는 영웅적 행위를 불러일으키는 훌륭한 촉진제 역할을 하지만, 직접적이고 구체적인 현실 상황에서는 위험천만한 안내자이다. 종교 현실에 있어 절대주의는 부조리를 허용하고, 정치 현실에 있어서는 잔인성을 용인한다. 그리고 이러한 부조리와 잔인성은 인간 본성의 타성이 절대적 이상의 장애물이 되기 때문에 그 결과들은 정당화되지 못한다.

개인들은 사회에 비해 훨씬 강한 정당성과 적은 위험으로 절대자를 추구한다. 만일 그들이 지불해야 할 대가가 비싸다면, 그들은 손해만 보고 말 것이다. 그리고 고귀한 비극이라는 감상이 이러한 좌절을 보상해 줄 것이다. 하지만 개인이 아닌 사회가 절대적인 것을 얻고자 달려들면, 수백만의 생명과 재산은 하루아침에 풍전등화의 위기에 놓이게 된다. 그리고 강제력은 사회정책의 일정한 수단이므로 절대주의는 이 도구를 독재와 잔혹성으로 바꾸어 버린다.

개인에 있어서는 아무런 해도 없고 열정적인 기행 정도로 비치는 열광주의(fanaticism)도 정치적 정책으로 나타나게 될 때에는 인류에 대한 자비와는 전혀 무관해져 버린다.

정치는 지배집단의 이해관계에 따른 압력에 의해 대체적인 윤곽과 방향이 잡힌다. 전문가는 이미 결정된 방향에 합리적인 정당화와 효율적인 적용을 가할 뿐이다. 인간 정신의 경향은 원래 비이성적인 고려에 의해서 이미 결정된 가정에서 시작하여, 이 위에 합리적으로 수긍될 수 있는 판단의 상부 구조를 구축하는 것이므로, 의에서 말했던 일들은 의식적인 기만을 통하지 않고서 자연스럽게 이루어진다.

'개인들의 비 이기성은 국가의 이기성으로 전환된다' 이것이 니버의 전제이자 제1명제이다.

종교적 상상력이 정치 생활에 기여할 수 있는 것 중에서 비폭력적 저항을 발전시키는 것만큼 큰 것은 없다. 적에게도 우리와 같은 인간적 취약점이 있다는 사실의 자각과 모든 인간 생활은 초월적 가치를 갖는다는 통찰은 사회적 투쟁을 넘어서 그 잔인성을 완화하는 경향을 낳는다.

종교는 인간의 공통된 근원을 일깨우고, 또 인간의 악이나 덕은 같은 성격의 것임을 설파함으로써 모든 인간을 하나로 묶으려 한다. 적에게 내재하는 악이 자기 자신에게도 있음을 솔직히 인정하는 이 회개 적 태도, 그리고 사회적 갈등의 심화에도 불구하고 모든 사람은 같은 피를 나누었다는 이 사랑의 충동은 인간에게 줄 수 있는 특별한 선물이다.

세속적 상상력은 결코 이런 회개 적 태도와 사랑의 충동을 일으킬 수 없다. 왜냐하면 이것들은 겉모양은 무시해 버리고 궁극적이며 심원한 통일성을 강조하는 숭고한 광기를 필요로 하기 때문이다.

인간 스스로의 책임을 강조하는 어떤 철학이 인간의 환영을 받은 적이 있는가? 없다. 약해 빠진 인간들은 누군가에게 절대적으로 의지하고자 원하지 삶의 주관자(主管者)로서 자신의 권한과 책임을 행사하고 싶어하지 않는다.

20세기 독일 출신 철학자 에리히 프롬(Erich Fromm)은 『자유로부터의 도피』라는 자신의 저서 제목에서, 인간이 얼마나 자신에게 주어진 자유를 두려워하며 무엇인가에 매달리려고 하는지 정곡을 찌른 바 있다.

인류의 역사가 시작된 이래로, 어쩌면 선사시대로부터 인간은 노예를 부려왔고 수천 년을 그렇게 지내면서도 조금도 이상한 점을 느끼지 못했다는 것은 참으로 놀라운 일이다.

노예(奴隷, slave, thrall)란 다른 사람의 소유권 하에 놓여져 강제로 부림을 당하는 사람을 뜻한다. 현대 문명 사회에서는 형벌이나 군역을 제외한 그 어떠한 형태로라도 강제노역은 곧 노예제로 본다. 형벌조차도 무임금 노역은 강경한 폐지론적 관점에서 노예제에 해당된다.

9~10세기의 발칸 반도에서는 전쟁이 잦아 많은 포로가 발생하였는데 대부분은 슬라브인들이었다. 슬라브인들이 주로 노예로 거래되면서 자연스럽게 슬라브인이라는 말은 노예의 대명사로 자리잡게 되었고, 그 결과 대부분의 유럽어와 아랍어에서 노예를 지칭하는 말로 자리잡게 되었다.

고대 로마에서는 노예가 그냥 인신의 자유가 없는 사람을 말했을 뿐이고, 전부가 하급 육체노동자는 아니었다. 고도의 기술을 가진 학자와 기술자 집단인 경우도 드물지 않았다고 한다. 물론 그런 노예는 주로 그리스인이었으며, 로마의 귀족 자제에게 기초 교양인 리버럴 아츠(Liberal arts)를 가르쳤고, 귀족의 대리로 상업활동을 하거나 토목, 건축, 미술 분야에서 전문인으로 활동하였다.

고대 그리스, 로마 시대의 노예는 사유재산과 가족을 가질 권리가 있었으며 일정액 이상의 재산을 모으고 주인에게 돈을 지급한 경우 해방되는 제도가 있었다. 이를 해방노예라고 불렀고 이들은 로마의 기술, 경제인으로 활약했으며 프리기아 모자라는 독특한 모자를 썼는데 이는 공화제의 상징이 된다. 해방노예의 자녀 대가 되면 온전한 로마 시민권을 받을 수도 있었다.

고대 아테네에서 참정권 등이 있는 제대로 된 시민 대접을 받을 수 있었던 사람은 아테네 출신의 노예가 아닌 성인 남자에 불과하고, 여자나 노예, 외국인은 당연히 시민의 자격이 없었다고 하니 이는 로마보다도 더 폐쇄적이라고 할 수 있다.

성 노예도 존재했는데, 가장 유명한 건 일본 제국주의 시대에 일본군에서 운영한 일본군 위안부를 들 수 있다. 일본군 주도로 전선에다 공창을 운영한 것인데 여인들에게 사기를 치거나 아예 납치해서 투입했다는 점을 고려해보면 한때 횡행했던 사창가의 인신매매 패턴과 흡사하다고 볼 수 있다. 그것을 정부 주도로 행했다는 것이다. 물론 일본에서는 절대 그런 일 없다고 잡아떼고 있지만 말이다.

동아시아에도 노비라고 불리는 노예계급이 있었지만, 노비들도 공식적으로 독자적인 재산권이 인정되었으며 돈이 있는 노비들에게 몸값을 받아내는 조건하에 집 밖에서 생활할 권리를 주는 경우도 많았다. 노비의 재산은 그 자녀에게 그대로 상속되었다.

로마제국에서는 젊은 남성 노예를 검투사로 부렸고, 20세기 이전 이슬람권에서는 주로 투르크, 캅카스, 슬라브 출신 젊은 남성 노예를 이슬람으로 개종시켜 군주의 친위대 겸 정예기병 또는 보병으로 양성했다.

시대의 흐름에 따라 노예의 처우는 조금씩 좋아지는데, 기원후 2세기에 쓰인 가이우스의 법학제요에는 노예에 대한 주인의 과도한 폭력은 금지되었고, 만일 폭력에 그 정도가 심할 때에는 국가가 강제로 노예를 매각할 수 있게 하였다.

노예를 해방시켜 아내나 첩으로 삼는 것은 비난받아 마땅한 것으로 여겨졌다. 자유민 남성이 소유하고 있는 여성 노예를 성적으로 착취하고 임신시키는 것은 문제가 되지 않았으나, 해방시켜서 첩이나 후처로 삼을 경우 그 자식은 그냥 로마 시민이 되므로 노예의 수가 줄어들기 때문에 문제시되었다.

로마제국 후기에 그리스도교의 만민 평등사상에 따라 노예들의 삶이 전반적으로 개선되었다. 유스티니아누스의 로마법대전 노예관련법 개정에서 어떤 이유로든 주인이 노예를 죽이거나 신체 일부를 절단하는 따위의 행위를 하지 못하게 하는 등의 진전이 이루어졌다. 이후에는 제국에서 노예에 대한 성적 착취나 매춘 목적을 위한 성 노예가 공식적으로 금지되었다.

기독교가 처음부터 노예제도에 반대했던 것은 아니었다. 노예 신분은 최초 인간이 지은 죄에 대해 하느님이 내린 형벌이라는 논리로 처음에는 노예제를 옹호했던 것이다.

중세 초에는 노예공급이 성행하였는데, 기독교 세계의 변경에 있는 켈트인, 앵글인, 색슨인(작센인), 슬라브인뿐만 아니라 약탈전쟁이 끊이지 않았던 갈리아 지방의 주민들도 주요 노예 공급원이었다. 또한 살아남기 위해 자신의 인신을 유력자에게 맡기는 자유의 매각이나 사형감에 해당하는 자유민 범죄도 노예 공급원 중의 하나였다.

노예는 짐승 취급을 받았다. 노예 판매는 가축 판매조항에 포함되었고, 주인은 동물 이름으로 노예를 불렀다.

11세기와 12세기에 에스파냐는 서유럽에서 가장 큰 노예무역 시장이었고, 1128년에는 바르셀로나에서 온 상인들이 제노바 시장에서 이슬람 노예를 팔고 있었다. 피렌체에서 1336년에 공포된 시 법령은 노예들이 이교도, 즉 기독교도가 아니라는 조건으로 노예 수입을 공식적으로 허가했고, 곧 제노바와 베네치아의 거의 모든 부유한 가정이 노예를 두게 되었다. 한편 로마제국이 성 노예를 금지한 것과 달리 서유럽 해운 국가에서는 가사 목적 등으로 사들인 여성 노예에 대한 성적 착취가 여전히 가능했다. 포르투갈 등에서는 일본을 포함한 타국으로부터 성 노예의 공급도 이루어졌다.

아일랜드는 유럽에서 로마제국을 제외하면 가장 먼저 기독교로 개종했으나 노예제도가 기승을 부렸던 곳이기도 했다. 아일랜드의 수도 더블린에는 로마제국의 멸망 이후 서유럽에서 가장 큰 노예시장이 있었다. 아일랜드의 노예제도는 대략 서기 8세기 무렵 들어 점차 줄어들다가 바이킹들이 아일랜드를 침입하면서 노예제도를 되살렸다.

중세 말 흑사병으로 이탈리아 북부의 도시 국가들이 인구가 감소하면서 타격을 받자 14세기 말을 기점으로 제노바 공화국에서 흑해의 무슬림 타타르인들로부터 슬라브인 노예를 수입했다. 한때는 이탈리아 북부 도시들의 중산층들이 집집마다 노예를 한두 명씩 둘 정도였으나, 오스만 제국의 등장으로 제노바의 흑해 식민지들이 함락되면서 이탈리아 노예시장의 주 공급처는 아프리카 서부로 바뀌었다. 이러한 변화는 결국 포르투갈의 대서양 항로 개발을 촉진시키며 대서양 노예무역의 시발점이 되었다.

이탈리아 북동부 프리올리에는 16세기까지 노예제도가 있었다. 프리올리의 법령에는 노예 신분의 어머니로부터 태어난 사람은 아버지가 자유인인 경우에도 노예가 된다는 조항이 적혀 있었다.

프랑스 국왕 루이 14세와 루이 15세는 살인범, 좀도둑, 밀수업자, 탈영병 같은 범죄자들, 게으름뱅이들(거지, 실업자, 노숙자 등)과 집시들을 비롯한 부랑자와 빈민들은 물론 심지어 1660년에는 프랑스에 있는 한 성지를 방문한 폴란드인 순례자들까지 강제로 징집하여 갤리선으로 보내 노를 젓는 노예로 만들도록 하였다. 이 노예들은 아주 가혹한 환경에 시달리다가 고통스럽게 죽어갔다.

영국도 아일랜드의 반란을 진압한 후 많은 아일랜드인을 계약제 하인 형태의 노예로 만들고 이들을 싼 가격으로 판매한 경우가 있었다. 영국은 1672년 노예무역 독점회사로 왕립 아프리카 회사를 설립하고, 네델란드를 경쟁에서 밀어낸 뒤 위트 레흐트 조약을 통해 에스파냐령에 대한 노예무역의 독점권까지 얻어내며 막대한 이득을 보았다.

한국과 중국 등 동아시아에서는 남성 노예를 노(奴), 여성 노예를 비(婢)라고 칭하였다. 고조선의 팔조법금에는 "남의 물건을 훔친 자는 그 집의 노비로 삼는다."고 하였으며, 부여의 법률에 "살인자의 가족은 노비로 삼는다."는 규정이 있었다.

조선은 나이 16세 이상 50세 이하의 장년 노비의 값을 저화 4,000장, 15세 이하 50세 이상은 3,000장으로 규정하였으며 노비의 반품기한과 등록 기간을 명시하기도 하는 등, 상속, 소유, 매매에 대한 상세하고 구체적인 규정이 존재하였다. 15~18세기 조선시대 전 인구의 30~40% 정도를 노비로 추산하는게 일반적이라고 한다.

성종 15년의 일인데 같은 연도에 한명회는 도망한 공사 노비 중 추쇄한 것이 30만, 추쇄하지 못한 것이 10여만이라고 하고 있다. 최근 연구 결과에 따르면 18세기 후반까지도 조선의 노비 비율은 무려 전체 인구의 30%를 차지했다고 한다.

영조 시대에는 그동안 부모 중 한쪽만 노비여도 자녀도 무조건 노비가 되던 '일천 즉 천'을 모친이 노비여야만 자녀가 노비가 되는 '노비 종 모법(從母法)'을 도입시켜 새로운 노비가 탄생할 가능성을 더욱 줄여 놓았다.

근세 식민주의 시대에 이르러 아프리카 노예무역이 세계적인 악명을 떨치게 되었다. 초기에는 토르데시야스 조약으로 선취권을 얻은 포르투갈이 큰 비중을 차지했으며, 후에는 영국을 포함한 후발 국가들도 상당한 비중을 차지했다.

당시 노예무역은 가장 많은 이윤이 남는 장사로 통했기 때문에 노예 상인들은 족장과 물물교환을 하는 형식으로 거기에 있던 노예들을 받아내거나, 용병들을 고용해 아프리카로 가서 눈에 보이는 아프리카 주민들을 무더기로 납치했다. 포르투갈도 아랍과 아프리카 현지 상인들의 방식을 답습했다.

19세기가 되면서 흑인 노예무역은 줄어들었는데 여러 가지 이유가 있다. 유럽에서 열대 농산물 수요가 늘어나 아프리카 현지에서 생산 및 조달을 위해 노동력이 필요해졌다. 또한 인권 의식이 커지면서 아프리카인들은 자주 집단 반란을 일으켜 노예주들이 관리하기 어려워졌으며, 노예무역의 악폐가 널리 알려지면서 유럽과 아메리카에서 더이상 아프리카인을 함부로 다루지 말자는 여론이 커졌다.

1807년 영국이 노예무역을 불법화하고 노예무역 단속을 시작하자 영국의 압박을 받은 프랑스나 스페인, 네델란드도 노예무역을 금지하고 단속에 동참했다.

1833년 영국을 시초로 1847년 오스만 제국, 1848년 프랑스,

스페인어권 라틴 아메리카에 이어 남북전쟁으로 미국에서 노예제가 폐지되었다. 1886년 쿠바, 마지막으로 1888년 5월 22일 브라질에서 노예제가 폐지됨으로써 모든 서구 국가에서 노예제가 사라졌다.

그런데 노예제가 사라진 데에는 인도적인 목적도 있었겠지만, 사실은 경제적 효율성이 낮아서 노예제도를 사회가 스스로 버린 것에 가깝다. 노예제의 근본적인 문제인 비효율성 때문이다. 산업혁명 이후 노예제를 유지하는 것보다 노예제를 폐지하고 그냥 노동자한테 월급을 주는 것이 돈이 덜 든다는 계산이 나온 것이다.

벨기에의 국왕 레오폴드 2세는 자신의 사유지인 콩고 자유국에서 사실상 자신의 노예나 다름없는 콩고의 원주민들에게 고무 채취 할당량을 채우지 못하면 수족을 절단하는 형벌을 가하여 원주민들을 학살하였다.

전 세계에서 법적으로 노예제도는 불법화되었다. 그러나 21세기에도 노예는 실존한다. 인신매매 이후 여러 번 되팔리는 사창가 여성들, 부채로 예속되어 있는 인도, 중동, 중남미, 동남아시아 등지의 부채 노예 등등 단순히 생각한다면 그냥 자본주의 사회에서 필연적으로 발생하는 하층민이라고 생각할 수도 있겠지만 이들이 처해있는 상황과 노예의 사전적 의미를 잘 생각해 본다면 이들은 분명히 노예라고 해야 할 것이다.

2003년 미 국무부 인신매매 보고서에 따르면 매년 약 100만 명 이상이 밀매되고, 그들이 소유물로서 인식되며, 불법 노역에 시달리는 나라는 약 106개국이 있는 것으로 확인되었으며, 노예

상태에 있는 사람들은 2,700여만 명으로 추산된다고 한다.

더불어 빚과 아동 노동 문제도 심각하다. 사채업자에게 돈을 갚지 못하면 아이들을 대신 데려가서 채석장 등지에서 종일 노동을 시키고, 족쇄를 채우기도 한다.

루소(Rousseau, Jean Jacques)의 『에밀』은 무엇보다도 아이의 자연적 본능을 개발해 주는 것을 강조했기 때문에 낭만주의자들의 관심을 끌 수 있었다. 루소는 아이가 선천적으로 선한 성향을 갖추고 있으며, 따라서 부모는 어린 시절부터 그런 본능이 제대로 발휘되도록 도와줄 책임이 있다고 믿었다.

루소는 아이들에게는 어린 시절을 즐겁게 보낼 권리가 있다고 주장했다. 어린 시절에 아이를 존중해 주고 정성으로 보살펴야 아이의 타고난 본능이 제대로 성숙할 수 있다는 이론을 내세운 것은 루소가 처음이었다. 아이는 원래 날 때부터 선하고 도덕적이어서 자연스레 내버려 두면 도덕적인 존재로 성장한다고 그는 단정했다.

박애주의자들은 특히 공장주들이 생산 물량을 맞추기 위해 열악한 여건에서 아이들을 장시간 노예처럼 부려 먹는 참혹한 소년 보호소의 행태를 맹렬히 비난했다. 보호소에 갇힌 아이들에게는 어린 시절도 없고 타고난 재능도 순진함도 없었다. 그들은 감정이 메마르고 빈 껍데기처럼 시들해져 어린 시절 놀이의 즐거움이 주는 재미를 전혀 몰랐다.

새뮤얼 콜리지 등 낭만주의자들은 아이들의 노동 관행을 개혁하는 일을 서둘렀다. 1830년대에 영국에서 제정된 아동 노동법은 9세 이하의 어린이를 공장에서 일하지 못하도록 규정했고,

14세 이하 어린이의 노동은 하루에 여덟 시간으로 제한했다. 프랑스도 곧이어 아동 노동법을 제정했다.

제러미 리프킨(Jeremy Rifkin)은 『공감의 시대』에서 이 당시의 낭만주의자들의 활동을 상세히 전해주고 있다.

낭만주의 시대에 유럽과 미국에서는 처음으로 노예제도를 반대하는 단체가 결성되어 노예 폐지 운동의 서막을 알렸다. 1787년 5월에는 '노예 매매 폐지 위원회(Committee for the Abolition of the slave trade)'가 영국에서 결성되었다.

1807년 영국 의회는 '노예 거래법(Slave Trade Act)'을 공포하여 대영제국에서 노예거래를 금지시켰다. 1834년 노예들은 대영제국 전역에서 해방되었다.

낭만주의 개혁 가운데 빼놓을 수 없는 것 중의 하나가 바로 잔인한 관습의 문제를 정식으로 다루었다는 사실이다. 잔인함은 생활 곳곳에서 당연한 일로 여겨졌다. 18 세기 후반까지도 공공장소에서 사법적 고문을 가하는 것은 흔한 일이었다. '범죄자'는 많은 사람들이 지켜보는 가운데 채찍을 맞고, 낙인이 찍히고, 수레바퀴에 매달리고, 능지처참을 당하고, 화형에 처해졌다. 놀랍게도 이런 일들은 축제 행사의 일부였다.

1754년에는 프러시아가, 1772년에는 스웨덴이 법적으로 고문을 폐지했다. 1789년 혁명정부 치하의 프랑스도 뒤를 이었다. 영국은 1790년에 와서야 여성에 대한 화형제도를 폐지했다.

사르트르(Jean Paul Sartre)는 존재의 감정을 이렇게 정의했다. "존재의 감정은 다른 사람뿐 아니라 우리 자신을 발견하는 곳이다. 그 공동의 장소는 모두의 것이자 나 자신의 것이기도 하다.

내 안에서 그곳은 모두의 것이다. 그곳은 내 안에 있는 모든 사람의 존재이다. 본질적으로 그것은 보편성이다. 그것의 진가를 인정하기 위해서는 행동이 필요하다. 행동을 통해 나는 일반적인 것을 고수하기 위해, 일반적이 되기 위해, 나는 나의 독자성을 벗어 던진다. 누구와도 닮지 않았지만, 정확히 말해 나는 모든 사람의 체현이다."

낭만주의자들의 여정은 인간 본성의 뿌리를 찾는 여정이었다. 그들은 그런 본성의 핵심으로 존재의 감정을 생각했고, 그 감정을 모든 생명과 연결되고 단합된 느낌으로 정의했다. 그들이 찾아낸 것은 공감충동이었다.

수많은 세월이 소요되기는 했지만, 어쨌거나 인류는 인권이라는 개념을 진정으로 이해하고 그것을 제도화하기 위해 많은 노력을 기울여 온 것으로 보인다. 시민적 및 정치적 권리에 관한 국제규약 제8조에는 "어느 누구도 노예상태에 놓이지 아니한다. 모든 형태의 노예제도 및 노예 매매는 금지된다.

어느 누구도 예속상태에 놓이지 아니한다.

어느 누구도 강제 노동을 하도록 요구되지 아니한다…"로 되어 있다.

그러나 현실은 우리의 바람처럼 그렇게 좋아 보이지는 않는다. 아직도 일인 독재가 기승을 부리는 여러 나라에서 인권은 쓰레기 취급을 받고 있고, 지구촌 곳곳이 전쟁과 기근으로 신음하고 하루에도 숱한 생명들이 '대의를 위하여'라는 명분으로 사라져간다. 생명의 가치는 한낱 소모품으로 전락한 지 오래다.

뉴스에서는 오늘은 몇 명이 죽었는지 부상자는 얼마인지 하는 보도에 열을 올린다.

전쟁터에서 살아가는 사람들은 아마도 하루하루를 지옥이라고 생각할 것이다. 생명에 대한 위협으로 마음 졸이는 것은 말할 것도 없고, 먹고 입고 자는 문제, 삶의 가장 기본적인 요소마저도 해결하기가 쉽지 않다. 구호품을 실은 트럭도 이런저런 사유로 출입하기가 쉽지 않은 것 같다. 여기저기에 포탄이 맞아 갈가리 찢긴 시신이 나뒹굴고 피 비린 내음이 진동한다.

이유 여하를 막론하고 전쟁을 수행하는 지휘부에게 묻고 싶다. 포탄에 맞아 갈가리 찢긴 시신을 본 적이 있느냐? 전쟁터의 자욱한 화약 연기와 피비린내를 직접 맡아본 적이 있느냐? 남편을 전쟁터에 보내 놓고 하루하루 무사 귀환을 빌며 마음졸이는 아낙네들의 심정을 헤아려 본 적은 있는가? 어린아이의 시신을 앞에 두고 울부짖는 부모의 심정을 아는가? 부모를 잃고 맨발로 울며 헤매는 어린아이를 본 적이 있는가? 파편에 맞아 피를 흘리면서도 제때에 치료조차 받을 수 없는 부상자들의 신음소리는? 배고픔과 목마름으로 고통받는 사람들의 아우성은?

전쟁은 게임이 아니라 현실인데 혹여나 전쟁게임 정도로 인식하고 있는 것은 아닌지? 차라리 게임이라면 얼마나 좋을까. 하시라도 game over를 시킬 수 있으니 말이다. 인간이 인간으로 태어난 이상, 기본적인 권리는 누리며 사는 세상이 되었으면 좋겠다. 생명에 대한 위협을 받지 않고 자유를 누리면서 품위 있게 살다가 품위 있게 죽을 수 있는 그런 세상 말이다.

행복이란?

　무엇 때문에 사느냐고? 돈벌어서 잘 먹고 잘살아야지. 얼마나 돈을 벌면 잘 먹고 잘살 수 있을까? 50억? 100억? 일조? 뭐 많으면 많을수록 좋겠지. 그런데, 돈 많다는 재벌 회장님들도 별로 행복해 보이지는 않더라는 것이다. 심심하면 감방에도 들어가고, 이혼도 하고, 경영권 다툼, 재산 다툼으로 형제간에 싸움도 하고, 갑질하다가 모두에게 미운털이 박혀서 곤욕을 치르기도 하고, 평균수명이 80세를 넘어간다는 요즈음에 그 나이 때까지 사는 사람도 별로 많지 않은 것 같으니 말이다. 한마디로 돈이 많다고 해서 행복한 것 같지는 않더라는 것이다.
　사는 목적이 행복해지기 위한 것이라면, 좀더 다른 각도에서 검토해볼 필요가 있지 않나 싶기도 하다. 실존주의자 들은 인간 존재에 숭고한 목적 같은 거는 없다고, 그냥 내 던져진 거라고, 그래서 실존이라 이름하였다는데, 그리 보면 너무 허무한 게 아닌가 하는 생각도 들고, 어떻게든 우리의 실존에 의미를 부여해야만 사는 맛이 나지 않을까 싶기도 한 것이다.
　행복(幸福)이란 무엇인가? 사전에는 행복에 대해서 "생활에서 부족함 없이 만족을 느끼고 기쁨을 느끼는 흐뭇한 상태"라고 나와 있고, 또 어떤 책에서는 행복을 정의하기를 "행복은 사람이 저마다 느끼는 주관적인 만족감이다. 행복은 삶에서 기쁨을 느끼고 자기 삶에 만족하여 마음이 흐뭇한 상태를 말한다. 우리는 언제 이런 흐뭇함을 느끼게 되는가? 스스로 설계한 삶을 자기가 옳다고 여기는 방식으로 살면서, 그것이 무엇이든, 자신이 이루고자 하는 것을 성취했을 때 행복을 느낀다."라고 되어있는데 십분 공감이 가는 내용이 아닌가 싶다.

프랑수아 를로르는 『꾸뻬씨의 행복여행』이라는 책에서 "모든 여행의 궁극적인 목적지는 행복이다."라고 말하며, 행복을 위한 23가지의 조건을 이야기했는데, 그중 몇 가지를 살펴보면,

행복은 좋아하는 사람과 함께 있는 것이다.
행복은 자신이 좋아하는 일을 하는 것이다.
행복은 자신이 다른 사람들에게 쓸모가 있다고 느끼는 것이다.
행복은 살아 있음을 느끼는 것이다.
행복은 사랑하는 사람의 행복을 생각하는 것이다.
행복은 사물을 바라보는 방식에 달려있다. 등등인데 한가지 주목할 점은 결코 특별하지 않은 일상의 소소한 일들이라는 것이다.

아리스토 텔레스는 궁극의 목적, 즉 모든 행위가 궁극적으로 추구하는 목적이 있다고 믿는다. 그것은 무엇인가? 그것은 다른 어떤 목적에도 종속 되지 않는, 그 자체 때문에 추구되는 것이어야 할 것이다. 그런데 인간이 그 자체 때문에 추구하는 것은 바로 행복이다. 요컨대 인간의 모든 행위는 궁극적으로 행복을 목적으로 한다는 것이다.

아무튼 누가 어떤 형태로 행복에 대해 정의하건, 행복은 내 피부에 직접 닿아있고, 매일 매일 일상에서 마주쳐야 하고, 의식적이건 무의식적이건 내 온 정신과 육체가 지향하는 궁극적 목표임은 분명해 보인다.

어떻게 살면 행복해질까? 평균수명을 80세로 보면 이제는 남아있는 시간도 별로 없고, 그마저 재수 없으면 2~3년 내에 끝날 수도 있고, 특히나 요즈음 같은 코로나 상황에서는 그야말로 재수보기가 아닌가 싶기도 한데, 시간이 너무 없다는 생각이 든다.

그래서 어떻게 살면 행복해 질까보다는, 어떻게 살아야 후회를 덜 할까, 이렇게 생각해 보는 것이 더 합리적인 자세일 것 같기도 하다. 후회 없이 살기 위해 일상을 어떻게 겪어나가는 것이 좋을까? 가까이는 건강해야 하고, 먹고, 자고, 싸는 것이 순조롭게 잘 이루어져야 할 것이다. 또한 최소한의 의식주와, 취미생활에 필요한 경제적인 여건인데 이 또한 모두가 공감하리라 보고 다음은 사랑하는 사람들과 함께 정을 나누며 사는 것이다. 노년의 외로움은 사람의 마음을 피폐하게 만드는 최대의 적이라 할 것이다. 모든 것 다 내려놓고 깊은 정을 주고받는 관계 속에서 마음이 평화로울 수만 있다면 그 이상 더 바랄 것이 없으리라 생각된다.

무엇보다도 가장 중요한 것은 사는 보람을 찾아야 한다는 것이다. 보람 있는 일을 했을 때, 목표를 이루었을 때 찾아오는 성취감, 그로 인해 느껴지는 행복감, 이런 것들이 사는 맛을 느끼게 해주는 것이 아닐까 생각해 본다.

행복을 위해서, 후회하지 않을 삶을 살기 위해서, 어느덧 내 삶의 철학의 일부처럼 되어버린 어느 분의 내밀한 개인 십계명을 되새겨 보는 것도 그리 나쁘지는 않을 듯 싶다.

1. 일 : 일일이 따지지 마라.
2. 이 : 이리저리 말을(자리를) 옮기지 마라.
3. 삼 : 삼삼오오 사이좋게 지내라.
4. 사 : 사생결단 하지 마라.
5. 오 : 오기 부리지 마라. (오만하지 마라)
6. 육 : 육체적인 스킨십(skinship)을 많이 하라.
7. 칠 : 칠십 퍼센트만 만족하고 살자.
8. 팔 : 팔팔 뛰는 심장을 가져라.
9. 구 : 구구이 변명하지 마라.
10. 십 : 십 퍼센트는 사회 공동체를 위해 내놓아라.

사람의 일생은 관 뚜껑을 닫아봐야 안다는데, 생을 마감하는 날까지, 꿈을 버려서는 안 된다고 생각한다. 꿈이 없는 사람, 꿈을 꿀 수 없는 사람은 살아 있으되 살아 있는 사람이라 말할 수 없을지니. 그 끝이 어디가 될지 모르지만, 꿈을 갖고, 꿈을 이루기 위해 노력하고, 그 과정 속에서 하나하나 조그만 것이나마 이루어 나간다면, 거기서 얻어지는 행복 또한 만만한 것은 아니리라 생각해 보는 것이다.

2장
인문

개체(個體)와 집단(集團)
대홍수(大洪水)
멀지 않은 미래(未來)
문명(文明)
빅 퀘스천(Big Questions)
악마의 제자들
영혼(靈魂)
이성(理性)과 감정(感情)
인간(人間)
존재(存在)
홍제(弘濟)
휴머니즘(Humanism)

개체(個體)와 집단(集團)

베르나르 베트베르(Bernard Werber)는 참으로 상상력이 풍부한 작가인 것 같다. 여러 가지 소설에서 보여주는 구성도 그러하지만 『지식의 백과사전』 같은 책을 만들어 내는 것을 보면, 그 폭 넓은 관심사에 대해 경이로움을 금치 못하는 것이다. 또한 이 작가의 상상력의 끝은 어디인가 하는 것이 궁금해지기도 한다. 그중 한두 가지를 음미해 보고자 한다.

아프리카에는 놀라운 특성을 가진 아카시아 나무들이 있는데, 그 나무들은 영양이나 염소가 뜯어먹으려 하면 제 수액의 화학적 성분을 독성으로 변화시킨다. 동물은 나무의 맛이 달라졌음을 깨닫고 다른 나무를 뜯어 먹으러 간다. 그러면 이 아카시아 나무는 즉각 냄새를 발산하여 근처의 다른 아카시아 나무들에게 약탈자의 출현을 알린다.

몇 분 만에 그 주위의 아카시아 나무들은 모두 동물이 뜯어 먹을 수 없는 것들이 되고 만다. 그러면 영양이나 염소는 어쩔 수 없이 그곳을 떠난다. 너무 멀리 떨어져 있는 탓에 경보 신호를 감지하지 못한 아카시아 나무를 찾아가는 것이다. 이런 상황 때문에 많은 염소 떼가 독으로 죽게 되었는데 사람들은 오랜 세월이 흘러서야 그 까닭을 알게 되었다고 한다. 이 나무들은 도대체 어떻게 약탈자의 출현을 인지하며, 그 사실을 동료 나무들에게 전달하는 것일까? 또한 독성을 품는 것이 약탈자를 쫓아낼 수 있는 수단이 된다는 것은 어떻게 아는 것일까? 설마 식물에게도 의식이 있고 상호 간에 의사소통을 할 수 있는 어떤 통로가 있다는 의미일까?

동물 중에서도 개미와 벌의 사회생활은 무척이나 흥미로운 면이 있다. 인간이 지구에 나타난 것은 기껏해야 3백만 년 전의 일이지만, 개미들은 1억 년 전부터 지구상에 도시를 건설하고 살아왔다고 한다.

개미들의 습성에 대해서는 많이 알려져 있기 때문에 특이한 것만 추려보면, 우선 개미들도 농사를 짓는다는 사실이다. 개미집 안에 마련되어 있는 버섯 재배실이 그것을 말해준다. 어떤 개미들은 장미 나무에서 진딧물을 방목한다. 개미들의 세계에도 목축이라는 개념이 있는 셈이다. 어떤 개미들은 도구를 사용하기도 한다. 나뭇잎 두 장을 꿰매어 천막을 치는 개미들이 있는가 하면 화학이라는 개념도 있어서 항생 작용을 하는 침을 이용해서 애벌레들을 보살피고 개미산으로 적을 공격한다.

건축 분야를 보면, 개미들은 도시를 건설할 때 알을 보관하는 햇빛 방이나 먹이를 저장하는 창고, 여왕개미의 거처, 버섯 재배실 등이 들어갈 자리를 미리 마련해 둔다고 한다.

꿀벌들은 개체 수가 너무 많아지면 분봉(分蜂)을 하는데, 늙은 여왕벌은 일벌들을 데리고 벌집을 떠나 대개는 한 번도 가본 적이 없는 다른 곳에 터를 잡는다. 여왕벌이 떠나고 몇 분이 지나면, 어린 벌들이 잠을 깬다. 어린 벌들은 자기들이 무엇을 해야 하는지 본능적으로 알고 있다. 비생식 일벌들은 서둘러 생식 암벌들이 부화하는 것을 돕는다. 그런데 가장 먼저 걷기 시작한 암벌이 자매들을 살해하기 시작한다. 그리하여 최후에 남은 암벌은 여왕이 된다. 여왕은 둥지에서 나와 수컷들과 비행하면서 정받이를 한다. 그런 다음 알을 낳기 시작한다.

개미나 꿀벌이나 그렇게 간단해 보이지 않는 사회 구조와 개체의 역할이 주어진 가운데 유기적으로 그 사회가 돌아가는 것을 보면 단순히 본능에 의해서 그리하도록 되어있다는 설명만으로는 무언가 부족한 느낌을 지울 수가 없다. 그들 사회의 각 부분이 차질없이 작동하도록 계획하고 지휘 감독하는 지휘부 즉 콘트롤타워(control tower)가 존재하는 것은 아닌지, 또 그 지휘부는 한 개체가 아니라 집단(集團) 지성(知性)이라 부를 수 있는 그런 존재는 아닐까 생각해 보는 것이다.

전 세계를 팬데믹(pandemic)으로 몰아넣고 690만 명에 이르는 사망자를 발생시킨 코로나19는, COVID-19로 부르는 코로나바이러스(corona virus)가 발병의 원인이다.

바이러스는 DNA 나 RNA를 유전체(Genome)로 가지고 있으며, 단백질로 둘러싸여 있는 구조를 가지고 있다. 바이러스는 일반적으로 생물과 무생물의 특성을 모두 가진 것으로 알려져 있다. 세포들은 기존의 세포에서 스스로 복제되는데 반해서, 바이러스는 숙주에 감염이 된 후에 숙주의 복제 시스템을 활용하여 자신의 유전체를 복제하여 증식을 하게 된다. 따라서 숙주가 없는 상태에서 바이러스는 스스로 복제하지 못하고 단순히 단백질과 핵산의 덩어리인 무생물 상태로 존재하게 되는 것이다. 따라서 바이러스의 여러 단백질들은 숙주에 효율적으로 감염하고, 숙주의 시스템을 활용하는데 최적화되도록 진화하였다.

바이러스가 지닌 생명체로서의 특징은 '증식한다./ 유전적 돌연변이가 발생한다./ 진화한다.'와 같으며, 무생물로서의 특징은 '숙주 감염 이후에만 증식한다. 즉 단독으로 증식할 수 없다./ 감염하지 못한 상태에서는 단백질과 핵산의 결정체일 뿐이다./ 물질대사를 할 수 없다./ 에너지를 만들 수 없다.'와 같다.

따라서 바이러스를 생명체로 볼 것인가, 무 생명체로 볼 것인가에 대한 논쟁이 지속되고 있다.

내가 주목하는 부분은 바이러스가 변종을 만들어 낸다는 데 있다. 인간과의 전쟁에서 인류의 극렬한 저항에 마주친 바이러스는 "상황이 불리하니 새로운 무기를 생산하라."는 지휘부의 명에 따라 각종 변종을 만들어 낸 것이다. 그럼에도 불구하고 그 전쟁에서 인류는 승리했다. 생물도 무생물도 아닌 존재가 상황 판단은 어떻게 하며, 변종을 만들기로 하는 결정은 또 어떻게 하는 것인지 알 수 없는 노릇이다. 여기에도 그 어떤 집단지성이 존재하는 것일까?

식물 생물학자 루퍼트 셸드레이크(Rupert Sheldrake)는 7년간 케임브리지 대학교 칼리지의 생화학 및 세포 생물학과장이었다. 그는 인도로 가서 작물 생리학을 연구하고, 크리슈나무르티(Jiddu Krishnamurti)와 토론도 하고, 베드 그리프트의 아슈람(ashram, 힌두교도들이 거주하며 수행하는 곳)에서 18개월간 지내기도 했다.

또한 그는 베르그송과 드리슈 등 생기론 자들의 사상도 흡수하여 만물을 형성하는 원인에 대한 자신의 가설을 발전시켰는데, 이 가설에 따르면 자연 속에는 기억이 내재되어 있다고 한다. 우리가 알고 있는 대부분의 자연법칙은 비국지적으로(non-local) 유사성을 강화하는 일종의 습관과 같다고 보는 것이다.

셸드레이크는 모든 레벨의 복잡도—원자, 분자, 결정, 세포, 조직, 기관, 유기체, 그리고 유기체들의 근집까지—에서 나타나는 자연 속의 시스템이나 형태의 단위들은 내재적 기억을 가지고 있는 비 국지적인 형태 장(morphic fields)에 의해 생기를 받아서 조직되고 조정된다.

이미 과거의 행동 패턴을 통해 집단적인 형태의 장을 확정한 상태의 형태적 그룹(예를 들면 간세포) 내의 한 개의 표본(하나의 세포)은 그 그룹의 형태 장 속으로 잘 조화되어 들어가서, 그 표본의 성장을 인도해 가는 형태공명(morphic resonance) 과정을 통해 그 집단적 정보를 읽어 낸다.

이 성장은 공명에 의한 피드백을 그 그룹의 형태장에게 전달하며 자신의 경험으로 이 그룹을 강화시키고 새로운 정보를 추가적으로 제공함으로써 그 장이 진화할 수 있게 된다.

셸드레이크는 형태의 장에 형태 발생의 장, 행동의 장, 정신의 장, 사회 문화적 장 등을 포함하는 일련의 스펙트럼이 있다고 본다. 따라서 형태의 장은 살아있는 방식뿐 아니라 정신적인 방식을 위해서도 진화하는 우주 데이터베이스로 작동하며, 고유한 기억을 가진 살아있고 진화하는 우주의 비전으로 이어진다.

인간의 세포 하나하나는 그 자체가 생명체이지만 지성을 갖지는 않는다. 세포들이 모여 인간이라는 하나의 개체를 만들어 낼 때 비로소 지성이 탄생한다. 인간이 모여 집단이 되면 집단

개체(個體)와 집단(集團) **215**

지성이 탄생하는데 그것이 바로 이상(理想)이고 문화(文化)가 된다. 인간이라는 개체의 능력은 참으로 보잘것없지만 집단으로서의 인류는 무수히 많은 문명의 금자탑을 쌓아 올린다.

문명은 한 개체의 힘으로 이룩할 수 있는 성질의 것이 아니다. 각 개체의 능력이 모여서 집단을 이룰 때에 큰 능력을 발휘하게 되는 것이고 새로운 역사를 만들어나갈 수 있을 것이다. 그러한 관점에서 본다면 자유 민주주의야말로 인류가 만들어 낸 최고, 최상의 이상(理想)이 아닐까 생각된다. 여러 사람의 생각과 능력을 한데 모을 수 있기 때문이다. 어떠한 경우에도 독재는 성공할 수 없는 것이 한 사람의 생각과 말과 행동에는 한계가 있기 마련인데, 오직 독재자 한 사람의 지시만 기다리고 있다면 어떻게 발전을 기대할 수 있겠는가? 민주주의의 꽃은 다양성의 추구가 아닐까 한다. 다양한 생각들이 모여서 서로 다투기도 하지만 그러한 와중에 새로운 문명을 만들어 가기 때문이다.

대홍수(大洪水)

약 260만 년전에 지구는 현재의 대빙하기로 접어들었는데, 이 시기 내에서도 지구 궤도와 자전축 기울기에 일어나는 규칙적인 변화(밀란코비치 주기라고 부르는)로 인해 빙기와 간빙기가 교대로 반복되었다.

빙기는 평균적으로 8만 년 동안 계속되고, 빙기들 사이의 간빙기는 그보다 훨씬 짧은 1만 5,000년 정도만 지속된다. 1만 1,700년 전부터 시작된 홀로 세(Holocene : 약 1만 년전부터 현재까지의 지질시대. 충적세 또는 현세라고도 한다.)처럼 각각의 간빙기는 기후가 다시 빙기로 돌아가기 전의 짧은 휴식기에 지나지 않는다.

마지막 빙기는 약 11만 7,000년 전에 시작되어 현재의 홀로세 간빙기가 시작될 때까지 약 10만 년간 계속되었다. 빙하시대에는 지금보다 해수면이 120m나 낮았다.

세르비아(구 유고슬라비아)의 응용 수학자이자 천문학자인 밀루틴 밀란코비치(Milutin Milankovich)가 지구 기후변화의 원인을 3가지의 지구 궤도운동 변화와 연관 지어 설명한 이론을 밀란코비치 주기라고 한다.

지구의 우주적 조건이 변하는 방법은 크게 세 가지가 있는데, 이것들은 하늘의 주기들을 초래한다.

첫째, 지구의 궤도는 약 10만 년의 '이심률(eccentricity)' 주기에 따라 원에 더 가까운 모양과 조금 더 길쭉한 모양 사이에서 변한다.

둘째, 약 4만 1,000년을 주기로 태양에 대한 지구 자전축의 기울기가 22.2°와 24.5° 사이에서 변하면서 양극 쪽이 태양에서 더 가깝게 혹은 더 멀리 기울어진다. 자전축 기울기 변화(obliquity)는 계절의 강도에 큰 영향을 미치는데, 그래서 각도가 조금만 변해도 북극지방이 여름에 받는 햇빛의 양에 많은 차이가 생긴다.

셋째, 지구의 자전축이 약 26000년을 주기로 뒤뚱거리며 도는 팽이처럼 원을 그리는데, 이 현상을 세차운동(歲差運動, precession)이라고 부른다. 세차는 북반구와 남반구가 태양을 향해 기울어지는 시기에 변화를 가져오는데, 계절에 따라서 찾아오는 시기도 변화시킨다.

따라서 지구의 궤도 이심률, 자전축의 기울기와 그 흔들림은 모두 지구의 기후에 영향을 미치며, 이것들은 시간이 흐르면서 주기적으로 변한다. 이 지구적 변화들을 밀란코비치 주기(Milankovich cycle)라고 부른다.

빙기를 촉발하는 핵심 요인은 극지방의 겨울철 기온 하강이 아니라 여름철 기온 하강이다. 서늘한 여름이 계속되면 매년 겨울에 새로 내리는 눈이 완전히 녹지 않고 쌓여 해가 갈수록 점점 더 두껍게 쌓인다. 이리하여 지구는 또 한 번 빙기로 접어들기 시작한다.

지구상의 장구한 생물역사를 통틀어 일찍이 다섯 번의 대멸종이 있었고, 마지막 6천5백만 년 전의, 백악기 대 멸종에서는 모든 공룡종이 놀랍도록 짧은 기간에 사라졌다. 이때에는 직경 10Km짜리 천체가 유카탄반도의 북쪽 끝과 멕시코만에 추락했다. 그 폭발의 위력은 현재 전 세계가 비축하고 있는 핵폭탄을 모두 합친 것의 1,000배쯤 되었던 것으로 추정된다.

그 충돌로 직경 180Km의 구덩이가 파였으며, 날려 올라간 먼지가 5년 동안 태양을 완전히 가리고 지층의 불안정을 초래하여 지구 전역이 수십 년 동안 여진(餘震)과 화산 분출에 시달렸다.

악명 높은 "K/T 경계사건(K/T Boundary Event)"이라고 이름 붙여진 이 재난은 공룡무리를 완전히 멸종시키는 한편, 당시 지구상에 생존했던 모든 동식물의 종 가운데 75퍼센트를 사라지게 했다. 최근에 있었던 소행성 충돌사건으로는 퉁구스카 대폭발(Tunguska Event)로 부르는 대재난이 있으며, 1908년 6월 30일 직경이 70m이고 속도가 10만Km인 혜성이 러시아 상공에서 폭발하여 일어났다.

그리스의 입법가 솔론은 기원전 600년에 이집트를 방문하여 그곳 나일 삼각주의 사이스 신전 사제들로부터 아주 놀라운 이야기를 들었으며, 그 이야기는 마침내 그의 후예인 플라톤에게까지 전해졌다. 플라톤은 그것을 기원전 360년경에 쓴 두 대화편 『티마이오스(Timaios)』와 『크리티아스(Cristias)』라는 대화록에다 소개함으로써 전 세계에 알렸다.

그것은 물론 아틀란티스(Atlantis)라는 위대한 사라진 문명의 이야기이다. 솔론의 시대로부터 9,000년 전, 그 문명은 단 하루만에 홍수와 지진의 천재지변으로 인해서 파괴되었다. 그 시점은 우리의 역법으로 기원전 9600년이다.

베르나르 베르베르는 그의 저서 『지식의 백과사전』에서 이에 대한 이야기를 전해준다. 그 이야기에 따르면 아틀란티스라는 신비한 섬은 오늘날의 지브롤터 해협 너머의 대서양에 있었다. 섬의 수도는 지름 1백 스타디온(약 18.5km)의 동그라미 모양이었다. 이 도시에는 세 개의 수로가 동심원을 그리며 나 있었고 한복판에는 작은 섬이 있었다.

아틀란티스는 고대의 리비아와 소아시아를 합친 것보다 컸다고 한다. 오늘날의 단위로 환산하면 약 2백만 km^2, 즉 오스트레일리아의 1/3 가까이 된다. 그들은 아주 강력하면서도 지혜로운 민족이었다. 민회에 바탕을 둔 근대적인 정치제도를 수립했고, 대단히 진보된 과학기술을 향유하고 있었다. 그들에게는 구리 막대기를 가죽으로 감싸고 끄트머리에 수정을 박은 도구가 있었다. 병자들을 치료하거나 식물의 성장을 촉진하기 위해 사용하는 도구였다.

플라톤은 아틀란티스가 9천 년 전에 천재지변으로 영원히 사라졌다고 기록했다. 플라톤이 살던 시대보다 9천 년 전이라면 지금으로부터 약 1만 1천 년 전에 사라졌다는 이야기다. 고대 이집트의 문헌에는 아틀란티스의 존재가 하멤프타라는 이름으로 언급되어 있다. 아프리카 요루바족의 전설에도 이 섬이 나온다. 모든 전설이 이 섬을 이상향이나 잃어버린 낙원으로 묘사하고 있다.

빙하시대의 특징인 활발한 화산활동의 경우 하나가 아닌 많은 대형화산의 폭발이다. 연속된 폭발로 나타난 첫 번째 결과는 빙결상태의 진전이었다. 뿜어 올라간 화산재가 태양광선을 차단해서 평소에도 낮았던 기온이 더욱 급강하했던 것이다. 화산 분화는 막대한 양의 이산화 탄소를 대기 중에 내 뿜는다. 이산화 탄소는 온실가스이다. 따라서 화산활동이 진정된 시기에는 지구의 온난화 현상이 나타난다. 많은 전문가들이 빙하가 발달하거나 쇠퇴하는 이유를 이 화산활동에 의한 기후변동에서 찾고 있다.

지질학자들은 기원전 8000년에 위스콘신 빙기와 뷔름 빙기가 쇠퇴했다는 것에 의견일치를 보이고 있다. 빙하시대가 끝난 것이다. 그러나 그 이전의 7000년 동안에 상상을 초월하는 엄청난 규모의 기후와 지질의 대변동이 있었다.

대변동이 진정될 기간에 거대한 빙하가 녹기 시작하면서 파괴적인 홍수가 차례로 일어난 것이 틀림없다. 게다가 지각의 일부가 수억 톤에 달하는 얼음의 무게 때문에 지구 내부의 취약한 곳으로 파고 들었을 것이고, 얼음이 녹기 시작하면서 지각이 부풀어 올라 굉음과 함께 대규모의 지진이 발생했을 것이다.

대개의 동물이 멸종한 것은 기원전 1만 1000년에서 기원전 9000년 사이였다고 한다. 이때 기후가 급격히 변했는데 그 원인은 아직 밝혀지지 않았다. 이 시기에 퇴적물이 증가했고, 급격히 바다의 온도가 상승했다. 대서양의 해면은 섭씨 6~10도 정도 상승했다.

아틀란티스도 이 시기에 재난을 당한 것이 아닌가 추론해 볼 수도 있을 것이다. 대홍수에 대한 이야기는 여러 민족의 신화와 전설에도 존재하지만, 가장 잘 알려진 이야기는 역시 성경에 기술된 대홍수와 노아(Noah)의 방주 이야기가 아닐까 한다. 그러나 그 기록대로 대홍수가 실제로 있었다는 증거는 전혀 없다고 한다. 빙하의 아이스코어를 살펴봐도, 4만 년간 전 지구적 규모의 홍수 기록은 전혀 없다는 데에 현재 거의 모든 주류 과학자들이 동의한다고 한다.

성경의 창세기 6장의 기록을 보자. "세상은 이제 막판에 이르렀다. 땅 위는 그야말로 무법천지가 되었다. 그래서 나는 저것들을 땅에서 다 쓸어 버리기로 하였다. 너는 잣나무로 배 한 척을 만들어라. 배 안에 방을 여러 칸 만들고 안과 밖을 역청으로 칠하여라."

유일하게 경건하고 의로운 노아와 그 일가를 살리기 위해, 야훼는 노아로 하여금 미리 방주를 만들게 하고 모든 종류의 동물을 싣게 했다. 그 후 과연 대대적으로 홍수가 일어났으며 노아와 그의 일가족 및 방주에 탄 동물들은 살아남았지만, 그 밖에 모든 생물들은 홍수로 멸절되었다.

성경에 나오는 방주의 규모는 다음과 같다. 길이 300큐빗(약 135m), 폭 50큐빗(약 22.5m), 높이 30큐빗(약 13.5m). 선체는 갈대로 만들고 안쪽에는 역청(아스팔트)을 칠했다. 지붕과 문을 달고 배 안은 3층이다. 그런데 과거로부터 현재까지 알려져 있는 어떤 기술로도, 그만한 크기의 배를 순수 목재로 만들어 바다에서 운항하는 것은 불가능하다고 한다. 목선은 통상 길이 100m, 배수량 2,000톤 정도가 한계로 여겨져 왔다.

또 하나의 큰 의문은 지상을 뒤덮은 그 많은 물은 어디에서 와서 어디로 사라졌는가 하는 것이다. 지구상의 얼음을 다 녹여도 해수면으로부터 70m 위가 한계라고 한다.

노아의 방주 이야기는 천지창조와 마찬가지로 성경 속의 신화 이야기로 이해하는 것이 타당한 것으로 보인다. 즉 노아의 방주 이야기를 기록한 사가(史家)들도 이 사건이 정말로 일어났던 사건이 아니라, 인간의 오만함을 경고하고 야훼에 대한 순명(順命)과 겸손을 가르치기 위해서, 혹은 일부 신학자들의 의견처럼, 과거에 실제로 벌어졌을 법한 유사한 사건이 구전(口傳)되던 과정에서 여러 가지 내용이 보태져서 지금과 같은 내용에 이르렀다고 보는 것이 타당하다는 의견이 아닐까 하는 것이다.

중요한 것은 그 옛날, 선사시대에 이 지구상에서 무슨 일이 있었는지는 사실 아무도 알 수 없다는 것이 아닐까? 천재지변으로 화산이 폭발하고, 홍수가 나고, 지진으로 땅이 갈라지고, 기온이 떨어지고, 빙하가 지구의 대부분을 덮던 시절에 도대체 무슨 일들이 일어났을까? 현대의 과학, 고고학 등의 학문으로 그 실상을 파헤쳐 본들 진실에 얼마나 가까이 다가갈 수 있는 것일까? 대자연 앞에서 한없이 작아지는 인간이 아니던가?

멀지 않은 미래(未來)

우리가 우주(宇宙)라 할 때, 그 우주에는 공간뿐 아니라 시간까지 포함되어 있다. 즉 우주는 아인슈타인이 특수상대성 이론에서 밝혔듯이 4차원의 시공간인 것이다.

우리가 쓰는 우주란 말의 어원은 중국 고전『회 남자(淮南子)』에 기록된 '왕고래 금위지주(往古來今謂之宙), 천지사방 상하 위지우(天地四方上下謂之宇)'라는 구절에서 유래한다. 풀이하면 '예부터 오늘에 이르는 것을 주(宙)라 하고, 사방과 위아래를 우(宇)라 한다'이다.

말하자면 이 우주는 시공간이 같이 어우러져 있다는 뜻이다. 영어의 코스모스(Cosmos)나 유니버스(Universe)에는 시간 개념이 들어가 있지 않다. 동양의 현자들은 이처럼 명철했던 것이다.

밤하늘은 왜 어두운가? 이 물음을 올베르스의 역설(Olbers' paradox)이라고 한다. 독일의 천문학자 하인리히 올베르스가 제기한 역설로, 우주의 천체들로부터 받는 빛에 의해 지구가 항상 밝아야 하지만 실제로는 그렇지 않다는 내용을 담고 있다.

올베르스의 역설을 처음으로 해결한 사람은 뜻밖의 인물이었다. 미국의 작가이자 아마추어 천문가인 애드거 앨런 포(Edgar Allan Poe)였던 것이다.

자신이 천체 관측을 한 것에 대해 쓴 산문시 『유레카』에서 포는 '광활한 우주공간에 별이 존재할 수 없는 공간이 따로 있을 수는 없으므로, 우주공간의 대부분이 비어 있는 것처럼 보이는 것은 천체로부터 방출된 빛이 우리에게 도달하지 않았기 때문이다.'고 주장했다. 그는 또, 이 아이디어는 너무나 아름다워서 진실이 아닐 수 없다고 자신했다.

포의 말대로 밤하늘이 어두운 이유는 빛의 속도가 유한하고, 대부분의 별이나 은하의 빛이 아직 지구에 도달하지 않았기 때문이다. 그것은 또 우주가 태어난 지 충분히 오래지 않기 때문이기도 하다. 우주는 지금 이 시간에도 계속 팽창하고 있기 때문에 지금 도달하지 못한 빛들은 당분간, 아니 영원히 도달하지 못할 것이다.

그리고 우주가 팽창함에 따라, 가시 광 영역의 빛들이 파장이 길어져 적외선 영역으로 들어가는 적색이동이 일어나기 때문에 우리 눈에는 보이지 않게 된다. 이 두 가지 이유로 밤하늘이 점차 밝아지는 일은 일어나지 않을 것이다.

우주에는 우리 외에도 다른 문명이 있을 거라는 데 많은 과학자들은 동의한다. 그럼에도 우리는 왜 외계인들을 한 번도 본 적이 없는 것일까? 그 이유는 항성 간 거리가 너무 멀어 어떤 문명도 그만한 거리를 여행할 수 있는 기술을 확보하지 못했기 때문이라고 과학자들은 생각하고 있다.

또 하나의 장애는 통신수단의 문제다. 비록 외계문명이 존재한다 하더라도 그들과 교신하기에는 우리의 통신수단이 너무나 원시적이라 외계인들이 신호를 보내도 우리 기술로는 그것을 포착하지 못할 수도 있다는 것이다.

또 다른 장애는 시간의 문제가 있다. 인류가 문명을 일구어 온 지는 1만 년도 채 안 된다. 우주의 긴 역사에 비하면 거의 찰나다. 다른 문명도 만약 그렇다면, 이 오랜 우주의 시간 속에서 두 찰나가 동시에 존재할 확률은 거의 0에 가깝다는 말이 된다. 이러한 것들이 바로 외계인을 만날 수 없는 가장 근본적인 장애들이다.

1970년대에 영국의 과학자 제임스 러브록(James E. Lovelock)과, 미국의 생물학자 린 마굴리스(Lynn Margulis)는 블라디미르 버나드스키(Vladimir Vernadsky)의 이론을 발판으로 가이아 가설(Gaia Hypothesis)을 내놓았다.

먼저 러브록은 지난 30여억 년 동안 대기권의 원소 조성과 해양의 염분농도가 거의 일정하게 유지되어 왔다는 사실에 주목했는데, 만약 생물이 지상에 출현하지 않았다면 절대로 그렇게 될 수 없음을 간파했다. 그리고 탄소, 질소, 인, 황, 염소 등 지구를 구성하는 주요 원소들이 대륙과 해양을 오가며 순환하고 있다는 사실을 발견했는데, 놀랍게도 이런 물질들의 매개자가 전적으로 생물이라는 점 또한 알아냈다.

생물들은 기후를 조절하고, 해안선을 변화시키고, 때로는 대륙을 이동시킬 수도 있었다. 따라서 러브록은 자연스럽게 이 지구가 생물과 무생물의 복합체로 구성된 하나의 거대한 유기체라고 단정짓기에 이르렀는데, 그는 이러한 지구의 실체를 일컬어 '가이아(Gaia)'라고 명명했다. 그리스 신화에서 가이아는 대지의 여신을 의미한다.

러브록과 마굴리스는 지구를 자체 조절기능이 있는 살아 있는 유기체로 보았다. 동·식물군과 대기의 지구화학적 구성은 상호 의존적인 관계로 작용을 주고받으면서 생명 활동에 도움이 되는 비교적 일정한 상태로 지구의 기후를 유지한다.

그들은 이처럼 인공지능 과정이 생명과 지구화학 주기에 개입하여 일정한 기후 제도를 유지하는 메커니즘이라는 것을 입증하기 위해 산소와 메탄가스의 규제 작용을 설명했다. 그들은 지구의 산소 수준은 매우 좁은 범위로 한정되어야 하며, 그렇지 않을 경우 지구는 한순간에 폭발하여 지표면의 모든 생명을 파괴할 것이라고 강조한다.

두 과학자는 대기 중의 산소 농도가 임계수준에 가까워지면 어떤 종류의 경고신호가 메탄가스를 만드는 박테리아를 자극하여 메탄가스를 증가시킨다고 주장한다. 증가한 메탄가스는 대기로 흘러들어 다시 일정한 상태에 도달할 때까지 산소량을 줄인다.(대기 중의 메탄가스는 산소의 농도를 늘리거나 줄이는 조절 장치로 작용하는 것이다.)

이처럼 지구는 생물 같은 존재로, 생명의 지속에 도움이 되는 일정한 상태에서 스스로를 유지하는 자기 규제적 실체이다. 가이아식 논리에 따르면, 생물 각 개체의 적응과 진화는 보다 더 큰 과정, 즉 지구 자체의 적응과 진화의 한 부분이다.

많은 지구 화학자들은 이산화 탄소 농도가 단기적으로 0.03%에 머물러 있는 것은 바닷물과의 단순한 반응에 의해서라고 이구동성으로 말하고 있다. 화석연료의 사용으로 대기권의 이산화 탄소 농도는 실제로 약 12%나 증가했다.

만약 우리가 당장 내일부터 화석연료 사용을 중단한다면 대기 중의 이산화 탄소 농도가 정상으로 회복되기까지 약 1,000년의 세월이 걸릴 것으로 보는데, 이는 대기 중의 이산화 탄소와 바닷물 속의 중 탄산 이온과의 사이에 평형이 재확립되기까지 필요한 기간이다.

우리는 아직까지 바다가 어떻게 만들어졌는지에 대해 잘 알지 못하고 있다. 바다가 처음 만들어진 시기는 생물체가 나타나기 훨씬 이전의 먼 과거였으므로 현재 그 기원에 관한 어떠한 명백한 지질학적 증거도 남아있지 않다.

아직까지는 처음 지구가 행성으로서의 면모를 갖추게 된 후 얼마 동안 온도가 매우 높았기 때문에 이 시기에 지구 내부로부터 끓어오르는 가스와 수증기가 원시 대기권과 원시 해양을 형성하기에 충분했을 것이라는 일반적인 설명이 통용되고 있다.

생물 세포가 살아있기 위해서는 자신의 내부 수용액이나 외부 환경을 막론하고 아주 잠깐이라도 그것의 염분농도가 6%를 결코 넘어서는 안 된다는 사실은 매우 중요하다. 바닷물 속에는 무게비로 평균 3.4%의 무기 염(inorganic salt)이 포함되어 있는데, 이들 무기염의 90%는 염화나트륨, 즉 소금이다.

비록 수십억 년 동안은 아니라 해도 적어도 지난 수억 년 동안 해양의 염분농도가 거의 변함없이 유지되었다는 사실을 증명하는 여러 직접적 또는 간접적 증거들이 있는데, 그것들의 신뢰성은 상당히 높다고 할 수 있다. 분명 바다에는 염분이 더해지는 만큼 이를 신속히 제거할 수 있는 어떤 방법이 존재할 것이다. 이 또한 가이아가 지닌 숨겨진 능력이 아닌가 생각해 볼 수 있겠다.

화산활동에서 생성된 암석들은 흐르는 물의 공격을 받는다. 이 물에는 정도의 차이는 있으나 산성 성분을 포함하고 있다. 이로써 암석은 둘에 녹아 난 염분을 바다로 보내게 된다. 그런데 증발은 순수한 물 만을 공기 중으로 데려간다. 따라서 물이 모이는 바다의 염도는 점점 더 진해지다가 새로 흘러 들어오는 강물의 소금기와 바다 밑바닥에 침전되거나 다른 물질로 변하는 소금기가 비슷해지는 수준에 이르면 균형을 찾는다. 바다의 염분 농축 과정은 균형점에 이르러 안정화되었고 30억 년 전부터는 거의 변화하지 않았다.

과학자들은 21세기가 끝나갈 무렵이면 지구의 평균기온이 적어도 섭씨 3도 이상 상승할 것이라고 경고한다. 섭씨 3도 정도로는 그리 심각하게 여겨지지 않는다면, 그러한 기온 변화가 우리 행성을 300만 년 전의 선 신세(Pliocene)로 되돌려 놓는 것임을 이해할 필요가 있다.

과학자들은 섭씨 1.5도에서 3.5도 사이의 경미한 온도 변화라도 100년 이내에 동식물이 대멸종할 수 있다고 말한다. 시뮬레이션 모델을 살펴보면 멸종 비율이 낮게는 20퍼센트에서 높게는 70퍼센트까지 나온다.

지구는 지난 4억 5000만 년의 시간 동안 다섯 차례 생물학적 멸종의 파고를 경험했다. 엄청난 절멸이 일어났을 때마다 다시 생물학적 다양성을 회복하기까지는 1000만 년이라는 어마어마한 시간이 소요되었다.

생물 다양성을 잃어버린다는 것은 미학적 차원의 문제가 아니다. 인간 사회는 근본적으로 자연 생태계에 의존한다. 생선에서 땔 나무에 이르기까지 자연은 관대하게도 먹여주고, 재워주고, 입혀준다. 세균이 유기물을 분해하지 않으면 흙에서 농작물이 자랄 수 없다. 나무나 플랑크톤이 광합성을 하지 않으면 공기는 우리가 숨 쉴 만한 것이 못 된다.

우리의 수명을 연장시켜 주는 많은 약들은 식물과 동물에서 나는 천연물질을 원료로 한다. 그런 물질들 중에 아직도 발견되지 않은 것들이 더 많다. 생명은 지구의 영양분이 순환하는 것을 조절하기도 한다. 예컨대 바다에 사는 유기물들이 수백만 년에 걸쳐 여분의 탄소를 분비하여 석회암이나 백악층을 만들어 내지 않았다면, 우리가 사는 지구는 오래전에 금성처럼 되어버렸을 것이다.

지구 온난화로 기온이 3℃ 상승하면 양의 되먹임 현상으로 온난화는 나름의 추진력을 얻는다. 아마존의 우림 지대가 거의 붕괴되고, 말레이시아와 인도네시아의 이탄층이 마르면서 불에 탄다. 태평양 일대에서는 강력한 슈퍼 엘니뇨가 항구적으로 발생하고, 해안지대에는 허리케인까지 닥치면서 식량 생산에 큰 차질이 생긴다. 아열대 지역의 주민들이 기근으로 '민족 대이동'을 시작한다.

3℃ 상승할 세상과 유사했던 때를 찾아보려면, 지구가 빙하기와 간빙기를 오가는 정상 순환에 들어가기 전으로 거슬러 올라가야 한다. 그러자면 족히 300만 년 전, 이른바 플라이오세(Pliocene)라는 시기까지 돌아가야 한다. 이 시기의 잎들의 기공밀도를 조사해본 결과 아주 놀라운 사실을 발견했다. 대기 중 이

산화 탄소 농도가 360~400ppm 정도였던 것이다.

지금도 이산화 탄소 농도는 382ppm이며, 매년 2ppm씩 올라가고 있다. 지금의 수치대로 이산화 탄소 방출량이 계속해서 증가한다면 2050년에 지구 기온은 3℃ 이상 올라갈 가능성이 있다.

온난화가 진행되면 대양의 경우 바다는 따뜻해지면서 이산화 탄소를 덜 흡수한다. 그래서 이산화 탄소가 대기 중에 더 많이 쌓여 온난화를 심화시킨다.

육지에서의 상황도 최악으로 치달을 것이다. 엄청난 양의 탄소가 현재 지구의 흙 속에 저장되어 있으며, 그것도 상당 부분은 오래전에 죽은 식물들의 반쯤 썩은 잔해에 있다. 일반적으로 받아들여지는 추정에 의하면 흙 속에 저장된 탄소의 총량은 1조 6,000억 톤 정도이며, 이는 대기 중에 있는 탄소 총량의 두 배가 넘는 양이다. 흙이 따뜻해지면 세균의 활동이 왕성해지면서 저장되어 있던 탄소를 더 빨리 분해한다. 그것은 이산화 탄소가 되어 대기 중으로 다시 배출된다.

새로 업데이트한 모델에 따르면 지구 기온이 3℃ 상승하면—빠르면 2050년에 일어날 수도 있다—탄소의 순환이 효과적으로 역전된다고 한다. 2100년이면 대기 중 탄소 농도가 250ppm까지 늘어나며, 그로 인해 지구 기온은 1.5℃ 더 상승할 수 있다. 2100년에는 지구 기온이 4~5.5℃ 상승할 것으로 예상된다. (피터 콕스 등 일련의 논문 저자들의 주장)

아마존 생태계의 면적은 700만 제곱킬로미터에 불과하지만 생물 다양성의 보고로서 전체 생물권의 1차 생산자—식물의 광합성 생산물—중 1/10을 담당하고 있다. 그런데 아마존은 온난화와 상관없이 이미 곤경에 처해있다. 프랑스 국토 면적과 맞먹는 50만㎢ 이상의 숲이 소를 방목하거나 콩을 대량으로 재배하기 위해 벌채되었다. 해들리센터의 모델에 따르면 모든 파괴가 내일 당장 멈추더라도 지구 기온이 2℃ 상승하는 수준에서 그치지 않으면 아마존 우림 지대의 미래는 절망적이라고 한다.

생태계는 기후를 조절하는데 중대한 역할을 담당한다. 그래서 지구를 생명이 살만한 곳으로 유지해 준다. 플랑크톤은 구름의 형성을 도와주는 가스들을 배출하며, 아마존 우림의 나무들은 방대한 면적에 걸쳐 물을 순환시킴으로써 뇌우를 만들어 낸다. 장기적으로 볼 때 바다 생물들은 해저 퇴적층에 탄소를 격리하여 백악층이나 석회암을 만들어 내고, 그로써 대기 중 이산화탄소 농도를 견딜만 한 수준으로 지지해 준다. 육지에서는 식물이 토양의 화학적 풍화작용을 가속화하는 과정에서 역시 탄소를 격리시킨다. 그런데 오늘날에는 지구 생태계의 자가 복원력이 급격히 훼손되었다.

다량의 탄소는 바다 밑바닥에서 썩어가는 플랑크톤 잔해의 형태로 퇴적되어 짙은 유기물 진흙의 층을 이룬다. 이런 탄소의 일부는 지질학적 과정으로 요리되고, 암석의 작은 구멍을 통해 압착되어 저장되는데, 이것은 현대의 인류에게 아주 친숙한 물질이다. 바로 석유이다.

오래전 지구는 대기의 지나치게 높은 이산화 탄소 수치를 낮춰 지구 기온을 견딜 만한 정도로 유지하려고 애썼다. 그 결과물 중 많은 양이 인류가 지금 에너지를 얻기 위해 석탄, 석유, 가스를 태움으로써 대기 중으로 돌려보내려고 애쓰는 바로 그 탄소이다.

지구 시스템의 기온 반응 시차 때문에 0.5℃에서 1℃ 정도의 기온상승은 이미 시작된 것이나 다름없다. 따라서 내일 당장 온실가스 배출량을 제로로 하더라도, 우리는 1℃ 상승의 세상으로 가게 될 가능성이 높다. 우리가 대기 중에 쏟아낸 탄소의 양이 이미 엄청나기 때문에 기온은 앞으로 적어도 30년 동안 급격히 상승할 것이다.

최초의 유정(油井)이 개발된 지 150년 만에 이 편리한 농축연료는 이미 최소 40~50% 가까이 고갈되었다. 최고의 효율성에 이른다 하더라도 화석연료에 기반한 인간의 문명은 이번 세기까지 버티지 못할 것이다.

지난 두 세기 동안 진행된 이와 같은 폭발적인 에너지 사용 증가에서 비롯된 위험은 '느린 죽음'과 '기습'이라는 두 가지 일반적 범주로 나눌 수 있다. 느린 죽음의 위협은 종의 소멸, 토양 침식과 오염, 물 고갈, 삼림 파괴, 식품 사슬의 전반적인 오염, 인간 활동에 의한 자연계의 부담 누적 같은 친숙한 문제들을 말한다. 제2차 세계대전 이후 43퍼센트의 녹지(123억 에이커)가 토양유실과 사막화, 열대우림 파괴 등으로 사라졌다.

영거 드라이아스(Younger Dryas)라고 알려진 약 1만 2,900년 전의 충격적인 사건은, 분명한 증거를 가지고 그렇게 멀지 않은 과거에 급격하고도 재빠른 기후변동이 있었음을 알려주었다. 추위와 얼음으로 뒤덮인 10만여 년의 세월이 지난 뒤 결국 1만 4,700년 전쯤 갑작스러운 온난기가 나타나면서 마지막 빙하기는 사라졌다.

그리고 북미와 유럽을 뒤덮고 있던 빙하가 융해되면서 물러가기 시작했다. 그로부터 18세기 동안 온난한 간빙기로의 전환이 진행되다가 갑자기 중단되면서 지구는 단 몇 세대만에 영거 드라이아스 라는 유사 빙하기 상태로 빠져들었다.

춥고 건조하며 바람이 심한 영거 드라이아스는 12세기 동안 지속되다가 갑자기 온난해지면서 막을 내린다. 이 급격한 온난화 과정에서 그린란드의 평균온도는 화씨 18도나 뛰어올랐다.

빙하가 붕괴되면 1만 4500년 전에 있었던 것과 같은 놀라운 해수면 상승을 다시 겪을 것이다. 지구가 이번 세기말에 이를 것으로 예상되는 보수적인 기온(화씨 3~5도 상승)에 마지막으로 도달했을 당시 해수면은 지금보다 약 25미터 더 높은 상태였다. 이렇게 해수면이 급격하게 많이 상승하면 최소한 5억 명이 내륙으로 몰려들 것이다.

몇십 년 뒤에는 상상하지도 못했던 손실이 나타날 것이 확실하다. 가을철 뉴잉글랜드의 설탕 단풍나무 숲이나 열대 바다의 산호초들, 북극곰과 같은 헤아릴 수 없이 많은 동식물과, 저지대 섬들과 모래 해변, 그리고 일부 해안 도시 같은, 우리가 지금 알고 있는 세상의 많은 것들이 오늘 태어난 아기가 살아있는 동안 사라질 가능성이 높다.

지금 당장 모든 온실가스를 차단하더라도 온난화는 멈추지 않을 것이다. 앞에 놓인 장애물 중에 가장 무서운 것은 이제까지 세상의 변화는 급진적인 방식으로 일어났고, 따라서 우리는 예상했던 것과는 아주 다른 모습의 미래를 대비해야만 한다는 것을 인정하는 일일 수 있다.

우리의 지구, 가이아는 병들었다. 그것도 병세가 아주 깊다. 가이아를 살리는 길은 있는 것인가? 크게 봐서 두 가지 방안이 있지 않을까 싶다. 첫째는 지금 당장(가능한한 빨리) 지구 온난화를 멈추기 위해서 전 인류가 힘을 모아야 한다는 것이다. 모든 국가의 정책 1순위를 기후 위기 극복을 위한 노력에 두어야 한다는 것이다.

두 번째는 외계 행성 개발을 서둘러서 살기에 적당한 조건을 만든 후에 전 인류가 그쪽으로 옮겨가는 것이다. 지구는 내 버린 채 말이다. 언제쯤이면 이러한 방안이 실현 가능할까? 100년 후? 200년 후?

그러나 불행하게도 우리에게 주어진 시간은 그렇게 많지 않아 보인다. 다소 암담해 보이는 미래지만, 멀지않은 미래에 닥쳐올 가이아의 위기를 극복하기 위해 우리 모두의 지혜를 모아야 할 때인 것은 분명해 보인다.

문명(文明)

문명의 정의

『문화의 기원』을 쓴 타일러는 "문화, 혹은 문명은 그 광범위한 민속학적 의미에서 살펴볼 때 지식, 신념, 예술, 도덕, 법률, 관습 및 기타 사회 성원으로서의 인간이 습득한 일체의 능력 및 습관들을 포함하는 복합적 전체이다."라고 정의하였다.

이 중에서 문화가 인간의 사상과 행위의 총체적인 것을 지칭하면서도 다소 무형적인 것이라면, 문명은 그에 비해 보다 구체성을 가진다고 할 수 있다.

역사에서는 문명이 역사의 단위체인 문명권으로서 의미를 가진다. 그러므로 문명은 주변의 인간세계와는 구별되는 하나의 공간, 하나의 문화지역 내에서의 물질문화, 사회조직, 심리 정신적 가치체계로 구분되는 총체적인 삶의 방식이라고 정의할 수 있겠다.

또한 문명은 야만과 대비되는 말로, 물질적으로 생활이 편리해지고, 정신적으로도 발달하여 세상이 진보한 상태를 의미한다. 본래 문명(civilization)은 도시의 문화라는 뜻을 지닌 라틴어의 시민(civis)과 도시(civitas)에서 유래된 것이다.

즉 문명은 자연 그 자체의 상태가 아니라 자연의 극복과정에서 인간들이 만들어낸 삶의 방식, 즉 역사적 경험의 축적물로 이해된다. 우리가 통상 고대 문명이라고 부르는 지역에서는 대개 농경의 발전에 따르는 인구증가, 부(富)의 축적, 직업의 세분화, 도시의 형성, 토기 및 옷감 제작, 수력(水力) 통제들을 볼 수 있다. 이 같은 것들은 인간 경험의 축적물로 여겨져, 대대로 이어져 내려와 계승될 가치와, 발전의 가능성을 갖고 있다고 여겨 문명이라고 부르고 있는 셈이다.

문명이 야만에 비해 절대적으로 우월하다거나, 사회 구성원 모두에게 행복을 주는 것은 아니다. 그렇지만 문명이 야만보다 상대적으로 가치가 있다고 보는 것은 그것이 인간의 삶에 다양한 해결책을 만들었다는 점 때문이다.

문명이라는 개념은 18세기 프랑스 사상가들이 '야만'의 개념과 반대되는 뜻으로 발전시켰다. 문명사회는 정착생활을 하며 도시와 문자를 가지고 있다는 점에서 원시사회와 다르다. 문명은 여러 개며 각각의 문명은 독자적 방식으로 문명화되었다

문명은 독일을 제외하고는 문화적 실체로 파악된다. 19세기 독일의 사상가들은 기계, 공학, 물질적 요소와 결부되어 있는 문명(civilization)과 한 사회의 가치관, 이상, 높은 지적 수준에 있는 예술적, 윤리적 특질과 결부되어 있는 문화(culture)를 엄격하게 구분했다.

문명과 문화는 모두 주어진 사회에서 면면히 이어져 온 세대들이 우선적으로 중요성을 부여한 가치, 기준, 제도, 사고방식을 담고 있다. 브로델에 따르면 문명은 하나의 공간, 하나의 문화

지역, 문화적 특성과 현상의 집약이다. 문명을 정의하는 객관적 요소들 중에서 가장 중요한 것은 종교라 할 수 있다. 인간집단을 가르는 핵심적인 구분선은 가치관, 믿음, 제도, 사회구조이지 몸집, 두상, 피부색이 아니다.

문명은 포괄적이다. 다시 말해서 문명을 이루고 있는 구성단위는 전체로서의 문명과 관련짓지 않고 서는 제대로 이해할 수 없다. 문명은 가장 광범위한 문화적 실체다. 마을, 지역, 민족집단, 국민 종교 집단은 모두 문화적 혼합성의 상이한 수준에서 독특한 문화를 가지고 있다.

한 개인이 속해 있는 문명은 그가 강렬한 귀속감을 느끼는 가장 광범위한 수준의 공동체다. 문명은 우리가 저 밖에 있는 '그들'과 구별되게 그 안에 있으면 문화적으로 친숙감을 느끼는 가장 큰 '우리'다. 문명들 사이의 경계선은 명확하게 긋기 어렵지만 모종의 경계선은 현실적으로 존재한다.

문명은 유한하긴 하지만 아주 오래 간다. 문명은 진화하고 적응하며, 인간의 결속체 중에서도 유독 질긴 생명력을 갖는다. 문명은 유구하지만 한편으로는 진화한다. 문명은 역동적이다. 발흥하고 쇠멸하며 융합하고 분열한다.

문명은 정치적 실체가 아니라 문화적 실체이므로 치안을 유지하거나, 정의를 세우거나, 세금을 거두거나, 협상을 벌이거나, 그 밖의 정부가 하는 일을 처리하지는 않는다. 문명은 하나 이상의 정치적 단위를 거느릴 수 있다.

문명의 발생

〈세계 4대 문명과 인간의 삶〉

메소포타미아 문명(Mesopotamian civilization)

지금으로부터 7천 년 전에 존재했다. 메소포타미아는 티그리스강과 유프라테스강을 기반을 발달했는데, 메소포타미아는 말 자체가 '두 강 사이의 땅'이라는 뜻이다. 이곳의 원주민은 오래 전부터 남부지역을 중심으로 마을을 형성하여 살고 있었다.

7천 년 전 무렵 수메르(Sumer)인이 이 지역으로 들어왔다. 그들은 원주민과 섞이며 정착했다. 이들이 누구이며 어디에서 왔는지는 밝혀지지 않았다. 그들은 다만 스스로를 '검은 머리 사람들'이라는 뜻의 수메르인이라고 불렀다.

그들은 문자를 사용했고, 저수지를 만들어 강의 범람을 막았으며, 하늘과 신고 인간을 연결하기 위한 거대 건축물인 지구라트를 각 도시에 건설했다. 『구약성서』의 바벨탑이 바빌론에 있었던 지구라트를 가리키는 것이라는 해석도 있다.

이집트(Egypt) 문명

이집트 문명은 5천 년 전, 나일강 하류에서 시작되었다. 이집트는 사막과 바다로 둘러싸여 있었던 까닭에 외부의 침입 없이 2,000년 동안 고유의 문화를 유지할 수 있었다. 하지만 이러한 지리적 특성은 한편으로 폐쇄적이고 단조로운 정치 문화적 특성을 갖게 했다.

나일강의 주기적인 범람과 복구는 기하학과 천문학, 그리고 건축술이 발달하는 주요 요인이 되었다. 파라오의 막강한 권력은 이집트의 기하학과 풍부한 노동력을 결합해 인류의 가장 거대한 건축물인 피라미드의 건설을 가능하게 했다.

인더스 문명(Indus civilization)

인더스 문명은 5천 년 전, 인더스강을 기반으로 발전했다. 강줄기를 따라 많은 도시의 흔적과 유적이 발견되고 있다. 이중 가장 거대한 도시는 하라파(Harappa)와 모헨조다로(Mohenjodaro)였다. 두 도시는 구운 벽돌로 건설된 거대한 계획도시였다. 도로망이 정비되어 있었고, 상하수도 시설과 공중목욕탕 등 위생시설을 갖추고 있었다.

문명의 멸망 원인이 적의 침략인가 아니면 기후 환경의 변화에 제대로 대처하지 못한 것인가는 고고학의 영원한 화두이기도 하다. 인더스 문명은 기원전 1500년 경에 갑자기 사라졌다. 도시는 발달했지만, 궁전이나 무덤 같은 유적은 없었다.

최근에는 다른 이론들이 제기되고 있다. 인더스 문명은 기원전 2500년 경부터 서서히 멸망했다는 이론이다. 학자들은 인더스 문명의 멸망을 기후와 환경의 변화에서 찾았다.

모헨조다로 유적을 발굴한 결과 적어도 세 번의 거대한 홍수로 도시를 폐기했다가 수리해서 다시 살았던 흔적이 있다. 또한 기후의 급변으로 가뭄이 극심했던 때가 있었다는 증거도 나왔다. 이러한 일들이 반복되는 과정에서 주변 농지는 황폐화되고 전염병이 도는 등 삶의 질은 급격히 나빠졌을 것이다.

황하 문명(黃河文明)

지금으로부터 4천 년 전 무렵에 성립되었다. 황하 유역의 황토 지대는 농사에 알맞은 토양이었다. 이 지역 사람들은 조와 수수를 재배했고 개나 돼지 등 가축을 사육했다.

가장 오래된 왕조는 전설 속의 하(夏)왕조로, 황하 문명 초기에 발생했을 것으로 추정된다. 하 왕조를 이은 상(商)왕조는 은(殷)이라고도 불렸는데, 전설로만 이어지다가 20세기 들어 유적과 유물이 발견되면서 실재했던 왕조였음이 점차 밝혀지고 있다.

세계 4대 문명지역은 모두 청동기 문명이었으며, 문자를 사용했고, 거대한 도시국가를 발전시켰다. 그런데 이 4대 문명의 발상지는 그 어느 것 하나 현재 세계사의 중심이 되어 있는 서유럽과는 거리가 멀다. 미국을 필두로 서구 문명이라 일컬어지는 서구세계는 어떻게 세계사의 중심이 될 수 있었을까?

또한 그와는 별도로 4대 문명과는 관계없는 더 오래된 문명의 흔적이 곳곳에서 발견되고 있어 문명에 대한 이야기는 그 시작을 달리해야 할지도 모른다.

● **홍산문화(紅山文化)**

1960년대 이후 최근까지 북방 민족의 요람인 중국 내몽골 자치구와 랴오닝성 일대의 랴오허(요하)지역에서 세계 4대 문명권에 앞서는 이른 시기의 훌륭한 문화 유적들이 쏟아져 나왔다.

중국 랴오닝성(요녕성)의 내몽골 자치구 접경지역인 우하량 제2 지구 유적지에는 옛 신전이 들어섰던 터와 여신의 묘가 있던

터 등이 곳곳에 남아있다.

1983~1985년 이 지역에서는 기원전 3500~3000년경 초기 중앙집권 국가의 흔적을 보여주는 적석총, 여신 묘, 대형 제단, 옥기 등 유적, 유물이 쏟아져 나왔다. 이들 유물의 발견은 계급이 완전분화되고, 사회적 분업이 이뤄진 중앙집권 국가가 존재했음을 입증한다.

이 문명은 중국사 어디에도 나타나지 않는, 그동안 중국이 자신들의 문화나 문명이라고 주장한바 없었던 지역에서 홀연히 나타났다. 세계 4대 문명권보다 적어도 1,000년 이상 앞서는 고대 문명으로, 이것이 홍산문화이다.

이 문화는 황하 문명보다 약 1,000년가량 앞서기 때문에 세계 고대 문명사는 바뀌어야 할 것으로 보인다. 특히 신석기 시대에 이미 국가 성립단계에 들어섰다는 것은 종래 서구 학자들이 주장한 청동기 시대 국가 성립설은 바뀌어야만 한다는 획기적인 발전상을 보여준다.

그런데 멸망의 과정만은 인더스 문명과 비슷하다. 홍산문화는 기원전 2700년 이후에 갑자기 사라졌고, 거대한 니우허량의 제사터는 그냥 버려졌다. 홍산문화를 만들었던 사람들은 이 제사터를 완전히 버리고 어디론가 사라졌다.

◐ 샤자뎬 하층문화(夏家店下層文化)

샤자뎬 하층문화는 기원전 2200년부터 1600년경까지 현재의 내몽골 자치구 동남부, 내몽골 자치구 동부, 랴오닝성 동부, 랴오닝성 서부를 중심으로 한 고고 문화를 말한다. 이 문화 역시 중국의 황하문명과는 전혀 다른 독자적인 북방민족의 문명권이다.

이들은 옥기 대신에 청동기를 사용했고, 강을 따라서 거대한 성을 수백 개나 건설했다. 중국 학계에서는 샤자뎬 하층문화를 중국의 하 나라에 비견하는 국가의 등장으로 본다.

◐ 괴베클리 테페(Göbekli Tepe)

괴베클리 테페는 튀르키예어로 '배불뚝이 언덕'이라는 이름의 지명으로, 튀르키예 남동쪽 샨느우르파 도에 있는 석기시대의 유적을 가리킨다.

2010년 발표된 결과로는 가장 오래된 부분이 기원전 9675년 무렵이다. 즉 이 구조물은 약 1만 1700년 전에 세워졌다는 이야기가 되는데, 그렇다면 토기 없는 신석기시대(PPNA, Pre-Pottery Neolithic Age, 기원전 1만~9천 년)초기까지 거슬러 올라간다.

유적이 위치한 아나톨리아 지역은 현재까지 발견된 도시 중 가장 오래되고, 초기 밀 농사를 시작했다고 추정되는 유적들도 발견되므로, 수렵인들이 이런 종교시설을 건축하며 모여 살다가 농사를 지으며 정착민으로 변하지 않았을까 하는 새로운 학설이 제시되었다.

2019년, 괴베클리 테페에서 38㎞ 떨어진 카라한 테페(Karahan Tepe)에서 T자형 기둥이 250개나 발견되는 등 괴베클리 테페보다 더 거대한 신전이 있었고, 괴베클리 테페와 카라한 테페 이외에도 주변지역 각지에서 T자형 기둥신전이 잇따라 발견되어 상상 이상으로 거대한 집단으로 드러났다.

신전 주변에서도 곡식을 빻기 위해 필요한 맷돌과 탄화된 곡물 또한 대량으로 발굴되어 구석기 시대라 여기던 시절에 초기 농업사회가 탄생했음이 밝혀졌다.

고고학계의 기존 학설에 따르면, 인류가 이러한 거대 유적을 조성하려면 체계적으로 토목 활동이 가능한 대규모 노동력이 필요하고, 이를 뒷받침하려면 농경 생활에 따른 체계화된 사회조직이 등장해야 한다.

괴베클리 테페는 세워진 뒤 약 2천 년간 신전으로 사용된 듯하다. 기원전 8000년쯤 괴베클리 테페는 버려져 땅속에 묻혔다. 특이한 점은 사람들이 고의적으로 땅을 파 기둥을 메운 뒤, 그 위에 석회 자갈과 석기 도구들, 동물과 인간의 뼈를 묻고 버렸다는 사실이다. 이 때문에 고의적으로 신전을 매장한 흔적이 있는 것으로 볼 때 종교 혹은 정치적인 분쟁이나 지배계급에 맞선 반란 등에 휘말렸을 것으로 보는 시각이 있다.

문명 사관

토인비(Arnold Joseph Toynbee)의 문명사관

토인비는 문명이 탄생과 성장의 창조적인 제1막과, 쇠퇴의 제2막으로 구성된다고 본다. 제1막의 기본 주제는 '도전(挑戰)과 응전(應戰)'이다. 기후의 변화, 새로운 땅, 외적의 침입과 같은 도전에 대해 적절한 응전이 성공을 거두는 한, 제1막은 계속된다.

창조적 소수자가 그 힘의 원천이다. 어떤 문명이건 엘리트인 창조적 소수자의 창조성이 계속 발휘되는 한, 그 문명은 얼마든지 성장을 계속한다. 단 한 가지 조건이 있는데, 그것은 대중을 이루는 다수자가 소수자가 개발한 이념과 방법을 계속 모방하여 뒤를 받쳐주어야 한다는 것이다.

제2막의 문명의 쇠퇴는 창조적 소수자가 창조력을 발휘하지 못하고, 다수자가 소수자에 대한 충성심을 거두며, 사회적 통일성이 상실될 때 나타난다. 창조적 소수자가 제 역할을 못할 때, 그들은 단지 억압적인 지배적 소수자로 전락한다. 그렇게 되면 문명을 떠 받치고 있던 다수자는 내적 프롤레타리아가 되고, 그 문명의 영향을 받지만 통제되지 않고 있던 문명권 외부의 외적 프롤레타리아가 등장해 사회는 분열된다.

토인비는 만약 내적 프롤레타리아에서 새로운 창조적 소수자가 나와 다른 문명권에서 빌려온 보편 종교와 그것의 철학이 과거와 미래를 참조하여 현재의 곤란을 피하려는 시도가 반영된 것이라던, 그 종교는 결국 새로운 문명을 발달시킬 기초가 될 수 있고, 그렇게 되면 결국 서양문명은 순환의 법칙을 피해 나갈 수도 있다고 결론을 맺는다.

다시 말하자면 기독교, 이슬람교, 힌두교, 불교 이 4개의 세계 교회가 협동하거나 결합하는 것이 미래에 대한 토인비의 희망사항이다. 만일 서양문명이 모든 것을 포괄하는 어떤 새로운 세계 교회에 고등종교를 종합하는 못자리를 제공하기만 한다면, 서구문명은 몰락의 길에서 벗어날 수도 있다는 것이다.

제레드 다이아몬드(Jared Mason Diamond)의 문명사관

제레드 다이아몬드는 왜 유럽과 아시아가 세계를 지배했는가?

하는 의문에 해답을 얻고자 한다.

오스트레일리아, 남북 아메리카 대륙, 남아프리카의 원주민들은 이제 더이상 자기 땅의 주인이 아닐뿐더러 유럽의 식민지 지배자들에게 죽임을 당하거나, 복속 당했거나, 심지어 절멸당했다.

어째서 역사는 반대 방향이 아니라 바로 그 방향으로 흘러온 것일까? 어째서 아메리카와 아프리카, 오스트레일리아의 원주민이 유럽인과 아시아인들을 정복하거나 절멸시키는 방향을 선택하지 않았는가?

유럽의 해외 팽창이 시작되던 1500년 무렵, 각 대륙 사람들 사이에는 기술 수준과 정치조직에서 이미 상당히 큰 차이가 생겼다. 유라시아와 북아프리카는 대부분 철기시대의 사람들이 차지하고 있었고, 그중 일부는 산업화의 길목에 접어들고 있었다. 그러나 이때 아메리카의 두 원주민 집단인 잉카인과 아즈텍인들은 석기를 사용하는 제국을 통치하면서 막 청동기 실험을 시작하고 있었다. 바로 이 1500년 무렵의 차이가 현대세계의 불평등의 원인임이 분명하다.

어째서 지난 1만 3000년 동안 인류의 발전은 각 대륙에 따라 그렇게 다른 속도로 진행되었는가? 침략한 유럽인들은 쇠칼과 총과 말을 가지고 있었던데 반해 아메리카 원주민들은 돌과 나무로 만든 무기밖에 없었고, 말과 같은 탈것도 없었다. 유럽인들과 함께 들어온 천연두와 홍역 같은 전염병들이 한 부족에서 다른 부족으로 유럽인들보다 훨씬 더 빠르게 퍼져나갔다. 이렇게 해서 전염병이 신세계 인디언 인구의 95퍼센트를 죽인 것으로 추정되고 있다.

이 질병들은 유럽에 만연했던 전염병으로, 유럽인들은 이 질병들에 대해 유전적으로 면역력을 충분히 발전시켜 온 터였다. 하지만 원주민들은 애초에 그런 저항력을 가지고 있지 못했다.

유라시아 대륙에서는 가장 많은 동물종들을 가축으로 만들었다. 부분적으로 이것은 유라시아가 세계에서 가장 큰 땅덩어리이며, 따라서 처음부터 가장 많은 야생 동물종을 가지고 있었기 때문이다.

유라시아 대륙에서 훨씬 다양한 식물과 동물을 길들일 수 있었던 또 다른 이유는 유라시아의 주된 축이 동서 방향인데 반해 아메리카의 주된 축은 남북 방향이라는 사실에 있다. 유라시아의 동서 축은 유라시아의 어느 한 지역에서 길들여진 동물종이 수천 마일 떨어진 같은 위도상의 다른 지역으로 쉽게 퍼져 나갈 수 있다는 것을 뜻한다. 그들은 기후가 같고, 낮의 길이도 같아서 이미 적응된 곳으로 퍼져나갔다.

또 비옥한 초승달 지역(메소포타미아 지역)에서 길들여진 양과 염소, 소, 밀, 보리는 동서 양쪽으로 재빨리 퍼져 나갔다. 그에 반해 남북 축을 가진 아메리카 대륙에서는 한 지역에서 길들여진 종들은 조금만 퍼져나가도 다른 기후와 다른 낮의 길이를 만날 수밖에 없었다.

고대 이집트의 곡물이 밀과 보리 같은 비옥한 초승달지대와 지중해 지역의 곡류들이었다는 점을 기억해야 한다. 이 곡류들이 싹트기 위해서는 충분한 겨울비가 내려야 하고, 계절마다 낮의 길이가 달라져야 한다. 따라서 이것들은 에티오피아를 지나

문명(文明) **247**

아프리카 남쪽으로는 퍼져나갈 수가 없었다.

간단히 말하면 남북 축과 길들이기에 적합한 야생 동식물종의 부족은 아메리카 원주민들의 역사에서도 그랬듯이 아프리카의 역사에도 결정적인 요인이었다. 그 결과 유럽인들이 가지게 된 총과 선박, 정치조직, 문자에서의 이점들이 아프리카인에 의한 유럽의 식민지화가 아니라 유럽인들에 의한 아프리카의 식민지화를 가능하게 했다.

제레드 다이아몬드는 『문명의 붕괴』에서 한 사회가 붕괴되는 요인을 다섯 가지로 제시했다. 즉 사람들이 환경에 무모하게 가하는 피해, 기후변화, 적대적인 이웃, 우호적인 이웃의 지원이 중단되거나 줄어든 경우, 한 사회에 닥친 문제에 대한 주민의 반응 등이다.

호수 바닥에 구멍을 파서 얻은 증거에 따르면, 마야문명이 붕괴할 즈음에 장기간의 가뭄이 닥쳤다. 바다의 퇴적층에서 나온 다른 증거를 보면, 마야는 오랜 건기에 이어 810년과 910년 사이에 더 심각한 다년간의 가뭄으로 막을 내리게 되었다.

제레드 다이아몬드는 『문명의 붕괴』에서 마야의 붕괴를 생태적 과잉의 고전적 사례로 든다. 고도로 발달한 사회가 자원적 기반 이상으로 발전을 추구할 경우 가뭄 같은 자연재해에 취약해질 수 있다는 것이다. 아울러 인구성장과 경제발전이 중앙아메리카 자원을 다시 압박할 수 있다고 다이아몬드는 말한다. 멕시코 남부의 넓은 지역에서는 땅을 뒤덮었던 수목을 많이 잃었다. 그 때문에 구릉지의 경사면이 무너지면서 농지가 훼손되는 일이 발생했다. 큰 허리케인이 상륙하기라도 하면 홍수와 산사태로 수천 명이 사망했다. 그렇다면 가뭄이 또 닥칠 경우 어떤 일이 벌어질지는 실로 우려스러운 일이 아닐 수 없다.

오랜 세월 동안 지중해 세계를 지배하던 로마제국은 왜 멸망했는가? 많은 사람들은 과다한 자원의 사용에 그 중요한 원인이 있다고 본다. 로마제국 초창기만 하더라도 현재의 이탈리아는 삼림이 무성했다고 한다. 그러나 수 세기가 지나면서 숲은 벌채되고 땅은 작물과 가축용 목초지를 위한 공간으로 변했다. 숲이 파괴되자 땅은 바람과 홍수에 고스란히 노출되었고 결국 소중한 표토는 고갈되고 말았다.

같은 기간 로마는 부유층의 호화생활을 유지하고, 그들의 노예와 군대를 먹이고 입히기 위해 지중해 너머에 있는 농경 지역에 의존하는 비중을 점차 늘렸다. 새로운 땅을 정복하여 농지를 식민지화한 로마제국은 말기에 이르러, 정부 수입 중 90퍼센트 이상을 농업에서 조달했다.

로마는 끊임없는 수입을 얻고자 이미 황폐해진 땅을 계속 과용할 수밖에 없었고, 이것은 더 많은 토양의 유실을 가져왔다. 3세기가 되자 북아프리카와 지중해 지역의 토양이 고갈되어 농촌지역 인구가 크게 감소하자 농경지를 버리고 떠나는 이농 현상이 발생했다.

농업에서 나오던 수입이 줄어들자 중앙정부의 힘은 약화되었고 제국 전체에 걸쳐 공공 서비스가 줄어들었다. 결국 도로와 사회 기반시설이 황폐해지기에 이르렀다. 과거 막강한 세력을 자랑했던 로마군은 이제 초라한 행색에 형편없는 무기만 지닌 채 제국을 지키는 임무보다는 먹을 것을 찾아 나서는데 더 많은 시간을 보내야 했다. 병사들이 집단적으로 병영을 버리고 떠나자 마침내 로마는 외부세력의 침략에 노출되었다. 6세기에 이르자 침략자들은 바로 로마의 문턱까지 다가왔다. 한때 서방에 알려진 세계의 대부분을 지배했던 로마제국은 결국 붕괴되고 말았다.

유발 하라리(Yuval Noah Harari)의 문명사관

현생 인류는 '슬기로운 사람'이라는 뜻의 호모 사피엔스(Homo Sapiens)로 불리며, 15만 년전부터 동아프리카에서 살았다. 7만 년 전 이들은 지구의 다른 지역으로 급속히 퍼져 나갔으며 다른 인간종들을 멸종시키기 시작하였다. 유발 하라리는 그의 저서 사피엔스(Sapiens)에서 우리 종(호모 사피엔스)의 역사는 세 가지 혁명을 중심으로 파악할 수 있다고 했다. 즉 인지 혁명, 농업혁명, 과학혁명이 그것이다.

◐ 인지혁명

약 7만 년 전부터 3만 년전 사이에 출현한 새로운 사고방식과 의사소통 방식을 말한다. 호모 사피엔스가 세상을 지배하게 된 것은 다수가 유연하게 협동할 수 있는 유일한 동물이기 때문이다. 저자는 아직 발견되지 않은 '지식의 나무 돌연변이'를 근거로 제시한다. 이 덕분에 뇌의 배선이 바뀌어서 완전히 새로운 유형의 언어를 이용해 의사소통을 할 수 있게 되었다는 것이다. 그래서 집단과 집단간의 협력이 가능해졌다고 한다.

◐ 농업혁명

약 12,000년 전 인류는 농업혁명에 돌입했다. 수렵 채집 시기에서 농업의 시기로 전환하기 시작한 것이다. 오늘날 우리가 먹는 식량의 90%는 기원전 9500~3500년에 우리가 길들인 가축과 농작물에 기원을 두고 있다. 우리의 부엌은 고대 농부의 것과 크게 다르지 않다는 것이다.

농업 덕분에 가용 식량은 늘어났지만, 이 같은 번영의 결과는 행복이 아니라 인구 폭발과 만족한 엘리트였다. 농부는 수렵 채집인보다 더욱 열심히 일했지만, 그 식단은 빈약했고, 건강도 더 나빴다. 잉여농산물은 특권을 가진 소수의 손으로 들어갔고 이것은 다시 압제에 사용되었다.

농업혁명은 역사상 가장 큰 사기였다. 인류가 밀을 길들인(작물화 한) 것이 아니라, 밀이 우리를 길들였다는 것이 저자의 시각이다. 땀 흘려 자신을 키우게 만들었다는 것이다. 농업혁명은 제국을 출현시키고 교역망을 확대했으며 돈이나 종교 같은 '상상의 질서'를 낳았다.

◐ 과학혁명

과학혁명은 약 500년 전 일어났다. 이것은 자본주의와 제국주의의 성장, 글로벌화, 에너지 생산과 소비의 확대, 환경파괴를 불렀다. 이것은 차례로 250년 전의 산업혁명, 약 50년 전의 정보혁명을 유발했다. 후자가 일으킨 생명공학 혁명은 아직도 진행중이다.

문제는 우리의 감정과 욕구가 이중 어느 혁명에 의해서도 달라지지 않았다는 점이다. 저자는 과학혁명의 후속편인 생명공학 혁명이 결국 다다르는 곳은 '길가메시 프로젝트'라고 주장한다. (길가메시는 죽음을 없애 버리려 했던 고대 메소포타미아의 영웅이다.) 인간에게 영원한 생명을 주는 것을 목표로 하는 이 프로젝트가 결국 성공하리란 것을 저자는 의심하지 않는다.

인류는 앞으로 몇 세기 지나지 않아 사라질 것이다. 생명공학적 신인류, 영원히 살 수 있는 사이보그로 대체될 것이다. 환경 파괴로 인해 스스로 멸망의 길을 걷지 않는다면 말이다.

하지만 영생은 더 큰 행복을 가져다주지는 않는다. 인간의 일상적 행복은 물질적 환경과는 거의 상관이 없다는 유명한 연구결과를 제시한다. 돈은 차이를 가져오지만 그것은 가난을 벗어나게 해주었을 뿐이다. 그 단계를 넘어서면 돈이 더 많아져도 행복수준은 거의 혹은 전혀 달라지지 않는다.

인간은 새로운 힘을 얻는 데는 극단적으로 유능하지만, 이 같은 힘을 더 큰 행복으로 전환하는 데는 매우 미숙하다. 우리가 전보다 훨씬 더 큰 힘을 지녔는데도 더 행복해지지 않는 이유가 여기에 있다.

문명의 성장과 발전 및 문명의 가치

문명의 발전은 인류를 행복으로 이끌어 주었는가?

크리스토퍼 라이언(Christopher Ryan)은 『문명의 역습』(원제:

Civilized to Death)에서 문명의 발전은 인류를 행복으로 이끈 것이 아니라 오히려 파멸로 이끌어 가고 있으며, 우리가 원시적이고 야만적이라 부르는 수렵채집 시대에 오히려 사람들은 속 말로 더 잘먹고 잘살았으며 지금보다 훨씬 더 행복한 삶을 누렸다는 것이다.

만일 문명으로 인해 모든 것이 그토록 좋아졌다면 왜 이렇게 많은 사람이 지독한 불행감에 시달리는 것일까?

진화 생물학자 스티븐 제이 굴드(Stephen Jay Gould)는 발전이라는 개념을 "문화적으로 구성원들을 세뇌시키는 잘못된 주장이며, 증명할 수도 없고 논리도 안 맞고 바로잡기도 힘든, 역사의 패턴을 이해하려면 반드시 바로 잡아야 할 착각"이라고 했다.

제레드 다이아몬드(Jared Diamond)도 '문명'이나 '문명의 발상' 같은 말은 '문명은 좋은 것이고, 부족 중심의 수렵 채집인들은 불쌍하며, 지난 1만 3,000년 동안 역사는 발전을 거듭하여 인간의 행복을 증진시켰다'라는 오해를 불러일으킨다며 발전에 대한 선전에 불신을 드러낸다.

그러면서 자신은 산업화된 나라들이 수렵 채집 부족들보다 더 '우월'하다거나, 수렵 채집사회에서 철 중심의 국가로 변화한 것이 '발전'이라거나, 그것이 인간의 행복을 증진시켰다고는 믿지 않는다고 밝혔다.

1651년에 토머스 홉스(Thomas Hobbes)는 문명이 발생하기 전에는 인간의 삶이 '고립되고, 곤궁하고, 위험하고, 폭력적이었으며, 수명도 짧았다'고 주장했다. 영속적 발전론(Narrative of Perpetual Progress)은 문명이 비문명보다 우월함을 기정사실로 받아들인다.

'발전'이 옳다는 믿음은 사실상 오늘이 어제보다 낫다는 믿음이므로 발전이라는 개념은 신념의 문제로 탈바꿈하고, 이에 의문을 제기하면 발전 지상주의자 들의 격분을 감내해야 한다.

약 1만 년 전 농업이 촉발한 급격한 변화에 직면할 때까지, 인간의 삶은 평등주의, 이동 생활, 사소한 것도 공유하고 필요한 자원은 누구나 이용할 수 있는 삶, 모든 것을 제공하는 자연에 감사하는 마음으로 특징지을 수 있었다.

수렵 채집사회에서 '지도자'의 특권이란 단지 그 지위에 있는 동안 다른 구성원들보다 의견이 더 중요시' 된다는 게 전부였다. '권력'은 한 사람이 독점하지 않았고 쟁취하거나 물려주거나 팔 수 있는 것도 아니었다.

'수렵 채집인들의 특성은 관대함과 타인에 대한 친절함'이었다. 예측불허의 자연환경에서는 생존 자체가 만만치 않았고, 이에 대한 최선의 해결책은 서로에 대한 관대함과 호의였다. '야만인' 들의 품성이 훌륭하다면, 그것은 위험요인을 완화하고 생명을 지키기 위한 수단으로서 타인에게 호의를 베푸는 것을 미덕으로 장려한 사회체제 때문이다.

계급이 생기기 전에는 대부분의 부족과 농촌사회에서 누구나 경제적 자유와 정치적 자유를 누렸는데, 오늘날에는 그것이 소수의 특권층만 누리는 혜택이 됐다.

너그러움은 인간이라는 종이 생존하는데 없어서는 안 될 진화적 장치이지 고결함이나 야만의 문제가 아니다. 따라서 인간성을 발전시켜온 지난 수천 년 동안 관대하다는 평판은 행복한 삶에 반드시 필요한 요소였다.

우리 삶은 전반적으로 수렵 채집사회의 이타주의와 문명사회의 이기주의 사이에서 분열되고 있다. 우리는 흔히 배우자와 자녀들을 우리의 소유물로 생각한다. 내 아내, 내 자식. 만일 수렵 채집 집단에 그렇게 생각하는 사람이 있다면 그는 위협적이고, 위험하고, 사회에 적응하지 못하는 미친 사람으로 치부되어 추방되거나 더 가혹한 대가를 치를 것이다. 수렵 채집인들의 가장 놀라운 점은 오늘날에도 중요시되는 덕목들이 몸에 배어 있다는 것이다.

이러한 친사회적 생존본능은 오늘날 정의에 대한 갈망, 다른 사람들과 함께 음식을 먹을 때 느끼는 느긋함과 따뜻함, 어린아이들에 대한 무조건적인 사랑과 보호본능, 모닥불을 바라볼 때 내면 깊숙이 느껴지는 평화로움으로 나타난다.

발전의 대가로 무엇을 잃었는지는 우리도 대략 안다. 따지고 보면 거의 모든 것을 잃었다. 파괴된 숲, 침식된 토양, 고갈된 어획량, 오염된 대수층, 일산화탄소가 가득한 대기, 암, 스트레스, 필사적으로 탈출하는 난민 등등.

인류가 농사를 시작한 것은 영리한 발전이라기보다는 생존을 위한 필사적인 노력이었던 것으로 보인다.

대체로 문명화는 유례없이 안정적이고 온화한 환경 덕분에 인구밀도가 높아지고 사회가 복잡해지면서 나온 결과로 알려져 있다. 하지만 닉 브룩스(Nick Brooks)는 문명화를 '파국적인 기후 변화에 적응하기 위해 나온 우발적인 부산물'로 본다. 생존이 힘들어진 환경에 대응하기 위한 '최후의 도피처'로서 '문명화'가 시작되었다는 것이다.

생존을 위한 마지막 수단으로 정착 생활과 농경을 시작한 인류 앞에는 사회적 불평등, 집단들 간의 폭력, 유일신 종교를 권력유지에 이용한 지배계급이 등장했다.

수백만 년 동안 나눔과 자율은 인류의 생존에 핵심적인 요소였는데 농사가 시작된 후 대부분의 '문명화된' 인류는 진화가 만들어낸 능력이나 성향과 정면 충돌하는 제도 아래 살았고 앞으로도 그렇게 살 것이다.

아메리카 대륙에서는 1600년까지 원주민의 90%가 사라졌다. 유럽인이 상륙한 지 100년 만에 남아메리카, 중앙아메리카, 북아메리카 대륙에서 죽은 원주민은 5,600만 명에 달한다. 역사적으로 자신들을 '문명인'으로 칭한 부류는 비 문명인들을 동등한 인간으로 보지 않았고 그래서 함부로 죽여도 된다고 생각했다. 힘센 자들에게는 힘이 정의였다. 사실상 모든 인류가 똑같은 종이라는 사실을 인정한다면, 문명사회에는 전반적으로 잔혹함이 만연하고 수렵채집사회에는 그런 잔혹함(여성의 예속, 노예제도, 극단적인 빈부격차 등)이 없거나 거의 없는 현실을 '인간의 본성' 개념으로는 설명할 수가 없다.

개미나 돌고래, 벌, 군집생활을 하는 동물, 많은 영장류의 유전적 성향은 이타주의라는 것이 입증되었다. 다윈은 공감과 이타주의가 사회적 동물들에게 분명 진화적 혜택을 준다고 믿었다. 그의 노트에는 이런 기록이 나온다. "동물학자의 시선으로 인간을 보면 인간은 부모로서의 본능, 부부로서의 본능, 사회적 본능이 있고 이 본능은 그 대상에 대한 사랑과 자비의 감정—자기 자신을 잃어버릴 정도의 적극적인 공감—자신을 희생해서라도 상대를 돕고 보호하려는 성향으로 이루어졌다."고 결론지을 수 있다.

인간이 잔혹하다는 증거가 실험을 통해 입증된 건 어떻게 봐야 할까?

제1차 걸프전이 끝나고 데이비드 말로(David Marlowe)가 진행한 조사에 의하면 참전 군인들은 자신이 부상을 입었을 때보다 적군을 죽였을 때나 적군이 죽는 것을 목격했을 때 더 괴로워했다. 그보다 더 심한 고통은 동료를 잃는 것이었다.

분명한 것은 대부분의 사람들은—몇 달 동안 담력강화 훈련을 받고 전쟁 스트레스에 이골이 났더라도—타인에게 고통을 가하거나 고통받는 모습을 목격하면 반드시 정신적 외상을 입는다는 것이다. 이는 홉스와 오늘날의 홉스주의자들이 주장하는 이기적 인간 본성과 거리가 멀다. 너그러움과 친절함이라는 성향은 인간의 가장 깊은 본성이다.

인간의 깊은 내면에는 서로를 도우려는 성향이 있다고, 영장류 학자 프랜스 드 발은 말한다. 그는 도덕성의 핵심적인 요소가 진화의 산물이라는 다윈의 시각에 동의한다. 도덕성은 '인간이 만들어낸 겉치레'가 아니라 '집단생활을 하는 인류에게 필수적인 요소이자 영장류의 사회적 천성'이라는 것이다.

『극단의 발전 : Immoderate Greatness』에서 정치학자 윌리엄 오펄스(William Ophuls)는 문명의 태생적인 지속 불가능성을 지적했다. "일정단계에 다다른 문명은 엔트로피의 덫에 걸리는데, 거기에서 벗어나는 것은 거의 불가능하다. 이용 가능한 에너지와 자원은 더 이상 현재 수준의 복잡성을 유지할 수 없기 때문이다. 그리하여 그 문명은 과거의 자원을 착취하고 미래의 자원을 끌어 옴으로써 문명 자체를 소진 시키고, 끝내 내부에서부터 붕괴하기 시작한다.—이것이 문명화의 비극이다. 부와 권력을 과시하는 문명의 '위대함' 자체가 문명을 무너뜨리는 것이다."

인류는 원래 야생동물과 접촉하지 않다가 농사를 시작한 후 길들여 가축으로 이용했는데, 그 가축한테서 나온 병원균에서 돌연변이가 일어나 인간의 몸에 침투한 것이 전염병이 되었다. 당연히 결핵, 콜레라, 천연두 같은 온갖 질병도 농사를 지은 후에 생겨났다. 인구밀도가 높아지면서 변이를 일으킨 병원균은 그때부터 인간의 몸을 숙주로 삼아 급속히 퍼져나갔다.

이 세상과 우리 자신을 맹목적으로 파괴하게 만든 것은 인간의 본성이 아니다. 수십만 년 동안 그런 짓을 하지 않고도 이 지구에서 번성해 온 것만 봐도 파괴적인 성향이 인류의 본성일 리가 없다. 그것은 우리 인류가 현재 옴싹달싹 못하고 붙잡혀 있는 기이한 사회구조에 내재한 문명의 본성이다.

호모 사피엔스는 발전한 게 아니라 오히려 갈 길을 잃어버린 것 같다. 지금까지 우리가 걸어온 길은 수많은 길중 하나였는지도 모른다. 돌이켜 보면 인류는 스스로 무슨 짓을 하는지 어디로 가는지도 모른 채 이곳에서 저곳으로 비틀거리며 걸어왔다는 것이 분명해진다.

오늘날 행복한 삶을 살기 위해서는 수렵 채집인의 삶을 정확하게 이해해야 한다. 수십만 년 동안 수렵 채집 생활이 안정적으로 유지되었다는 사실은 그런 삶이 바람직하고 그런 삶에 필요한 자원이 이미 갖춰져 있다는 증거다.

기본적인 사회체제가 무너지고 있고, 정신적으로 병든 사람들이 감옥으로 보내지고, 수백만 명이 기본적인 의료혜택도 받지 못하고, 어린이 다섯 명 중 한 명이 밤마다 주린 배를 안고 잠자리에 드는 나라를 어떻게 역사상 '가장 번영한' 나라라고 할 수 있다는 말인가? 4,700만 명이 공식적인 빈곤선 아래에서 살고, 그보다 몇백만 명 더 많은 수가 빈곤선을 간신히 벗어난 나라에서 '번영'의 진짜 의미는 무엇일까?

어쨌든 번영은 행복에 이르는 열쇠가 아니다. 이탈리아의 경제학자 파올르 베르메(Paolo Verme)는 '자유와 통제력'이 주관적인 삶의 질을 좌우하는 가장 중요한 척도임을 밝혀냈다.

우리의 결정에 영향받을 사람들이 누구인지 모를 정도로 인구가 늘면, 인간 내면의 공감 능력은 흔히 다른 관심사에 묻혀버린다. 강물에 빠져 허우적거리는 어린아이를 보면 무조건 뛰어들 정치인도, 빈곤층 아동 수백만 명이 기본적인 의료보험이나 무료급식을 못 받게 만들 법안에는 양심의 가책 없이 찬성표를 던지듯 말이다. 인간은 소규모 무리로 살 때와 대규모 사회의 일원으로 살 때가 다른 이중적 성향이 있는 것 같다.

신경학자이자 정신과 의사, 홀로코스트 생존자인 빅터 프랭클(Viktor Frankl)은 행복이 아니라 삶의 의미를 자각하는 것이 가치 있는 삶의 핵심 요소라고 생각했다. 그에게 행복이란 행운일 뿐이다. 또는 추구해야 할 선물이 아니라 뜻밖에 우리 손에 주어졌다가 쉽게 빠져나가는 것이다. 프랭클은 행복을 추구하다가는 결국 그것을 성취하지 못해 불행해질 거라고, 그래서 애초의 문제가 더 심각해질 거라고 했다.

문명사회를 떠받치는 거짓 선전과 달리 현대인의 삶은 외로움과 혼란, 불안과 절망을 낳고 있다. 그것을 깨닫는 사람들도 점점 많아진다. 이제 현대인의 삶은 사실상 모든 분야에서 재검토되고, 전반적으로 선사시대의 삶이 새로운 규범으로 자리잡고 있다.

소위 진보적 정책이라고 하는 것들은 수렵 채집인들의 가치관과 일맥 상통한다. 자원의 평등한 분배, 약자에 대한 지원(동등한 임금과 출산권을 포함한) 여성 존중과 여성의 자율권 보장, 의료와 교육분야 지원, 종교의 자유 등이 여기에 속한다.

반면 보수적인 정책들은 흔히 농업사회의 가치관과 유사한 경우가 많다. 공동체의 자유보다는 개인의 자유를 우선시하는 것, 여성들의 성 취향을 무시한 가부장적인 통제, 군사적 팽창주의, 부와 유일신의 찬양 등이다.

전통 방식에 의한 개혁은 대체로 희생이 적고 더 지속적이다. 더 단순하지만 더 많은 시행착오를 통과한 방법이기 때문이다.

재난 연구분야의 선구자라 할 사회학자 찰스 프리츠(Charles. E. Fritz)는 재난상황에서 사람들이 자연스럽게 서로 돕는 모습을 이렇게 묘사했다. "그들은 공동체 구성원으로 서의 위험과 사별, 박탈의 경험을 폭넓게 공유하면서 친밀감과 연대감을 느낀다." 는 점에서 수렵 채집인들과 놀랍도록 닮아있다. 이러한 공동체의식은 평소에는 좀처럼 느끼기 힘든 소속감과 일체감을 제공해 개인의 욕구와 집단의 욕구를 하나로 조화시킨다. 재난은 신체적으로는 지옥일지 모르지만 그 결과는 비록 일시적일 망정 일종의 사회적 유토피아다.

문명과 종교

새뮤얼 헌팅턴(Samuel Huntington)은 『문명의 충돌 : The Clash of Civilizations』에서 종교와 원리주의에 대해 말한다.

사람은 이성만으로 살지 않는다. 자아를 정의 내리지 못하는 한, 사람은 자기의 이익을 추구하면서 합리적으로 계산하고 행위 할 수 없다. 이익 추구는 자기 정체성을 전제로 한다. 사회가 급속히 변하는 시기에는 확립된 정체성이 무너지므로 자아가 새롭게 정의되고 새로운 정체성이 발견되어야 한다.

정체성을 따지는 물음은 이익을 따지는 물음에 앞선다. 사람들은 나는 누구인가, 나는 어디에 속하는가라는 물음에 답할 필요성을 느낀다. 종교는 이에 대한 강력한 답변을 제공하며 종교집단은 도시화로 상실된 공동체를 대신하는 작은 사회적 울타리가 되어준다.

모든 종교는 사람들에게 삶의 정체감과 방향성을 제공한다. 이 과정에서 그들은 역사적 정체성을 새로이 발견하거나 창조한다. 아무리 보편적 목표를 내건 종교라 해도 신도와 비신도, 우월한 내 집단과 열등하고 이질적인 외 집단의 기본적인 구분을 통해 사람들에게 귀속감을 준다.

전 세계적인 원리주의의 부상은 세속주의, 윤리적 상대주의, 자기 방종에 대한 반작용이며, 질서, 규율, 노동, 상부상조, 인간적 유대에 대한 긍정이다. 종교집단은 국가 관료주의가 방치한 사회적 요구에 부응한다. 여기에는 의료혜택, 유치원과 학교, 양로원 시설, 신속한 구호 활동, 불황기의 각종 복지 지원 등이 포함된다. 질서와 시민사회의 와해가 낳은 공백을 이들 종교집단, 특히 원리주의 종파가 자주 메우곤 한다.

『문명의 충돌』에서는 이념은 가고 그 자리를 문명이 차지할 것이라고 말한다. 이념의 갈등이 문명의 갈등으로 부활되고 그 중심에 기독교 서구문명 대 이슬람 및 아시아 유교 문명권의 충돌이 있을 것이다. 미래의 가장 위험한 충돌은 서구의 오만함, 이슬람의 편협함, 중화의 자존심이 복합적으로 작용하여 발생할 것이다. 특히 탈 냉전 세계의 중요한 국제관계의 경연장이 있다면 그것은 아시아, 그중에서도 특히 동아시아다. 아시아는 문명의 가마솥이다.

동서양 문명의 사상적 토대

오리엔탈리즘(Orientalism)

에드워드 사이드(Edward W. Said)는 그의 저서 『오리엔탈리즘 : Orientalism』에서 말하기를 이는 동양에 대한 서구의 인식일 뿐이며 서양의 오리엔탈리즘은 서구인의 동양에 대한 편견과 왜곡에서 비롯된 허상에 지나지 않는다고 했다.

18세기 무렵, 유럽 상류사회에서는 동방 취미, 이국 취미가 유행했다. 오리엔탈리즘은 주로 터키나 중국 등 동방세계에 대한 막연한 동경심이나, 동양의 물건이나 이야기를 이채롭게 받아들이고, 동양문화의 요소를 미술, 음악, 건축 등에 도입하는 경향을 뜻한다.

오리엔탈리즘이 생겨난 시기는 유럽의 팽창기와 거의 일치한다. 서양인들은 동양의 로맨틱함과 이국성, 아름답고 환상적인 풍경을 강조하며 판타지를 자극하지만, 그 이면에는 오리엔트가 그들보다 열등하다는 시각이 깔려 있으며, 그래서 서양인들이 오리엔탈을 정복하는 것은 정당하다고 본다.

예컨대 동양인은 비합리적이고, 열등하며, 유치하고 비정상적이다. 그리고 유럽인은 합리적이고 도덕적이며 성숙하고 정상이다. 오리엔탈리즘은 동양에 대한 서양의 사고방식이자 지배 방식일 뿐이다.

그런데 오리엔탈리즘은 서구 사회만이 가지고 있는 것이 아니라 동양인인 한국인의 의식에도 내재되어 있다. 즉 동양인들이 서구의 동양에 대한 인식과 지배방식, 즉 그들이 만들어 놓은 '편견'을 고스란히 받아들여, 서구인의 시각으로 자신의 정체성을 인식하는 것이다.

옥시덴탈리즘(Occidentalism)

서양(Occident)에 대한 동양의 확인되지 않은 고정관념, 왜곡된 인식이라고 할 수 있다. 즉 옥시덴탈리즘이란 동양의 관점에서 서양에 대해 가지고 있는 왜곡되고 고정된 이미지, 편견이 가득한 인식이나 태도를 말한다.

옥시덴탈리즘은 '서양은 비인간적이며 천박하고 물질적'이라고 깔보기도 한다. 반면 동양은 '인간적이며 고상하고 정신적'이라고 보며 동양의 전통을 지나치게 강조하거나 찬양하기도 한다. 서양 것은 무조건 좋다는 인식 또한, 서양에 대한 확인되지 않은 고정관념으로 옥시덴탈리즘에 속한다.

동서양의 세계관

동양의 세계관과 서양의 세계관은 근본적인 차이가 있다.

서양의 이원론은 자아와 세계의 존재를 각각 독립된 실체로 파악한다. 쉽게 말해서 자아와 세계의 존재는 서로 영향을 주고받지 않는다. 내가 태어나기 전에도 세계는 이미 존재해 있었고, 내가 죽고 나서도 세계는 그대로 있을 것이다. 그것은 세계가 실재하기 때문이다. 그래서 이러한 이원론적 관점은 실재론으로 이어진다.

실재론은 인식되는 외부세계가 이를 인식하는 주체와 무관하게 독립해서 존재한다는 입장을 말한다. 쉽게 말해서 눈앞의 물질세계가 허상이나 가상이 아니라 진짜 세계이고 '나'라는 존재의 탄생이나 소멸과는 무관하게 그대로 존재한다는 관점이다.

반면에 동양의 일원론은 자아와 세계를 분리하지 않기에 이들의 존재를 통합적으로 고려한다. 쉽게 말해서 자아와 세계의 존재는 서로 깊은 영향을 주고받는다. 나의 탄생과 함께 세계가 탄생하고, 나의 소멸과 함께 세계도 소멸한다. 그것은 세계의 실체가 자아라는 그릇에 담긴 무엇이기 때문이다. 내가 세계를 본다는 것은 사실 나의 마음을 스스로 보는 것과 같다. 그래서 이러한 일원론적 관점은 관념론으로 이어진다.

만약 관념론자가 세계를 탐구하고자 한다면 그는 자신의 마음부터 탐색해야 한다. 관념론은 실재론과는 반대로, 인식되는 외부세계가 이를 인식하는 주체와 무관하게 독립해서 존재하지 않는다는 입장을 말한다. 쉽게 말해서 눈앞의 물질세계가 사실은 나의 내면세계라고 이해하는 관점이다.

20세기 물리학의 발전은 세계가 우리의 의식과 독립되어 있지 않은 것처럼 보인다는 사실에 혼란을 느꼈다. 21세기에 들어서며 유럽에서는 서양의 물질 중심적 세계론의 대안으로 인도와 동양의 고전에 관심이 쏠리고 있다.

　세계는 문명의 상징이자 계몽의 주체로서의 '서양과 야만의 상징이자 계몽의 대상으로서 '동양'으로 이 분화되었다. 이것이 유럽 제국주의의 아시아 침략을 '정당화함으로써 서구에 의한 착취와 이에 따른 풍요를 합리화'했다. 하지만 이러한 긍정적인 측면은 다만 주체의 관점일 뿐, 대상으로 규정된 존재의 억압과 폭력은 은폐되었다. 이것이 이원론의 부정적인 면이다.

　산업화를 거치며 자연은 파괴되었고, 식민지 동양은 유린되었으며, 여성은 오랜 시간 억압받았고, 이성에 대비되는 감정과 욕망과 몸은 불결한 것으로 낙인찍혀 교화와 교정의 대상이 되었다. 너무나 오랜 시간 동안 서구 사회는 세계 절반의 고통에 무관심했다. 이원론이 분절된 절반의 세계의 가치만을 인정하고 필연적으로 나머지 절반의 세계에 폭력을 가하게 된다는 비극은 근 현대에 이르러서야 비로소 서구 사회가 깨달은 실상이었다.

　이것을 선명하게 지적했던 인물은 프르드리히 니체(Friedrich Nietzsche)였다. 19세기 독일에서 활동했던 그는 유럽인이 병들었다고 진단했다. 그리고 그 원인이 플라톤주의, 즉 이원론과 주체 중심주의였음을 날카롭게 밝혀냈다.

　그래서 니체 이후의 서양철학은 플라톤주의를 전복한다. 또한 플라톤이 가치 절하했던, 생성되고 사라지며 변화무쌍한 불완전한 것들을 복권해 내는데 집중한다. 이것이 포스트모더니즘

(Postmodernism)이라 명명된 20세기의 사회, 문화, 정치, 경제, 학문, 예술 등 전 분야에서 일어난 사상적 흐름의 실체다.

17세기까지 동아시아의 과학과 기술은 서양이 따라오지 못할 정도로 최고 수준을 유지하고 있었다. 동아시아가 이런 우월한 자리를 서양에게 빼앗기게 된 이유는 서양에서 기계론적 자연관에 기초한 고전역학이 탄생하였기 때문이다.

갈릴레이와 뉴턴으로 상징되는 고전역학으로 서양은 과학혁명을 달성한다. 모든 사물과 자연현상이 마치 하나의 기계인 것처럼 분석되고 수학적으로 설명될 수 있다는 신념체계가 바로 '기계론적 자연관'이다. 역설적인 것은 '기계론적 자연관'으로 무장한 서양의 과학과 기술이 승승장구하다가 스스로 위기를 자초하게 되었다는 점이다. 지구를 완전히 파괴할 정도의 핵전쟁을 가능하게 만들었으며, 나아가 자연환경을 회복할 수 없는 지경으로 파괴하고 있기 때문이다.

18세기 칸트는 초월적 관념론을 제시함으로써 2천 년 동안 이어져오던 자아와 세계의 분리라는 이원론의 전통을 극복했다. 그는 발상의 전환을 통해 인식주체를 세계의 중심에 세웠고, 세계를 인식주체의 내면에 드러나는 현상으로 정립했다.

인식주체는 수동적으로 외부의 대상을 받아들이는 존재가 아니라 선천적인 인식 능력을 통해 인식대상에 색을 입히고 정리하여 능동적으로 세계를 그려내는 존재였던 것이다. 칸트 이후 근현대의 서양 철학사는 이원론의 깊은 잠에서 깨어나 자아와 세계를 통합적으로 고려하는 길로 나아가게 되었다.

동양의 세계관은 고대의 일원론으로 시작해 근현대에 그것을 잃어버리고 서양의 이원론을 받아들인 반면, 서양의 세계관은 고대의 이원론으로 시작해 근현대에 이르러 일원론적 탐구를 시작했다고 할 수 있다.

흔히 서양사상은 두 가지 토대에 뿌리를 두고 있다고 말한다. 그것은 헬레니즘과 헤브라이즘이다. 헬레니즘은 그리스, 로마의 정신을, 헤브라이즘은 『구약』 성서의 세계관을 말한다. 헬레니즘은 서양철학의 기원이 되었고, 헤브라이즘은 기독교의 기원이 되었다.

한국인의 세계관

한국인은 우주 자연을 모두 살아있는 생명체로 바라보았다. 우주가 모두 살아있다는 생각은 음양(陰陽), 오행사상(五行思想)의 영향이다. 음양과 오행이 서로 만나면 생명이 탄생하고, 성장 발전한다고 본 것이다. 그러므로 하늘에는 태양과 달이 양과 음이고, 수성, 목성, 화성, 토성, 금성이 오행을 이루고 있어 하늘은 살아있다. 땅에도 강이 음이고 산이 양이고, 물, 불, 나무, 금속, 흙 등 오행을 지니고 있으므로 땅도 살아있다. 하늘을 생명체로 보는 학문이 천문학이고, 땅을 생명체로 보는 이론이 풍수지리학(風水地理學)이다.

사람도 음양과 오행이 있다. 남자가 양이고 여자가 음이며, 몸속에 있는 5장(臟, 심장, 폐장, 간장, 신장, 비장)이 오행이다. 그래서 사람은 생명체다.

하늘, 땅, 사람은 이렇게 살아 있으므로 우주도 생명체이고, 생명체는 서로 돕고 사는 한 몸이다. 그래서 천지인(天地人)은 셋이면서 하나요, 하나이면서 셋으로 본다. 하늘의 이치, 땅의 이치, 사람의 이치가 따로 있는 것이 아니라 똑같은 이치로 살아야 한다. 이런 생각은 오늘의 시각에서 보면 자연을 사랑하고 존중하는 친환경 사상이다.

그런데 음양과 오행이 생명을 낳고 키우는 데는 일정한 법칙이 있다. 그 법칙은 상생(相生)과 상극(相剋)이다. 오행은 서로 탄생시키면서 서로 이긴다는 뜻이다. 상생이란 물이 나무를 낳고(水生木), 나무가 불을 낳고(木生火), 불이 흙을 낳고(火生土), 흙이 금을 낳고(土生金), 금이 물을 낳는다(金生水)는 것이다.

상극(相剋)이란 물이 불을 이기고(水克火), 불이 금을 이기고(火克金), 금이 나무를 이기고(金克木), 나무가 흙을 이기고(木克土), 흙이 물을 이긴다(土克水)는 것이다.

조선시대의 지배적인 사상인 성리학(性理學)은 우주 자연의 원리와 인간사회의 원리를 통일적으로 파악하는 철학으로, 우주 자연과 인간을 지배하는 기본 원리를 '이(理)'로 보는데 '이'는 생명을 창조하고 사랑하는 '선(善, 착함)'이다. 그러니까 우주 자연의 헌법을 '사랑'으로 본다고 해도 좋다.

하지만 우주 자연과 인간사회는 우수한 것과 열등한 것이 병존하고 있어 모든 만물이 평등하지는 않다. 그 불평등의 이유를 형이하(形而下)의 '기(氣)'로써 설명한다. 그러나 이와 기는 따로 독립되어 있는 것이 아니라 하나로 통합되어 있다고 보아 나쁜 '기'를 얼마든지 착한 '이'로 바꿀 수가 있다.

성리학은 우주 자연과 인간사회를 성선설(性善說)에 바탕을 두고 서로 믿고 살 수 있는 평등한 생명체로 보면서, 동시에 눈에 보이는 가시적인 불평등은 자기 수양을 통해 평등하고 착한 세계로 이끌 수 있다는 낙관론을 지니고 있다. 이는 세상을 선(善)과 악(惡)의 대결로 보는 서양인의 인생관과는 다르다.

우리가 그동안 역사를 해석하는 가치는 지나치게 서구인이 만든 가치와 언어에 구속되어 있었다. 서구 문명은 장점도 있지만 단점도 있다는 것을 분명하게 알지 못한다. 서구인은 사물을 통합체로 바라보기보다는 개인과 개체로 나누어 분석적으로 바라본다. 개체와 개체 사이의 차이와 갈등과 충돌을 찾고, 선과 악을 구별하고, 갈등과 충돌이 진화를 가져온다고 믿는다. 그래서 서양의 역사는 전쟁과 투쟁과 정복으로 점철된 역사이고, 그 과정에서 과학과 기술의 진보가 이루어졌다.

서양문명은 선과 악의 투쟁은 피할 수 없는 운명처럼 여긴다. 하지만 생명체 가운데 절대 선(絶對善)과 절대 악(絶對惡)이 뚜렷하게 구분될 수 있다고 보는 것은 잘못이다. 선(善) 속에 악(惡)이 있고, 악 속에도 선이 있으므로 선악을 서로 보완하는 것이 살아가는 지혜일 것이다.

한국인의 원초적인 우주관은 성선설(性善說)에 기초하고 있다. 생명체가 악한 짓을 하는 것은 본질이 악하기 때문은 아니라고 보아 가혹한 징벌은 가능한 한 억제한다. 그래서 형벌이나 법치(法治)를 중심에 놓고 인간을 다스리지 않고, 인정(仁政)과 덕치(德治)로 인간을 다스리는 정치형태를 세웠던 것이다.

서양문명과 한국 문명의 차이는 상업문화와 농경 문화의 차이에서 비롯되었다고 보이지만, 오늘날 전 세계가 상업문화 속에 살아가고 있으므로 농경 문화로의 복귀가 말처럼 쉬운 일은 아닐 것이다. 상업문화는 수단과 방법을 가리지 않고 이익을 추구하는 성향이 있어 때로는 생명을 해치는 일도 서슴지 않는다. 바로 이것이 오늘날 자본주의가 위기에 처한 원인이기도 하다. 여기에 생명을 존중하는 농경 문화의 마음을 심어주지 않는다면 상업문화의 극성은 생명체의 파괴를 가져올 위험성이 크다. 현재의 상황을 위기로 받아들인다면, 생명에 대한 관심은 무엇보다 중요하며, 역사를 바라보는 눈도 생명으로 돌려야 할것이다.

문명의 미래와 인류의 행복

오늘날에는 과학을 그 자체로서 독립된 학문이 아니라, 우주와 인간을 포괄하여 상호 관련시키는 전일적(全一的) 준거의 틀로 끌어 올리려는 노력이 특히 '신 과학운동'의 일환으로 진행되고 있다. 그 예로써 요즘 과학계에서 점차 주목받고 있는 기(氣)를 들 수 있다. 기는 우주에 충만해 있는, 우주의 모든 존재를 규정짓는 것이라고 할 수 있다. 동시에 기는 살아서 마음과 물질 두 가지를 겸해서 가진 것이며, 정신에 가장 가까운 것이다.

기를 현대 물리학의 지식으로 조심스레 분석하려는 움직임은 결국 과학계에 종전과는 전혀 다른 새로운 인식론적 패러다임을 정립하게 될지도 모른다.

인간의 기본적인 욕구는 행복의 추구에 있다. 의식주가 만족할 만하게 갖춰지고 사랑하는 가족과 사랑을 나누며 알콩달콩 살아가는 것이다. 외부의 위협으로부터 보호받아야 하고, 자연

재해도 슬기롭게 극복될 수 있어야 한다.

　원시시대에 살던 사람들은 지금 사람들에 비해 행복했을까? 아니면 불행했을까? 지금 우리의 기준으로 보면 열악한 주거환경, 조악한 식생활, 추위도 제대로 가릴 수 없는 의복, 외부(적, 짐승)의 공격으로부터 벗어나야 하는 상존하는 위험 등등 어느 것 하나 행복을 느낄만한 요소는 없어 보인다.

　그렇다면 지금의 문명화된 인간들은 행복한가? 쉽게 그렇다고 대답할 수 있는 사람은 그렇게 많지 않을 것이다.

빅 퀘스천(Big Questions)

우주의 탄생

빅 퀘스천(Big Questions)으로 불리는 것들이 몇 가지 있다. 시간이란 무엇인가? 시간의 시작은 어디가 그 시발점이며 또 그 끝은 어디인가? 시간이 시작되기 이전에는 무엇이 어떤 상태로 존재하였는가? 공간이란 무엇인가? 우리 눈에 보이는 우주와 세상 만물은 왜, 어떻게 존재하게 되었는가? 우주에는 그 끝이 있는가? 한없이 달려가서 우주의 끝에 이르면, 거기에는 무엇이 있을까? 그리고 그 너머에는? 우주에는 그 끝이 있기는 한 것일까? 생명은 왜, 어떻게 생겨났는가? 인류는 어떻게 해서 지금과 같은 모습으로 진화해 왔으며, 인간에게만 있다고 믿어지는 영혼은 어디에서 왔으며, 그 실체가 무엇이고, 개체의 소멸과 함께 영혼도 사라지는 것인지 등등 의문은 한없이 이어진다.

의문을 해소하는 가장 쉽고 간단한 방법이 없는 것은 아니다. 종교에서 말하는 교리대로 창조주 하느님이 모든 것을 만들었고, 세상만사를 주관하시므로 하느님의 뜻대로 하느님을 믿으며 참되게 살다 죽으면 영혼이 구원을 받아 하늘나라에 가서 영원한 삶과 복락을 누리리라는 것이다.

창조주 하느님에 대한 굳센 믿음만 있으면 이 모든 의문이

일거에 해소되며 아울러 마음의 평화까지 얻을 수 있으니 그리 나쁜 방법은 아닐 뿐만 아니라 죽음에 대한 본능적 공포마저도 얼마간은 해소될 수 있을 것으로 보이니 가히 좋은 방법이라 아니할 수 없을 것이다.

그런데 무조건적인 믿음을 갖는데 방해가 되는 몇 가지 요소가 있는 것으로 보인다. 첫째는 이러한 교리들이 2천 년도 더 전에 형성되었으며, 수천 년간 세상이 변하고 문화가 발달하고 인간의 의식변화가 그 옛날에 비해 경천동지할 만큼 변화하였음에도 불구하고, 기본교리는 변화를 거부해 왔으며 그만큼 설득력을 잃게 되었다는 것이다. 수천 년 전에 인류가 이해하고 있었던 세상과 지금 우리가 알고 이해하는 세상은 전혀 다른 세상이라고 할 수 있는데 말이다.

물론 강한 믿음 속에 사는 사람들은, 모든 교리는 진리이므로 진리는 시간이 흐른다고 해서 변할 수 있는 것이 아니라고 이야기하겠지만 너두나도 당연하고 확실한 사실, 예를 들면 138억 년전에 빅뱅(Big Bang)으로 우주가 형성되었으며 인류는 진화에 의해 지금의 모습에 이르게 되었다는 것인데 기독교 원리주의에 의하면(1650년 영국의 대주교 우서의 주장이며 19세기까지만 해도 별다른 의문없이 그대로 받아들여졌다고 한다) 기원전 4004년 10월 23일 일요일 전날밤에 천지가 창조되었다고 하며 이때에 하느님이 흙으로 인간을 빚었다고 하는 것이니 진화는 고사하고 인류의 역사가 얼마나 일천해지는 것인지 모를 일이다. 물론 지금은 초등학생들도 이러한 사실을 다 알고 있지만 말이다.

그나마 다행인 것은 종교계 내부에서도 변화의 움직임이 일고 있고 그 결과로 창조적 진화론과 같은, 지금까지는 감히 상상할 수 없었던 연구가 진행되고 있다고 하니 기대해 봄직하다 할 것이다.

또 하나 간과해서는 안 될 사실이 있으니 인간의 본성이 그렇게 듬직하고 믿음직한 것이 못 된다는 사실이다. 끊임없이 의심하고 직접 보고 만져서 느껴본 사실이 아니면 믿지 못하는 것이 인간이고 보면 그 누구도 가본 적 없고 경험해 본 적 없는 천국에 대해서 무조건 믿으라는 이야기가 쉽게 받아들여질 리 만무한 것이다. 부활한 예수를 보고서도 믿지 못하고 상처 자국에 손을 넣어 보고서야 비로소 부활한 예수임을 믿을 수 있었다는 신약성서의 토마스의 이야기는 결코 남의 이야기가 아닌 것이다.

그 의심 많은 인간의 본성 덕분인지, 20세기에 들어 인류는 비약적인 발전을 이룩하였고, 지금까지 몰랐던 우주의 비밀에도 한층 더 가까이 다가선 듯하지만 전모를 파악하기에는 아직은 역부족인 것으로 보인다.

오늘날 일반적으로 받아들여지는 '인플레이션(급팽창)이론'에 따르면, 우주는 100억 년에서 150억 년 전 사이에 이론가들이 추론하는, 거의 상상할 수 없는 '특이점(singularity : 중력으로 인해 유한한 질량이 무한히 작은 부피로 압축되어 무한 밀도를 가지며, 공간, 시간이 무한히 왜곡되는 시 공간에서의 가상지점)'에서 격렬한 폭발(Big Bang)과 함께 시작되었다. 우리가 아는 자연법칙들은 그 창조의 순간에 적용되지 않는다. 그러나 입자물리학은 빅뱅 이후 극히 짧은 시간이 지난 시점부터 우주가 어떻게 진화했는가를 합리적으로 설명한다.

처음에는 자연의 힘과 에너지와 물질이 통일되어 있었다. 이어서 엄청난 급팽창(inflation)이 일어나 우주는 물이 끓는 것과 같은 상태변화와 유사한 '위상변화(Phase Shift)'를 겪으며 10^{75}배로 커졌다. 이어서 원시우주는 계속 식으면서 팽창했고 비교적 짧은 기간인 10만년 후에 에너지와 물질이 분리되었다. 이후 수십억 년 동안 은하계와 별들이 진화했고, 결국 지금으로부터 약 50억 년 전에 우리의 태양계가 형성되었다.

현재 관측가능한 우주의 크기는 약 930억 광년이란 계산서가 나와 있다. 우주의 나이가 138억 년밖에 안 되지만, 초기에 빛의 속도보다 빠르게 팽창했기 때문이다. 이를 인플레이션(급팽창)이라 한다. 아인슈타인의 특수 상대성 이론에 따르면, 우주에서 빛보다 빠른 것은 없다고 하지만, 우주는 공간 자체가 팽창하는 것이기 때문에 그에 구애받지 않는다.

관측가능한 우주의 경계를 우주 지평선이라고 한다. 유한하지만 경계나 끝이 없다는 것은, 곧 우주는 안과 밖이 따로 없는 구조라는 뜻이다. 물리학에서 우주의 지평선은 빛이 다다른 곳까지의 경계선을 의미한다. 대폭발 후에 일정 시간 동안 공간의 팽창속도는 빛보다 빨랐다. 결국 빛이 추격하지 못하고 놓쳐버린 우주의 공간이 빛이 다다른 곳까지의 경계선 너머에 존재하고 있다는 것이다. 그러나 그곳은 우리가 알 수 없는 영원한 미지의 세계다.

영겁의 오랜 시간이 지나면, 모든 별들의 땔감은 소진되어 더 이상 우주에서 별이 반짝이는 일은 없을 것이다. 우주의 모든 물질들은 결국 블랙홀로 귀의하고, 다시 10^{108}년이 지나 모든 블랙홀들도 결국 빛으로 증발해 사라지고 나면, 종국에는 전 우주가 열 사망(熱死亡)에 이르게 될 것이라고 과학자들은 예측하고 있다. 그러면 모든 물질의 소동은 사라지고, 시간도 방향성을 잃어 시간 자체가 사라지며, 영광과 활동으로 가득 찼던 대 우주는 우울하면서도 장엄한 종말을 맞을 것이다.

그런데 이러한 설명에도 불구하고 여전히 의문은 남는다. 빅뱅 이전, 특이점이 생성되기 이전에는 무엇이 있었는가? 특이점은 왜 갑자기 생겨났는가? 아무것도 없는 무(無)의 상태에서 어떻게 무언가가 존재(有)하게 되었는가? 우주는 계속해서 팽창해 나가고 있다는데 결국 우주는 어떤 운명을 맞을까? 우주는 팽창의 한계에 도달한 후 다시 수축할까? 아니면 최근의 증거들이 시사하듯이 계속 팽창하여 사라져 버릴까?

블랙홀(매우 밀도가 높고 중력이 강한 천체로 빛조차 이 천체를 빠져나갈 수 없다고 한다)에 대한 연구도 이런 궁극적인 문제들을 푸는데 도움을 줄 수 있을지 모른다. 오늘날 이론가들은 창조 순간의 10차원에서 나왔다는 '초 끈'이나 다중우주 같은 기이한 실체들과, 지적으로 더 생산적일지 모르지만 도발적이기는 마찬가지인 여러 개념을 거론한다.

또 하나 거대한 의문은 암흑물질에 관한 것이다. 우주의 대부분을 차지하고 있다고 알려진 암흑물질에 대해서 인류는 아직 아무것도 알아내지 못한 상태이다. 암흑물질은 무엇으로 구성된 존재인가? 중력하고만 작용할 뿐, 전기적으로는 중성이며 빛과 전혀 상호작용을 하지 않는, 암흑물질의 정체를 파헤치기 위해 물리학자들은 지금도 악전고투를 계속하고 있다고 한다.

그런데 어려운 문제가 하나 더 늘었다. 암흑 에너지란 존재도 모습을 드러냈던 것이다. 이 에너지는 우주공간 자체가 가진 것으로 알려져 있다. 따라서 우주가 팽창하면 그에 비례해 암흑 에너지도 늘어난다. 현재 우주를 가속 팽창시키고 있는 유력한 용의자로 바로 이 암흑 에너지가 지목되고 있다.

최근 자료에 따르면 암흑물질은 우주총 에너지의 대략 22%를 차지하며, 암흑 에너지가 74%, 나머지 4% 중 성간 가스가 3.6%를 차지하고, 우리가 눈으로 보는 가시적인 우주는 0.4%에 지나지 않는 것으로 밝혀졌다고 한다.

앞으로의 우주는 어떻게 되는 것인가? 세 가지의 논리적 가능성이 있다. 그것을 결정하는 건 두 요소 즉 우주 전체의 질량에 의한 중력의 세기, 그리고 우주의 현재 팽창 속도이다.

첫 번째 가능성은 우주의 팽창 속도가 생각보다 느리고 우주의 밀도가 충분히 높을 때이다. 그러면 어느 순간 은하들 사이의 중력이 팽창에 영향을 미쳐서 마침내 우주가 정지하게 되고, 그 시점부터는 우주가 수축하기 시작한다. 그때가 되면 은하들의 적색 편이가 아니라 청색 편이가 관측될 것이고, 모든 은하는 지구를 향해 가까워지는 것으로 보일 것이다. 그리고 결국 붕괴를 맞이하게 된다. 이러한 우주의 대붕괴를 '빅 크런치(Big Crunch)'라고 부르기도 한다. 이는 닫힌 우주의 전형적인 모습이다.

두 번째 가능성은 우주의 팽창 속도가 생각보다 빠르고 우주의 밀도가 충분히 높지 않을 때이다. 그러면 은하들 사이의 중력은 팽창 속도를 줄이기는 하겠지만, 정지에 이르게는 하지 못한다. 은하들은 영원히 멀어지고 우주의 모든 별은 수소 연료를 모두 소진하고 결국 아주 낮은 온도로 식어간다. 이는 열린 우주의 모습이다.

마지막 세 번째 가능성은 적절한 균형을 이룬 상태에서 우주가 팽창을 멈추는 것이다. 우주가 재수축을 간신히 면하는 정도의 속도로 팽창을 지속하고 동시에 우주가 이를 유지할 정도인 상태이다. 은하들 사이의 거리가 최대치에 도달한 상태로 멈추는 것이다. 이를 '평탄우주'라고 한다.

어쩌면 인간이라는 종은 우주의 기원에 대한 답을 찾지 못한 채 사라지는 운명에 처해있는지도 모른다. 우주 이전에 또 다른 우주가 있었는지, 어떤 힘이 빅뱅을 가능하게 했는지, 우주의 시작은 정말 우리가 전혀 알지 못하는 법칙에 의해서 일어난 것인지, 지구에 발붙이고 사는 인간이라는 종의 진화적 한계는, 태생적으로 우주의 기원에 대한 이해 자체가 원천적으로 차단되어 있는 것인지도 모른다.

생명의 탄생

생명은 왜, 어떻게 생겨나게 되었는가? 이에 대한 의문 또한 꼬리에 꼬리를 물고 이어진다. 지금 사람들은 지구는 약 46억 년 전에 탄생했고, 지구에서 최초의 생명체가 생긴 것은 약 35억 년에서 36억 년 전이며, 그 뒤로 수많은 진화론적인 변화를 거쳐 인간이 나타났다고 추측한다.

무엇 때문에 생명이 시작되었는가 는 알 수 없지만, 생명의 출현은 단 한 번만 일어났다고 한다. 오랜 옛날 약간의 화학물질이 생명이 되기 위해서 대기하고 있었고, 그 생명은 약간의 영양분을 흡수해서 부드러운 숨을 쉬면서 아주 잠깐 동안 삶을 유지했다. 그리고 그 원형덩어리는 스스로 갈라져서 후손을 만들어냈다. 한 생명으로부터 아주 적은 양의 유전물질이 다음 생명에게로 전해졌고, 그 이후로는 그런 일이 한 번도 멈춘 적이 없었다. 이것이 바로 우리 모두가 창조되는 순간이었으며, 생물학자들은 그 순간을 대 탄생(Big Birth)이라고 부르기도 한다.

태고시대, 지구상에 있던 산소의 양은 오늘날 화성에 있는 것보다 더 적었다. 또한 옷을 녹이고, 피부에 물집이 생기도록 만드는 염산과 황산 같은 독가스가 가득했었다. 당시의 대기중에 가득했던 화학물질 때문에 지표면에 도달하는 햇빛은 거의 없었을 것이다. 20억 년 동안에 박테리아 정도의 생물체가 유일한 생명이었다. 생명이 태어나고 10억 년이 지나는 사이에 언젠가 사이아노 박테리아, 즉 남조균이 물속에 엄청난 양으로 녹아 있어서 마음대로 활용할 수 있는 자원이었던 수소를 이용하는 방법을 알아냈다. 그들은 물을 빨아들여서 수소를 섭취하고, 폐기물인 산소를 뱉어냈다. 그런 과정에서 그들은 광합성을 발명했다. 광합성의 출현은 지구 생명의 역사에서 가장 중요하고, 유일한 대사 과정의 발명임이 틀림없다. 광합성을 발명한 것은 식물이 아니라 박테리아였다.

남조균이 번성하게 되면서 세상은 산소로 가득 채워지게 되었고, 새로 출현한 산소를 사용하는 생물체는 두 가지 이점을 가지고 있었다. 산소는 에너지를 생산하는데 더 효율적인 수단이기도 했지만, 경쟁상대가 되는 생물체를 제거해 주기도 했다. 남조균은 대단한 성공을 거두었다. 처음에는 그들이 만들어 내는 여분의 산소가 대기중에 축적되는 대신에 철과 결합하여 산화철이 되어 원시바다 밑에 가라앉았다. 그런 역사는 오늘날 세계의 철광석을 제공해 주고 잇는 띠 모양의 철 광상(鑛床)에 생생하게 기록되어 있다.

그러다가 약 35억 년 전에 일상의 화학적 변화를 일으키는 과정에서 남조류들은 아주 조금 더 끈적끈적해졌고, 그래서 먼지와 모래처럼 작은 입자들이 달라붙어서 좀더 단단한 구조를 만들게 되었는데 이것이 스트로마톨라이트이다.

이것은 표면에 노출되어서 살거나, 그 속에서 사는 다양한 종류의 원시 생물체들이 서로에 의해서 만들어진 조건을 이용해서 살아가고 있었다. 세상에 처음으로 생태계가 나타난 것이다. 이렇게 무디게 보이는 돌들은 생명으로 가득 차 있고, 제곱미터당 36억 마리의 생명체가 있는 것으로 추정된다. 자세히 보면 산소를 배출하느라고 생기는 작은 기포를 볼 수도 있다. 20억 년 동안에 그렇게 배출된 산소가 지구 대기의 산소를 20퍼센트로 끌어 올림으로써, 다음 단계의 더욱 복잡한 생명의 역사가 시작될 수 있었다.

산소 농도가 그런 수준에 도달하자, 아주 갑작스럽게 전혀 새로운 형태의 세포가 등장하기 시작했다. 핵과 세포기관이라고 부르는 작은 몸을 가진 세포가 출현했다. 그런 과정은 서투르거나 모험심이 강한 박테리아가 다른 박테리아에 의해서 침략을 당하거나 포획되었는데, 포획된 박테리아는 미토콘드리아가 되었을 것으로 생각된다. 생물학자들이 내공생(內共生)이라고 부르는 미토콘드리아 침략에 의해서 복잡한 생명이 가능하게 되었다. (식물에서도 비슷한 방법으로 엽록체가 만들어져서 광합성을 할 수 있는 식물이 생겨났다.)

미토콘드리아는 산소를 이용해서 영양분으로부터 에너지를 방출시킨다. 미토콘드리아는 모래알 정도의 공간에 10억 개 정도가 들어갈 수 있을 정도로 아주 작지만, 아주 굶주린 상태라서 생물체가 흡수하는 거의 모든 영양분을 미트콘드리아를 먹여 살리는데 사용된다. 우리는 미토콘드리아가 없으면 2분 이상 살수 없다. 미토콘드리아는 그 자신만을 위한 DNA를 가지고 있다.(* 주 : DNA 는 유전정보를 가지고 있는 생체분자를 말한다.)

새로운 형태의 세포는 '진짜 핵을 가지고 있다'는 뜻으로 진 핵 세포(eukaryote)라고 부른다. 화석에 의하면 진 핵 세포는 갑자기 나타난 것처럼 보인다. 구식 세포는 '핵이 생기기 전'이라는 의미로 원 핵 세포(prokaryote)라고 한다. 진 핵 세포는 원 핵 세포보다 더 크다. 결국은 1만 배나 더 크게 되었고, 1,000배나 더 많은 DNA를 가지고 있다. 세상은 점점 식물처럼 산소를 배출하는 생물체와 인간처럼 산소를 소비하는 생물체의 두 종류가 지배하게 되었다. 진 핵 생물은 10억 년 정도의 오랜 세월에 걸쳐 함께 모여서 복잡한 다세포 생물을 만드는 마술을 배우게 되었으며, 그런 혁신 덕분에 크고, 복잡하고, 눈으로 볼 수도 있는 우리와 같은 생물이 태어날 수 있게 되었다.

미생물은 우리가 숨쉬는 공기를 제공해 주고, 안정하게 만들어 준다. 현대판 남조균을 포함한 미생물은 지구상에서 호흡할 수 있는 산소의 대부분을 공급한다. 바다 밑에서 기포를 올려보내는 조류(藻類)를 비롯한 작은 생물체들이 매년 1,500억 킬로그램의 산소를 생산하고 있다.

이상이 지구상에 생명이 나타나게 된 개략적인 과정인데, 태초에 무(無)에서 유(有)가 어떻게 생겨났느냐 하는 것이 오리무중인 것과 마찬가지로 정확한 진상은 없고 그러했을 것이라는 추측만이 있을 뿐이다. 그래서 지구상에 떨어지는 운석이 최초의 생명체를 날라왔다는 가설이 등장하게 되고(실제로 운석에서는 아미노산과 기타의 유기화합물이 다량 검출된다고 한다) 이러한 가설들은 차츰 발전하여 우주인 기원설 혹은 지구의 우주인 식민지설 등의 다소 황당해 보이는 가설로 발전하기도 한다. 머치슨 운석은 45억 년이나 되었고, 그 속에는 아미노산이 매우 많이 함유되어 있었다고 한다. 모두 74종의 아미노산이 발견되었고, 그중에서 8종은 지구상의 단백질에 쓰이는 것이라고 한다. 충돌 후 30년 이상이 지난 2001년 말에 캘리포니아주의 에임스 연구소의 연구진은 머치슨 암석으로부터 지구에서는 발견된 적이 없었던 폴리올이라는 복잡한 당(糖)이 발견되었다고 발표했다.

2000년 1월에 캐나다 유콘의 태기시 호수에 운석이 떨어졌는데, 그런 운석들도 역시 우주에 유기화합물이 많다는 것을 확인시켜주었다. 이제는 핼리혜성의 약 25퍼센트가 유기분자라고 믿고 있으며, 그런 것이 지구처럼 적당한 곳에 떨어지게 되면, 생명이 출현하기에 필요한 기본 요소가 갖추어지게 된다.

어느 쪽이 진실인지는 알 수 없으나 생명의 씨앗이 우주에서 건너왔다는 것을 인정한다 하더라도, 그 씨앗은 애초에 어떻게 생겨난 것이냐 하는 물음에 이르고 보면 결국은 돌고 도는 마찬가지 이야기가 되고 만다. 생명이 왜, 어떻게 생겨났느냐 하는 것은 여전히 풀리지 않는 의문으로 남는 것이다.

다윈의 진화론 역시 가장 큰 문제는 생명의 기원을 증명해 내지 못한다는 것이다. 애초에 생명이 어디서 왔을까 하는 문제 말이다. 다윈의 이론은 특정한 고등동물이 존재할 때는 적용되지만, 애초에 생명이 어떻게 태어났는지는 설명하지 못한다.

진화론의 요체는 자연선택과 돌연변이 2가지이다. 자연선택이란 생존에 조금 더 유리한 방향으로 변이를 하는 것을 말하며, 아래의 조건들을 전제로 하여 일어난다.

모든 생명체는 높은 번식력을 가지고 있으므로, 이를 제한하는 특별한 요소가 생기지 않는 한 그 수는 계속 증가한다.

모든 생명체가 이용할 수 있는 자원은 한정되어 있다. 자원은 한정되어 있는데 계속 번식하여 자손의 수가 늘어나게 되면 먹이, 즉 자원을 차지하기 위한 치열한 생존경쟁이 일어난다.

같은 종에 속하는 생명체들이라도 각각 형질이 다르다. 생존할 수 있는 능력이 생명체마다 다르다.

생명체가 가지고 있는 형질 중 일부는 자손에게 유전된다. 유리한 조건을 물려받은 자손이 생존에 더 유리하므로 그렇지 못한 자손들에 비해 그 수가 더 많이 늘어난다.

다윈의 진화론은 이 과정을 통해서 각 생명체가 조금씩 다른 모습으로 변이되고, 시간이 지나면 더욱 다양한 모습으로 변화된다고 주장한다. 이런 변화가 오랜 시간에 걸쳐 몇십만 세대가 지나게 되면 그 생명체는 서서히 새로운 종으로 발생되어 간다는 것이다. 진화론에서 생명을 만든 설계자가 있다면 그것이 바로 '자연'이다. 시계공이 시계를 설계하듯 자연선택은 생명을 만들고 또 진화시킨다. 자연선택은 어떤 계획이나 의도를 갖고 있지 않다. 그렇기 때문에 이 자연선택 이란 설계자를 진화론에서는 '눈먼 시계공'이라고 부른다.

인류원리라는 것이 있다. 우주는 생명체에 호의적이며, 신기하게도 우주에 존재하는 모든 힘은 생명이 탄생하고 살아가는데 더할 나위 없이 적절한 세기로 작용하고 있다는 것이다. 예를 들어 핵력이 지금보다 조금만 더 강했다면 태양은 이미 수십억 년 전에 다 타서 사라지고, DNA는 전혀 생성되지 못했을 것이다. 또는 핵력이 지금보다 조금 약했다면 태양이 타오르지 못하여 생명체가 있다 해도 살아남지 못했을 것이다.(*주 : 핵력이란 원자핵을 이루는 핵자(양성자와 중성자)사이에 작용하는 힘을 말한다.)

중력이 지금보다 조금 더 강했다면 우주는 수십억 년 전에 작은 점으로 똘똘 뭉쳐서 최후를 맞이했을 것이고(이것을 빅 클런치『Big Crunch』라고 한다.) 반대로 조금 약했다면 우주는 엄청난 속도로 팽창하여 꽁꽁 얼어붙었을 것이다.(이것을 빅 프리즈『Big Freeze』라 한다)(*주, 중력 : 질량이 있는 모든 물체 사이에는 서로 끌어당기는 만유인력이 작용한다. 특히 지구가 물체를 잡아당기는 힘을 중력이라 한다.)

우리 주변에 있는 모든 원자는 먼 옛날 용광로 같은 별의 내부에서 생성되었다. 그러나 수소원자를 더 무거운 원자로 변환하는 핵융합 반응은 극도로 복잡한 과정이어서, 언제든지 잘못될 수 있었다. 만일 그랬다면 우리 몸을 이루는 무거운 원자들은 만들어지지 않았을 것이고, DNA와 생명체 역시 탄생하지 못했을 것이다. 다시 말해서, 생명은 기적 같은 과정을 거쳐 탄생한 값진 존재라는 것이다. 생명이 탄생하고 번성하려면 이 밖에도 여러 가지 변수가 세밀하게 세팅되어 있어야 한다. 물론 이 모든 조건이 충족되었기에 지금 우리가 존재할 수 있었다. 이것이 과연 우연일까? 학계에서는 우연이 아니라고 주장하는 학자도 있다고 한다.

인류원리는 약 원리와 강 원리로 나뉘는데, 약 원리는 생명체의 존재 자체가 우주의 물리적 변수들을 정교하게 결정했다는 것이고, 강 원리는 여기서 한 걸음 더 나아가 태초에 창조주가 생명체에게 유리한 쪽으로 우주를 창조했다고 주장한다.

어쨌거나 생명체의 탄생과 진화, 그리고 그 와중에서 우연인지 필연인지 뛰어난 적응력을 발휘하여 만물의 영장으로 군림하게 된 인류는 그렇다고 해서 마냥 평탄한 발전과정을 걸어온 것만은 아니었다. 유전학적 계산에 따르면, 지금으로부터 7만~10만 년전 지구에는 겨우 수백, 수천 명의 인간만이 생존해 있었다. 그 원인에 관해서는 여러 가지 가설이 있는데, 약 7만 년 전에 인도네시아의 토바(Toba)화산이 폭발하여 기온이 급격하게 내려갔다는 설이 제일 유력하다. 이 소수의 인류가 전 세계를 탐험하면서 다른 동물을 압도하고 지구 전체를 장악한 것이다. 화산이 폭발하자 거대한 재 구름이 하늘을 가렸고, 온갖 파편들이 수천 킬로미터까지 날아가 땅 위의 모든 것을 뒤덮었다.

이 폭발로 인해 말레이시아와 인도의 상당한 지역까지 화산재가 9m 높이로 쌓였고, 유독가스와 먼지가 바람을 타고 아프리카까지 날아와 모든 생명체를 전멸시켰다.

폭발 초기에는 많은 사람들이 질식하거나 유독가스에 희생되었고, 얼마 후 기온이 급강하하면서 소위 말하는 '화산 겨울(volcanic winter)'이 찾아와 눈에 보이는 모든 초목과 야생동물이 사라졌다. 그 와중에 살아남은 사람들과 동물들은 초토화된 땅에서 먹을 것을 찾기 위해 사투를 벌여야 했고, 대부분은 추위와 굶주림에 시달리다가 서서히 죽어갔다. 토바 화산이 폭발한 후 끝까지 살아남은 사람들이 현생 인류의 조상인 셈이다.

그린랜드와 남극대륙에서 추출한 빙핵으로 기후를 분석한 결과, 지난 100만 년 동안 지구는 빙하기와 이보다 조금 온난한 간빙기 사이에서 오고 가기를 반복했으며, 우리가 살고 있는 오늘날처럼 기후가 온난하고 유순했던 시기는 거의 없거나 아주 잠깐씩 드물게 있었을 뿐이라는 것이 밝혀졌다. 기후가 오랫동안 온난하고 안정적으로 유지되었던 시기는 현생 인류가 출현하기 훨씬 전인 41만 년 전으로, 이는 2만 8,000년 정도 지속되었다. 인간이 끼어들지 않는다면 지금의 이 온순한 시기는 앞으로 1만 년에서 2만 년 정도 더 지속될 수 있을 것으로 추정된다.

'영거 드라이아스(Younger Dryas)'라고 알려진 약 1만 2,900년 전의 충격적인 사건은 '분명한 증거'를 가지고 그렇게 멀지않은 과거에 급격하고도 재빠른 기후변동이 있었음을 알려주었다. 추위와 얼음으로 뒤덮인 10만여 년의 세월이 지난 뒤 결국 1만 4,700년 전쯤 갑작스러운 온난기가 나타나면서 마지막 빙하기는 사라졌다. 그리고 북미와 유럽을 뒤덮고 있던 빙하가 융해되면서 물러가기 시작했다. 그로부터 18세기 동안 온난한 간빙기로의 전환이 진행되다가 갑자기 중단되면서 지구는 단 몇 세대 만에 영거 드라이아스라는 유사 빙하기 상태로 빠져들었다.

춥고 건조하며 바람이 심한 영거 드라이아스는 12세기 동안 지속되다가 갑자기 온난해지면서 막을 내린다. 이 급격한 온난화 과정에서 그린란드의 평균온도는 화씨 18도나 뛰어올랐다.

인류는 마지막 빙하시대에서 살아남았다. 홍수와 혹독한 추위, 대규모의 화산활동, 파괴적인 지진에 대한 전승은 기원전 15000년부터 기원전 8000년 사이에 일어난 급격한 빙하의 용해와 그 기간의 거친 대변동에 뿌리를 두고 있는 듯하다. 빙원의 후퇴와 그 결과로 초래된 90미터에서 120미터에 이르는 해면의 상승은 역사시대가 시작되기 불과 몇천 년 전에 일어났다. 따라서 모든 고대 문명들이 선조들을 위협했던 대홍수에 대해서 선명한 기억을 가지고 있는 것은 그리 놀랄 일이 아니다. 많은 사람들은, 설명하기 어렵지만 대홍수 신화 속에 기묘하지만 확실히 지성을 가진 인도하는 손의 그림자가 있는 것이 아닌지 의심하고 있는 것으로 보인다.

전쟁

생명의 탄생과 신비, 그리고 그들이 이어온 험난한 여정을 뒤로 하고 우리는 또 하나의 빅 퀘스천을 마주해야만 한다. '인간 세상에서는 왜 전쟁과 살육이 끊이지 않는가?'가 바로 그것이다. 태고시절 자원과 여자를 두고 벌이는 소규모 부족 간의 전쟁,

권력을 쟁취하기 위한 세력들 간의 전쟁(왕위 다툼), 땅과 자원, 인구(노예) 확보를 위한 정복전쟁(로마제국, 알렉산더, 징기스칸의 정복전쟁, 그리고 유럽인들의 남북 아메리카에 대한 정복전쟁 등), 로마제국과 카르타고의 지중해 제해권을 두고 벌이는 패권전쟁, 잉글랜드와 프랑스의 영토분쟁(백년전쟁), 종교적 신념이 기반이 되어 일어나는 종교전쟁(십자군 전쟁, 이슬람 국가의 정복전쟁, 히틀러의 유대인 학살 등), 제국주의와 종교적 인종적 갈등, 경제적 문제 등이 복합적으로 어우러져 발생한 1, 2차 세계대전, 약속의 땅을 두고 벌어지는 이스라엘과 팔레스타인의 수천 년에 걸친 생존 투쟁, 그리고 현재 진행형인 러시아와 우크라이나 전쟁 등, 전쟁의 원인과 양상은 날로 복잡해지고 희생자의 수 또한 천문학적 수준으로 높아만 가고 있는 것이 현재의 인간사회의 실상이다.

인간이 생존하기 위해서는 기본적인 자원이 필요하다. 의식주(衣食住)의 해결을 위해서, 먹고 살기 위해서 식량과 옷가지와 집이 필요했다. 유목민의 경우에는 자주 식량부족에 시달렸고 상대적으로 형편이 나은 농경민의 식량을 약탈하기 위해 전쟁을 벌일 수밖에 없었다. 그래서 초기 전쟁의 형태는 유목민의 침략에 대한 농경민의 방어라는 개념으로 틀 지워질 수밖에 없었던 것으로 보인다. 자원 전쟁인 것이다.

인구가 늘어나고 그에 따른 사회조직의 형성, 더 나아가서 계급이 생기자 계급에 따르는 권력이 탄생했고 권력을 더 많이 차지하기 위한 전쟁이 필연적으로 따를 수밖에 없었다.

'전쟁이란 국가 간에 무력을 사용하여 상대방에게 자신의 의지를 강제하려는 행위'로 정의된다. 전쟁이 언제부터 시작되었는지는 알 수 없지만, 기원전 12000~15000년 사이의 신석기 시대 제벨 사하바(Jebel Sahaba) 유적이 존재하기에 선사시대인 신석기 시대에서조차도 전쟁이 있었던 것으로 보고 있다. 제벨 사하바는 이집트 남쪽과 수단 북쪽 국경이 마주하는 나일강 상류에 존재하는 선사시대 유적이며, 이 장소에서는 전쟁이나 집단간 분쟁의 상흔이 남은 유물과 유골이 발견되었으며, 종종 인류사 초기 전장의 모습으로 언급된다.

실제로 신석기 시대의 주된 식량 획득 수단은 사냥이 아닌 채집이었으며, 농경이 서서히 시작되고 있었는데도 무기가 비정상적으로 많이 출토되는 것으로 보아 과거에 전쟁이 수시로 벌어지고 있었음을 추측케 한다.

전쟁의 기준은 선전포고 여부, 사상자 유무, 당사국의 입장 등이 기준이 될 수 있는데, 정확하게 전쟁을 정의하기는 사실상 불가능한 것이, 전쟁마다 발발하는 원인, 피해 규모, 진행양상이 다양하기 때문이다. 따라서 가장 중요한 것은 목적, 목표, 수단 이라는 세 가지 요소가 폭력성을 띄고 있느냐 하는 것이 기준이 될 수 있다. 또한 전쟁은 무력 행위의 성격이 전면적이어야 한다.

전쟁은 왜 일어나는 것일까? 전쟁 없이 평화롭게 공존할 수는 없는 것일까? 전쟁을 미연에 방지할 수는 없는 것일까? 인류가 삶을 이어오는 동안 무수히 많은 전쟁이 있었고, 수많은 사람들이 이 빅 퀘스천(Big Questions)에 대한 답을 얻기 위해 노력해 왔지만 아직은 그 해답을 찾지 못했고, 지금도 세계 도처에서는 크고 작은 전쟁이 진행중이고, 여차해서 그 전쟁이 핵전쟁으로 비화하여 인류 절멸의 시나리오가 현실화되지나 않을까 전전긍긍하고 있는 것이다.

고대에는 전쟁의 원인이 비교적 명확했다. 농사가 될 만한 강 유역의 쓸 만한 땅이 부족했고, 평화가 계속되는 동안 인구가 증가하여 새로운 땅이 필요했기 때문이다. 타 부족을 침략하여 땅, 노동력(노예), 여성을 얻을 수 있었고 이를 통해 더욱 부강해질 수 있었다.

그러나 관개가 발달하고 농업생산력이 인구 부양을 넘어서자 이러한 이유의 전쟁은 점차 사라지고 국제 정치학적 종교적 역학이 더 중요해졌다. 일반적으로 전쟁의 목적은 영토, 자원, 종교, 사상, 이권 쟁탈 등이 있다. 하지만 더욱 근본적으로 전쟁의 원인을 생각하는 견해들이 있는데 바로 국제적, 경제적이나 정치적인 기본 원리, 심지어는 심리적인 원인에서 찾는 견해들이다.

인간의 심리적 본성이 공격적이라서 이것이 전쟁의 원인이 된다는 견해도 있으나 반대로 전쟁을 하지 않는 건 인간의 평화적 본성 때문이라고 이야기할 수도 있으므로, 진정으로 전쟁의 원인을 찾고 이를 방지하기 위한 해결책을 찾는 데는 도움이 되지 못하는 것으로 보인다.

무엇보다도 전쟁의 제일 큰 발발 원인은 국가 간 권력(power)이라고 볼 수 있을 것이다. 분쟁을 조정할 상위 권위체가 없는 국제체계 아래서 개별국가의 생존을 위한 안보(혹은 권력) 추구가 전쟁의 구조적 원인이 되는 것이다. 현대 국제 정치학에서 전쟁은 세력균형이 무너졌을 때 발생하는 것으로 이해하고 이를 뒷받침하는 경험적 증거 역시 풍부하다.

제1차 세계대전은 궁극적으로 19세기 말과 20세기초를 전후한 독일의 급격한 국력 신장이 유럽의 세력균형을 뒤흔든 결과였고, 제2차 세계대전은 패전에도 불구하고 다시 유럽 최강국으로 부상한 독일이 영국과 프랑스의 쇠퇴로 유럽에서 발생한 힘의 공백을 노리그 팽창을 추구하다 맞이한 파국이었다.

전쟁이라는 수단은 국가 간의 갈등을 해소하는 행위의 가장 마지막 단계인 동시에 가장 확실하면서도 도박적인 수단이다. 따라서 현명한 정치인들은 철저하게 계산하여 조정과 타협을 통해 얻어지는 국익이 클 경우 마지막 수단인 전쟁까지 가는 경우가 많지 않다고 볼 수 있을 것이다.

정당한 전쟁이란 무엇인가? 정당한 전쟁이란 실제로 있기는 한 것인가? 평상시에는 범죄로 인식되는 살인이 합법적으로 용인되고 더 많은 살인으로 큰 공을 세운 전사에게는 훈장이 수여되는 것이 전쟁이다. 먼 옛날부터 지금까지 어떤 상황에서 전쟁이 정당화되는 가에 대해서 심도 있는 논의가 있어 왔다. 전쟁 자체를 정당화할 수는 없겠으나 필요악으로서 전쟁이 용인될 수 있는 최소한의 조건을 세운 것이다 토마스 아퀴나스(Thomas Aquinas)는 정당한 전쟁이 되기 위해서는 세 가지 전제조건이 필요하다고 생각했다.

정당한 권력에 의해 행해져야 한다. 즉 개인의 탐욕 같은 것에 휘둘려서는 안 되며, 국가의 지도자가 국가의 공익을 대표해야 한다.

정당한 이유가 있어야 한다. 즉 단순한 적자생존이나 자국의 이익 같은 것이 아니라 그쪽에서 뭔가 잘못을 저질렀거나 빼앗긴 영토를 되찾는 등의 명분이 필요하다.

정당한 의도를 가지고 행해져야 한다. 즉 의도가 나쁜 쪽으로 변질되어서는 안 되고, 전쟁 중에도 되도록이면 평화로운 해결책을 추구해야 하며, 전쟁범죄를 삼가야 한다

손자병법에서도 전쟁에서 살펴야 할 다섯 가지 중요사항으로 도(道), 천(天), 지(地), 장(將), 법(法)을 들고 있는데, 각각 도리 내지는 명분, 천시, 지리, 장수, 군법을 의미한다. 이중 도(道)가 그 첫째임은 의미심장한 대목이다. 전쟁에서는 내외에 내세울 명분이 뚜렷해야 함을 우선적으로 밝힌 것이다.

현대 국제법에서는 더이상 무력에 의한 강제병합으로 이루어진 국경선의 변화를 인정하지 않는다고 보는 편이다. 땅 뺏으려고 전쟁하는 짓은 하지 말자는 것이다. 이를 현상유지의 원칙이라 한다.

근래에 제3차 중동전쟁에서 이스라엘과, 우크라이나 전쟁에서 러시아가 그 합의에 도전하는 행동을 보이고 있다. 이스라엘의 주장을 요약해 보면, 시리아는 국가라고 볼 수도 없는 존재이며, 이스라엘이 침공받은 방어전쟁이라 정당하게 영토를 강탈해도 된다고 하며, 러시아의 주장을 요약하면 우크라이나 내전에서 몇몇 의용군이 친러파 진영을 도와주러 간 것이고 침공은 아니라는 것이다.

당연히 이스라엘과 러시아의 주장은 국제사회에서 인정받지 못하고, 소수의 친이스라엘 국가와 친러시아 국가들만 인정하는

불법병합으로 인식되고 있다. 전쟁이 벌어지면 살인은 물론 평상시에는 범죄로 간주되어 어느 사회에서 건 용납되지 않던 일들이 허용되고 심지어 장려되기까지 한다. 적의 물자를 전리품으로 노획하는 행위, 적을 속이기 위해 거짓 정보를 흘리는 행위, 상대국의 경제를 파탄내기 위해 위조지폐도 뿌려지고, 평시라면 꿈도 못 꿀 주거침입이 아무렇지도 않게 이루어지며, 이 과정에서 얼마나 많은 살인, 상해, 강간, 방화, 폭행, 협박이 일어나는지는 정확한 통계를 내기조차 어려울 만큼 비일비재하게 행해지는 일상사가 되고 마는 것이다.

전시에는 고문마저도 작전상의 필요에 의해 버젓이 행해지게 된다. 전쟁이 일어나면 침략당하는 국가 쪽에서는 치안이 매우 불안정해져서 살인 및 강간과 절도는 기본으로 발생한다. 전쟁 전에 모범시민 이었더라도 전시상황이 닥치면 이기주의가 발동하여 온갖 범죄를 저지를 가능성이 높아진다. 법과 질서를 유지하는 공권력이 미치지 못하는 무법천지가 펼쳐지는 것이다. 생존이라는 극한 상황에 내몰리면 한 인간의 인격과 윤리관, 생활양식 등은 하루아침에 무너지고, 평화로울 때 만들어진 법률, 사회규범, 도덕적 가치관 등은 설 자리를 잃게 되고 만다.

전쟁은 정치적 공동체의 물리적 생존이란 절대적인 명제로, 떳떳하지 못한 일 처리 과정이나 폭압적인 조직논리를 정당화시키고 이를 사회 구성원에게 권장하기 시작하여 장기적으로 그 사회의 집단적 가치관 자체를 크게 훼손하게 된다.

종교적, 민족적인 갈등이 존재하는 집단 간에 전쟁을 하는 경우 상대편의 군인과 포로는 물론 민간인들까지 조직적으로 학살하는 경우가 많다. 과거의 십자군 전쟁이나 유고슬라비아 내전 때도 조직적인 학살을 국가에서 주도했다.

전쟁의 참혹함에 대해서는 잘 알려져 있고, 대다수의 사람들이 전쟁이 일어나서는 안 된다는 생각을 가지고 있으므로 전쟁은 차츰 빈도수가 줄어들어야 하는 것이 정상일 것 같은데 현실은 전혀 그렇지 않은 것으로 보인다.

2022년 러시아의 우크라이나 침공에서 러시아 지휘부는 러시아군에게 우크라이나의 나치화를 막고 친러시아 동포들을 구하러 가는 것이라며 선동하고 기만하였다. 그러나 실체는 우크라이나를 병합하여 러시아의 속국으로 만들기 위한 목적 그 이상도 이하도 아니었다.

전쟁을 도발하는 이들은 의례 본인들이 행하는 전쟁에 한해서 올바르다는 것을 주장하기 위해 명분을 마련한다. 대부분의 경우 영토 확보나 세력 확장을 위한 목적임에도 불구하고 그럴듯한 개전 명분을 내세워서 전쟁을 호도하는 것이다. 성전(聖戰)이라고 불리는 전쟁 또한 마찬가지가 아닌가 한다. 자신들의 종교적 신념만이 절대적인 가치라는 믿음으로 행해진 수많은 학살과 파괴는 어떠한 이유로도 용서받지 못할 만행일 뿐이다.

전쟁은 인간만의 전유물은 아니라고 한다. 곤충들 중 벌과 개미, 흰개미도 전쟁을 한다고 한다. 흰개미는 종족 특성상 대부분 개미의 침공을 방어하는 방어전인 경우가 많은데『개미』의 작가 베르나르 베르베르는 개미와 흰개미의 전쟁이 최초의 정치적 전쟁이며 개미에 위협을 느낀 흰개미가 공격을 했다고 썼다. 그 밖에도 돌고래나 침팬지, 고릴라, 늑대 같은 사회생활을 하는 동물들 가운데도 사회구조가 발달한 종들은 대부분 전쟁을 한다고 한다. 그럼에도 불구하고 인간만큼 잔인하게 살육하고, 대규모로 모든 것을 파괴하는 동물종은 없는 것으로 보인다. 동물들의 전쟁은 극히 제한적이고 생존을 위해 어쩔 수 없는 경우가 아니라면 불필요한 살육을 행하지는 않기 때문이다.

인간은 전쟁을 한다. 그러나 인간은 평화를 사랑하는 종(種)이기도 하다. 한편으로는 전쟁이 벌어지고 또 한편으로는 평화를 위한 온갖 노력들이 행해지기도 한다. 영국의 철학자 홉스(Hobbes)는, 인간은 내적 의지에 따라 자신의 이익을 위해 끊임없이 투쟁한다고 말하였다. 결국 따지고 보면 모든 전쟁의 근본적인 원인은 인간의 탐욕에 있는 것이 아닌가 한다. 한마디로 돈과 권력에 대한 집착이다.

석가모니 부처님께서는 사성제(四聖諦)를 가르치며 세상 모든 것은 괴로움, 고통(八苦)이고, 그 고통의 원인은 아집(我執)에 있는 것이니 집착을 버림으로써 해탈에 이를 수 있다고 가르쳤다. 그런데 80억 인류 전체를 불제자(佛弟子)로 만들 수도 없는 노릇이고 보면 인간 세상에서 전쟁이 사라지는 바람은 정말로 이룰 수 없는 꿈인지도 모른다.

언젠가 종교가 '참 종교'로서 그 역할을 다하는 날이 온다면 우리의 바람이 실현될 수 있을지도?. 그리하여 전쟁이라는 빅 퀘스천에 답을 할 수 있는 날이 올지도 모른다는 희망은 남겨 두어야 하리라.

악마의 제자들

난징(南京) 대학살(大虐殺)

1937년 중일전쟁 당시 일본군이 난징에 진입하며, 난징 주변과 시내로 도망친 중국군 잔당을 수색한다는 명분으로 6주 동안 중국군 포로들과 난징 시민들을 무참히 학살한 사건이다. 학살의 정확한 규모는 불명확하지만, 전후 일부 유골 매립지를 근거로 추산한 결과로는 최소 수만 명 이상이 희생당한 것으로 추정된다. 극동 국제재판 판결에 따르면 최소가 12만 명이며 최대 추정 숫자는 약 35만 명 정도이다. 일본 국내 학계에서는 10~20만 명 정도가 중론이며 프랑스에서는 한 학자가 약 9만 명 정도가 살해당했다는 의견을 내놓았다.

1937년 일본이 중일전쟁을 일으킬 때에는 베이징과 상하이에서 시작해 빠른 시일 안에 주요 대도시를 점령하고 중국 정부의 항복을 받아낸다는 속전속결이 기본방침이었다. 그러나 상하이 전투가 중국군의 거센 저항으로 예상보다 길어지고, 결국 우쑹 전투에서 중국군 피해의 절반이나 되는 큰 피해를 입고서야 승리를 거두게 되자 일본군은 군국주의, 제국주의적 야욕으로 참모본부의 불확대 방침도 무시하고 당시 중화민국의 수도 난징으로 진군했다.

1937년 10월 9일 상하이가 함락된 후 국민정부 수뇌부는 난징 사수가 전략적으로 아무런 의미가 없다고 판단하고 이동하기로 결정한다. 중국군은 이미 직전의 상하이전투에서 심각한 타격을 입은 상태였다. 11월 15일 장제스는 수도를 충칭으로 옮겨 철수하였고, 12월 10일 난징에 남아있던 일부 중국군은 일본군의 최후 통첩을 무시한 채 저항하였다. 12월 12일까지 난징일대의 중국군은 공세에 나선 일본군보다 숫적, 질적으로 모두 열세인 상황이었다. 12월 12일 일본군은 독가스를 뿌려 중국군 방어선을 무력화시켰고 일본군 전차대와 포병대의 공격에 성벽이 무너지면서 방어선이 와해되기 시작했다. 난징 총사령관으로 남아있던 탕성즈는 전군에 퇴각명령을 내린 다음 우한으로 후퇴하였다. 사령관이 사라진 난징의 중국군은 일본군에게 포로로 잡히거나, 계속 싸우거나, 아니면 어떻게든 난징을 벗어나기 위해 발버둥 치는 등 완전히 와해되었다.

양쯔강 주변은 살고 싶은 수십만 난징 시민들과 중국군이 아수라장을 이루었고, 일본군은 이들을 집중공격하여 무수한 인명을 살상했다. 12월 13일 오전 4시에 난징의 정부청사가 함락되면서 난징은 일본군의 수중에 완전히 떨어졌다. 병중인 사령관을 대리해서 난징공략을 지휘하였던 사령관 대리 아사카노미야 야스히코는 "대 일본제국의 황군에게 지켜야 할 최저한도 따위는 존재하지 않는다."고 지껄이며 병사들의 살인과 약탈, 강간을 부추겼다. 또한 난징 함락 후 "난징에 살고 있는 잠재적인 적들을 모조리 죽이라."는 명령을 내렸다. 탈출하지 못한 25만 명에 달하는 시민들과 10만 이상의 패잔병의 운명은 이렇게 결정되었다.

　손쉽게 난징을 손에 넣은 일본군은 백기를 들고 항복한 중국군은 물론, 패잔병을 처리한다는 명목으로 '모자를 오래 쓴 흔적이 있거나, 손에 굳은살이 박힌 젊은 남자' 모두를 닥치는 대로 끌어모아 기관총으로 처형하여 시신을 양쯔강에 쓸어 넣었다. 이것만으로도 충분히 야만적이나, 나중에는 총알이 아까워서 칼로 난도질하거나 생매장까지 했다고 한다. 전후에 학살에 참가한 한 군인의 일기가 발굴되었는데 "심심하던 중 중국인을 죽이는 것으로 무료함을 달랜다."면서, "산 채로 묻어버리거나 장작불로 태워 죽이고 몽둥이로 때려죽이기도 했다."라는 문구가 등장한다. 난징 대학살에서 단일 규모로 가장 큰 학살은 무푸산 근처에서 일어났다. 이 산에서는 5만 7천 명의 민간인과 중국의 전직 군인들이 살해되었다.

　더욱 충격적인 것은 중국인 포로나 민간인들이 일본군의 총검술 연습이나 목 베기 시합에 사용된 것이다. 여기서 일본군 장교였던 무카이 도시아키와 노다 쓰요시가 100명의 목을 누가 더 빨리 베나 재는 시합, 다시 말해 100인 참수경쟁을 한 사실이었다. 당시 일본 언론에서는 스포츠 시합 중계라도 하듯 이 베기 시합을 대서특필 했다는 것이다. 전투 중 적군의 목을 벤 것이 아니라면 전쟁범죄에 해당하는 사항이므로 두 장교 모두 전후에 전범으로 기소되어 사형당했는데, 사형이 확정되기 직전까지 무죄를 주장했다고 한다.

　이 시기에 처녀, 유부녀, 소녀, 비구니 가리지 않고 수많은 여성들이 성폭행을 당했다. 전후 재판에 따르면 약 2,000명의 여성이 강간당했다고 하였는데, 현재는 그 숫자가 80,000명에 이르는 것으로 추산하고 있다. 이는 역사적으로 독일의 전시 강간과 연합군에 의한 독일 점령 기간의 강간에 필적하는 엄청난 규모의 강간범죄이다. 난징 대 학살을 난징 대 강간이라고 부르는 이유이다. 이 대규모의 강간으로 인해 병사들 사이에서는 성병이 속출했으며, 이를 방지하기 위한 '해결책'으로 등장한 것이 일본군 위안부이다. 난징 곳곳에 위안소를 설치한 일본군은 중국과 조선, 대만 등지에서 여성들을 끌어들였고, '일자리를 준다'는 말에 속아 일본군을 따라갔던 수많은 여성들은 그곳에서 수년에 걸친 강간을 당하게 된다.

숫자만 충격적인 것이 아니라 문자 그대로 근친상간이 고문으로 쓰였다고 하며, 아무 집이나 찾아가 어머니와 딸을 강간한 다음 울부짖는 모녀를 함께 우물 속에 던져버리고, 그 안에 수류탄을 던진 다음 우물 문을 막아버렸을 정도로 악행이 비일비재했다고 한다.

문화대혁명(文化大革命)

무산계급 문화대혁명, 약칭 문화대혁명은 1966년부터 1976년까지 10년 동안 중화인민공화국에서 일어난 대규모 파괴 운동이다. 국내에서는 간단히 '문혁'이라고 부르기도 한다. 이는 자국의 문화를, 자국민들이 스스로 멸절시키려 한, 전례가 드문 대사건으로, 공산주의 체제의 내재적 폭력성과 경직성, 그리고 체제적 한계를 예시할 때 킬링 필드, 대 숙청, 대약진운동, 고난의 행군, 차우세스쿠의 인구정책과 함께 빠짐없이 언급되는 역사적 사건 중 하나이기도 하다. 이 시기에 중국에서는 홍위병과 마오쩌둥만 제외하고 모조리 때려 부셨다고 할 만큼 파괴적인 행태를 보여주었다. 세계적으로 존경받는 인물인 공자, 동아시아에서 신으로 추앙받던 관우의 묘까지 훼손되었다. 이십 년 동안의 운동으로 인해 중국의 온갖 지식인들과 수천 년의 문화가 상당수 희생되었으며, 그 대상이 누구인지, 무엇인지는 겨우 남아있는 기록으로 해석해야 할 정도이다.

문화혁명은 표현과 달리 국가의 역사와 문화를 완전히 파괴한 초규모의 반달리즘(Vandalism : 문화유산이나 예술, 공공시설, 자연경관 등을 파괴하거나 훼손하는 행위)이자, 절대 반복되어서는 안 될 집단광기(集團狂氣)이다. 문혁의 악영향은 지도부 대부분이 조롱과 유배를 당하는 피해를 입은 중국 공산당도 인지하고 있기에 현재까지도 흑역사로 인식되고 있다.

수잔 셔크(Susan Shirk)의 『판도라의 상자 : 중국』에 나오는, 그 당시의 상황을 전하는 이야기를 들어보자. "마오쩌둥은 1966년 이념의 성전을 발동함으로써 중국 전역을 뒤흔들었고 혁명정신을 되살리려 했다. 마오쩌둥은 학교의 문을 닫아 버렸고, 학생들로 하여금 홍위병이 되어 '부르주아 전문가'로 일컬어졌던 교사, 교장, 교수들에 대항하는 혁명투쟁을 벌이도록 선동했다. 이 혁명운동은 사회전체를 혼란에 빠뜨렸다. 병원에서는 의사들이 화장실 청소를 하도록 강요당했고, 청소부들이 환자를 돌보았다. 홍위병들은 '자본주의의 길로 가고 있다'면서 정부와 당의 간부들을 공격하고, 군부대의 무기고에서 탈취한 무기를 들고 싸움을 벌였다. 1969년에 인민해방군이 질서를 회복하기 전까지

온 나라가 사실상 무정부 상태 직전까지 치달아 있었다." 문화혁명에서 원래 내세운 목표는 파사구(破四舊)라 하여, 낡은 사상(舊思想), 낡은 문화(舊文化), 낡은 풍속(舊風俗), 낡은 관습(舊習慣)을 타파(打破)하여, 사회주의 리얼리즘에 기반한 이타주의적이고 자기희생적인 사회주의 문화를 창조하자는 것이었으나, 결과적으로는 그저 역사적인 문화 검열사건이자, 대규모 반달리즘이 되었을 뿐이었다.

중국사에서는 분서갱유, 문자의 옥 등의 반달리즘이 여러 번 있었지만, 문화대혁명이 중국문화 전체에 끼친 피해는 분서갱유와 문자의 옥을 훨씬 능가한다. 분서갱유와 문자의 옥은 적어도 자국의 문화산업까지 파탄 내지는 않았다. 중국이 고전문화산업에서는 아직까지 우위를 점하고 있으나 문화대혁명 때문에 이마저도 유교관련 기록물들을 유교문화가 꽤 남아있는 한국이나 역사적으로 중국과 앙숙인 베트남에서 역수입하고 있는 실정이고 당연히 현대 대중문화 면에서는 엄청난 열세를 면치 못하고 있다.

사실 이 반달리즘의 진수는 문화재 파괴보다도 문화 예술 관련인들에 대한 대규모 린치에 있었다. 주변에 문화 예술 쪽으로 종사하는 사람이 있으면 무조건 집에 쳐들어가서 '게으름뱅이'라는 터무니없는 죄를 뒤집어씌워 폭행한후 '현실체험'이라면서 집단농장에 감금하고 노예처럼 부려 먹었다. 이런 까닭에 다른 국가들이 제각기 대중문화를 발달시켜 가던 20세기 후반에, 중국의 대중문화는 그런 단계를 전혀 밟을 수가 없었다.

이 시기에는 중국 공산당의 간부들도 예외가 될 수 없었다.

대표적인 피해자로는 류사오치와 덩샤오핑을 들 수 있다. 시진핑도 당의 고위 간부였던 아버지 시중쉰이 순식간에 몰락했고 시진핑 자신도 량자허 촌으로 하방 되어 토굴집에서 살면서 궂은 일을 도맡아 하면서 힘든 생활을 견뎌내야 했다고 한다.

문화대혁명은 왜 일어났던 것일까? 중국에서는 대약진 운동의 결과로 3천만~5천만 명에 달하는 인민들이 아사하고 경제가 나락으로 추락하는 파멸적인 결과가 초래되자 이를 주도한 마오쩌둥의 권위는 추락하여 사실상 2선으로 후퇴하면서 국정에서 배제되었다. 대신 류사오치가 국가 주석직을 승계해서 덩샤오핑과 함께 실용주의 정책을 펼쳐 중국 인민들의 호평을 듣게 되자, 마오쩌둥은 류사오치와 덩샤오핑의 영향력이 점점 커지면서 자신이 뒷방 늙은이 신세가 될까 봐 초조해했다. 그러나 대약진 운동의 실패라는 자신의 실책 때문에 마오쩌둥이 다시 정치 일선에 전면으로 나설 수 있는 명분이 없었다.

1959년 루산회의에서 펑더화이는 마오쩌둥이 밀어붙인 삼면홍기(三面紅旗)에 대해서 "총노선은 옳았으나 대약진운동과 인민공사는 잘못되었다."라고 비판했다. 이에 대한 마오의 반응은 분노 그 자체였던 것으로 보인다. 결국 이로 인해 펑더화이는 실각하고, 마오는 자신의 최측근인 린뱌오를 펑더화이의 후임 국방부장으로 임명하였다.

게다가 삼면홍기(三面紅旗)에 긍정적이었던 류사오치조차도 고향 후난성을 시찰한 후 상상을 초월하는 사태를 보고 경악하여, 7천인 대회를 소집하여 "천재지변이 3할이면 인재가 7할이다."라며 마오를 정면으로 비판했다.

이제 문화대혁명의 도화선이 되었던 해서파관(海瑞罷官)과 조반유리(造反有理)에 대해 알아보자. 1959년 당시 베이징 부시장이었던 우한(吳晗)은 역사학자로서의 지식으로 연극『해서파관』을 발표하는데, 이 연극은 명나라를 배경으로, 해서라는 청백리 관리가 폭군 황제인 가정제에게 파직을 당한다는 내용이었다. 마오의 부인인 장칭과 야오원위안이 1965년, '문회보'라는 신문에 이 연극이 마오쩌둥 동지를 은근히 폄훼하는 내용이 아닌가 하는 칼럼을 발표하면서 문제가 생기기 시작했다. 장칭에 의하면, 해서는 펑더화이를 의미하며, 황제는 마오를 의미한다는 것이다. 한마디로 1959년 루산회의에서 실각한 펑더화이를 빗대서 쓴 연극이라고 주장했다. 이것이 바로 해서파관 사건이다.

마오의 지시를 받은 저우언라이, 장칭, 야오원위안 등이 수많은 선전매체를 동원해서 맹공격을 퍼부었고, 이어 마오까지 직접 뛰어들어 1966년 5월 16일, 중국 공산당 중앙위원회 통지를 통해 베이징 시장 펑전을 비판했다. 여기에 린뱌오가 마오를 찬양하는 연설을 했고, 7월 27일, 홍위병 대표단들이 "사회와 정치를 뒤집어엎자."라는 편지를 마오에게 보냈다. 이를 조반유리(造反有理)라 한다. 조반유리는 말 그대로 "반란이 일어나는 것에는 이유가 있다."는 뜻이다. 이 말은 홍위병의 반란에 정당성을 부여했다. 결국 펑전은 덩퉈, 랴오모사 등과 함께 숙청 당했다. 마오는 젊은이들이 잘 한다며 전적으로 지지한다고 밝히고, 8월 8일 인민일보에『사령부를 폭격하라—나의 대자보』라는 짧은 논평을 발표했다. 공산당 안의 우파를 척결하자는 내용이었지만, 사실상 류사오치와 덩샤오핑에게 선전포고를 한 것이나 다름이

악마의 제자들 **303**

없었다. 이때부터 문화대혁명이 시작되었다.

1966년 8월 8일, 마오의 논평에 맞춰 중국 공산당 중앙위원회는 『중국 공산당 중앙위원회의 프롤레타리아 문화대혁명에 관한 결정』 소위 말하는 16개항을 발표한다. 그 내용은 쉽게 말해서 마오의 지시를 따르는 것이 진리라는 것이다. 홍위병들의 활동에 사실상 한없는 자유를 부여하자 홍위병들은 각지에서 소위 낡은 것들을 마구 파괴하고 다니기 시작했다. 절, 사당, 성당은 문을 닫거나 약탈되었으며, 베이징과 상하이에서는 낡은 사상의 소유자들이라면서 사람들이 무차별로 홍위병들에게 붙들려 구타를 당하고, 심지어 살해당하기까지 했다.

류사오치는 결국 주석직에서 물러나고 가택연금 상태가 되었다. 그리고 덩샤오핑은 당직에서 쫓겨나고, 이른바 재교육을 세 번이나 받고 난 뒤, 지방의 트랙터 엔진 공장에서 일하게 되었다. 10월 10일에는 린뱌오가 류사오치와 덩샤오핑을 주자파(走資派) 즉 자본주의 노선을 추종하는 세력이라고 맹비난했으며, 펑더화이의 집에 홍위병들이 난입해서 명패를 채우고 거리로 끌고 다니는 사태가 일어났다. 장칭은 문혁(文革)의 기운을 인민해방군에까지 퍼뜨리기로 결심한다. 그러나 중국 건국에 기여한 인민해방군의 여러 주요 장성들이 문화대혁명에 우려를 표하자, 4인방은 언론을 동원해 문혁을 비판한 장성들을 맹비난했고, 그들은 결국 홍위병들에 의해 조리돌림을 당한 뒤 실각하고 만다. 이를 2월 역류라고 한다.

마오는 자신의 최측근이자 문혁의 일등공신인 린뱌오를 사실상 후계자로 내정했다. 정치국 상무위원은 서열 순서에 따라 마오쩌둥, 린뱌오, 천보다, 저우언라이, 캉성 순이었다. 그러나 우여곡절 끝에 린뱌오는 비행기 추락사고로 사망하고, 1973년에는 저우언라이가 마오에게 건의해 덩샤오핑이 다시 정계로 돌아왔다. 덩샤오핑은 부총리직에 올라 정부 행정을 관장해 나아갔다. 이렇게 되자 문혁을 주도했던 장칭과 그녀의 추종자이자 선동 전문가인 장춘차오와 야오원위안, 그리고 왕훙원이 뭉쳐서 대놓고 저우언라이와 덩샤오핑에 대적하는 구도를 형성했다. 이렇게 뭉친 넷을 이른바 4인방이라고 불렀다. 이들은 언론을 장악하고 저우언라이와 덩샤오핑의 경제정책을 비난했다.

1976년 저우언라이가 병으로 사망하자 중국 인민들은 천안문 광장에 모여 저우언라이를 추모했다. 저우언라이 추도는 곧 4인방에 대한, 더 나아가 문화대혁명, 마오쩌둥에 대한 비판과 성토로 이어졌다. 4월 5일이 되자 수십만의 군중들이 모여 4인방을 비난하는 집회를 열었다. 이 집회가 1차 천안문 사태이다. 4인방은 공안을 동원해 이들을 강제해산 시키고, 미디어를 동원해 이 집회를 우파분자들의 책동이라고 선전하면서 그 배후가 덩샤오핑이라고 돌아갔다. 결국 4월 6일, 중앙위원회에서 4인방은 덩샤오핑을 성토했고, 덩샤오핑은 실각한 뒤 가택 연금되었다.

1976년 9월 9일, 마오쩌둥이 사망했다. 사망 직전에 마오는 화궈펑을 후계자로 지명했다. 화궈펑은 마오 사망 후 실각했지만 영향력이 있던 덩샤오핑과 인민해방군의 지지를 받아 10월 10일에 4인방을 전원 체포했고 이로써 문화대혁명은 막을 내리게 되었다

문화대혁명 기간 동안 중국에서는 사람과 사람 사이는 서로에 대한 불신으로 점철되었고, 심지어 가족 간에도 서로를 믿을 수 없었다. 개인의 인권 같은 것은 안중에도 없었다. 피해자의 대부분은 원래 고위급의 직책을 가지거나, 권위 있는 지식인 등 중국사회의 엘리트들이었다. 사회 엘리트들이 투옥되고 죽어 나감으로써 중국사회의 수없이 많은 인재가 말살당했다. 문화대혁명에 앞장섰던 홍위병은 대개 10~20대의 학생들이었다. 그들은 녹색 인민복과 모자, 무장 벨트를 착용하고 마오쩌둥 어록을 들고 다니면서 사람들에게 마구잡이로 죄명을 씌우고, 때려 부수고 다녔다. 그들은 평소 높은 위치에 있던 이들을 끌어내려 두들겨 패고 그들이 향유할 수 없던 예술과 문화, 유적들을 파괴함으로써 본인들이 기존의 권위를 타파하고 만인이 평등한 사회를 향해 나아가고 있다고 믿었다. 하지만 홍위병들의 준동으로 만들어진 사회는 모두가 못 살고, 모두가 못 배운, 퇴보한 평등이라는 점이 문제였다. 문화대혁명 이후로 중국이 이 '모두가 평등해진' 상황을 어떻게든 벗어나려고 엘리트 계층을 재건하는 데 진땀을 흘렸고, 그 결과 현대 중국이 다시 불평등해졌으며 공산당의 일당독재가 지속되는 중국에서 과연 권위주의가 타파되었는지를 생각해보면 그 평등도 허울뿐이라는 의견도 있다. 거기에다 개혁개방 이후로 배금주의가 득세하면서 다른 의미로 도덕관념도 상실했다는 의견도 있다.

　문화대혁명 10년 동안 중국에서는 최소 수십만 명, 최대로는 2천만 명에 달하는 엄청난 사람들이 희생당했는데, 실제로 당시 중국에서 벌어진 학살들을 정리하자면 다음과 같다. 학살에 가담한 사람들은 '반동분자'로 지목된 사람들에게 무자비한 구타와 채찍질, 총살, 교살, 칼로 찌르기, 절벽에서 떨어뜨리기, 생매장, 투석형, 익수, 참수, 다이너마이트에 묶은 후 폭파하기, 삶아 죽이기 등 다양한 방법들을 동원해 처형했으며, 여성들은 끔찍한 성고문을 당한 뒤에 처형되었다.

킬링필드(Killing Fields)

1960~1970년대에 캄보디아에서 일어난 대량 학살로, 좁게는 폴 포트가 주도하던 크메르 루주 정권이 사람들을 대규모로 처형한 사건을, 넓게는 이를 전후로 캄보디아에서 일어난 학살을 일컫는 말이다. 이 사건은 현대사는 물론, 인류 역사 전체를 통틀어서도 가장 참혹하고 끔찍한 비극 중 하나로도 유명하며, 나치와 함께 포스트 모더니스트에게 '근대의 실패', '이성의 실패'를 드러내는 사례로서도 주장된다. 해골이 야지에 무더기로 쌓여 있는 사진들로 유명하며, 캄보디아는 5월 20일을 공휴일로 지정해, 크메르 루주와 폴 포트에 의한 희생자들을 추모하고 있다.

프랑스의 식민지였던 캄보디아는 태평양전쟁에서 일본제국에게 점령당했다. 이를 틈타 노로돔 시아누크 국왕은 1945년 3월 12일에 캄보디아의 독립을 선언하였다. 그러나 일본이 연합국에 항복하면서 1946년에는 다시 프랑스의 보호하에 들어와 독립이 무효로 돌아갔으나 끈질기게 독립운동을 계속해서 1947년에는 헌법을 공포하였고, 1949년에 프랑스연합 내에서 독립할 것을 선언하였다. 1953년에는 경찰권, 군사권을 회복해 완전한 독립을 이룰 수 있었다. 이후 시아누크는 비동맹, 중립 외교정책을 표명했다.

1965년 5월, 시아누크는 북베트남에 폭격을 행하는 미국에 대해 수교철회를 선언했다. 베트남 전쟁으로 어수선한 동남아시아였지만 시아누크 정권 시기에는 내전이 격화되지 않았고, 식량이 풍부하여 수입에 의지할 필요도 없었으며, 대량의 난민도 발생하지 않았다. 따라서 서구 열강으로부터 어느 정도 벗어난 중립외교를 표방할 수 있었다. 하지만 베트남 전쟁 직후 동부 캄보디아지역은 사실상 북 베트남의 실효지배 하에 있었으며, 대규모 지하터널 네트워크를 통한 보급(호치민 루트)을 확보하고 있었다. 미군에 의해 '성역'으로 지칭되던 이 지역에 타격을 주기 위해 미국은 국제법을 위반한 '비밀작전'을 추진하게 된다.

1969년 3월, 미 공군이 아침 식사 작전(Operation Menu)이라 불리는, 동부 캄보디아 지역에 대한 대규모 폭격을 하였으나 그 효과는 미미했다. 호치민 루트를 절단하지는 못한 것이다.

1970년 3월에 일부 군부세력이 미국과 결탁해 친미 쿠데타를 일으켰다. 중립정책을 펴던 시아누크 국왕은 축출되었고, 론 놀이 집권하였다. 이후 미국의 공습이 더욱 격화되어 캄보디아의 농지가 완전히 황폐해지고 말았다. 이로 인해 100만 명 이상의 피난민이 수도 프놈펜으로 몰려들었고, 식량난과 국제적 고립에 처한 캄보디아는 실향민 및 난민들을 감당할 수가 없었으며, 미국에게 식량지원을 받는 등 미국에 대한 의존도를 높여가게 되었다.

이러한 미국의 캄보디아에 대한 폭격은 베트남에서 미군이 철수할 시간을 벌어주는 역할을 했을 뿐, 오히려 내전의 확대를 부추기고 말았다. 미군이 베트남에서 철수함에 따라 캄보디아나 남 베트남군이 미울 수 없는 정치적, 사회적 공백을 남겼다. 결국 이 공백을 엿보던 크메르 루주가 캄보디아 의 정권을 잡게 된 것이다.

1976년, 크메트 루주는 시아누크 국왕에게 온갖 혐의를 씌워 가택연금을 시키고 국명을 민주 캄푸치아로 바꾸었다. 당시 크메르 루주는 마오이즘을 추종하였고 폴 포트는 마오쩌둥의 문화대혁명식 농촌 강제이주를 결심하게 된다. 크메르 루주의 수장 폴 포트는 프랑스 유학시절 사회주의에 심취했다고 알려져 있으며, 일종의 열성 엘리트로서 지식과 학력은 높았으나 매우 잘못된 가치관을 지켰던 것으로 보인다. 폴 포트는 "국가의 발전을 가로막는 자들은 모두 죽여야 한다."는 이른바 자국민을 대상으로 한 대학살 정책을 펼치게 된다.

그는 집권 이래 최대의 숙청작업을 진행하여 수만 명을 처형하였으며 폴 포트 집권 초기 22명이었던 공산당 중앙위원회 의원이 폴 포트가 축출될 무렵에는 단 4명만 살아남았다고 한다. 캄보디아 동부지역에서는 폴 포트가 너무 온건하다고 생각했던 그 지역 간부들에 대해 당 중앙군을 동원해 동부지역을 침공해 가면서까지 당과 군대 및 인민 모두에 대한 대규모 숙청을 가했고 이에 따라 단 6개월 만에 동부지역에 살던 약 150만 명 중 무려 25만 명이 사망했다.

크메르 루주는 도시가 자본주의의 온상이자 공산주의를 방해하는 원흉이라고 보았는데, 그들은 도시민을 인간개조가 필요한 '신인민'이라고 부르며 프놈펜을 포함한 모든 도시민들을 농촌에 강제로 이주시켜 공산주의 사상을 다시 배우는 작전을 계획하였다. 생존자들의 증언에 의하면, 이 강제 이주는 매우 끔찍했다고 한다. 강제 이주 무렵인 4월 중순은 우기 직전이라 기온이 40도 이상으로 치솟는 등 유난히 날씨가 더웠다고 하며, 이 와중에 도시를 빠져나가는 사람들로 도로가 꽉 차서 5일 동안 13km밖에 걷지 못하는 사람들도 생겨났다. 크메르 루주는 강제 이주과정에서 중환자, 임산부, 어린이와 노약자도 조금도 배려하지 않아서 200미터마다 아이들의 시체가 하나씩 보였을 정도였고, 부모들은 아이들을 버리고 갔으며, 부모를 잃은 아이들은 울부짖었다고 한다. 그 혼란 속 이주 과정에서 기아와 질병까지 겹치며 1만~2만 명이 사망하였고, 1975년 한 해 동안 도시이주민 중 무려 1/3이 사망했다.

1976년 1월부터 캄보디아 국민들은 한 명도 빠짐없이 인민공사에서 살아가게 되었다. 캄보디아인들은 농사철에는 논에서 농사를 지어야 했고, 나머지 기간에는 맨몸으로 운하와 댐, 제방, 수로 건설 등에 강제로 참여해야만 했는데, 이 과정에서 실수를 하거나 반항하는 사람들은 '살려 두어도 이익이 없고, 없애도 손해가 없다'는 막말을 들어가며 끌려가서 무자비하게 구타당하거나 총살당했다.

이러한 무자비한 정책으로 농촌의 노동력은 어느 때보다도 많았지만 백만 명이 넘는 사람들이 기아와 기근에 시달렸다. 원래 캄보디아는 기후조건이 농사짓기에 좋아서 해마다 200만 톤의 쌀을 수출하는 국가였지만, 이때에 이르러서는 비축한 쌀이 전혀 없었고 1978년에는 농촌지역 땅들의 대부분이 경작되지 않은 채 버려졌을 정도로 국가가 초토화되었다. 모든 것이 배급에 의해 이루어졌으므로 양과 질 모두 형편없는 음식만 먹어야 했던 사람들은 수렵채취로 기아를 면해야 했는데, 살아 남은 자의 증언에 따르면 도마뱀이나 바퀴벌레까지 잡아먹었다고 한다. 식량을 재배하는 밭들은 무장한 군인들이 지키며 주민들이 식량을 몰래 가져가는 것을 막았고 식량을 훔치다 걸리면 여자들의 경우 아무리 어려도 봐주지 않고 강간하기까지 했다고 한다.

크메르 루주가 축출되고 반년이 더 지난 시점에도 캄보디아 아동의 영양실조율이 90%에 이르렀다고 하며, 크메르 루주 집권기에 27만여 명의 캄보디아인들이 민주 캄푸치아를 탈출하여 태국 난민수용소에서 살아가야 했다고 한다. 폴 포트는 서양 의학을 '자본가의 발명품' 정도로만 여기며 서구식 병원과 의학서적들을 모두 불태운 후 의사들이 스스로 자급자족하며 사람들을 치료하는 방법을 알아야 한다며 10대 소년들을 아무런 훈련과 기본적인 지식전수 없이 환자들을 치료하게 했는데, 그 소년 의사들은 다양한 식물의 혼합물을 섞어서 코코넛 주스에 넣은 뒤 재사용된 더러운 바늘로 환자에게 주사하거나 환자에 대한 기본적인 마취도 없이 외상환자들을 치료했다고 한다.

폴 포트가 이끄는 크메르 루주 정권은 자본주의나 외국과 관계가 있었던 사람들, 그중에서도 외국어를 구사하는 사람, 공무원, 교수, 교사, 의사, 약사 등 전문적인 직업을 가진 사람들과 유학생들과 중산층 이상의 사람, 심지어 유명 스포츠 선수와 음악가를 포함한 예술가들, 즉 농민과 노동자 외에 모든 사람들을 사회의 장애물이자 악의 축으로 보아 전부 처형하거나 수용소에

악마의 제자들 **311**

가두었다. 캄보디아의 의사들은 800명 중 40명만 살아남았다. 이 지식인 학살은 한창 교육 현장에서 교육에 종사해야 할 교사들마저 모조리 학살하는 바람에 중국의 문화대혁명처럼 캄보디아 교육에 크나큰 '단절'을 가져오게 되었다. 크메르 루주는 교사들을 10명만 남기고 모두 몰살해 버렸다.

학살 수법도 다양했는데 그들이 쓴 가장 흔한 방법은 눈을 가린 뒤 팔을 뒤로 묶고 몽둥이를 이용해 죽이는 것이었는데, 크메르 루주는 반동으로 낙인찍힌 사람들로 하여금 스스로 묻힐 구덩이를 파게 하고 밖으로 나와 가장자리에 서게 한 뒤 몽둥이로 뒤통수를 쳐서 구덩이로 밀어 넣어 죽였다고 한다. 그들은 총알을 아끼기 위해 유난히 가시가 많은 설탕 야자나무 몽둥이로 사람을 때리거나, 손을 묶고 비닐봉지를 머리에 씌워 질식사시켰고, 구덩이나 우물에 사람들을 산채로 몰아넣은 뒤 밀폐해 죽이기도 했으며, 심지어는 사람들을 일렬로 세운 뒤 한꺼번에 창으로 찔러 죽이기도 했다. 이렇게 크메르 루주는 50명에서 100명에 이르는 대규모 집단을 조직적으로 살해하는 것을 즐겼는데, 어느 경우에는 약 130명을 동시에 처형하기도 했다.

크메르 루주는 민간인 학살에 고압선을 이용한 전기고문과 물고문은 물론, 사람을 고문 침대에 눕혀 놓고 쇳덩어리로 머리를 짓누르는 방법도 사용했다고 한다. 게다가 반동으로 몰린 사람들이 과거 정권에 협조했다고 불지 않을 때는 도끼로 손을 자르거나 산속 나무에 묶어 이 나무를 오르내리며 먹이를 찾는 붉은 왕개미들로 하여금 살을 파먹게 했으며, 심지어 이들이 여성일 경우에는 민감한 부분들을 도려냈다고 한다. 그리고 폴 포트는 "풀을 죽이려면 뿌리도 죽여야 한다."고 말하며 반동분자들의 씨를 말려야 한다는 것을 강조했고, 이 지침에 따라 크메르 루주는 체포된 사람의 3대에까지 연좌제를 적용해 처형자의 아내는 물론 그들의 어린 자녀들까지 사지를 찢어 죽였다. 거기다가 그들의 악행은 젖먹이 아기들에게도 예외가 없었으며, 이들은 오히려 젖먹이 아기들에게 가장 나쁜 짓을 저질렀다. 크메르 루주는 아이들이 자라서 복수하는 것을 막는다는 명분으로 어린 아이들을 가리지 않고 살해했는데, 이들은 아이들을 공중으로 던져 총검술 연습에 사용하거나 운다고 7~8개월밖에 안 된 아이들을 부모로부터 강제로 빼앗은 후 3층 발코니에서 떨어뜨려 살해했으며, 심지어 팔이나 다리를 잡고 몸뚱이를 바위나 시멘트 바닥 또는 통나무 등에 내리쳐서 끔찍하게 살해했다. 뚜올슬렝 은 'S-21 보안감옥'이라고도 불리며, 크메르 루주가 운영하던 최소 120곳의 정치범 수용소 중 가장 악명이 높은 곳으로, 가혹한 환경과 고문, 처형 때문에 수감되었던 2만 명 중 최종 생존자는 단 12명에 불과했다고 한다.

크메르 루주는 '제국주의를 가르치는 수단'이라며 서구식 교육을 모두 금지시키고 5~9살 정도밖에 안 된 아이들을 강제로 납치해 절대복종하는 세뇌 교육을 시킨 후 소년병으로 만들었다. 크메르 루주는 이렇게 납치한 어린이들에게 개 등의 동물들을 고문하는 것을 시범 삼아 인간을 고문하는 방법을 배우게 했으며, 반역자 부모와 이웃을 염탐하고 밀고하며 쏘아 죽여도 좋다고 세뇌시켰다. 당시 캄보디아에는 불교 신자가 전 국민의 85%였을 정도로 불교가 지배적이었고, 프랑스의 식민지배 영향으로 기독교인의 수는 약 1만 명 정도였는데, 크메르 루주는 그중 9천 명을 죽이고 종교 행위와 포교 활동을 금지했으며, 캄보디아에 존재했던 7만 명에 달했던 승려들은 겨우 2천 명도 살아남지 못했다. 크메르 루주는 판사 545명 중 4명만을 제외하고 모두 살해함으로써 법원에서의 재판도 모두 없어졌다.

폴 포트는 극단적인 민족주의적 성향도 가지고 있어서 단 4년 동안 30만 명에 이르는 소수민족을 학살하였다고 한다.

크메르 루주의 침략과 학살로 큰 피해를 입은 베트남은 1978년 12월 21일부터 민주 캄푸치아를 침공하기 위해 군대를 파병하기 시작했으며 1979년 1월 7일에는 수도 프놈펜에 입성했다. 결국 폴 포트, 이엥 사리 등의 크메르 루주 수뇌부는 태국 국경 근처까지 쫓겨났고, 1월 10일 베트남은 헹 삼린을 수장으로 하는 캄푸치아 인민공화국을 수립했고, 크메르 루주의 킬링 필드는 끝이 났다. 현재 연구에 따르면, 킬링필드 치하에서 사망자는 200(±50만 명)만 명 정도로 추산되며 매장지는 23,000여 곳이고 확인된 유해만 130만 명이 넘는다. 처형뿐만 아니라 강제노동으로 인한 과로 사, 굶주림과 질병으로도 많이 죽었다고 한다.

이제 우리는 학살을 주도한 지도부와 실행에 가담한 모든 이들을 '악마(惡魔)의 제자들'로 칭해야 할 것이다. 이들은 무엇 때문에, 무엇을 얻기 위해 이러한 일을 벌이는 것일까? 역사는 되풀이된다고들 하지만 절대로 되풀이되어서는 안 되는 역사도 있다. 그를 위해 우리는 냉철한 이성을 동원하여 분석하고 되돌아보고 반성하고 더 나은 길은 없는 것인지 모색하는 지혜를 발휘해야만 한다.

　사람은 신이 아니라 여러 가지 결함을 지닌 나약한 존재일 뿐이다. 한 사람이 모든 일에 정통할 수는 없다. 더더구나 한 사람의 머리로 모든 것을 생각하고 판단하고 최선의 결론을 이끌어낸다는 것은 불가능한 일이다. 농부는 농사일에, 광부는 석탄을 캐고 광물을 캐는 일에, 대장장이는 풀무질과 호미 만드는 일에, 장사꾼은 사고파는 일에, 목수는 톱질과 망치질에, 목동은 가축을 치는 일에, 선생은 가르치고 학자는 연구하고 정치가는 정치에 전념하고, 그렇게 주어진 소임과 맡은 일에 충실하다 보면 사회는 활력을 띠고 바쁘게 돌아가면서 모두에게 만족스러운 결과를 가져다준다. 애덤 스미스(Adam Smith)의 '보이지 않는 손'처럼 말이다. 또한 이것은 자유 민주주의의 근간이 되는 법칙이기도 하다. 그런데 흔히 독재자들(공산주의 사회에서는 필연적으로 독재자가 탄생하는 것으로 보인다)은 자신을 신격화함으로써 이 법칙을 무시한다. 독재자의 말 한마디, 한마디는 신적 권위, 절대적 권위를 지닌 침범할 수 없는 성역이 되어 추종자들은 그의 어록을 암기하고 싸 들고 다니면서 모든 일의 기본원칙으로 삼는다. 그리하여 상전벽해(桑田碧海)의 신화를 완성하고자 한다. 따라서 그릇된 가치관, 윤리관, 역사관을 지닌 지도자가 내린 잘못된 결정, 반인도적인 결정은 상상할 수 없는 참담한 결과를 가져오게 된다. 더더구나 그것이 민중의 광기와 결합되면 대학살이 일어나게 되는 것은 정해진 수순이라고 할 수 있을 것이다.

　민주주의의 최대의 장점은 다양성의 추구에 있다고 할 것이다. 다양한 사람들의 생각과 행동들이 한데 어우러져 굴러가는 사이에 다툼도 있겠지만 어떻게 든 합의점을 찾아 나가고 최선의 방책을 모색하게 되는 것이다. 그러는 가운데 사회는 발전하고 사람들의 생활도 나아진다는 것은 이미 역사가 실증하고 있는 것이다.

맹자(孟子)는 '천명지위성(天命之謂性)'이라고 한 『중용』의 내용을 계승해 성(性)을 만물에 내재된 하늘의 작용, 즉 천명으로 파악함으로써 만물은 성, 즉 천명을 중심으로 볼 때 모두 하나라고 하는 만물일체사상(萬物一體思想)을 확립하였다. 그리고 하늘의 작용이 천지자연의 대조화(大調和)를 연출하고 있으므로 그 하늘의 작용을 성으로 이어받은 인간도 성의 움직임을 따르면 인간사회는 저절로 조화를 이루게 된다는 의미에서 성선설(性善說)을 주장하였다.

하늘의 작용인 천명은 만물을 낳고자 하는 작용으로 이해할 수 있는데, 맹자에 의하면 이 천명의 작용은 여천지동류(與天地同流)로 표현된 바와 같이 유(流) 즉 '흐름'의 개념으로 파악된다. 모든 존재자의 근저에서 흐르고 있는 이 '흐름'은 형이상학적인 개념이다. 맹자에 의하면 모든 존재자의 존재하는 현상들은 이 '흐름'에 편승하여 조화를 이룬 상태에서 유지되는 것으로 설명된다. 이러한 '흐름'을 존재의 본질로서 이어받고 있는 인간의 성은 남을 사랑하는 작용으로 나타나는데, 만물을 낳고자 하는 천명이나 남을 사랑하는 인성(人性)은 모두 인간의 의식이나 감정의 밑바닥에서 흐르는 인간 행위의 원동력이다.

인성의 내용으로서 설명되는 구체적인 예는 맹자에 의하면,

인의예지(仁義禮智)로 설명된다. 인은 측은지심(惻隱之心), 의는 수오지심(羞惡之心), 예는 사양지심(辭讓之心), 지는 시비지심(是非之心)이 나타나는 바탕이 된다.

측은지심의 구체적인 예로 맹자는 다음과 같이 설명하였다. 즉, 사람들은 어린아이가 우물에 들어가려 하는 것을 언뜻 보면 다 깜짝 놀라며 불쌍히 여기는 마음이 생기는데, 이는 그 부모와 교제하기 위한 것도 아니고 동네의 친구들에게 어린아이를 구해 주었다는 명예를 얻기 위함도 아니며, 어린아이를 구해 주지 않았다고 비난하는 소리가 싫어서도 아니라는 것이다. 이 측은지심과 같은 성의 작용은 인간의 생각이나 판단을 초월해 존재하는 만인 공통의 것이며 그러한 의미에서 이를 천명이라 설명하는 것인데, 이러한 성이나 천명의 작용을 맹자는 선(善)이라고 한 것이다. 그러므로 맹자가 성선이라고 했을 때의 선은 인간의 의식이나 생각이 개입된 판단에 의해 이루어진 도덕적 행위를 표현한 말이 아니라, 의식을 초월해 그 밑바닥에서 흐르고 있는 성의 움직임 그 자체를 표현한 말이다.

그러나 나는 맹자의 생각에 동의할 수 없다. 저토록 잔악한 행위를 하는 사람들의 무의식의 근저에 선한 감정이 티끌만큼이라도 존재하리라고 생각할 수 없기 때문이다. 감성(感性)이라는 기초(基礎 : foundation) 위에 이성(理性)의 집을 짓는 것이 인간이라고 본다. 감성에는 천사와 악마가 함께 존재한다. 천사와 악마는 끊임없이 전투를 벌이며 우위를 점하고자 한다. 때로는 천사가 승리해서 선한 사람이 될 수도 있겠지만 악마는 언제라도 기회를 엿보며 반격의 때를 기다린다. 따라서 이성이라는 건물을 지탱하고 있는 기초는 하시라도 악마의 준동과 싸움으로 흔들릴 수 있다. 이성이라는 건물 자체에도 함정이 존재한다. 바로 이데올로기(Ideology)라는 것이다.

이데올로기는 어떤 개인이나 사회집단이 인간, 자연, 사회에 대해 규정짓는 추상적이면서도 이념적인 의식의 형태를 가리킨다. 이념(理念)이나 사상(思想)으로 번역할 수도 있다. 일반적으로 '정치이념'과 같은 뜻으로 통용되기 때문에, 이데올로기라는 단어는 '사회가 어떻게 조직되고 운영되어야 하는지에 대한 사상'을 뜻하는 것으로 받아들여진다. 이데올로기라는 개념이 존재하기 위해서는 전통적, 종교적인 교설이나 신조가 가진 위계적이고 독단적인 입장을 사회적으로 비판할 수 있을 만큼 민주주의가 발전하고 다원주의적 사회가 형성될 필요가 있다.

현대에 주로 활용되는 용법으로 보자면, 이데올로기는 일종의 세계, 세상을 바라보는 틀이라고도 볼 수 있다. 그렇기 때문에 같은 현상을 두고도 다른 이데올로기를 가진 사람들은 다른 판단을 내릴 수 있다. 프랑스의 마르크스주의 철학자 알튀세에 의하면, 인간이 사회에서 태어나고 세계와 관계하는 이상, 이데올로기의 존재는 불가결한 것이다. 이데올로기는 개인의 의식과 관념을 말하는 것이 아니다. 그것은 인간이 세계와 관계함으로써 발생하는 상상적인 표상이자 그 상상적 표상을 형성하는 구조인 것이다. 그리고 그 결과로서의 개인(주체)을 형성해 내는 사회구조 그 자체도 이데올로기인 것이다. 알튀세에 의하면, 이데올로기 장치는 개인을 형성하는 이데올로기가 현실에서 기능하는 사회공간 그 자체이다. 즉 단순하게 억압적인 법과 정치제도 등의 국가 장치나 선전매체 등 직접적으로 개인의 사상에 개입하는 사회요소들 뿐만 아니라, 시민사회를 형성하고 있는 모든 제도들(학교, 종교단체, 매스미디어, 각종 조합 등)이 모두 이데올로기 장치이며 개인은 이런 제도 속 일상적인 실천을 통해 스스로에게 이데올르기를 각인한다는 것이다.

어쨌거나 자신들의 목적이 있고 그것을 자각한다고 믿는 경우, 그러한 이데올로기를 추구하는 사람들 혹은 집단들은 이데올로기적 이상향을 실현하기 위한 구체적인 지침이나 방법론을 마련하고자 한다. 이러한 내용들은 물론 그 이데올로기 안에 결합되기도 한다. 또 이러한 이데올로기 집단 내에 속한 사람들을 결속하기 위해 독특한 상징이나 의식, 제도 등이 마련되기도 한다. 소련의 낫과 망치, 나치의 하켄크로이츠(Hakenkreuz : '갈고리 십자가'라는 뜻) 등등의 상징도 그러한 역할을 한다. 또 제도나 의식은 이데올로기 그 자체에서 중요한 의미를 갖기도 하는데, 군국주의 사회에서 군인 뿐 아니라 거의 모든 단체에서 군대식 계급을 적용하고 그에 의한 차별적 대우를 하고자 하는 것도 그런 의미일 수 있다.

이러한 이데올르기가 나름의 체계를 갖추고 기초(foundation)안에서 억눌려 있던 악마와 손을 잡으면, 상상하기 힘든 참혹한 일을 저지르는 악마의 제자들이 탄생하게 되는 것이다.

천사와 악마가 공존하는 우리 인간의 내면을 일찍이 간파했던 작가 헤르만 헤세(Hermann Hesse)는 『데미안』에서 이렇게 말한다. "새는 알을 깨고 나온다. 알은 새의 세계다. 태어나려는 자는 한 세계를 파괴해야만 한다. 새는 신에게로 날아간다. 그 신의 이름은 아프락서스다." 아프락서스는 신이며 동시에 악마인 존재라고 한다.

  헤세의 문학여정은 천사와 악마가 공존하는 감성(感性)이라는 기초위에 이성(理性)이라는 집을 짓기 위한 험난한 과정이다. 서구사회의 작가들 중 동양사상에 대한 이해가 가장 깊었다고 평가받는 그 인만큼 그의 작품에서는 다분히 불교적인 색채가 농후하게 풍기는 것을 느낄 수 있다. 그의 여정은 한마디로 구도(求道)를 위한 승려의 행보에 가깝다. 삼보일배(三步一拜)를 행하는 구도자의 고통과 믿음, 신념이 묻어져 나온다. 그의 작품 속 주인공은 늘상 감성의 늪에서 헤어나오지 못하는 미완의 그릇이다. 무수히 많은 시행착오를 겪으면서 그는 조금씩 다듬어져 간다. 그에게는 항상 롤 모델로 삼을 만한 대상이 가까이에 있으며 그는 주인공과는 달리 감성을 능히 제어하고 이성의 커다란 집을 완성해 가는 사람이다. 이성의 큰 그림을 그리는 그에게는 감성이 시키는 일은 무시해도 좋을, 아무런 가치가 없는 것이다. 그러나 결국은 롤모델이었던 데미안과 주인공 싱클레어가 그러했던 것처럼, 또 이성적인 나르치스와 감성적인 골드문트가 그러했던 것처럼 그들은 서로에게서 자신의 참모습을 발견하고, 부족했던 한 부분을 메워줄 수 있는 소중한 대상으로 인식하게 되는 것이다. 『황야의 이리』에서의 방황하던 영혼은 『싯달타』에서 구도를 향한 처절한 몸부림 끝에 쉼없이 흘러가는 강물에서 영감을 얻고 깨달음에 이르게 된다. 감성의 기초위에 세워진 이성이라는 빌딩은, 천사와 악마가 공존하는 토대와, 이성이 만들어 냈다고 하는 집이 결국은 한 몸이라는 것, 독자적으로는 존재할 수 없다는 것이다.

　모든 사람이 평등한 사회를 꿈꾸는가? 예수 그리스도는 사랑, 평등, 박애를 가르쳤다. 노예를 부리는 일이 당연시되던 2천 년 전에 평등이라는 가르침은 대단히 획기적이고 파격적인 가르침이었을 것이다. 그러나 인류의 역사 가운데 어느 한순간 모든 인간이 평등과 사랑을 누리며 살아본 적이 있었던가? 인종 간의 평등, 남녀 간의 평등, 강자와 약자가 모두 평등한 사회, 이 모두가 현재 진행중이고 우리 인류가 반드시 실현해야 할 목표라고 해야 할 것이다. 조지 오웰(George Orwell)의 동물농장에서처럼 인간을 몰아낸 동물농장에서 이번에는 돼지가 지도자가 되어 거들먹거리는 그런 사회가 아닌 진정한 의미의 평등이 실현되는 그런 사회 말이다. 모두가 함께 평등하게 어우러져 살아가는 세상에서는 가장 먼저, 상대에 대한 존중이 전제되어야 할 것이며 약자에 대한 배려와 생명에 대한 경외(敬畏)와 존중이 있어야 할 것이다.

　대학살을 자행하는 악마의 제자들은 집단 광기에 휩싸여 있으며, 이 문제에 대해서는 라인홀드 니버(Reinhold Niebuhr)의 『도덕적 인간과 비 도덕적 사회』에서 그 근거를 추적해 나갈 수 있을 것이다.

　종교적, 정치적 이상주의에 있어서 절대주의(absolutism)는 영웅적 행위를 불러일으키는 훌륭한 촉진제 역할을 하지만, 직접적이고 구체적인 현실 상황에서는 위험천만한 안내자이다. 종교현실에 있어 절대주의는 부조리를 허용하고, 정치현실에 있어서는 잔인성을 용인한다. 그리고 이러한 부조리와 잔인성은 인간 본성의 타성이 절대적 이상의 장애물이 되기 때문에 그 결과들은 정당화되지 못한다.

개인들은 사회에 비해 훨씬 강한 정당성과 적은 위험으로 절대자를 추구한다. 만일 그들이 지불해야할 대가가 비싸다면 그들은 손해만 보고 말 것이다. 그리고 고귀한 비극이라는 감상이 이러한 좌절을 보상해 줄 것이다. 하지만 개인이 아닌 사회가 절대적인 것을 얻고자 달려들면, 수백만의 생명과 재산은 하루아침에 풍전등화의 위기에 놓이게 된다. 그리고 강제력은 사회정책의 일정한 수단이므로 절대주의는 이 도구를 독재와 잔혹성으로 바꾸어 버린다. 개인에 있어서는 아무런 해도 없고, 열정적인 기행 정도로 비치는 열광주의(fanaticism)도 정치적 정책으로 나타나게 될 때에는 인류에 대한 자비와는 전혀 무관해져 버린다. 쉽게 말해 개인은, 어떤 경우에도 도덕적일 수 있지만 사회는 항상 비도덕적일 수밖에 없다는 것이다. 잘못된 가치관을 지닌 지도자와 집단광기에 휩싸인 무리가 어우러져 벌이는 참담한 대학살은 이미 지나가버린 과거의 일이 아니다. 그것은 지금도 지구촌 도처에서 벌어지고 있는 현실이며 또 앞으로도 인류가 겪어 내야할 미래의 과제일수도 있다. 정말로 용서할 수 없는 일은 이들이 아무것도 모르는 철부지 어린아이들과 청소년을 학살의 도구로 이용했다는 점이다. 강자 앞에서는 비굴한 굴종으로 일관하고 약자에게는 무자비하게 대하는 비열함이 바로 악마의 명함이다. 악마의 제자들에 대해 생각하고 분노하는 와중에 혼탁해진 영혼의 세탁을 위해 시 한 편을 읽어보고자 한다.

서시(序詩)

죽는 날까지 하늘을 우러러
한 점 부끄럼이 없기를
잎새에 이는 바람에도
나는 괴로워했다
별을 노래하는 마음으로
모든 죽어 가는 것을 사랑해야지
그리고 나한테 주어진 길을
걸어가야겠다

오늘밤에도 별이 바람에 스치운다
    (1941. 11 윤동주 시 전문)

영혼(靈魂)

두뇌(頭腦)

1967년 미국 국립 정신건강 연구소의 폴 맥린(Paul MacLean) 박사는 사람의 뇌를 세부분으로 나누어 설명했다. 그중 가장 안쪽에는 뇌간(brain stem : 뇌 줄기)과 소뇌(cerebellum), 그리고 기저핵(基底核 : basal ganglia)이 자리한다. 이 부분은 파충류의 뇌의 구조와 거의 같아서 하나로 묶어 '파충류 뇌(reptilian brain)'라고 한다. 파충류 뇌는 진화 역사가 가장 오래된 부위로서, 생명활동의 기본적 기능인 균형감각과 호흡, 소화, 심장박동 그리고 혈압을 관장한다. 또한 생존과 번식에 필수적인 싸움, 사냥, 짝짓기, 영역 보존 본능도 파충류 뇌의 소관이다.

파충류 뇌에서 출발한 뇌는 복잡한 진화과정을 거치면서 바깥쪽으로 점점 자라났고, 부피가 커지면서 완전히 새로운 구조가 탄생했다. 이것을 '포유류 뇌(mammalian brain)' 또는 '대뇌 변연계(limbic system)'라 하며, 두뇌의 중심부 근처에서 파충류 뇌를 감싸고 있다. 대뇌 변연계는 원숭이처럼 집단생활을 하는 포유류에서 특히 발달하였다. 집단생활은 매우 복잡한 사회체계라서 잠재적인 적과 우리편, 그리고 경쟁자를 구별하는 능력이 필수적인데, 이 기능을 담당하는 곳이 바로 대뇌 변연계이다.

마지막으로 포유류 뇌를 감싸는 것은 비교적 최근에 발달한 대뇌피질(cerebral cortex)로서, 두뇌의 가장 바깥부분에 해당한다. 이 중에서 가장 최근에 형성된 부위를 신 피질(neocortex : 새로 생긴 껍질이라는 뜻)이라 하며, 고도의 인식기능을 담당한다. 신 피질이 가장 발달한 동물은 단연 인간이다. 인간의 두뇌는 전체 질량의 80%가 신피질인데, 두께는 냅킨 정도밖에 되지 않는다. 신 피질의 겉모습만 보면 별로 특별한 부분이 없는 것 같지만, 사실은 전혀 그렇지 않다. 회색을 띤 부분은 수십억 개의 작은 두뇌세포 즉 뉴런(neuron)으로 이루어져 있는데 이들은 거대한 전화 네트워크처럼 다른 뉴런으로부터 신호를 수신한다.

뉴런 사이를 연결하는 가지돌기(dendrite : 수상돌기)는 뉴런의 끝부분에서 덩굴처럼 뻗어 나와 있으며, 그 반대쪽 끝에 달린 기다란 축 삭 돌기(axon : 신경돌기)를 통해 하나의 뉴런이 다른 수만 개의 뉴런과 연결되어 있다. 또한 두 개의 뉴런이 연결되는 지점에는 시냅스(synaps)라 불리는 작은 공간이 있는데, 이것은 뇌 안에서 정보의 흐름을 통제하는 일종의 '문'으로, 신경전달물질 같은 특별한 화학물질이 시냅스로 유입되면 신호의 흐름이 바뀌게 된다.

도파민이나 세로토닌, 또는 노르 아드레날린 같은 신경전달물질은 두뇌에서 정보가 이동하는 수많은 경로를 제어하면서 우리의 기분과 감정, 생각, 마음 상태 등을 크게 좌우한다.

두뇌의 대략적인 지도는 1950~1960년대이 완성되었다고 한다. 뇌의 제일 바깥층에 해당하는 신피질은 크게 네 개의 엽(葉 :

lobe)로 나눌 수 있다. 뇌를 구성하는 모든 엽(葉)은 감각기관에서 전달한 신호를 처리하는데 전문화되었지만 단 하나, 이마 바로 뒤에 있는 전두엽(前頭葉 : frontal cortex)만은 예외다. 전두엽 대부분을 차지하는 전전 두 피질(prefrontal cortex)은 가장 이성적이고 논리적인 생각이 진행되는 곳이다. 이 부위에 손상을 입으면 앞일을 계획하거나 미래를 상상하기가 매우 어려워진다. 전전두 피질은 감각정보를 평가하고 향후 행동을 결정한다.

두정엽(頭頂葉 : parietal lobe)은 뇌의 위쪽에 자리잡고 있다. 그중 오른쪽 절반은 감각집중과 몸에 대한 느낌을 제어하고, 왼쪽은 특별한 기술과 언어 일부를 제어한다.

뇌의 뒷부분에 있는 후두엽(後頭葉 : occipital lobe)은 눈을 통해 들어온 시각정보를 처리하는 곳으로, 이 부위에 손상을 입으면 시력이 약해지거나 아예 시력을 잃을 수도 있다.

측두엽(側頭葉 : temporal lobe)은 언어(왼쪽)와 얼굴인식, 그리고 특정한 감정을 처리한다. 이 부위에 손상을 입으면 말을 못하거나 친숙한 얼굴도 알아보지 못한다.

이렇듯 두뇌는 여러 개의 부분이 조합되어 있으며 각각의 부분에는 자신이 담당하는 특별한 역할이 주어져 있다. 이러한 역할들을 종합하고 통제하여 하나의 독립된 인격체로서 개성 있는 인격을 발휘하게 만드는 데에는 일정한 시스템이 필요한 것으로 보여지며, 이러한 시스템을 설명하기 위해 여러 가지 두뇌 모형이 제시되었는데 어떤 이론도 두뇌의 복잡성을 완벽하게 설명하지는 못하였다. 그중에서 비교적 알기 쉽게 두뇌를 거대한 주식회사에 비유한 모형을 보면 다음과 같다.

이 모형에 의하면 인간의 두뇌에는 거대한 관료체계와 일련의 지휘계통이 존재하며, 방대한 정보들이 수많은 사무실 사이에서 수시로 교환되고 있다. 그러나 중요한 정보는 최종 결재권자인 CEO(Chief Executive Officer : 최고 경영자)의 지시에 따라 처리된다.

대부분의 정보는 '잠재의식'에 저장되어 있으며, CEO는 주식회사 안에서 유통되는 복잡다단한 정보를 모두 알 필요가 없다. 실제로 CEO의 책상 앞에 배달되는 정보는 극히 일부분이다.[CEO의 집무실은 전전 두 피질(prefrontal cortex)일 것으로 추정된다.] CEO는 회사의 운명을 좌우하는 중요한 정보만 알고 있으면 된다.

우리 두뇌는 매 순간 수조회의 연산을 수행하고 있지만 다행히 의식은 그것을 인지하지 못한다. 숲속에서 호랑이와 마주쳤을 때 자신의 위장이나 발가락, 또는 머리카락 상태까지 일일히 감지할 필요는 없다. 이럴 때에는 그저 '뛰어야 산다'는 사실만 알면 충분하다.

감정이란 하위부서에서 속성으로 내리는 결정이다. 이성적 사고는 시간이 오래 걸리므로 비상시에 가동하기에는 부적절하다. 이 때는 하위부서에서 상황을 빨리 판단하여 CEO나 중간 임원의 결재없이 결정을 내리는 것이 상책인데, 이 역할을 하는 것이 바로 '감정(emotion)'이다. 즉, 감정(두려움, 분노, 공포 등)은 하위부서에서 들어 올리는 '경고용 적색 깃발'로서, 진화를 통해 얻은 능력이다. 우리는 감정을 발휘할 때 생각을 거의 하지 않는다.

사람들은 자신의 마음이 하나이며, 정보를 매끄럽게 처리하여 나름대로 타당한 결정을 내린다고 생각한다. 그러나 두뇌 스캔을 통해 나타난 영상은 우리가 알고 있는 '마음'과 완전 딴판이다. 한 개인의 마음은 하나가 아니라 여러 마음의 집합체에 가깝다. 마음에는 다양한 하부 구조가 존재하며, 각 구조는 서로 치열하게 경쟁하고 있다. (MIT 교수이자 인공지능 창시자의 한 사람인 마빈 민스키 Marvin Minsky)

하버드 대학교의 심리학자 스티븐 핀커(Steven Pinker)는 말한다. 의식이란 뇌 안에서 휘몰아치는 폭풍과 비슷하다. 사람들은 '나'라는 존재가 두뇌의 통제실에 앉아 모든 장면을 스캔하면서 근육의 움직임을 통제하고 있다고 생각한다. 그러나 이 모든 느낌은 환상에 불과하다. 인간의 의식은 뇌 전체에 퍼져 있는 수많은 사건의 소용돌이이며, 이 사건들은 CEO의 관심을 끌기 위해 치열한 경쟁을 벌이고 있다. 하나의 사건이 자신의 존재를 가장 큰 소리로 외치면, 두뇌는 거기에 합리적인 해석을 내림과 동시에 '하나의 자아가 모든 결정을 내린다'는 느낌을 만들어 낸다.

최종 결정은 지휘 본부에서 CEO가 내린다. 두뇌 관료체계의 목적은 정보를 수집하고 조합하여 CEO에게 보고하는 것이며, CEO는 각 부서의 책임자하고만 접촉한다. 또한 CEO는 중앙 통제실로 쏟아져 들어오는 정보 중 서로 상충하는 것들을 적절히 조정하여 딜레마를 피한다. 바로 여기가 두뇌의 최종 결정 기관이며, 더 이상의 상부구조는 없다. 즉, 전전 두피질에 있는 CEO가 최후의 결정을 내린다. 대부분의 동물은 본능에 따라 결정을 내리지만, 유독 인간만은 다양한 정보 덩어리를 이리저리 조합하고 변형한 후 좀 더 고 차원적인 결정을 내린다.

정상적인 사람은 무언가를 생각할 때, 좌뇌와 우뇌는 상호 보완적인 관계에 있다. 좌뇌는 좀더 분석적이고 논리적이며, 언어 기능을 담당한다. 반면에 우뇌는 정보를 전체적으로 종합하면서 예술적인 기능을 담당한다. 그러나 최종 결정을 내리는 쪽은 우뇌가 아닌 좌뇌이다. 하나의 뇌 안에는 서로 다른 두 개의 정신이 존재할 수 있다. 좌뇌와 우뇌는 그 자체로 의식을 가진 독립적 시스템으로, 인지하고 생각하고, 기억하고, 의지를 발휘하고, 감정도 있다. 또한 좌뇌와 우뇌는 하나의 대상을 각기 다르게 인식할 수 있으며, 심하면 서로 충돌을 일으키기도 한다.

정신(精神)

정신은 육체나 물질에 대립되는 영혼이나 마음, 사물을 느끼고 생각하며 판단하는 능력 또는 그런 작용, 마음의 자세나 태도, 사물의 근본적인 의의나 목적 또는 이념이나 사상 등을 가리키는 말이다. 의식과 비슷한 개념으로서 대뇌에서 발생하는 것으로 밝혀졌으며, 그러므로 대뇌가 작동을 멈추면 정신도 소멸하게 된다. 사고나 충격 등으로 대뇌에 이상이 생기면 정신이 이상해지거나 정신병에 걸리기도 한다. 정신의 사전적 정의를 요약하면 다음과 같다.

- 육체나 물질에 대립되는 영혼이나 마음
- 사물을 느끼고 생각하며 판단하는 능력 또는 그런 작용
- 마음의 자세나 태도
- 사물의 근본적인 의의나 목적 또는 이념이나 사상

우주의 근원을 이루는 비물질적 실재

의식(意識)

철학자들은 '의식이란 무엇인가'라는 간단한 질문을 놓고 지난 수백 년 동안 열띤 공방을 벌여 왔지만 아직 아무런 결론을 내리지 못했다. 신경의학과 생물학적 지식을 총동원하여 의식에 관한 정의를 내린다면 다음과 같다.

의식이란 목적(음식과 집, 그리고 짝 찾기 등)을 이루기 위해 다양한 변수(온도, 시간, 공간, 타인과의 관계 등)로 이루어진 다중 피드백 회로를 이용하여 이 세계의 모형을 만들어 내는 과정이다. 동물은 주로 공간 및 다른 생명체와의 관계에서 이 세계의 모형을 만들어 내는 반면, 인간은 여기서 한 걸음 더 나아가 시간(과거와 미래)까지 고려하여 모형을 만들어낸다. 이것은 '시공간 의식 이론(space-time theory of consciousness)'라 불리울 수 있을 것이다.

대뇌변연계는 기억을 관장하는 해마(hippocampus)와 감각 정보를 처리하는 시상(thalamus) 등으로 이루어져 있는데, 이 모든 것은 다른 개체와의 관계를 정립하는 새로운 변수를 지니므로, 피드백 회로의 형태가 파충류 뇌보다 훨씬 복잡하고 다양하다.

인간의 의식과 동물의 의식을 구별하는 기준은 무엇인가? 인간은 동물의 왕국에서 유일하게 '내일'이라는 개념을 이해하는 동물이다. 인간의 의식은 이 세상의 모형을 만들 수 있을 뿐만 아니라, 과거에서 미래로 시간이 흐름에 따라 그 모형이 어떻게 변해 가는지도 예측할 수 있다. 이것이 가능하려면 수많은 피드백 회로를 조정하고 값을 매길 수 있어야 한다. 인간 두뇌의 가장 큰 특징은 현실 세계에 존재하지 않는 물체나 사건을 상상할 수 있다는 점이다. 바로 이 능력 덕분에 인간은 미래를 생각하고 예측할 수 있다.

의식은 어떤 형태로 작동하는가? 1단계는 의식의 흐름이다. 인간은 지구에서 유일하게 모든 단계의 의식을 가진 생명체일 것이다. 1단계 의식의 흐름은 대부분이 전전 두피질과 시상 사이에서 이루어진다.

2단계로는 집단속에서 자신의 위치를 파악한다. 1단계 의식은 감각정보를 이용하여 공간 속에서 자신의 물리적 위치를 말해주는 모형을 만드는 반면, 2단계 의식은 집단(사회) 속에서 자신의 위치를 말해주는 모형을 만들어 낸다.

3단계는 미래 시뮬레이션(simulation : 모의실험)하기이다. 3단계 의식은 의식의 가장 높은 단계이자 호모 사피엔스(Homo sapiens : 인간)와 가장 가까운 단계이다. 이런 수준의 의식을 가진 동물은 자신이 속한 세상의 모형을 만들 수 있을 뿐만 아니라, 상상 속에서 시간을 미래로 이동하여 모형을 시뮬레이션할 수도 있다. 자아 인식이란 자신이 등장하는 미래 모형을 만들어 시뮬레이션하는 행위이다.

그렇다면 '나'는 어디에 있는가? 인간의 두뇌에는 좌·우 뇌에서 생성된 신호를 하나로 매끄럽게 결합하여, '나'라는 인식을 만들어 내는 부위가 어딘가에 존재할 것이다. 다트머스 대학(Datmouth College)의 심리학자 토드 헤더튼(Todd Heatherton) 박사는 이 부위가 전전 두피질의 일부인 '내측 전전 두피질(medial prefrontal cortex)'일 것으로 추정하고 있다.

의식에 대해 설명하는 또 다른 이론도 있다. 즉 의식이란 환경, 다른 유기체, 그리고 자신에 대한 자각을 뜻하며, 행동으로 이어진다. 매우 단순한 유기체의 초보적인 수준에서부터 복잡한 뇌 시스템을 가진 유기체의 보다 복잡한 수준에 이르기까지 정도의 차이는 있지만 다른 유기체들도 가지고 있는 속성이다.

자신의 의식을 의식하는 유기체의 속성, 다시 말해서 알 뿐 아니라 자신이 안다는 것을 안다는 것을 반성적 의식이라고 하는데, 호모 사피엔스는 반성적 의식을 가진 유일한 종인 것으로 판단된다. 이 기능의 가장 분명한 증거는 바로 인간이 우리는 누구인가? 우리는 어디에서 왔는가? 우리가 존재하고 있는 우주는 무엇인가? 등의 질문을 묻고 대답하려 한다는 것이다. 종교와 철학 그리고 과학의 주제이기도 하다.

알려져 있는 다른 모든 종과 호모 사피엔스를 구분하는 것은 반성적 사고이며, 이 말은 현대 인류 성인은 뭔가를 알 뿐 아니라, 자기가 안다는 것을 안다는 뜻이다. 반성적 의식의 진화는 서로 겹쳐지는 세 가지 국면으로 나눌 수 있는데, 그 국면이란 원시적 사고, 철학적 사고, 과학적 사고이다.

원시적 사고는 천천히 진화해 나갔고, 대략 10,000년 전 즈음에 와서 인간은 식량을 얻을 수 있는 보다 효과적인 방식으로서 농사를 발명했고, 보다 큰 농경사회를 만들고 서로 협력하는 것이 유익하다는 것을 깨달았다.

원시적 사고의 진화는 자연현상에 대한 무지와 알 수 없는 것에 대한 두려움이 상상력과 결합하여 생겨나는 미신인 믿음의 진화와 맞물려 있었다. 생존과 번식을 위해 기술을 고안하고,

이들 일을 결정한다고 믿었던 초자연적인 힘에 영향을 미치기 위해 반성적 사고를 동원하면서 원시적 사고는 예술, 말과 글, 수학과 천문학의 토대를 놓았다. 철학적 사고는 인도 아 대륙에서 처음 나왔다고 보는 게 타당할 듯하고, 또 다른 증심지로는 중국과 그리스 식민지 이오니아가 있다.

우리는 누구이며 어디에서 왔는가? 우주는 무엇인가? 에 대한 질문에 대해 숙고하고 답하는 방식에는 여러 가지 형태가 있는 것으로 보인다. 이 중에서 일원론은 존재하는 모든 것들은 한 가지 궁극적 실체, 혹은 존재의 원리에 의해 형성되어 있거나 환원될 수 있다고 보는 추정 혹은 신념이다. 이에 비해 이원론은 우주를 구성하는데 두 가지 근본 구성요소가 있다는 추정 혹은 신념으로서, 그 두 가지는 물질과 정신 혹은 의식이다. 물리주의라는 것도 있는데 물리적인 물질만이 실재하며, 정신이나 의식 혹은 생각 등의 다른 모든 것들은 물질이나 그들 간의 상호작용으로 설명될 수 있다고 보는 추정 혹은 신념이다. 관념주의는 물질은 독립적으로 존재하지 않고, 정신 혹은 의식의 구축물로서 존재한다는 추정 혹은 신념이다.

일부 양자 이론가들은 물질은 독립적으로 존재하는 것이 아니라 정신 혹은 의식이 구축한 대로 존재한다는 관념론으로 기울었다. 어떤 이들은 우리의 물리적 오감과 정신을 포착할 수 있는 모든 현상들을 일으키고 조절하는 초월적인 우주적 의식처럼 만물의 저변을 이루는 통일성에 관한 고대의 신비주의적 통찰과 비슷한 형이상학적인 견해를 피력한다.

양자이론에 대한 여러 해석은 양자장이 붕괴되어 물질로 되기 전에 그것을 의식적으로 관찰하는 이를 필요로 하는데, 이는 물리주의와 부딪친다.

복사에 관한 혁명적인 양자이론을 만들어낸 막스 플랑크(Max Planck)에 따르면 "모든 물질은 어떤 힘으로부터 생겨나서 그 힘에 의해 존재한다. 우리는 이 힘의 배후에 의식을 갖추고 있으며, 지적인 정신(conscious and intelligent mind)이 존재한다."는 점을 상정해야 한다. 이 정신이 모든 물질의 모체다.

의식에 관한 여러 가지 연구

텔레파시(telepathy, 정신 감응) : 요즘 텔레파시는 전 세계 대학에서 주요 연구과제로 떠 오르고 있다. 과학자들은 이미 최첨단 센서를 이용하여 사람의 뇌 속에 떠오른 단어와 영상, 그리고 생각을 읽어내는데 성공했다.

미래 : 물질을 초월한 정신

의식이 육체를 떠나 홀로 존재할 수 있을까? 언젠가는 사라질 몸을 버리고 우주라는 곳을 마음대로 떠돌아다닐 수 있을까? 죽어서 구천을 떠돈다는 영혼을 말하는 것이 아니다. 지금 살아있는 '나', 자아의식이 있고 다분히 세속적인 나의 의식이 몸뚱이와 분리되어 그 자체로 존재할 수 있을까?

심적 에너지 : 새로운 형태의 에너지의 유력한 후보 중 하나가 심적 에너지(psychic energy)이다. 이는 대체로 정신과 관련되어 있으며, 현재까지 알려져 있는 에너지 형태로 환원할 수 없는 것이다. 유럽과 북미에서 심적 에너지와 관련해서 보다 최근에 진행된 연구에는 초능력, 염력(정신의 힘으로 물체를 조작함), 몸

에서 빠져나오는 체험, 임사체험 등이 있다.

초능력(ESP : Extrasensory perception) : 투시력과 염력에 관해 2천만 불을 투입한 은밀한 프로젝트가 냉전이 정점이던 1975년부터 20년간 지속되었다. 미국 정보기관들과 NASA 가 자금을 댔고 캘리포니아 스탠포드 연구소의 두 명의 레이저 물리학자 해럴드 푸토프 와 러셀 타그(Russell Targ)가 책임자였다. 타그는 이런 심령현상이 비 지역성이나 양자 얽힘 같은 양자역학의 개념으로 일부 설명될 수 있으며, 순수한 의식의 자아는 궁극적 실체로서의 우주적 의식과 동일하다는 고대의 신비주의적 통찰과도 결부되어 있다고 믿는다.

여러 문화권에서 나온 선견자들은 만물이 표현할 수 없는 궁극적 실체 안에서 근원적인 통일성을 갖는다는 유사한 통찰을 경험했다. 이는 시 공간을 초월해서 형태 없이 존재하는 초월적이고 우주적인 의식 혹은 지성이며, 또한 우리의 물리적 오감과 정신으로 포착되는 현상 속에 내재되어 있다고 표현할 수 있다.

그렇기에 현상적인 자아와 구별되는 바, 우리 각자는 나누어지지 않는 이 전체성과 본질적으로는 동일하다. 또한 이 궁극적 실체는 우주의 작동 속에 드러날 뿐 아니라 이를 조율하고 있으므로, 여기에 우리 삶을 조화시킬 때 충만함에 이를 수 있다.

양자역학은 비결정성, 양자 얽힘, 1차 과학혁명 시대의 고전적 혹은 뉴턴 물리학적 결정주의와 대조되는 상호의존성 등의 극 미소 분야를 밝혀주었다. 이 분야의 개척자들은 예측이 가능하고 실증적으로 확정된 자신들의 수학적 모델이 물리적 현상의 구현을 위해 의식을 요구한다고 보았다. 일부 학자들은 우리의 오감과 정신에 의해 포착되는 물리적 현상 속에서 드러나면서 이들 상호 의존적인 현상의 상호작용을 조율하고 있는 초월적인 우주적 의식 혹은 지성에 대한 고대의 통찰과 유사한 전체론적 견해를 지지했다.

우리가 누구인가 하는 질문에 대해 우리가 내놓을 수 있는 짧은 대답을 하자면, 우리는 조합(combination)과 복잡화(complexification)와 융합(convergence)을 특징으로 갖고 있으면서, 점점 가속화되고 있는 우주적 진화과정에 놓여있는 아직 완성되지 않은 산물(the unfinished product)이며, 미래의 진화를 성취하게 될 자기반성적인 주체이다.

마음

마음은 사람이 다른 사람이나 사물에 대하여 생각, 인지, 기억, 감정, 의지, 그리고 상상력의 복합체로 드러나는 지능과 의식의 단면을 가리킨다. 이것은 모든 뇌의 인지과정을 포함한다. '마음'은 가끔 이유를 생각하는 과정을 일컫기도 한다. 보통은 어떠한 실체의 생각과 의식의 능력으로 정의된다.

마음의 정확한 본성은 논쟁의 여지가 있다. 전통적으로 마음은 물질로 이해되었지만 현대 철학자들은 마음을 속성이나 능력의 집합체로 보는 경향이 있다. 철학, 종교, 심리학, 인지과학에서는 마음을 구성하는 요소가 무엇인지, 마음의 구별되는 속성이 무엇인지, 인간만이 마음을 가진 유일한 존재인지를 탐구하는 오랜 전통이 있다.

마음 또는 정신은 일반적으로 몸, 물질 또는 육체와 대조된다. 이 대조의 본질, 특히 정신과 뇌의 관계에 대한 문제를 심신문제라고 한다. 전통적인 관점에는 마음을 비물질적인 것으로 간주하는 이원론과 이상주의가 포함된다. 현대의 견해는 종종 마음이 뇌와 거의 동일하거나 신경활동과 같은 물리적 현상으로 환원될 수 있다고 주장하는 물리주의와 기능주의를 중심으로 한다. 또 다른 질문은 어떤 종류의 존재가 마음을 가질 수 있는지에 관한 것이다. 또는 마음이 인간이 만든 일부 유형의 기계의 속성일 수도 있는지 여부도 포함된다.

서로 다른 문화 및 종교적 전통은 종종 서로 다른 마음의 개념을 사용하므로 이러한 질문에 대한 답도 서로 다르다. 어떤 사람들은 마음을 인간에게만 배타적인 속성으로 보는 반면, 다른 사람들은 마음의 속성을 무생물(예 : 범신론 및 애니미즘), 동물 및 신에게 돌린다. 가장 초기에 기록된 추측 중 일부는 마음(때때로 영혼 또는 영과 동일한 것으로 묘사됨)을 조로아스터, 붓다, 플라톤, 아리스토텔레스 및 기타 고대 교리에서 죽음 이후의 삶과 우주론 및 자연 질서에 관한 이론에 연결했다.

마음은 때때로 감각 인상과 정신 현상이 끊임없이 변화하는 의식의 흐름으로 묘사된다.

영혼에 관한 동서양의 관점

동아시아의 관점

동아시아에서는 혼(魂)도 기(氣)로 이루어져 있으며, 사람이 죽으면 육체가 썩어 없어지듯이 영혼도 하늘에서 흩어진다고 생각했다. 참고로 혼백이 영혼이랑 같은 뜻으로 알고 있는 경우가 많은데, 원래 혼백(魂魄) 중에서 혼(魂)만 영혼과 비슷한 뜻이고, 백(魄)은 육체에 가까운 개념이다. 동아시아의 옛날 세계관에서는 사람이 뭔가 자연적이지 않고 억울하게 죽었을 경우, 백(魄)만 죽고 혼(魂)은 남아서 난동을 부린다고 생각했다. 이것을 액(厄), 살(煞) 등으로 부른다.

물론 혼은 시간이 지나면 결국 흩어지지만, 흩어지기 전까지 난동을 부리기 때문에 무당이 '살풀이'를 해 준다고 본다. 동아시아의 귀신 이야기에서 귀신이 툭 하면 한이 쌓여 있고 그게 풀려야 이승에서 물러나는 이야기가 많은 것은 이런 개념들 때문이다.

또 불교의 윤회사상의 영향을 받아서인지 흩어진 영혼은 소멸하는 것이 아니라 다시 환생한다고 한다.

유럽의 관점

아리스토텔레스는 영혼을 다음과 같이 세 부류로 나누었다.

생혼(生魂) : 이는 식물 안에 있는 생명력의 근원이다.

각혼(覺魂) : 이는 동물 안에 있는 생명력의 근원이다. 첫째 혼의 기능도 가지고 있다.

지혼(知魂) : 이는 인간 존재 안에 있는 생명력의 근원이다. 둘째 혼의 기능도 가지고 있다

따라서 아리스토텔레스의 관점에서 봤을 때, 이해와 자유의지를 가지고 있으며 영원히 살도록 되어있는 영혼, 곧 지혼은 오직 인간만이 갖고 있는 것이다. 인간의 영혼은 불멸적인 본질과

활기를 불어넣는 원리 그리고 생명을 활동하게 하는 원인이며, 육체와 결합함으로써 인간이라는 존재를 형성하게 된다.

그리고 아리스토텔레스의 이 관점은 가톨릭교회에서 그대로 수용하였고, 서구의 전통적인 영혼관으로 굳어진다. 현행 가톨릭 교리의 기본을 이루고 있는 트리엔트 공의회 『로마 가톨릭 교리서』에 따르면, "사람은 영혼과 육신이 결합한 자니라."라고 되어있고, 현행 『가톨릭 교리서』에도 "하느님은 육체와 영혼으로 된 사람을 창조하셨다."고 되어있으며, 그리고 "영혼은 죽지도 없어지지도 않는다."고 되어있다.

칼 융(Jung Carl Gustav)은 영혼을 인간의 외부에서 내부로 들어와 생명의 원리로 작동하는 실체로 보고 정신과는 다른 것이라고 했다. 그에 따르면 영혼은 스스로 자발적인 운동과 활동을 하며 감각적인 지각에 의존하지 않고 이미지를 산출할 수 있는 능력이 있으며 이러한 이미지들을 자율적으로 조절할 수 있다.

따라서 영혼은 인간의 창조물이 아니다. 오히려 인간은 영혼의 활동을 통하여 창조적인 능력을 부여받는다. 아키타입(Archetype)은 칼 융이 주장한 개념으로 인간의 집단 무의식 속에서 공통되게 나타나는 보편적인 이미지를 뜻한다. 이러한 인류 레벨의 무의식이 개인의 꿈을 넘어 전설, 신화, 민담 등으로 나타나게 된다는 것이다.

영혼은 사고를 위해 몸이 필요하고, 그러면 몸과 함께 소멸된다는 견해가 충분히 나올 수 있다. 아리스토텔레스는 분명 그렇게 보았고, 그의 해석자들인 아프로디시아스의 알렉산드로스와 아베로에스 도 마찬가지였다. 그러나 다른 견해도 있다. 영혼은 몸과 무관하게 활동할 수 있고 그로써 불멸이라는 것이다. 토마스 아퀴나스가 자기 방식으로 아리스토텔레스를 이해한 입장이 그랬다.

첫 번째 경우에는 이런 의문에 부딪친다. 만일 우리의 영혼이 눈과 귀, 촉각, 코, 입으로 지각하는 것만 가공한다면 어떻게 삼각형이나 인류, 정의 같은 추상적인 것들을 표상할 수 있을까? 이는 경험론자들이 수백 년 동안 고민한 난제였다.

반면에 두 번째 경우에는 이성적 능력이 있는 우리의 영혼을 물질적 실체가 없고 시간을 초월한 보편적인 무언가로 가정해야 한다. 하지만 냉철한 의학적 시각에서 보면 그에 대한 증거는 어디에도 없다. 결국 이 문제는 신앙을 가진 사람들 뿐 아니라 나중에는 합리주의자들까지도 머리를 쥐어뜯으며 씨름할 수밖에 없었다.

도미니크회 수도사였던 토마소 캄파넬라(1568~1639)는 동식물과 인간의 개별 영혼들이 대 우주의 세계영혼과 어떻게 소통하는지 설명하고자 했다.

그가 볼 때 개별 생명체는 우주에서 "인간 창자 속의 벌레처럼 살아간다. 이 벌레들은 인간의 오성과 의지, 감각을 지각하지 못한다. 이들의 감각은 그에 맞게 설비되어 있지 않기 때문이다." 하지만 캄파넬라는 모든 물질에 감수성이 있다고 보았다. 물론 그 감각은 무디고, 물질마다 그 무딤의 정도도 다르다. 따라서 공기조차도 느낀다는 것이다.

모든 것은 느끼고, 자신을 보존하는 일에 초점이 맞추어져 있다. 모든 인식의 출발점은 감각이지 인간에게 장착된 지능이 아니다. 이로써 캄파넬라는 훗날 감각주의로 불리는 사고 방향을 선취했다. 우리의 감각이 스스로를 의식함으로써 비로소 정신적인 것이 생겨난다. 이러한 자기 의식화는 모든 자연 인식의 출발점이다. 이 생각 역시 획기적이다. 캄파넬라는 자의식을 철학의 중심에 놓았다. 자의식과 무관한 대상들의 세계가 중심이 아니라는 말이다.

캄파넬라에게 감각은 세계를 구성하고 마지막엔 세계를 파악하는 질료이다. 스스로를 의식하는 감각은 매우 급진적이고 근대적인 생각이다. 우리는 200년 뒤 셸링과 헤겔의 철학에서 그러한 생각을 다시 만나게 된다. 물론 자기 자신을 의식한 감각으로서가 아니라 자기에게로 이르는 '정신'의 형태로서.

데이비드 흄(171~1776)은 말하기를 우리를 지배하는 것은 오성이 아니라 감정이며 우리의 판단은 철저한 정신적 숙고에서 나오는 것이 아니라 감정적 관성의 산물이라고 했다. 결국 인간에게 결정을 내리게 하는 것은 이성이 아니라 감정이라는 사실은 이미 많은 연구가들에 의해 증명되었다고 한다. 또한 도덕적 감정이 원래 주변 사람들에 대한 공감을 위해 만들어진다는 사실에 대해서도 마찬가지로 별 이론이 없다.

신이 창조한 것이 아니라면 생명은 왜 존재할까? 미리 그 형태가 정해진 게 아니라면 개체는 어떻게 개인적 성격을 구축해 나갈까? 이성이 하늘에서 떨어진 것이 아니라 감각에서 자라난다면 인간은 어떻게 지혜와 통찰에 이를 수 있을까.

칸트는 형이상학의 관점을 바꾸고 싶어했다. 물리적 우주에서 우리 정신의 우주로 시선을 돌리는 것이었다. 칸트는 모든 세계가 우리의 의식 속에서 이루어진다는 사실을 흄을 통해 알게 되었다. 세계는 우리 정신의 표상이라는 것이다. 데카르트와 스피노자, 라이프니츠, 볼트의 믿음처럼 세계 자체가 합리적인 것이 아니라 우리 의식이 세계를 합리적으로 분류하는 것일 따름이다. 그때 우리 의식은 영국 경험론자들의 상상을 훨씬 뛰어넘는 놀라운 능력을 보인다.

칸트는 말하기를 우리가 영혼이나 자아라고 부르는 것은 물질적으로 존재하는 것이 아니라 우리의 '내부감각'이 자아내는 무엇이라는 것이다. 따라서 그것은 '외부감각'으로는 인지될 수 없고, 어디에 존재하는지 확인할 수 있는 실체도 아니라고 했다.

우주적 영혼?

꽃의 꽃잎 수

꽃잎의 장수가 6장, 9장, 12장인 꽃은 존재하지 않는다. 꽃잎이 22장, 35장인 꽃도 마찬가지다.

꽃잎의 수는 약 8세기 전 발견된 괴상한 수열에 따라 정해진 것이다. 그것이 바로 '피보나치 수열'이다. 이 이름은 레오나르도 피보나치란 인물의 이름에서 따왔다.

0, 1, 2, 3, 과 같은 해묵은 숫자 표기법을 처음 유럽에 들여온 것은 피보나치였다. 10 진법 역시 피보나치가 처음 유럽에 소개했다.

피보나치 수열의 원리는 간단하다. 1부터 출발해 앞의 수를 하나씩 더해간다. 가령 1이란 수에다 앞의 수 0을 더하면 1이라는 숫자가 나온다. 따라서 피보나치 수열에서 맨 처음 나오는 세 숫자는 0, 1, 1이다. 똑같은 방식으로 계속 계산해보자. 1 더하기 1은 2, 2 더하기 1은 3, 3 더하기 2 는 5…. 결국 피보나치 수열이란 0, 1, 1, 2, 3, 5, 8, 13, 21, 34 등의 숫자의 나열을 의미한다.

여기 나열된 숫자들은 앞에서 이야기한 꽃잎의 장수에 해당한다. 그러니까 이제 적어도 한 가지 사실은 분명해졌다. 꽃잎의 장수는 결코 우연의 산물이 아니라는 것이다. 꽃잎의 장수는 이 경이로운 수열을 따르고 있다.

피보나치 수열에서 연속하는 두 수의 비를 구해보자. 가령 13을 8로 나누거나, 34를 21로 나누어 보는 것이다. 결과는 끝을 가늠할 수 없는 어떤 수를 얻게 될 것이다. 수학자들이 '황금수'라 부르는 유명한 수 말이다. 이 수는 "1.618…"로 표시되며 파이(π)와 마찬가지로 무한을 향해 끝없이 펼쳐진다.

이 유명한 황금 수는 자연 속에 있는 아주 많은 것들을 관장한다. 때로는 미처 우리가 생각지도 못한 것들까지 통제하고 있다. 가령 조개껍데기에 새겨진 소용돌이 무늬, 해바라기 꽃잎, 나뭇가지에 매달린 나뭇잎의 질서까지도 말이다. 대체 왜 그런 것일까? 왜 자연은 피보나치 수열을 따르는 것일까?

황금비

선분을 가장 아름답게 나누는 비, 즉 황금비(黃金比)는 물체에 신비한 힘을 부여 함으로써 훌륭한 건축과 회화와 조각을 가능하게 해주는 하나의 비율이다.

쿠푸 왕의 피라미드, 솔로몬 신전, 파르테논 신전, 대부분의 로마네스크식 성당 등은 부분적으로 이 황금비에 따라 지어졌다. 르네상스 시대의 많은 그림들 역시 이 비율을 엄격히 따르고 있다. 그 비율을 지키지 않고 지은 건축물은 결국 붕괴되고 만다는 주장도 있다.

황금비는 즉 1.6180339…이다. 수천 년의 신비가 담긴 이 수는 순전히 사람의 상상력에서 나온 것만은 아니다.

자연에서도 우리는 황금비를 발견할 수 있다. 예를 들어 나뭇잎들이 서로에게 그늘을 만들지 않도록 떨어져 있는 거리와 나뭇잎의 길이가 황금비를 이루고 있고, 사람의 몸에 있는 배꼽도 이 비율에 따라 그 위치가 정해져 있다고 한다.

꽃잎의 수라던가, 황금비라는 것은 우리에게 신비감과 더불어 강한 의문을 불러일으킨다.

그렇다면 정말로, 이 우주를 처음부터 정밀하게 디자인하고 그 운행을 조정해 나가는 절대적 존재, 우주적 영혼, 혹은 정신이라고 부를 수 있는 그 무엇이 있다는 이야기인지?

우주적 영혼의 일부로서 인간의 영혼도 존재하며, 동식물에게도 비록 그 흔적은 미미하나마 그 영혼의 영향을 받고 절대정신의 디자인에 따라 움직여가는 영혼이 있는 것은 아닐까?

그런 것이 아니라면 이 땅에 피어나는 꽃과 바다 건너 미국 땅, 유럽 땅, 아프리카에서 피어나는 꽃들이 한결같이 피보나치 수열에 따라 꽃을 피워 낸다는 것이 설명되지 않는 것이다.

그렇게 보면 인간의 영혼은 생명의 탄생과 더불어 육신에 깃들며, 육신이 소멸하면 왔던 곳(그곳이 우주적 영혼이든 신이든)으로 돌아간다는 영혼 불멸설이 맞는 것인지도 모른다.

세상에서 가장 아름다운 것은 무엇일까? 어린아이의 볼에 떠오르는 미소 또한 그중 하나가 아닌가 싶다. 이 아이의 영혼은 아마도 순백의 화선지와도 같이 티 없이 맑고 깨끗할 것이다. 영혼이 어디에서 와서 어디로 가는지는 우리 인간의 능력으로는 알 수 없는, 신의 영역인지도 모르지만, 적어도 이 순백의 영혼들이 더럽혀지지 않도록 지켜주는 것, 차원 높은 숭고한 영혼이 되도록 교육시켜 나가는 것, 그것은 이 시대를 살아가는 우리들의 사명이 아닌가 싶다.

가정에서부터 예의범절을 가르치고, 서로 공존(共存)하는 법을 배우며, 상대에 대한 존중과 배려가 중요하다는 것, 숭고한 이상을 지녀야 한다는 것 등을 그 뼈대로 허서 아이들을 교육시켜 나간다면 좀더 나은 미래, 아름다운 사회를 만들어나갈 수 있을 것이라는 소박한 희망을 품어본다.

이성(理性)과 감정(感情)

토마소 캄파넬라(Tommaso Campanella, 1568~1639)는 도미니크 회의 수도사였으며, 동식물과 인간의 개별 영혼들이 대 우주의 세계영혼과 어떻게 소통하는지 설명하고자 했다.

그가 볼 때 개별 생명체는 우주에서 "인간 창자 속의 벌레처럼 살아간다. 이 벌레들은 인간의 오성과 의지, 감각을 지각하지 못한다. 이들의 감각은 그에 맞게 설계되어 있지 않기 때문이다."

하지만 캄파넬라는 모든 물질에 감수성이 있다고 보았다. 물론 그 감각은 무디고, 물질마다 그 무딤의 정도도 다르다. 따라서 공기조차도 느낀다. 모든 것은 느끼고, 자신을 보존하는 일에 초점이 맞추어져 있다. 모든 인식의 출발점은 감각이지, 인간에게 장착된 지능이 아니다. 이로써 캄파넬라는 훗날 감각주의라 불리는 사고 방향의 시조라 불리울 수 있게 되었다.

우리의 감각이 스스로를 의식함으로써 비로소 정신적인 것이 생겨난다. 이러한 자기 의식화는 모든 자연 인식의 출발점이다. 캄파넬라는 자의식을 철학의 중심에 놓았다. 자의식과 무관한 대상들의 세계가 중심이 아니라는 말이다. 그에게 감각은 세계를 구성하고 마지막에는 세계를 파악하는 질료이다.

데카르트는 비물질적인 영혼만이 인간의 본래적인 자아를 형성한다고 믿었다. 그래야 영혼 불멸이 옹호될 수 있기 때문이다. 반면에 아리스토텔레스는 영혼도 죽는다고 생각했다. 영혼은 생명 에너지로써 육체와 불가분의 관계로 연결되어 있다고 여겼기 때문이다.

데이비드 흄은 말하기를, "우리를 지배하는 것은 오성이 아니라 감정이다. 우리의 판단은 철저한 정신적 숙고에서 나오는 것이 아니라 감정적 관성의 산물이다. 어떤 연결이 우리 정신 속에서 자주 반복될수록 그것은 점점 더 필연적으로 보인다."고 했다.

오늘날 많은 생물학자들, 특히 뇌 연구자들에게는 정신적인 것의 독자적 영역은 존재하지 않는다. 정신적인 것은 모두 육체적이고, 하나의 전기화학적 과정이다. 다만 모든 육체적인 것이 동시에 정신적인 것은 아니라고 생각하는 생물학자들도 많다. 뇌 연구자들은 무의식 상태의 뇌 활동이 의식상태의 결정보다 시간적으로 앞선다고 한다.

네덜란드의 영장류 연구가 프란스 드 발은 인간 도덕성의 뿌리에 다른 동물들, 특히 영장류와 겹치는 감정적, 직관적 영역이 있음을 보여 주었다. "우리 존재의 가장 깊은 핵심에는 감정적 반응이 있다. 한 단계 더 나아가면, 어린아이와 유인원의 경우에는 '인지적 감정 이입' 같은 것이 발달한다. 우리는 타인의 감정을 평가하는 법을 배우고, 타인의 행동에 대한 이유를 찾는다."

결국 인간에게 결정을 내리게 하는 것은 이성이 아니라 감정이라는 사실은 이미 많은 연구자들에 의해 증명되었다. 또한 도덕적 감정이 원래 주변 사람들에 대한 공감을 위해 만들어진다는 사실에 대해서도 마찬가지로 별 이론이 없다.

신이 창조한 것이 아니라면 생명은 왜 존재할까? 미리 그 형태가 정해진 것이 아니라면 개체는 어떻게 개인적 성격을 구축해 나가는 것일까? 이성이 하늘에서 떨어진 것이 아니라 감각에서 자라난다면 인간은 어떻게 지혜와 통찰에 이를 수 있을까?

우리의 모든 관념은 언어적 관념이라고 한다. 감각적 지각과 언어 규정은 서로 분리될 수 없이 하나의 과정에서 일어난다고 한다. 루소는 『에밀』에서, "교육시키지 말고 스스로 형성되고 자라나게 하라, 왜냐하면 인간 속에는 모든 선한 것이 이미 천성적으로 주어져 있기 때문이다."라고 했다.

시간과 공간은 절대적인가, 아니면 상대적인가? 시간과 공간은 존재하는가, 아니면 인간 정신의 '질서 틀'일 뿐인가? 칸트가 보기에는 둘 다 어느 정도씩 옳았고, 숙고할 가치가 있었다. 칸트는 세계의 역동성을 설명하는 데는 신이 필요 없지만, 왜 무(無)가 아닌 이 모든 것이 존재하는지를 설명하는 데는 계속 신이 필요했다.

서른 살 즈음의 칸트는 철학에서 가장 큰 두 가지 의문에 몰두했다. "생명은 무엇인가? 우주는 무엇인가?" 18세기 중반에도 이 물음들은 여전히 신학의 영역이었다. 다른 많은 동시대인들과 마찬가지로 그 역시 다른 행성들에도 생물이 살 것이라고 생각했다 한다.

신이 존재할 수밖에 없다면 그것은 논리적 근거로 존재하는 것이 아니라 인간의 행동과 도덕적 품행에 기준점이 필요해서 존재하는 것이다. 칸트의 신은 가정법이었다. 우리는 마치 신이 존재하는 것을 확실히 아는 것처럼 신을 상정할 뿐이라는 것이다.

칸트의 비판적 형이상학을 이해하려면 그가 어디에서 이론의 확고한 토대를 구했는지 알아야 한다. 칸트는 그 토대를 우주와 자연은 물론이고 신에게서도 찾지 않는다. 그가 찾는 곳은 생각하는 인간 그 자체다. 따라서 그에게 '세상을 알라'는 항상 '너 자신을 알라'는 뜻이다.

칸트는 형이상학의 관점을 바꾸고 싶어했다. 물리적 우주에서 우리 정신의 우주로 시선을 돌리는 것이었다. 칸트는 모든 세계가 우리의 의식 속에서 이루어진다는 사실을 흄을 통해서 알게 되었다. 세계는 우리 정신의 표상이라는 것이다. 데카르트와 스피노자, 라이프니츠의 믿음처럼 세계 자체가 합리적인 것이 아니라, 우리 의식이 세계를 합리적으로 분류하는 것일 따름이다. 그때 우리의 의식은 영국 경험론자들의 상상을 훨씬 뛰어넘는 놀라운 능력을 보인다.

우리가 영혼이나 자아라고 부르는 것은 물질적으로 존재하는 것이 아니라 우리의 '내부감각'이 자아내는 무엇이라는 것이다. 따라서 그것은 '외부감각'으로는 인지될 수 없고, 어디에 존재하는지 확인할 수 있는 실체도 아니다.

뉴턴의 책에는 칸트가 이율배반(Antinomie : 반대법칙)이라고 불렀던 해결될 수 없는 네 가지 모순이 그대로 드러나 있다. 첫 번째는 세계는 시작이 있고, 공간적으로 제한적인가? 아니면 세계는 원래부터 있었고 공간적으로 무한한가?

두 번째는 세상 만물은 단순한 부분들로 이루어져 있는가? 아니면 만물은 조합되어 있고, 단순한 것은 존재하지 않는가? 세 번째, 세상 만물은 철저하게 인과율에 따라 움직이는가? 아니면 그것을 뛰어넘어 자유의 영역도 존재하는가? 네 번째, 우리가 세계의 원인으로 상정하곤 하는 존재가 꼭 세계의 일부여야 하는가? 아니면 세계에 꼭 있어야 하는 존재는 아닌 것인가?

고대 이후 위대한 철학자라고 하는 사람들은 하나같이 이 물음들에 대해 어느 것이 옳다고 확실하게 결정을 내렸는데, 칸트가 볼 때 그것은 잘못이었다는 것이다. 대립하는 진술쌍은 어느 하나가 옳다고 명쾌하게 결정 내릴 수 있는 사안이 아니다. 칸트가 볼 때 합리론과 경험론 사이의 이 오랜 논쟁은 무엇보다 관점의 문제였다.

예를 들어 첫 번째 대립은 순수 경험론적으로만 관찰하면 두 진술 모두 난센스다. 모든 것이 원인과 결과에 따라 움직인다면 세계에는 시작이 있을 수 없다. 모든 시작 이전에 또 다른 시작이 있어야 한다. 무에서는 아무것도 나올 수가 없기 때문이다. 하지만 무언가가 어떤 형태의 시작도 없이 영원하고 무한하다는 것도 우리의 경험에 어긋난다.

결국 경험론적으로 관찰하면 두 진술이 다 틀렸다. 그럼에도 나는 오성 속에서 두 가지 표상을 떠올릴 수 있다. 무에서 시작한다는 표상과 무한함의 표상이 그것인데, 내 지성은 둘 중 하나가 맞다고 말한다. 그렇다면 경험론적 경험과 지성은 서로 모순된 결론에 이르고, 우리는 딛고 설 단단한 기반을 모두 잃고 만다. 그것은 두 번째 대립도 마찬가지다.

칸트에 따르면 세 번째와 네 번째 대립은 사정이 좀 달라 보인다. 네 번째 진술쌍을 살펴보자. 신은 존재해야 한다. 신은 존재할 필요가 없다. 이 문제의 경우 경험적 지식으로 할 수 있는 것이 없다. 신과 세계창조는 내가 감각적으로 경험할 수 있는 것이 아니거나, 아예 원칙적으로 감각적 경험이 불가능한 것이기 때문이다.

이로써 신은 증명할 수 없다. 신이 있다는 것도 증명할 수 없고, 신이 없다는 것도 증명할 수 없다. 신이 있다는 주장은 신이 없다는 주장만큼 사변적(思辨的)이다. 처음 두 대립에서는 두 진술이 경험적으로 틀렸던 반면에 네 번째 대립에서는 두 진술 모두 이론적으로는 맞을 수 있다. 다만 우리는 올바른 대답을 결코 알지 못한다.

칸트는 정상적이고 건강한 사람이라면 누구나 선(善)에 대한 의지가 있다고 믿었다. 칸트의 윤리는 오직 선한 의도만이 중요한 심정윤리학이다.

칸트가 특히 중요하게 생각한, 정언 명령에서 도출해 낸 결론이 하나 있다. 타인을 내 목적을 위한 도구로 사용하지 말라는 것이다. 이성을 가진 사람은 누구나 '내적 가치'가 있다. 그런 인간은 가격을 매길 수 있는 사물들의 세계가 아니라 가치를 가진 사물들의 세계에 속한다.

칸트는 『도덕 형이상학의 정초』에서 이 '내적 가치'를 처음으로 "존엄"이라고 칭했다. 존엄을 가진 사람은 '그 자체가 목적'으로서, 절대 타인의 목적을 이루기 위한 수단이 되어서는 안 된다. "인간 존엄"의 개념은 칸트의 발명품이 아니다. 르네상스 시대에 근대적 사유의 형태로 이루어진 바 있다. 계몽주의 사상가 중에는 인간이 이성적 존재로서 어떤 경우에도 침해받을 수 없는 존재임을 칸트만큼 명확하게 표명한 사람은 없다.

이제 헤겔의 이야기를 들어 보자. 철학에는 개념, 종교에는 표상, 예술에는 관조가 어울린다고 헤겔은 말한다. 헤겔의 출발점은 '자유 의지'이다. 칸트와 피히테가 볼 때, 섣부른 감정과 충동에 내몰리거나 흐트러지지 않을 때 우리의 의지는 자유롭다. 우리가 반성적으로 결정할 때 자유롭다는 말이다. 다만 문제는 그런 반성적 결정을 내릴 때 어느 것이 더 나은지 누가 우리에게 말해주느냐는 것이다.

"철학자가 자신의 철학을 비판적으로 바라보면 삶도 늙어버린다. 비판적으로 바라보는 것으로는 삶은 새로워지지 않고, 다만 인식될 뿐이다. 미네르바의 부엉이는 황혼이 깃들 무렵에야 비로소 날아오르기 시작한다." 이는 헤겔의 『법 철학』 서문에 나오는 이야기다. 헤겔은 이 유명한 시적 표현으로 노년의 성숙함을 인식의 시기로 찬양했다.

종교는 감성을 중시해야 한다. 우리는 인간이 감성과 이성이 뒤 얽혀 이루어진 존재라는 사실을 솔직히 인정해야만 한다. 감성은 선(善)을 실천하는 사람들을 격려하며, 사람들의 감정이나 의지, 마음을 순결하고 고귀하며 겸허하게 만들어 준다. 본디 종교란 마음속에 존재하는 것이므로 감성을 거부하는 것은 잘못된 것이다. 감성을 거부하는 종교는 사람들의 생활 및 행동에 아무런 영향도 주지 못하기 때문이다.

이성은 요리에서의 소금이나 자연에서의 빛과 같은 것이다. 다시 말해 분명한 실체(그 자체)를 지닌 채 나타나지 않는다. 이성은 어디까지나 전체적으로 스며들어 퍼지는 것이다. 그것은 감성을 거부하는 것이 아니라 감성에 스며드는 존재이며, 감성을 이성적으로 가꾸는 존재인 것이다.

쇼펜하우어는 베를린 대학에서 강의를 하면서 세계는 이성적인 것이 아니라 오히려 철저히 비합리적이라는 주장을 펼쳤다. 그는 헤겔에 의해 시간에서 벗어난, 영원한 것이라 여겨졌던 이성을 단순히 인간이 만들어 낸 것으로, 동물적 지능으로, '의지와 표상'으로 여겼다.

"의지가 지휘를 하면, 의식되는 이성은 그 뒤를 쫓아가기에도 바쁘다. 따라서 우리가 의지를 좌지우지한다는 것은 있을 수 없다. 자유의지는 없는 것이다. 의지에 영향력을 행사할 수 있는 것은 없고, 의지라는 존재는 오로지 인식과 해설의 대상이기 때문이다. 따라서 모든 도덕철학은 도깨비장난에 불과하다."

이상과 같이 여러 현자들의 한결같은 의견은 감성이 이성에 앞서 중요한 역할을 한다는 데에 뜻이 모아지는 것으로 보인다. 한편으로는 감성(혹은 감정)은 날뛰는 말처럼 통제하기 어려운 것이니 이성의 힘을 길러 감정을 잘 통제해 나가지 않으면 안 된다는 것 또한 사람들이 익히 알고 느끼는 것이기도 하다.

흡혈박쥐는 상습적으로 호혜적, 이타적 행동을 실천하고 있음이(다른 흡혈박쥐에 대해서) 지금은 밝혀져 있다. 많은 종류의 동물이 동종의 개체를 죽이고, 늑대나 침팬지는 집단학살을 하며, 오리나 오랑우탄은 강간을 하고, 개미는 조직적인 전쟁이나 노예사냥을 한다고 알려져 있다. 이러한 사실이 밝혀진 현재, 인간과 동물과의 본질적인 차이는 예술을 제외하고는 거의 없다고 생각된다.

만약 인간에게 감성은 없고 이성만이 존재한다면 예술이 존재 가능할까? 아마도 불가능할 것이다. 예술은 전적으로 감성에 의존하며 극히 일부분만 이성의 힘을 빌리는 것으로 생각된다.

인간이 태생적으로 예술을 좋아하며, 이성의 발달에 앞서서 감성적 요소가 충만한 생활을 해 왔다는 것은 고대 문화에서도 여실히 드러난다.

오랜 옛날 우리의 선조들이 즐겨 사용하던 악기들이 종종 발견된다. 그중 하나는 약 4만 년 된 뼈 피리다. 백조의 요골로 만들어진 12.6cm 길이의 이 뼈 피리는 1990년 슈바벤의 동굴에서 발견되었다고 한다. 이런 종류의 피리들은 유럽의 구석기 시대, 더욱 정확하게 말하자면 중부 유럽 도나우강을 따라 이주해 온 호모 사피엔스가 네안데르탈인과 나란히 살던 오리냐크(Aurignac) 문화기에 나온 것이다.

이 시기에 해부학적 현생인류의 초기 상징적 생산품들이 나왔다. 조형적인 그림, 3차원 장신구, 신화적 묘사들과 악기들이었다. 뼈 피리 말고도 초기의 음악 도구, 또는 소음 도구들이 있었다. 약 2만 5,000년 된 돌 조각품 〈로셀의 비너스(Venus of Laussel)〉는 눈금이 새겨진 바이슨 뿔을 어깨높이에 들고 있는데, 이는 마치 저절로 울리는 사냥 나팔 같다고 한다.

시간의 형식을 따르는 예술은 문학, 음악, 무용이고, 공간의 형식을 따르는 예술은 회화, 조각, 건축이라고 한다. 음악을 듣기 위해서는 반드시 시간이 요구된다. 몇 초 만에 하나의 음악을 이해한다는 것은 불가능하다. 왜냐하면 음악은 시간성을 기반으로 하기 때문이다. 반면 조각품을 감상할 때는 그 작품에 대한 느낌이 직관적으로 다가온다. 그것은 조각이 시간보다는 공간에 의존하는 예술 장르이기 때문이다.

문예와 관련해 가장 초기의 문헌으로 『시경』과 『예기』의 『악기(樂記)』를 든다. 『시경』은 민가, 연회와 제사의 노래 등 다양한 시가를 수록하고 있으며, 『악기』는 음악의 기원과 목적을 다루고 있다는데, 둘은 각각 시와 음악이라는 다른 장르를 논의하고 있지만 문예 창작의 동기를 설명하는 부분에서는 뜻을 같이한다고 한다.

『악기』에서는 "감정이 마음에서 움직여서 소리로 형상화된다.[정동어중(情動於中), 고형어성(故形於聲)]"라고 하고, 『모시서(毛詩序)』에서는 "감정이 마음에서 움직여서 언어로 형상화된다[정동어중(情動於中), 이형어언(而形於言)]"라고 말한다.

또 『모시서』에서는 "시는 뜻이 나아가는 것으로, 마음에 있으면 뜻이 되고 언어로 드러나면 시가 된다[시자(詩者), 지지소지야(志之所之也), 재심위지(在心爲志), 발언위시(發言爲詩)]"라고 말한다. 이로부터 '시는 뜻을 말한다'는 '시언지(詩言志)'라는 말이 나오게 되었다고 한다.

『악기』와 『모시서』의 내용을 종합하면 음악과 시는 정서적 반응이 어떤 방향으로 펼쳐지는 것과 밀접하게 관련된다고 보고 있다. 여기까지 오면 『악기』와 『모시서』는 개인의 순수한 감정을 강조하는 것으로 보인다. 하지만 『악기』와 『모시서』는 정(情)과

지(志)를 정치적 교화와 연결시켜 논의를 진행한다. 즉 정과 지는 어떠한 외적인 조건을 고려하지 않은 개인의 순수한 내용이 아니라 정치적으로 건전하고 바람직한 사회적 정서에 가깝다고 할 수 있다.

예술은 인간만이 누릴 수 있는 축복이다. 예술은 인간을 비로소 동물과 구분하여 인간답게 만드는 소중한 유산이다. 예술을 가능하게 만드는 근저에는 감성이 존재한다. 감성은 인간을 인간이게 만드는 기초(foundation)이다. 감성의 기초위에 인간은 이성(理性)이라는 건물을 지어 올린다.

[인간]

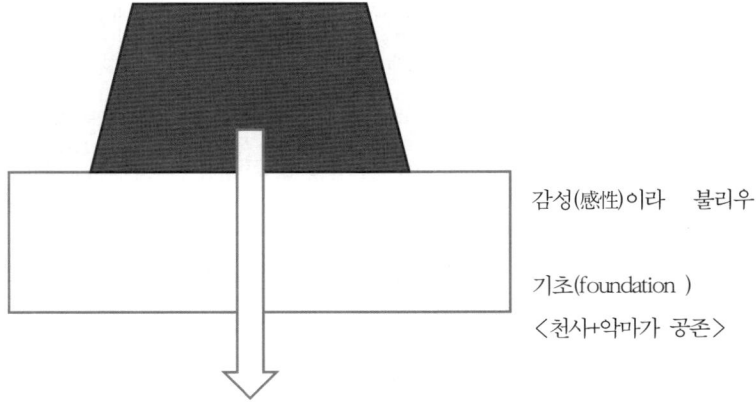

이성(理性)의 집

감성(感性)이라 불리우

기초(foundation)
〈천사+악마가 공존〉

이데올로기(Ideology)라 불리우는 함정(陷穽)

감성에는 천사와 악마가 함께 존재한다. 천사와 악마는 끊임없이 전투를 벌이며 우위를 점하고자 한다. 때로는 천사가 승리해서 선한 행위를 할 수도 있겠지만 악마는 언제든 반격의 기회를 엿보고 있으므로 방심은 금물이다. 이성은 감성이 바른 선택을 할 수 있도록 돕는다. 그러나 최후의 선택은 항상 감성의 몫이다.

이성이라는 건물에는 함정이 존재한다. 바로 이데올로기(Ideology)라는 것이다. 이데올로기는 자칫 인간다움을 앗아갈 수 있으므로 경계해야 하는 대상이다. 어쨌거나 우리 인간에게 감성이 있다는 것, 그리하여 예술을 만들고 그것을 향유(享有)할 수 있다는 것은 커다란 축복임에 틀림없어 보인다.

인간(人間)

케냐와 에티오피아에서 발견된 오스트랄로피테쿠스 아나멘시스(Australopithecus anamensis, '호수에서 발견된 남쪽 원숭이'라는 뜻)는 410만~420만 년 전의 화석으로, 다리뼈의 구조로 볼 때 직립보행을 한 것이 거의 확실하다.

1978년 메리 리키(Mary Leakey)와 그녀의 연구팀이 발견한 '라에톨리 발자국(Laetoli foot prints)'이 있다. 탄자니아의 올두바이 협곡으로부터 남쪽으로 45km 떨어진 이 지역은 그레이트 리프트 밸리(Great Rift Valley)의 서쪽 경계에서 가장 가까운 거리에 위치한 곳이다. 라에토리 발자국의 주인공은 오스트랄로피테쿠스의 또 다른 종(種)인 오스트랄로피테쿠스 아파렌시스[Australopithecus aparensis, '아파르(Afar)에서 온 유인원'이라는 뜻]의 것으로 추정되는데, 이들의 화석은 탄자니아와 에티오피아에서 발견된 바 있다.

오스트랄로피테쿠스 아파렌시스의 화석 중 유명한 것은 1974년 11월에 미국의 고 인류학자 도널드 요한슨(Donald Johanson)과 톰 그레이(Tom Gray)가 에티오피아의 아파르 침하지대(Afar Depression)에서 발견한 루시(Lucy)일 것이다. 이 화석뼈는 전체의 40%가 보존되어 있었으며, 동위원소 연대측정 결과 약 320만 년 전의 것으로 판명되었다.

1924년에 남아프리카 공화국 타웅(Taung)의 석회암 채석장에서 발견된 오스트랄로피테쿠스 아프리카누스(Australopithecus africanus, '아프리카에서 온 남쪽 유인원'이라는 뜻)는 다른 모든 화석들보다 시기적으로 앞서 있다. 그로부터 10년 후 남아프리카의 스테르크폰테인(Sterkfontein) 석회암 동굴에서 200만 년 이상 된 오스트랄로피테쿠스 아프리카누스의 화석이 거의 완벽한 상태로 여러 개 발견되었다. 이로써 오스트랄로피테쿠스는 처음 발견된 지 25년 만에 '인간의 조상일 수도 있다'는 판정을 받게 된다.

최초의 석기는 1931년 올두바이 협곡(Olduvai Gorge)에서 고인류학자 메리 리키가 이끄는 탐사팀에 의해 발견되었다. 리키는 이곳에서 발견된 석기를 '올도완 석기(Oldowan tools)'라 불렀다. 이 도구들은 손바닥만한 화산암 조각을 다른 돌로 쪼아서 만든 것인데, 용도는 확실치 않지만 끄트머리가 날카로운 것으로 보아 무언가를 자르거나 긁거나 잘게 부술 때 사용되었을 것이다.

메리 리키는 1959년에 올두바이 협곡에서 파란트로푸스 보이세이의 화석을 처음으로 발견했으나, 같은 장소에서 1년 뒤에 발견된 뼛조각이 더 많은 관심을 끌었다. 이때 발견된 치아는 오스트랄로피테쿠스나 파란트로푸스보다 작았고, 두개골의 용적은 더 컸다. 메리의 남편인 누이스 리키는 이것이 새로운 종임을 확신하여 호모 하빌리스(Homo habilis, '손재주 좋은 사람'이라는 뜻)로 명명하고, 분석 결과를 1964년에 『네이처』지에 발표했다.

연구 결과 동아프리카에서는 호모 하빌리스와 호모 루돌펜시스, 그리고 호모 에렉투스가 수십만 년 동안 공존했다는 결론이 내려졌다. 호모 에르가스터(Homo ergaster, '일하는 사람'이라는 뜻)는 호모 에렉투스(Homo erectus, '똑바로 선 사람'이라는 뜻)의 아프리카 직계조상으로 추정되며, 학자들 중에는 에르가스터와 에렉투스가 동일한 종이라고 주장하는 사람도 있다.

호모 에렉투스의 화석은 인도네시아(자바맨, Java Man)와 중국(베이징의 중국인, Chinese Man of Peking), 그리고 미국의 조지아주에서 발견된 바 있다. 아프리카 화석과 아시아 화석에는 약간의 차이가 있지만 학자들은 이 종(種)이 동아프리카에서 발원하여 식량을 찾아 아시아로 진출했다가 그쪽 환경에 적응한 것으로 추정하고 있다. 호모 에렉투스는 두개골 용적이 1,000㎤에 달하여 손도끼 같은 정교한 도구를 만들 수 있었다. 호모 에렉투스는 경쟁자들이 사라진 후에도 130만 년 동안 이 땅의 주인으로 군림해왔다. 이들의 화석 중에는 20만 년밖에 안 된 것도 있다.

학자들은 스페인 북부의 석회암 동굴에서 발견된 호모 안테세소르(Homo antecessor, '개척자'라는 뜻)가 호모 에렉투스의 유럽판 후손일 것으로 추정하고 있다. 화석의 연대는 약 85만 년 전으로, 두개골의 용적(약 1,000㎤)이 호모 에렉투스와 비슷하다. 안테세소르는 약 70만 년 전부터 자취를 감추었다. 정확한 이유는 알 수 없지만, 아프리카 에렉투스의 후손인 호모 하이델베르겐시스(Homo heidelbergensis, '하이델베르크 사람'이라는 뜻)와의 경쟁에서 밀려 멸종했을 것으로 추정된다.

하이델베르겐시스의 발원지는 확실치 않지만 이들의 화석이 독일과 프랑스, 영국, 그리스, 이탈리아, 이스라엘, 중동 등지에서 발견된 것으로 보아 에렉투스처럼 아프리카를 가로질러 아시아와 유럽으로 진출한 것 같다. 하이델베르겐시스는 두 종으로 분리되었는데, 하나는 유럽과 서아시아의 기후에 적응한 호모 네안데르탈렌시스(Homo neanderthalensis, 네안데르탈인, '네안데르 계곡의 사람'이라는 뜻)이고, 다른 하나는 아프리카에서 발원한 호모 사피엔스(Homo sapiens, '현명한 사람'이라는 뜻)이다.

네안데르탈인은 죽은 가족이나 동료를 자신이 거주하는 동굴에 묻고 함께 사는 전통이 있었다. 네안데르탈인은 40만 년 전에 출현하여 3만 5,000년 전에 사라졌다. 그들이 만든 석기는 긁어내는 도구에서, 바늘, 칼, 나무 손잡이가 달린 창 등 매우 정교하면서 종류도 다양하다. 또한 이들은 동물의 가죽으로 간단한 옷을 만들어 입었고, 불을 다룰 줄도 알았으며, 간단한 언어를 구사했던 것으로 추정된다. 네안데르탈인은 적응력이 뛰어난 종이었기에 이들이 멸종한 이유는 아직도 미스터리로 남아있다.

호모 사피엔스의 기원에 대해서는 고 인류학자들 사이에서 '최근 아프리카 기원설(Recent Africa Origin model)'이 대체로 인정받고 있는 것으로 보인다. 1987년에 발표된 한 연구 결과에 따르면 호모 사피엔스의 마지막 조상은 20만 년 전에 아프리카에 살았으며, 그녀에게는 '미토콘드리아 이브(Mitochondrial Eve)'라는 이름이 주어졌다. 가장 최근에 알려진 미토콘드리아이브의 나이는 10만~20만 년 정도이다.

화석에 근거하여 최근 발표된 이론에 의하면 네안데르탈인과 호모 사피엔스는 유럽에서 거의 5,000년 동안 공존했다고 한다.

호모 사피엔스의 혈통은 20만 년 전에 아프리카에서 시작되었다. 그들은 높은 지능과 뛰어난 적응력, 탁월한 손재주 등을 가지고 있었으며, 가장 특별한 점은 바로 '의식(consciousness)'이었다. 인간은 외부세계를 내면에 투영하는 방법을 개발함으로써 단순한 생존을 넘어 훨씬 높은 단계로 상승할 수 있었다. 의식은 추상적이고 상징적인 사고의 기반이며, 생존보다 훨씬 복잡한 '정신적 삶'의 원천이다. 또한 의식은 타인과 의사를 소통하고 복잡한 사회를 형성하는데 핵심적인 역할을 한다. 인간이 이룩한 모든 문화와 문명은 의식의 산물이라고 해도 과언이 아니다. 인간을 제외한 그 어떤 생명체도 이 단계에 이르지 못했다.

의식이란 환경, 다른 유기체, 그리고 자신에 대한 자각을 뜻하며, 행동으로 이어진다. 매우 단순한 유기체의 초보적인 수준에서부터 복잡한 뇌 시스템을 가진 유기체의 보다 복잡한 수준에 이르기까지 정도의 차이는 있지만 다른 유기체들도 가지고 있는 속성이라 할 것이다. 반성적 의식이란 자신의 의식을 의식하는 유기체의 속성을 말하며, 이는 다시 말해서 알 뿐 아니라 자신이 안다는 것을 안다. 호모 사피엔스는 반성적 의식을 가진 유일한 종이다. 이 기능의 가장 분명한 증거는 바로 인간이 우리는 누구인가? 우리는 어디서 왔는가? 우리가 존재하고 있는 우주는 무엇인가? 등의 질문을 묻고 대답하려 한다는 것이다. 종교와 철학, 과학의 주제이기도 하다.

알려져 있는 다른 모든 종과 호모 사피엔스를 구분하는 것은 반성적 사고이며, 이 말은 현대 인류 성인은 뭔가를 알 뿐 아니라, 자기가 안다는 것을 안다는 뜻이다. 반성적 의식의 진화는 서로 겹쳐지는 세 가지 국면으로 나눌 수 있는데 그 국면이란 원시적 사고, 철학적 사고, 과학적 사고이다. 원시적 사고는 천천히 진화해 나갔고, 대략 10,000년전 즈음에 와서 인간은 식량을 얻을 수 있는 보다 효과적인 방식으로서 농사를 발명했고, 보다 큰 농경사회를 만들고 서로 협력하는 것이 유익하다는 것을 깨달았다.

원시적 사고의 진화는 자연현상에 대한 무지와 알 수 없는 것에 대한 두려움이 상상력과 결합하여 생겨나는 미신인 믿음의 진화와 맞물려 있었다. 생존과 번식을 위해 기술을 고안하고 이들 일을 결정한다고 믿었던 초자연적인 힘에 영향을 미치기 위해 반성적 사고를 동원하면서 원시적 사고는 예술, 말과 글, 수학과 천문학의 토대를 놓았다. 철학적 사고는 인도 아 대륙에서 처음 나왔다고 보는 것이 타당할 듯하고, 또 다른 중심지로는 중국과 그리스 식민지 이오니아가 있다.

일부 양자 이론가들은 물질은 독립적으로 존재하는 것이 아니라 정신 혹은 의식이 구축한 대로 존재한다는 관념론으로 기울었다. 어떤 이들은 우리의 물리적 오감과 정신으로 포착할 수 있는 모든 현상들을 일으키고 조절하는 초월적인 우주적 의식처럼 만물의 저변을 이루는 통일성에 관한 고대의 신비주의적 통찰과 비슷한 형이상학적인 견해를 피력한다.

양자이론에 대한 여러 해석은 양자장이 붕괴되어 물질로 되기 전에 그것을 의식적으로 관찰하는 이를 필요로 하는데, 이는 물리주의와 부딪친다. 여러 문화권에서 나온 선견자들은 만물이 표현할 수 없는 긍극적 실체 안에서 근원적인 통일성을 갖는다는 유사한 통찰을 경험했다. 이는 시공간을 초월해서 형태 없이 존재하는 초월적이고 우주적인 의식, 혹은 지성이며 또한 우리의 물리적 오감과 정신으로 포착되는 현상 속에 내재되어 있다고 표현할 수 있다. 그렇기에 현상적인 자아와 구별되는 바, 우리 각자는 나누어 지지않는 이 전체성과 본질적으로는 동일하다. 또한 이 궁극적 실체는 우주의 작동 속에 드러날 뿐 아니라 이를 조율하고 있으므로, 여기에 우리 삶을 조화시킬 때 충만함에 이를 수 있다.

양자역학은 비결정성, 양자 얽힘, 1차 과학혁명시대의 고정적 혹은 뉴턴 물리학적 결정주의와 대조되는 상호의존성 등의 극미소분야를 밝혀주었다. 이 분야의 개척자들은 예측이 가능하고 실증적으로 확정된 자신들의 수학적 모델이 물리적 현상의 구현을 위해 의식을 요구한다고 보았다. 일부 학자들은 우리의 오감과 정신에 의해 포착되는 물리적 현상 속에서 드러나면서 이들 상호 의존적인 현상의 상호작용을 조율하고 있는 초월적인 우주적 의식 혹은 지성에 대한 고대의 통찰과 유사한 전체론적 견해를 지지했다.

새로운 형태의 에너지의 유력한 후보 중 하나가 심적 에너지(psychic energy)이다. 이는 대체로 정신과 관련되어 있으며, 현재까지 알려져 있는 에너지 형태로 환원할 수 없는 것이다. 유럽과 북미에서 심적 에너지와 관련해서 보다 최근에 진행된 연구에는 초능력, 염력(정신의 힘으로 물체를 조작함), 몸에서 빠져나오는 체험, 임사체험 등이 있다.

투시력과 염력에 관해 2천만 불을 투입한 은밀한 프로젝트가 냉전이 정점이던 1975년부터 20년간 지속되었다. 미국 정보기관들과 NASA가 자금을 댔고 캘리포니아 스탠퍼드 연구소의 두

명의 레이저 물리학자, 해럴드 푸토프와 러셀 타그(Russell Targ)가 책임자였다. 타그는 이런 심령현상이 비 지역성이나 양자 얽힘 같은 양자역학의 개념으로 일부 설명될 수 있으며, 순수한 의식의 자아는 궁극적 실체로서의 우주적 의식과 동일하다는 고대의 신비주의적 통찰과도 결부되어 있다고 믿는다

의식은 생명과 비슷하다. 미국의 철학자 네드 블록(Ned Block)은 의식을 '현상의식(phenomenal consciousness, P-의식)'과 '접근의식(access consciousness, A-의식)'으로 나누었는데, 그중 현상의식은 외부의 자극을 정신적 경험(일부 철학자들은 이것을 '감각질 qualia'이라 부른다.)으로 변환하는 과정이다. 즉 우리는 현상의식을 통해 시각, 소리, 냄새, 맛, 촉각을 경험하고 즐거움, 분노, 공포와 같은 감정을 느낀다.

접근의식은 이보다 고차원적인 과정으로, 정신적 정보(과거의 기억도 포함된다)를 수집하고 분석하여 특정 대상이나 상황에 집중하고, 추론하고, 결정을 내리고, 향후 행동을 제어한다. 간단히 말해서 현상의식은 원시적 감각을 통한 기능적, 감정적 경험을 인지하는 기능이고, 접근의식은 이러한 경험을 바탕으로 내가 취해야할 행동을 생각하는 기능이라고 할 수 있다.

프랑스 철학자 르네 데카르트(Rene Descartes)는 1637년에 출간된 저서 『방법서설』을 통하여 새로운 철학의 전통을 확립했다. 데카르트에게는 한가지 생각이 있었다. "나에게는 생각하는 의식이 있다."는 확신이 바로 그것이다. 그러나 자신이 존재하지 않는다면 이 확신은 모순에 봉착한다. 따라서 의식을 확신하는 한 '나'라는 존재도 확실한 진실일 수밖에 없다. 그리하여 데카

르트는 "Cogito ergo sum(나는 생각한다. 그러므로 나는 존재한다.)"는 유명한 결론에 도달하게 된다. 외부의 물리적 세계는 모호하고 불확실하며, 나에게 왜곡된 형태로 인지될 수도 있다. 그러나 의식은 외부세계와 본질적으로 다르다. 그래서 데카르트는 의식이 물리적 세계와 분리되어 있으며, 심지어 몸 안에서 의식을 낳는 모든 기관 및 두뇌와 도 분리되어 있다고 생각했다. 간단히 말해서 의식이란 물리적 세계와 동떨어져 있는 '그 무엇'이다.

생각은 어떻게 행동으로 변환되는가? 그는 두뇌의 중심부에 있는 송과선(pineal gland)에 의식이 존재하며, 이로부터 비물리적인 마음이 물리적 신체를 움직인다고 생각했다. 데카르트가 굳이 송과선을 지목한 데에는 그럴 만한 이유가 있다. 인간의 두뇌는 좌뇌와 우뇌로 양분된 대칭형이며, 이들은 뇌량(腦梁, corpuscallosum)이라는 신경다발을 통해 연결되어 있다. 특이한 것은 두뇌의 다른 조직들이 좌뇌와 우뇌에 똑같이 존재하는 반면, 유독 송과선은 단 하나밖에 없다는 점이다.

데카르트의 심신이원론(mind-body dualism, 몸과 마음의 근원이 다르다는 이론)은 영혼이 존재한다는 믿음과 거의 완벽하게 일치한다. 우리의 육체는 비물리적인 사고와 감정을 외부로 표출하는 수단에 불과하다. 나의 마음은 '나'를 정의하는 본질이지만, 나의 몸은 편리하게 사용할 수 있는 도구일 뿐이다. 데카르트는 몸과 마음이 송과선(松果腺, pineal gland)을 통해 서로 연결되어 있지만, 언제든지 분리될 수 있는 독립적 존재라고 믿었다.

우리의 두뇌는 분산적으로 임무를 수행한다고 한다. 과거의 뇌 과학자들은 사람의 기억이 컴퓨터의 램(RAM, random access memory, 임의 기억장치)처럼 뇌의 특정 부위에 저장된다고 생각했으나 지금은 그렇지 않다는 것을 알게 되었다고 한다. 좌뇌는 주로 언어와 분석, 그리고 순차적 처리를 담당하고, 우뇌는 공간 지각력과 창조적 사고, 그리고 다양한 정보를 종합하는데 특화되어 있다.

척수 바로 위 대뇌 아래에 있는 뇌간은 파충류의 뇌와 비슷하다고 한다. 뇌간은 의식하지 않아도 되는 생명 활동을 담당한다. 위가 비면 배가 고파진다. 땀을 흘리면 목이 마르다. 배우지 않아도 음식을 씹고 물을 마실 수 있다. 소화는 위장이 알아서 한다. 마음먹지 않아도 숨을 쉰다. 가시에 찔리면 아프다. 돌이 날아오면 나도 모르게 몸을 움츠린다. 이런 일들은 도마뱀도 다 한다. 변연계(邊緣系)는 대뇌피질 아래에서 뇌간을 둘러싸고 있다. 여기에는 방이 여럿 있다. '편도'는 감정을 조절한다. '해마'는 기억을 저장한다. '시상하부'는 호르몬 분비를 조절한다. '기저핵'은 운동을 제어한다. 변연계는 오리너구리 같은 원시 포유류 단계에서 만들어진 것으로 보인다. 변연계는 특히 짝짓기를 할 때 맹활약을 한다. 사랑에 빠진 연인들의 뇌에서 강한 활성도를 나타낸다.

대뇌피질(大腦皮質, cerebral cortex)은 가장 높이 진화한 고등 포유류의 것이다. 인간의 뇌의 무게는 약 1.4킬로그램 정도 되는데, 80퍼센트가 대뇌피질이다. 단어를 물건과 연관 짓고, 타인과의 관계를 형성하며, 과거를 비판적으로 성찰하고, 미래를 전망하면서 현대의 삶을 설계하는 고도의 지적(知的) 기능을 담당하는 곳이 바로 대뇌피질이다.

신경과학자들은 뇌 손상 환자들에게 첨단기술을 적용하여 두뇌의 부위별 기능을 꽤 구체적으로 알아냈으나, 의식적 경험이 어떻게 일어나는지는 설명하지 못했다. 나를 '나'라고 느끼는 의식은 어떻게 생기는 것일까? 마음속에서 거대한 통합이 일어나는 것 같기는 한데, 깊이 파고들어 갈수록 의식의 실체는 모호해진다. 대체 '나'는 어디에 있는 것일까? '나'라는 존재는 뇌의 어떤 특정 부위에 자리잡고 있는가? 배외측 전전두 피질(背外側前前頭葉, dorsolateral prefrontal cortex)이 바로 그곳이라고 한다.

의식과 관련된 문제는 영원히 풀리지 않을 수도 있지만, 의식은 '존재하는 어떤 것'이 아니라 두뇌에서 일어나는 '하나의 과정'임을 언젠가는 증명할 수 있으리라 기대하고 있다. 의식은 인간의 전유물이 아니라고 한다. 2012년 7월 7일에 세계적으로 저명한 신경과학자, 신경생리학자, 신경 해부학자, 그리고 전산 신경 과학자들이 영국의 케임브리지 대학교에 모여 난상토론을 거친 후, '의식에 관한 케임브리지 선언문'을 발표했는데, 주된 내용은 다음과 같았다.

"지금까지 수집된 증거에 의하면 의식을 창출하는 신경기질(神經基質, neurological substrates)을 보유한 생명체는 인간뿐만이 아니다. 포유류와 조류, 그리고 문어를 비롯한 다른 생명체들도 인간과 비슷한 신경기질을 갖고 있다." 이 선언을 받아들인다면 "뇌는 물질로 이루어져 있지만, 마음과 의식은 두뇌의 고차원적 과정(또는 기능)이다."라는 주장에도 동의할 것이다.

호모 사피엔스의 두뇌는 다른 동물에 비해 전두엽이 유난히 컸다. 전두엽은 '인간을 인간답게 만드는' 고차원적 정신능력이 발휘되는 곳이다. 또한 호모(Homo) 혈통을 이어받은 종족은 일련의 유전적 변이를 통해 해부학적으로 발성(發聲)에 유리한 구강 구조를 갖게 되었으며, 두뇌의 언어중추도 크게 개선되었다. 이 두 가지 기능이 합쳐지면서 인간은 언어를 개발했고, 언어를 사용하면서 두뇌의 신경망이 급속도로 발달하여 추상적인 사고를 할 수 있게 되었으며, 이로부터 인간 특유의 의식이 싹트기 시작했다. 사고(思考)의 기반인 언어를 도입함으로써 인간다운 의식을 갖게 된 것이다.

타인과의 의사소통이 가능해진 후로는 이전과 비교가 안 될 정도로 크고 복잡한 사회가 형성되었고, 다인관계가 복잡해지면서 타인의 행동을 예측하고 제어하는 '사회적 두뇌'가 발달했다.

약 4만~5만 년 전에 인류에게 결정적인 변화가 찾아왔던 것 같다. '대약진(Great Leap Forward)' 또는 '인간혁명(human revolution)'으로 불리는 이 시기에 인류는 창조력과 혁신이 최고조에 도달하여 '현대적 행동'의 단계로 진입하게 된다. 대 약진이 일어난 후, 뼈로 만든 바늘 등 도구가 눈에 띄게 정교해졌다. 그전까지만 해도 인류는 주변에서 쉽게 구할 수 있는 재료로 도구를 만들었으나, 대 약진을 겪은 현대인들은 수백 km 떨어진 곳에서 만들어진 도구를 입수해서 사용했다. 이것은 원시적인 형태의 물물교환이 이루어졌음을 보여주는 증거이다.

영혼(靈魂, soul)이란 무엇인가? 의식과는 다른 것인가? 의사이자 심리학자인 칼 융(Jung, Carl Gustav)은 영혼을 정신(psyche)과는 구별되는 일종의 생명의 원리라고 보았으며, 영혼은 인간의 외부에서 내부로 들어와 생명의 원리로 작용하는 실체로 보고 정신과 다른 것이라고 했다. 그에 따르면 영혼은 스스로 자발적인 운동과 활동을 하며 감각적인 지각에 의존하지 않고 이미지를 산출할 수 있는 능력이 있으며 이러한 이미지들을 자율적으로 조절할 수 있다고 하였다. 따라서 영혼은 인간의 창조물이 아니다. 오히려 인간은 영혼의 활동을 통하여 창조적인 능력을 부여받는다. 폴 데이비스는 『침묵하는 우주』에서 다음과 같이 말하고 있다.

"가장 중대한 과학의 미스터리 가운데 하나는 의식의 본질이다. 특히 '뇌가 어떻게 의식을 만들어 내는가?'는 그 핵심 가운데 하나다. 생각, 감정, 혹은 자기 인식을 만들기 위해 소용돌이치는 전기패턴에서 어떤 일이 일어나야 할까? 이 문제는 아무도 답을 모른다." 개체 정체성은 인간 경험에서 독특한 특성 중 하나다. 우리는 모두 유일한 개체 정체성, 즉 자기 정체성을 가지고 있다. 자기 정체성은 스스로, 넓게는 우주, 좁게는 자신을 둘러싼 다른 지각 있는 존재들로 구성된 사회의 일부라고 느끼는 동시에, 그로부터 분리된 인식을 뜻한다. 인간의 뇌가 진화과정에서 어떻게 독립된 자아 정체성과 주관적 경험을 만들어 냈는지에 관해서는 알려진 게 없다.

정기(精氣)와 영혼이 정확히 무엇으로 이루어져 있는지, 그리고 어디에 존재하는지는 족히 2,000년이 넘도록 끊임없이 이어져 온 의문거리였다. 17세기 초 대부분의 유럽인들은 영혼이 인간의 가장 불멸 적이고 비물질적인 부분이며, 영혼의 구원이나 지옥행이 신의 소관이라는 데 이견이 없었을 것이다. 그러나 이 말은 지성이 육신 전체에 작용하면서 몸이 정해준 모양대로 자랄 수 있게 해주고 생기와 온기를 발산하게 해주며 자손을 번식시킬 수 있게 해준다는 의미이기도 했다.

정기는 영혼과 육신이 목표에 도달하기 위해 사용하는 도구였다. 많은 철학자나 연금술사, 약제사, 신비주의자는 우주에도 영혼이 있으며 이 영혼이 자신의 의지를 실행하기 위해 행성과 별을 통해 정기―를 전달해 준다고 믿었다. 숨을 쉴 때마다 세상의 정기가 인체로 들어와 생명과 지성을 불어넣어 준 뒤 소유주의 영혼을 대 우주의 영혼과 결합시켜 준다는 것이었다.

주희는 사람의 정신을 혼(魂)과 백(魄)으로 나누어서 설명하고 있다. 이 가운데 혼은 인간의 정신(精神)을 지배하는 요소이고, 백은 몸을 지배하는 요소이다. 사람이 죽으면 혼은 하늘로 올라가 신(神)이 되는데, 후손들이 제사를 지낼 때 내려온다고 믿어지는 존재가 바로 이 신(神=魂)이다. 그러나 신도 영원한 것은 아니고, 나중에는 스멸하여 사라진다고 한다. 반면에 백은 그 사람이 죽으면 땅으로 돌아가 귀(鬼)가 된다고 한다.

오늘날 많은 생물학자들, 특히 뇌 연구자들에게는 정신적인 것의 독자적 영역은 존재하지 않는다. 정신적인 것은 모두 육체적이고, 하나의 전기화학적 과정이다. 다만 모든 육체적인 것이 동시에 정신적인 것은 아니라고 생각하는 생물학자들도 많다고 한다.

데이비드 흄은 말하기를 "우리를 지배하는 것은 오성이 아니라 감정이다. 우리의 판단은 철저한 정신적 숙고에서 나오는 것이 아니라 감정과 관성의 산물이다. 어떤 연결이 우리 정신 속에서 자주 반복될수록 그것은 점점 더 필연적으로 보인다."라고 했다. 우리 속의 필연성이란 나 자신의 감정도식, 표상도식, 사유도식을 따를 수밖에 없는, 그러니까 지속적인 원인과 결과의 사슬에 따를 수밖에 없는 내적 강제성을 가리킨다. 내 모든 감정과 사고가 오직 원인과 결과의 고리로만 설명된다면 대체 인간에게 '자유의지'의 공간은 어디에 있는가? 결국 인간에게 결정을 내리게 하는 것은 이성이 아니라 감정이라는 사실은 이미 많은 연구가들에 의해 증명되었다. 또한 도덕적 감정이 원래 주변 사람들에 대한 공감을 위해 만들어진다는 사실에 대해서도 마찬가지로 별 이론이 없다.

감정의 가장 중요한 역할은 '무엇이 중요하고, 무엇이 값지며, 무엇이 예쁜지, 그리고 무엇이 나에게 유익한지'를 판단하는 것이다. 감정이 없으면 모든 것의 가치가 똑같아지면서 아무것도 선택할 수 없게 된다. 감정은 사치품이 아니라 지능을 갖기 위해 반드시 필요한 요소이다.

이는 미치오 카쿠(Michio Kaku)가 『미래의 물리학 : physics of the future』에서 언급한 말인데 많은 부분 공감이 가는 이야기라 아니할 수 없을 것이다. 그는 또한 말하기를 의식(consciousness)이란 주변 환경을 느끼고 인식하는 능력(주변 인식)이며, 스스로 인식하는 능력(자기 인식)이고, 목표를 정하고 계획을 세우는 능력, 즉 미래를 시뮬레이션하고 목표 달성을 위한 방법을 찾아내는 능력이라고 정의한 바 있다.

이성과 감정에 대한 이야기는 결국은 가치관에 관한 이야기로 비약해 나아간다. 쇼펜하우어의 이야기를 들어 보자. 어리석은 사람들은 부(富)를 얻을 수만 있으면 의지는 완전히 만족시킬 수 있다고 생각하고 있으며, 재산가는 모든 욕망을 실현시킬 수 있는 사람이라고 생각하고 있다. 그럼에도 불구하고 부의 획득에 바쳐지는 인생은 만일 우리가 부를 기쁨으로 바꾸는 법을 터득하고 있지 못하다면 무익한 것이다. 그리고 이 일은 교양과 지혜를 필요로 하는 기술이다. 관능적 추구의 연속은 결코 사람을 오래 만족시키지 못한다.

강신주의 『맨 얼굴의 철학』에는 공감이 가는 이야기가 많이 나온다. 감정을 많이 죽이면 나중에 진짜 죽는다. 감정이 없을 때 인간은 기계가 된다. 인간의 본질은 감정이다. 감정대로만 하면 세상이 안 돌아가니까 이 감정을 어떤 통로로 뚫어 놓을 것인가 고민하기 위해 이성이 필요한 것이다. 딱 그 정도로만 이성은 의미가 있는 것이다. 이성은 절대 감정에 저항하면 안 된다. 감정을 흐르게 하는 소통 창구를 찾는 역할을 해야 한다. 종교적 담론은 지적인 것들이 더 강하게 들어온다. 감정을 다 억압한다. 인문학자는 종교를 믿을 수 없다는 것이 그래서이다. 인문학 최고의 적은 자본주의가 아니라 종교이다.

영혼은 사고를 위해 몸이 필요하고, 그러면 몸과 함께 소멸된다는 견해가 충분히 나올 수 있다. 아리스토텔레스는 분명 그렇게 보았고, 그의 해석자들인 아프로디시아스의 알렉산드로스와 아베로에스도 마찬가지였다. 다른 견해도 있다. 영혼은 몸과 무관하게 활동할 수 있고 그로써 불멸이라는 것이다. 토마스 아퀴나스가 자기 방식으로 아리스토텔레스를 이해한 입장이 그랬다. 첫 번째 경우에는 이런 의문에 부딪친다. 만일 우리의 영혼이 눈과 귀, 촉각, 코, 입으로 지각하는 것만 가공한다면 어떻게 삼각형이나 인류, 정의 같은 추상적인 것들을 표상할 수 있을까? 이는 경험론자들이 수백년 동안 고민한 난제였다. 반면에 두 번째 경우에는 이성적 능력이 있는 우리의 영혼을 물질적 실체가 없고 시간을 초월한 보편적인 무언가로 가정해야 한다. 하지만 냉철한 의학적 시각에서 보면 그에 대한 증거는 어디에도 없다. 결국 이 문제는 신앙을 가진 사람들뿐만 아니라 나중에는 합리주의자들까지도 고심할 수밖에 없었다.

칸트는 형이상학의 관점을 바꾸고 싶어했다. 물리적 우주에서 우리 정신의 우주로 시선을 돌리는 것이었다. 칸트는 모든 세계가 우리의 의식 속에서 이루어진다는 사실을 흄을 통해 알게 되었다. 세계는 우리 정신의 표상이라는 것이다. 데카르트와 스피노자, 라이프니츠의 믿음처럼 세계 자체가 합리적인 것이 아니라 우리 의식이 세계를 합리적으로 분류하는 것일 따름이다. 칸트는 말하기를 우리가 영혼이나 자아라고 부르는 것은 물질적으로 존재하는 것이 아니라 우리의 '내부감각'이 자아내는 무엇이라는 것이다. 따라서 그것은 '외부감각'으로는 인지될 수 없고, 어디에 존재하는지 확인할 수 있는 실체도 아니다.

칸트가 보기에 생각은 영혼의 한 기능이고 비물질적인 매체이며 따라서 엄밀하게 계량화할 수 없기 때문에, 인간 정신의 연구는 영원히 '과학적 탐구'의 영역 밖에 있었다. 존 다즈를 비롯한 대다수의 초기 심리학자들도 생각은 영혼에서 나오며 영혼이 인간의 육체를 이끈다고 믿었다. 19세기의 신경생리학자들은 정신의 작용을 완전히 물질적이고 세속적으로 해석할 준비가 되어있지 않았다. 그러나 이들도 전기는 영혼의 비물질적인 세계와 세속의 유형적 세계 사이에 낀 회색지대 어딘가에 존재하는 매체로, 불멸의 영혼과 죽을 수밖에 없는 육체를 연결하는 신의 커뮤니케이션 네트워크라고 믿었다.

칸트가 특히 중요하게 생각한, 정언 명령에서 도출해낸 결론이 하나 있다. 타인을 내 목적을 위한 도구로 사용하지 말라는 것이다. 이성을 가진 사람은 누구나 '내적가치'가 있다. 그런 인간은 가격을 매길 수 있는 사물들의 세계가 아니라 가치를 가진 사물들의 세계에 속한다. 칸트는 『도덕 형이상학의 정초』에서 이 '내적가치'를 처음으로 '존엄'이라고 칭했다. 존엄을 가진 사람은 '그 자체가 목적'으로서, 절대 타인의 목적을 이루기 위한 수단이 되어서는 안 된다. 계몽주의 사상가 중에서 인간이 이성적 존재로서 어떤 경우에도 침해받을 수 없는 존재임을 칸트만큼 명확하게 표명한 사람은 없다.

사람은 존엄성을 지키기 위해 살기도 하고 죽기도 한다. 그것이 인간이다. 존엄(尊嚴, dignity)이란 무엇인가? 존엄은 인간 언어생활에서는 존경과 고귀함을 의미한다. 칸트에 따르면 존엄한 것은 가치를 따질 수 없다. 어떤 것의 가치는 사람들이 가치를 인정하는지, 인정한다면 얼마만큼 높게 평가하는지에 좌우된다. 그러나 '그 자체가 목적인 것'은 가치를 따질 수 없다. 도덕적 차원을 가진 것, 옳은 것과 그른 것 사이의 선택을 나타내는 것만이 그 자체로 목적이 된다. 인간다움(humanity), 존엄성(dignity)이 그런 것이다. 인간 존엄성의 필수요건은 자유의지(free will)이다. 살든, 죽든, 인간의 존엄은 자신의 행동을 스스로 결정하는

인간(人間) 375

능력과 관련되어 있다. 자유의지는 자신이 삶의 주인임을 인식하면서 원하는 삶을 스스로 설계하고, 그 삶을 자신이 옳다고 생각하는 방식으로 밀고 나가는 정신의 태도와 능력이다.

한 생명체의 가치와 존엄성은 그것이 어느 속 또는 종에 속해 있느냐에 따라서 결정되는 것이 아니라, 그것이 과연 사물에 대한 의식, 기본적인 자의식, 그리고 자신의 삶에 대한 애착을 지니고 있는가 하는 여부이다.

동양에서는 정신과 영혼, 인간의 본성에 대해 어떻게 생각해왔을까? 맹자(孟子)는 성선설(性善說)을 바탕으로 인간의 마음에는 네 가지 선한 본성이 선천적으로 있다고 보고 이를 인의예지(仁義禮智)로 정리했다. 인(仁, 어짊)은 측은지심(惻隱之心)으로 남의 불행을 보면 가만 있지 못하고 측은하게 여기게 되는 인간의 본성을 말한다. 의(義)는 수오지심(羞惡之心)으로 자신의 옳지 못함을 부끄러워하고 남의 옳지 못함을 미워하는 마음이다. 예(禮)는 사양지심(辭讓之心)으로 겸손하여 남에게 양보하는 마음이다. 지(智)는 시비지심(是非之心)으로 잘잘못을 지혜롭게 분별하여 가리는 마음이다.

인간을 인간답게 만드는 다섯 가지 정신적 요소가 있다. 바로 인의예지신(仁義禮智信)이다. 유교에서 오상(五常)에 관한 이론의 기초를 닦은 이는 맹자였다. 인간의 본성(本性) 문제에 천착한 맹자는 성선설(性善說)을 주창했는데, 이를 뒷받침하기 위해서는 당연히 모든 인간이 '어떤' 착한 성품들을 지니고 태어나는지의 문제를 규명해야 했다. 이를 위해 맹자가 거론한 인간의 네 가지 착한 성품이 바로 측은지심, 수오지심, 사양지심, 시비지심이다.

인간은 이 네 가지 착한 본성을 생래적으로 지니고 태어나는 바, 정치와 교육이 할 일이란 이를 잘 유지하고 발전시킬 수 있도록 돕는 것이다.

이렇게 인간의 선한 품성 네 가지가 제대로 빛을 발하면 사회적으로는 인의예지(仁義禮智)의 네 가지 덕(德)이 저절로 이루어지게 된다는 것이 맹자가 주창한 사단설(四端說)의 대강이다. 맹자의 이 4단(端)에 신(信)을 더하여 오상(五常)으로 체계화한 사람은 전한(前漢)시대의 유학자인 동중서(董仲舒)라는 인물이다. 이후 오상은 인간의 기본 덕성이자 반드시 지켜야할 다섯 가지 덕목으로 유교교육의 핵심 이념이 되었다.

조선은 한양에 도읍을 정하고 도성을 쌓은 후에 동서남북의 네 방향에 성문을 만들었다. 이것이 사대문이고, 문의 이름은 바로 이 인의예지신의 오상에서 빌어왔다. 동쪽의 대문은 '인(仁)을 일으키는 문'이라는 의미를 담아 흥인지문(興仁之門)이라 하고, 서쪽의 대문은 '의(義)를 두텁게 갈고 닦는 문'이라는 의미를 담아 돈의문(敦義門)이라 했다. 남쪽의 대문은 '예(禮)를 숭상하는 문'이라는 의미를 담아 숭례문(崇禮門)이라 하고, 북쪽의 대문은 '지혜(智慧)를 넓히는 문'이라는 의미를 담아 홍지문(弘智門)이라 했다. 그리고 마지막으로 성문을 열고 닫는 시각을 알리기 위해 종각(鐘閣)을 만들고 '미더움(信)을 널리 전한다'는 의미를 담아 보신각(普信閣)이라 했다.

동양철학의 논리에 따르면 인간이라는 존재는 크게 육체적 요소와 정신적 요소로 구분된다. 육체적 요소에 등장하는 것이 사대(四大)고, 정신적 요소에 해당하는 것이 오상(五常)이다. 사대

(四大), 곧 '네 가지 큰 것'이란 만물의 근원이 되는 지수화풍(地水火風)의 네 요소를 말한다. 만물은 모두 이 네 가지 요소로 구성되어 있다는 것이 사대론의 골자이며, 우리 몸도 예외일 수 없다. 오행이 유교철학의 개념이라면, 사대는 불교철학의 개념이다. 인간을 인간답게 만드는 다섯 가지 정신적 요소를 오상이라 하며, 이는 인, 의, 예, 지, 신(仁義禮智信)이다.

양자이론의 많은 개척자들은 물질은 독립적으로 존재하지 않고, 정신의 구축물로서 존재한다고 믿었다. 에르빈 슈뢰딩거(Erwin Schrodinger) 같은 이들은 우주를 포함한 만물이 시공간을 초월해서 존재하는 궁극적 실재인 브라만의 의식에서부터 생겨 나온다는 우파니샤드의 통찰에 평생 매혹되어 있었다. 일부 양자 이론가들은 물질은 독립적으로 존재하는 것이 아니라 정신 혹은 의식이 구축한 대로 존재한다는 관념론으로 기울었다. 어떤 이들은 우리의 물리적 오감과 정신으로 포착할 수 있는 모든 현상들을 일으키고 조절하는 초월적인 우주의 의식처럼 만물의 저변을 이루는 통일성에 관한 고대의 신비주의적인 통찰과 비슷한 형이상학적인 견해를 피력한다. 양자이론에 대한 여러 해석은 양자장이 붕괴되어 물질로 되기 전에 그것을 의식적으로 관찰하는 이를 필요로 하는데, 이는 물리주의와 부딪친다.

휴머니즘(humanism)이란 라틴어 휴마니타스(humantas)에서 유래한 용어인데 이 말은 원래 '인간다움' 혹은 인간성의 의미를 지니고 있었다. 그러므로 휴머니즘이란 '인간성, 곧 인간다운 삶을 실현하려는 노력'을 가리킨다. 휴머니즘에 대한 관심과 요구를 강렬하게 나타낸 근세의 휴머니즘 운동이 바로 그러한 사실을 잘 말해준다. 이러한 운동이 인문학에만 한정된 것이 아니라 문화 전체에 걸쳐 있었으므로 휴머니스트(humanist)를 '인문주의자'로 번역하기보다는 '인본주의자'로 번역하는 것이 더 합당하다.

르네상스 휴머니즘의 목표는 신이 아니라 인간이 중심이 되었던 고대의 언어, 문학, 예술, 철학 등을 연구하고 부활시켜 육성함으로써 중세 스콜라 철학과 가톨릭교회의 정신적인 지배를 무너뜨리고 교회의 권위로부터 독립된 지식과 이성에 근거를 둔 세계상 및 인간상의 창조에 있었다.

그러나 '인간다운 삶'이 무엇인가의 해석을 놓고 휴머니즘의 내용도 크게 달라질 수 있다. 관점의 차이에도 불구하고 휴머니즘은 인간을 중심에 놓고 인간의 참된 가치를 인정하고 그것을 실현하려는 노력이라고 말할 수 있다. 그러므로 휴머니즘의 특성은 인간을 인간답지 못하게 만드는 모든 것에 대한 저항과 투쟁이라는 모습을 지닌다.

독일 출신의 철학자인 리하르트 프레이트(Richard Precht)는 『나는 누구인가』에서, '인간성'이란 무엇인가를 이야기할 때에 일단 도덕성을 인간이란 종의 결정적인 특징으로 보고, 이에 대해 논쟁을 벌이는 것은 서양 기독교 문명의 유산이라는 것이다. 그러나 인간의 천성은 철저하게 포악하지 않고, 그렇다고 근본적으로 고상하지도 않다. 오히려 이 두 가지 면을 다 가지가 있는 것처럼 보인다. 인간의 선행을 강제하는 '도덕적 법칙'은 칸트의 주장과는 달리 인간의 내면에 존재하지 않는다. 그럼에도 불구하고 도덕적인 행동이 발생하는 이유는 자기 자신에게 또는 자신이 속한 그룹에게 유익한 경우가 많기 때문이다. 도덕적인 감정을 얼마나 실천해 내는지는 자기 존중의 문제와 상당 부분 연계되고, 자기 존중은 다시 교육문제로 연결된다.

휴머니즘과 비슷한 맥락에서 사용되는 '르네상스(renaissance)'라는 말은 '부활' '재생'을 의미하는 프랑스어다. 인간 중심적인 문화를 다시 살리자는 운동이 르네상스이고 그러므로 르네상스는 필연적으로 인간의 존엄성을 강조하는 휴머니즘과 직결된다. 르네상스와 휴머니즘은 역사상 서로 분리될 수 없는 개념이다.

어쨌거나 인간은 오랜 세월 문명을 발전시켜 오면서 지구의 주인처럼 살아왔다. 그러나 지금은 혼돈의 시대인 것이 분명하다. 자원 부족과 기후 위기 등 많은 문제들이 인류를 위협하고 있는 것으로 보인다. 밝은 내일이 있으리라는 전망도 그리 밝지 않다. 중요한 것은 어떠한 경우에도 인간의 생명, 더 나아가서는 모든 생명이 다 소중하다는 것이고, 어떠한 경우에도 인간의 존엄은 지켜져야 한다는 것이다. 그 이상의 가치가 또 있을까?

존재(存在)

형이상학(形而上學 : Metaphysics)

형이상학은 존재하는 것은 무엇이고, 그것은 무엇과 같은지를 묻는 실체에 대해 연구하는 가장 일반적 학문이다. '존재하는 것은 무엇인가?'라는 질문은 형이상학의 하위분야인 존재론에서 탐구하는 주제이다. 존재론에서 묻는 질문은 다음과 같다.

"존재하는 모든 것이 유형의 것인가? 아니라면 영혼 같은 무형의 것이 정말 존재하는가? 수와 집합 같은 추상적인 수학적 대상이 존재하는가? 어떤 것이 존재한다는 것은 무엇을 의미하나? 존재는 색이 빨갛다와 같이 어떤 것은 가지고 있고, 어떤 것은 가지고 있지 않은 일종의 성질인가? 아니면 존재하지 않는 것이 없도록 존재하는 모든 것을 모아 놓은 집합체를 존재라고 하는 것인가? 만약 존재가 빨갛다와 같은 하나의 성질이라면 그 것은 어떤 종류의 성질인가? 말은 존재하고 유니콘은 존재하지 않는다고 말한다면 말의 어떤 점이 유니콘의 존재를 부정하게 한다는 것인가?"

형이상학은 사물의 특징과 관계에 대해 또 다른 유형의 질문을 던진다. 수가 존재한다면 공간과 시간 속에 존재하는가? 그 것들은 경우에 따라 존재하는가? 즉 존재하지 않을 수 있거나 존재가 중단될 수 있는가?

많은 철학자들은 실체(substance)와 성질(property)이라는 두 가지 일반적인 것이 있다고 믿는 형이상학 원리를 공유한다. 실체는 일반적 의미의 대상이며 성질은 그 실체가 존재하는 방식이다. 이를테면 셔츠는 실체이고, 셔츠의 색은 성질이다. 많은 형이상학적 질문은 실체와 성질 개념에서 나온다.

신의 존재에 관한 논증

인류가 삶을 이어온 이래로 존재에 대한 가장 큰 의문과, 그에 대한 논증에 공을 들여온 것은 아마도 신의 존재에 대한 것일 것이다.

신의 존재에 관한 논증은 세 가지가 있다고 한다. 첫째, 존재론적 논증이다.

기원은 중세 철학자 성 안셀모(1033~1109)로 거슬러 올라간다. 존재론적 논증의 기본은 다음과 같다.

1) 신은 가능한 가장 완벽한 존재이다.(정의)

2) 신은 존재하지 않기보다 존재하는 것이 더 완벽하다.

3) 신이 존재하지 않는다면, 신은 완벽한 존재성이 결여되어 있을 것이다.(2번에 의하여)

4) 그러므로 신은 존재한다.(1번과 2번에 의하여)

둘째, 우주론적 논증이다. 다른 것에 의해 존재하는 것이 아닌, 스스로 존재하면서 모든 것을 존재하게 하는 제1의 원인이 존재한다는 것이 우주론적 논증의 기본형이다. 제1의 원인은 분명 신이다. 신을 제외하고 어떤 것도 스스로 존재할 수 없기 때문이다.

서양의 우주론적 논증은 근본적으로 인과관계와 연관이 있다. 우리 주위에는 갖가지 사물이 있으며, 그 사물들은 다른 어떤 원인에서 비롯된 것이다.

여기서 우리는 시간과 원인의 연쇄를 따라 멀리 거슬러 올라가 볼 수 있다. 그러나 아리스토텔레스와 토마스 아퀴나스는 그런 식으로 영원히 거슬러 올라가는 것은 불가능하다고 주장했다. 즉 원인의 무한 퇴행은 불가능하며, 따라서 우리는 다른 원인에서 비롯되지 않은 제1 원인에 도달해야 한다는 것이다.

이 제1 원인은 모든 사물들을 움직이게 했지만, 그 자체는 다른 어떤 원인에서 비롯되지 않은 것이다. 즉 그것은 항상 거기 있다. 이것이 바로 하느님이다.

셋째, 설계 논증이 있다. 다른 두 논증만큼 논리적으로 엄밀하지는 않지만 설계 논증은 세상에는 지적 설계자가 만든 가설에 의해 가장 잘 설명되는 특징들이 있다고 주장한다. 그 특징들에는 삶을 가능하게 하는 물리법칙 사이의 조화, 환경에 대한 유기체의 적응, 인간이 지적이고 자의식을 지닌 존재라는 사실이 포함된다.

시계의 존재는 시계 제작자 즉 시계공의 존재를 암시한다는 결론에 도달하게 된다. 유기체 중에서 아주 단순한 유기체인 세균의 예를 보자. 세균 한 마리는 회중시계보다도 훨씬 더 많은 가동 부품과 훨씬 더 많은 정보를, 다시 말해서 회중시계 만드는 법을 종이 위에 자세히 적어 놓은 것보다 훨씬 더 많은 정보를 갖고 있다.

시계보다도 훨씬 복잡한 이 생명체가 이른바 원자들끼리의 충돌인지 뭔지로부터 자발적으로 나온다는 것이 과연 가능할까? 이 '시계' 역시 시계 제작자가 있음을 암시하고 있다고 생각하는 편이 더욱 그럴 듯하지 않을까? 이것이 바로 설계 논증의 한 예이다.

왜 무(無)가 아니라 유(有)인가?

최근에 와서도 종교를 믿는 사람들은 자연의 맹목적인 선택으로는 복잡한 유기조직이나 생명체의 발생을 설명할 수 없으며, 따라서 그 진화의 과정을 '이끈' 존재는 바로 신이라는 믿음을 버리지 않고 있다.

프랑스의 철학자이자 수학자인 데카르트(Descartes)에게 이 세상은 두 가지 종류의 본질로 이루어져 있었다. 먼저 물질(matter)이다. 데카르트는 물질을 레스 엑스텐사(res extensa), 즉 확장된 본질(extended substance)로 정의했으며, 또 다른 본질인 정신(mind)은 레스 코지타너스(res cogitanus), 즉 생각하는 본질(thinking substance)이라고 했다.

이 우주는 실체가 있는 것들(physical stuff)로 이루어져 있는데 지구와 행성들, 은하계, 복사 에너지, 암흑물질(dark matter)과 암흑 에너지(dark energy), 그리고 그 밖에도 많은 것들이 있다. 우주 안에는 과학이 밝혀냈듯이 자연 속에서 실제로 살아 숨 쉬는 생명체들도 존재하는 것이다.

그리고 우주 안에는 의식도 존재한다. 의식이란 기쁨과 슬픔, 흥분되는 경험이나 통증과 같은 주관적인 정신상태를 의미한다.

이런 주관적인 정신상태는 객관적인 물리적 과정으로 환원될 수 있을까? 철학적인 관점에서 이 문제에 대한 답은 아직 나오지 않았다.

존재의 수수께끼가 의미하는 핵심은 왜 세상은 무(無)가 아니라 유(有)인가 하는 질문으로 요약될 수 있다.

초기 기독교 시대에 번성했지만 결국 이단으로 낙인찍힌 그노시스(Gnostics)파 같은 경우, 이 세상은 자비로운 신성과 사악한 조물주 양쪽에 의해 창조되었다고 믿었다. 그노시스파는 스스로를 이 혼탁한 실체적 세상을 바르게 이끄는 사람들이라고 생각했다.

수학에서는 무에 대한 이름이 있다. 바로 제로(zero)다. 이 제로라는 말의 어원이 고대 인도의 순야(舜若 : sunya), 즉 '공허'나 '비어 있음'에서 비롯되었다는 사실은 흥미롭다. 다시 말해 고대 인도의 수학자들이 지금 우리가 사용하고 있는 0의 개념을 만들어 낸 것이다.

1-1=0 이 과정을 역으로 돌려보면 0=1-1이 된다. 1-1이 0이 되는 것이 아니라, 0이 쪼개져 1-1이 된다면 어떨까? 일단 무가 존재하고 그 무는 두 개의 유로 나타나는 것이다. 분명 어떤 정반대되는 것들의 만남이다. 긍정과 부정의 에너지, 물질과 반물질, 그리고 음과 양 같은 것이 아닐까?

창조와 관련하여 가장 문제가 되는 부분은 "계(우주)가 존재하려면 무언가가 계의 바깥에 존재하여 창조에 걸맞은 조건을 만들어 놓아야 한다."는 점이다. 책상을 만들려면 책상 바깥에 목수가 있어야 하고, 생명체가 탄생하려면 그 생명체의 바깥에 부모가 있어야 한다.

피조물이 우주인 경우에는 흔히 '신'을 도입하여 이 문제를 해결해 왔다. 창조주인 신은 우주가 탄생하기 전부터 시간과 공간, 그리고 물리법칙으로부터 완전히 분리된 우주의 '바깥'에 존재하고 있어야 한다.

'최초의 원인'이 태생적으로 갖고 있는 논리적 결함은 시작이 존재하는 모든 우주에 공통적으로 제기되는 문제이다. 그러므로 논리적 타당성을 따진다면 이신론(理神論 : 신이 우주를 창조했지만 직접 관여하지 않으며, 이 세계는 자체법칙에 따라 운영된다는 사상)적 관점을 완전히 배제할 수 없다.

그러나 이신론을 수용한다 해도, 우주를 창조한 신과 사람들이 개인적으로 섬기는 신 사이에는 논리적 연결 고리가 없다. 자연에 질서를 부여한 '지성'을 찾는 이신론자들은 일반적으로 성서에 적혀 있는 신에 집착하지 않는다.

진정한 무(無)는 '무언가가 창조되기에 앞서 미리 존재했던 빈 공간'이나 '빈 공간이 만들어지기 전에 미리 존재했던 공간조차 없는 그 무엇'이다. 이 두 가지는 '존재의 부재'를 생각할 때마다 떠 오르는 초기 조건이며, 둘 다 무(無)의 후보가 될 수 있다. 신이 비존재에서 존재를 창조했다는 것은, 존재 이전에 존재의 가능성이 있었음을 의미한다.

양자 이론

양자 이론은 입자들이 자동적으로 어떤 존재로 만들어지는 것, 즉 진공 밖으로 나오는 것을 허용한다. 양자역학의 법칙에 따라 우주 그 자체는 무에서 탄생한 존재에 엮여 있다. 학자들의 기발한 발상에 따르면, 세상이 무가 아니라 유인 것은 무가 불안정하기 때문이다.

물리학자들에게 '무'는 아무런 입자가 없는 곳, 그리고 모든 수학적 상황의 값이 0인 곳의 상태를 설명하는 것이다. 자연적 본성에 대한 양자 이해의 기본원리를 배경으로 하고 있는 가장 중요한 원리는 하이젠베르크(Werner Karl Heisenberg)의 불확정성 원리다. 이 원리는 '정준변수'라고 불리는 어떤 한 쌍의 특성이 한 가지 방식으로 연결되어 둘 다 정확하게 측정될 수 없는 것을 뜻한다.

그 특성은 바로 위치와 운동량이다. 우리가 더 정확하게 한 입자의 위치를 정하면 우리는 그 운동량을 정확히 알 수 없게 되고, 그 반대의 경우도 마찬가지다. 또 다른 특성은 시간과 에너지다. 우리가 어떤 사건이 발생했을 때, 그 시간의 영역을 더 정확히 알게 되면 거기에 관련된 에너지에 대해서는 정확히 알 수 없게 되고, 그 반대의 경우도 마찬가지라는 것이다.

우주학자 알렉스 빌렌킨은 자신이 제안한 '양자과정'에서 우주는 무에서 탄생했을 수도 있다고 주장한다. 이 과정은 우주의 계속적인 전개과정을 묘사한 것과 똑같은 법칙에 의해 관장된다. 그렇게 하려면 법칙은 우주 그 자체보다 앞서 '존재'해야 한다.

법칙들은 수학적 방정식으로 나타내어진다. 만일 그런 수학적 매체가 정신이라면, 그 정신은 우주보다 앞서야 한다는 의미일까? 빌렌킨은 그것이 누구의 정신이냐 하는 문제에 더해서는 침묵으로 넘겨버린다.

복사에 관한 혁명적인 양자이론을 만들어낸 막스 플랑크(Max Planck)에 따르면, 모든 물질은 어떤 힘으로부터 생겨나서 그 힘에 의해 존재한다.―우리는 이 힘의 배후에 의식을 갖추고 있으며, 지적인 정신(conscious and intelligent mind)이 존재한다는 점을 상정해야 한다. 이 정신이 모든 물질의 모체다.

일부 양자 이론가들은 물질은 독립적으로 존재하는 것이 아니라 정신 혹은 의식이 구축한 대로 존재한다는 관념론으로 기울었다. 어떤 이들은 우리의 물리적 오감과 정신으로 포착할 수 있는 모든 현상들을 일으키고 조절하는 초월적인 우주적 의식처럼 만물의 저변을 이루는 통일성에 관한 고대의 신비주의적 통찰과 비슷한 형이상학적인 견해를 피력한다.

양자이론에 대한 여러 해석은 양자장이 붕괴되어 물질로 되기 전에 그것을 의식적으로 관찰하는 이를 필요로 하는데, 이는 물리주의와 부딪친다.

의식(意識)

의식의 내적 본성은 순수한 구조 이상의 어떤 것이 세상에 존재한다는 생각을 할 만한 이유를 제공해준다. 1928년 간행된 『물리적 세상의 본질 Nature of the physical world』에서 아서 에딩턴은 이렇게 선언한다. "세상을 구성하는 물질이란 정신적 물질(mind-stuff)을 의미한다."

실체의 기본 구성물질이 정신적 물질이라는 개념은 아주 기이한 한 가지 내용을 암시하고 있다. 만일 이 주장이 사실이라면, 의식은 모든 물리적 본질에 스며들어 있어야 한다. 주관적인 경험은 우리의 것과 같은 두뇌로만 제한되지 않으며 모든 물질 안에서 나타나야 한다.

의식이 실체에 스며든다는 주장은 이른바 '범신론(汎神論 : pantheism)'으로 불린다. 이 기원은 동물과 나무, 물 등에 영혼이 깃들어 있다고 믿었던 정령신앙과 같은 원시시대의 미신에까지 거슬러 올라간다.

우리의 두뇌는 물질의 입자로 이루어져 있다. 일정한 형태로 배열되어 있는 이 입자들은 주관적인 생각과 감정들을 만들어 낸다. 물리적인 특성만으로는 이러한 주관성에 대해 설명해 주지 못한다. 우주 전체의 구성물질에는 반드시 의식의 일부가 포함되어 있어야 하는 것이다.

새로운 형태의 에너지의 유력한 후보 중 하나가 심적 에너지(psychic energy)이다. 이는 대체로 정신과 관련되어 있으며, 현재까지 알려져 있는 에너지 형태로 환원할 수 없는 것이다.

유럽과 북미에서 심적 에너지 관련해서 보다 최근에 진행된 연구에는 초능력(ESP, Extrasensory perception), 염력(정신의 힘으로 물체를 조작함), 몸에서 빠져나오는 체험, 임사체험 등이 있다.

투시력과 염력에 관해 2천만 불을 투입한 은밀한 프로젝트가 냉전이 정점이던 1975년부터 20년간 지속되었다. 미국 정보기관들과 NASA가 자금을 댔고 캘리포니아 스탠퍼드 연구소의 두 명의 물리학자, 해럴드 푸토프와 러셀 타그(Russell Targ)가 책임자였다.

타그는 이런 심령현상이 비 지역성이나 양자 얽힘 같은 양자

역학의 개념으로 일부 설명될 수 있으며, 순수한 의식의 자아는 궁극적 실체로서의 우주적 의식과 동일하다는 고대의 신비주의적 통찰과도 결부되어 있다고 믿는다.

여러 문화권에서 나온 선견자들은 만물이 표현할 수 없는 궁극적 실체 안에서 근원적인 통일성을 갖는다는 유사한 통찰을 경험했다. 이는 시 공간을 초월해서 형태없이 존재하는 초월적이고 우주적인 의식 혹은 지성이며, 또한 우리의 물리적 오감과 정신으로 포착되는 현상 속에 내재되어 있다고 표현할 수 있다.

그렇기에 현상적인 자아와 구별되는 바, 우리 각자는 나누어지지 않는 이 전체성과 본질적으로는 동일하다. 또한 이 궁극적 실체는 우주의 작동 속에 드러날 뿐 아니라 이를 조율하고 있으므로, 여기에 우리 삶을 조화시킬 때 충만함에 이를 수 있다.

양자역학은 비결정성, 양자 얽힘, 1차 과학혁명 시대의 고정적 혹은 뉴턴 물리학적 결정주의와 대조되는 상호의존성 등의 극 미소분야를 밝혀주었다. 이 분야의 개척자들은 예측이 가능하고 실증적으로 확정된 자신들의 수학적 모델이 물리적 현상의 구현을 위해 의식을 요구한다고 보았다.

일부 학자들은 우리의 오감과 정신에 의해 포착되는 물리적 현상 속에서 드러나면서 이들 상호 의존적인 현상의 상호작용을 조율하고 있는 초월적인 우주적 의식 혹은 지성에 대한 고대의 통찰과 유사한 전체론적 견해를 지지했다.

의식이 어떻게 생겨나고 사라지는지를 이해하기란 우주의 물질이 어떻게 무(無)로부터 생겨났는지를 이해하는 것만큼 어렵다. 창조는 있었을까? 아니면 항상 무언가가 존재했던 것일까?

무가 있다는 것을 알만한 존재가 전혀 없다면, 무가 존재하거나 할 수 있을까?

우리는 공간에서 모든 것을 비울 수 있을까? 그렇다면 결과는 무엇일까? 왜 빅뱅은 더 일찍 일어나지 않았나? 신은 창조 이전에 무엇을 하고 있었나? 아니 어쩌면 우리 인간은 창조된 것이 아니라 항상 있던 무언가가 변하여 생긴 것일까?

빈 공간(Void)으로부터의 창조, 존재(Being)와 비존재(Non-Being)에 대한 역설은 모든 기록된 문화를 애타게 해 왔다.

지적 설계(Intelligent Design)

인류는 마지막 빙하시대에서 살아남았다. 홍수와 혹독한 추위, 대규모의 화산 활동, 파괴적인 지진에 대한 전승은 기원전 15000년부터 기원전 8000년 사이에 일어난 급격한 빙하의 용해와 그 기간의 거친 대변동에 그 뿌리를 두고 있는 듯하다.

빙원의 후퇴와 그 결과로 초래된 90미터에서 120미터에 이르는 해면의 상승은 역사시대가 시작되기 불과 몇천 년 전에 일어났다. 따라서 모든 고대 문명이 선조들을 위협했던 대홍수에 대해서 선명한 기억을 가지고 있는 것은 그리 놀랄 일이 아니다.

설명하기 어려운 것은 대홍수 신화 속에 기묘하지만 확실히 지성을 가진 인도하는 손의 그림자가 드리워져 있다는 것이다.

지적 설계 혹은 그것을 증명하려는 지적 설계론(Intelligent Design theory)은 탐구대상에서 의도적 요소인 설계(設計 : Design)가 있는지 없는지를 찾고, 또 그것이 의도임을 증명하고자 한다.

여기서 설계자를 '지적존재'라고 하는데, 지적존재가 누구인지는 사실 탐구의 범주를 넘어서는 일이다.

창조론은 '신이 의도를 가지고 세상을 만들었다'라는 것인데, 이 신을 지적존재로 본다면 창조론도 일종의 지적설계론이라고 할 수 있다. 그러나 역으로 지적설계론이 반드시 창조론이라고 볼 수는 없다.

신은 아무것도 설명하지 않을 뿐만 아니라 영원하지도 않다. 심지어 신 자체도 최근에야 등장했다. 신의 등장은 고작 어제의 일이다. 신은 우주가 140억 년을 지내고 난 후에야 은하수의 한쪽 구석, 태양의 외곽, 지구라는 행성에서 자기 외에는 아무에게도 중요하지 않지만, 자기가 세상의 중심이라고 착각하는 어느 동물의 머릿속에서 등장했다.

임마누엘 칸트(Immanuel Kant)가 『순수 이성비판』에서 제기한 두 가지 어려운 문제를 빅뱅 이론이 해결했다. 첫째, 시간의 시작이 있다면 그 시작보다 앞선 때도 이미 시간에 속하지 않는가? 둘째, 무한한 우주 밖에 있다면 그 역시 우주인가?

시간과 공간이 물질과 에너지에 선행하지 않는다. 시간과 공간은 물질과 에너지를 드러냄으로써 드러난다.

천문학자들에 따르면 시 공간의 틀 속에서 원자들이 탄생했다고 말할 수 없다. 시간과 공간을 배우들이 등장하는 연극의 무대처럼 상상해서는 안 된다. 만약 시간과 공간이 무대라면 그 무대는 작품의 배우들(소립자와 힘)을 생성함과 동시에 비로소 존재하기 시작했다고 해야 할 것이다.

무에서 모든 것이 나왔다는 주장은 인과론이라는 우리의 정신적 범주를 혼란스럽게 한다. 인과론에 따르면 모자람에서 더함이 나올 수 없고, 무가 물질을 낳을 수 없으며, 비존재가 존재를 생성할 수 없다.

인류 원리

인류 원리라는 주장이 있다. 우주는 생명체에 호의적이다. 신기하게도 우주에 존재하는 모든 힘은 생명이 탄생하고 살아가는 데 더할 나위 없이 적절한 세기로 작용하고 있다. 예를 들어 핵력이 지금보다 조금만 더 강했다면 태양은 이미 수십억 년 전에 다 타서 사라지고, DNA는 전혀 생성되지 못했을 것이다. 또는 핵력이 지금보다 조금 약했다면 태양이 타오르지 못하여 생명체가 있다 해도 살아남지 못했을 것이다.

중력이 지금보다 조금 더 강했다면 우주는 수십억 년 전에 작은 점으로 똘똘 뭉쳐서 최후를 맞이했을 것이고[이것을 빅 크런치(Big Crunch)라고 한다], 반대로 조금 약했다면 우주는 엄청난 속도로 팽창하여 꽁꽁 얼어붙었을 것이다.[이것을 빅 프리즈(Big Freeze)라 한다.]

우리 주변에 있는 모든 원자는 먼 옛날 용광로 같은 별의 내부에서 생성되었다. 그러나 수소 원자를 더 무거운 원자로 변환하는 핵 융합반응은 극도로 복잡한 과정이어서, 언제든지 잘못될 수 있었다. 만일 그랬다면 우리 몸을 이루는 무거운 원자들은 만들어지지 않았을 것이고, DNA와 생명체 역시 탄생하지 못했을 것이다.

다시 말해서, 생명은 기적 같은 과정을 거쳐 탄생한 값진 존재라는 것이다. 생명이 탄생하고 번성하려면 이 밖에도 여러 변수가 세밀하게 세팅되어 있어야 한다. 물론 이 모든 것이 충족되었기에 지금 우리가 존재할 수 있었다. 이것이 과연 우연일까? 학계에는 우연이 아니라고 주장하는 학자도 있다.

인류 원리는 약 원리와 강 원리로 나뉘는데, 약 원리는 생명체의 존재 자체가 우주의 물리적 변수들을 정교하게 결정했다는 것이고, 강 원리는 여기서 한 걸음 더 나아가 태초에 창조주가 생명체에게 유리한 쪽으로 우주를 창조했다고 주장한다.

행성에서 생명체가 탄생하려면, 안정된 환경이 적어도 수억 년 이상 지속되어야 한다. 원자의 중심부에 있는 원자핵은 양성자와 중성자로 이루어져 있는데, 양성자의 질량은 중성자보다 아주 조금 작다. 이는 곧 중성자가 결국에는 붕괴되어 양성자로 전환되면서 최저 에너지 상태로 되돌아간다는 것을 의미한다. 만약 양성자의 질량이 지금보다 1%만 컸다면, 양성자가 중성자로 붕괴되면서 모든 원자핵이 불안정한 상태가 되어 결국에는 모두 분해되고 말 것이다. 이렇게 되면 원자는 형성될 수 없고, 생명체도 탄생할 수 없다.

생명체의 탄생을 가능하게 했던 또 하나의 우주적 우연을 꼽는다면 양성자가 매우 안정된 상태를 유지하여 반전자(antielectron)로 붕괴되지 않았다는 점을 들 수 있다. 지금까지 알려진 실험결과에 의하면 양성자의 수명은 우주의 수명보다 훨씬 길다. 그러므로 양성자는 안정된 DNA의 탄생에 커다란 공헌을 해온 셈이다.

강력(핵력)이 지금보다 조금 더 약했다면 중수소와 같은 원자핵들은 안정된 상태를 이루지 못했을 것이므로, 별의 내부에서 핵 융합반응이 일어난다 해도 무거운 원자핵을 만들어 내지 못했을 것이다. 이와 반대로 핵력이 조금 더 강했다면 별들은 핵 원료를 너무 빨리 소모하여 수명이 짧아졌을 것이고, 태양이 없는 지구에는 생명체가 탄생하지 못했을 것이다.

약력의 세기가 달라져도 생명체는 존재할 수 없다. 약력을 통해 상호 작용하는 뉴트리노는 폭발하는 초신성의 에너지가 외부로 전달되는데 결정적인 역할을 하며, 이 에너지가 없으면 철보다 무거운 원소는 만들어질 수 없다. 만일 약력이 지금보다 조금 더 약했다면 뉴트리노는 상호작용을 거의 하지 않았을 것이고, 그 결과 초신성은 철 이상의 무거운 원소를 만들어 내지 못했을 것이다

인류학적 관점에서 볼 때에 물리적 상수들이 적절한 값을 갖고 있는 것은 단순한 우연이 아니라 '모종의 의지가 개입된 계획우주'를 연상케 한다. 인류학적 원리에 따르면 우주적 물리상수의 값은 생명체와 의식이 발생가능한 쪽으로 맞춰져 있다. 물리적 세계에 존재하는 고도의 질서를 생각하면 신의 존재를 떠올리지 않을 수 없다.

우리의 우주는 '낡고 버려진 세상'이 아니라 생명체를 위해 모든 환경이 절묘하게 맞춰진 특별한 세상이다. 왜냐하면 우주를 창조한 창조주가 그렇게 되기를 원했기 때문이다.

물리학자 돈 페이지(Don Page)는 수년 동안 제기되어온 인류학적 원리를 네 종류로 축약하였다.

인류학 약(弱) 원리 : 우주가 관측되려면 관측의 주체인 '우리'가 반드시 존재해야 한다.

인류학 강(强)—약(弱) 원리 : 수많은 다중 우주들 중 적어도 한

곳에는 생명체가 번성하고 있어야 한다.

인류학 강 원리 : 우주는 적어도 어느 한 시기 동안 생명체에게 적절한 환경을 갖고 있어야 한다.

인류학 최종 원리 : 우주에는 지적 생명체가 반드시 존재하며, 이들은 결코 사라지지 않는다.

인간 중심원리는 우리가 하필이면 왜 이러한 상태의 우주에 존재하고 있는지를 인간의 존재로부터 역으로 추론하는 설명방식이다. 미국의 물리학자 스티븐 와인버그는 1990년 무렵 관측된 암흑에너지의 밀도가 왜 하필 70%가량이 되는지 설명하기 위해 인간중심 원리를 제안했다.

인간중심원리는 다음과 같이 답한다. 만약 암흑 에너지의 밀도가 현재 값보다 크다면 우주는 팽창을 가속하여 우주의 물질들이 한 곳에 모이기 어려웠을 것이다. 그렇다면 은하와 천체들이 형성되지 못했을 것이다. 반대로 암흑 에너지의 밀도가 현재 값보다 현저히 작다면 우주의 물질들은 급격히 압축되었을 것이다. 그렇다면 마찬가지로 현재의 은하와 태양계, 그것을 기반으로 하는 지구와 생태계는 형성되지 못했을 것이다.

따라서 우리는 다음과 같이 생각해야 한다. 수많은 우주가 있다. 수많은 우주는 각각 무한한 가능성 안에서 서로 다른 상수 값을 갖는다. 그중 천체와 생명체가 발생하기 적합한 정도의 암흑 에너지 밀도를 갖는 우주가 수없이 있을 것이고, 그중에서 우리 정도 수준의 지능을 가진 생명체가 발생할 수 있는 우주가 있을 것이다.

신의 개입 혹은 우연으로 우리 우주와 인류의 탄생을 설명하는 것은 과학적이지 않다. 우리 우주 외에 다른 우주 전체를 포함하는 '대 우주'를 고려할 때 이 질문은 쉽게 해소된다.

이상이 약한 인간 원리이며, 강한 인간 원리는 다음과 같이 주장한다. '우주는 어느 단계에서 그 안에 관찰자의 탄생을 허용해야 한다.' 또한 미국의 물리학자 존 휠러는 참여 인간원리라는 것을 주장했는데 '우주가 존재하기 위해서는 관찰자가 필요하다'라는 것이다.

약한 인간 원리에서 참여 인간 원리로 나아가며, 우주의 존재 기반은 우주 자체에서 점차 그 안의 관찰자로 옮겨가고 있는 것이다. 이렇듯 다중 우주론과 인간 중심원리는 세계가 발현되는 주요 요인으로 관찰자를 등장시켰다. 그리고 이 관찰자는 놀랍게도 동양과 서양의 거대 사상으로 이어진다.

환원 불가능한 복잡성

지적 설계론의 가장 중요한 핵심적 이론은 마이클 베히가 그의 책 『다윈의 블랙박스』에서 주장한 '환원 불가능한 복잡성'이라는 이론이다. 완성되어 있는 유기체를 구성단위의 작은 조각들로 따로따로 떼어 놓기에는 불가능할 정도로 복잡한 것이 바로 생명체다.

복잡하고 작은 구성단위로 이루어진 세포는 그 중 단 한 가지라도 부족하면 세포라고 부를 수 없다. 세포로서 존재할 수 없는 상태에서 어떻게 완전한 세포가 되기 위해 진화할 수 있겠는가? 이것이 환원 불가능한 복잡성의 이론이다.

생명체는 구성이 너무 복잡하기 때문에 진화를 통해서 복잡하게 만들어진 것이 아니라, 처음부터 복잡하게 만들어져야 세포로서 역할을 온전히 수행할 수 있다는 것이다. 그리고 온전하지 않은 상태, 덜 진화된 상태에서는 '날기 위한' 목적성을 가진 진화가 가능하지 않다는 것이 바로 환원 불가능한 복잡성이다.

미세 조정문제

왜 우주는 다른 모습이 아니라 하필이면 지금의 모습을 하고 있는가? 우리 우주는 모습이 매우 임의적이라 할 수 있다. 진공에서 빛의 속도라든지 중력 상수, 전자의 질량, 플랑크 상수, 볼츠만 상수 등 우주에는 절대적으로 변하지 않지만 왜 하필이면 그러한 값을 갖고 있는지 도저히 알 수 없는 상수, 즉 고정된 값들이 있다.

이러한 상수값이 그저 우연처럼 보이지 않는다는 문제가 있다. 이들은 아주 미세하게 조정되어 있는 것처럼 보인다. 만약 지금의 수치와 달리 아주 작은 차이만 있었더라도 우리 우주는 지금과 전혀 다른 모습을 하고 있을 것이다.

예를 들어 원자핵을 구성하는 양성자와 중성자는 그 질량이 이미 정확하게 밝혀져 있는데, 중성자가 양성자보다 조금 무겁다. 하지만 그 차이는 매우 미세해서 고작 전자 2개 정도의 질량에 불과하다. 이 정도의 차이는 사실 너무도 미미하다. 그런데 이 미세한 차이가 결과적으로는 거대한 차이를 만들었다. 더 무거운 중성자가 붕괴하며 양성자가 되는 방식으로 우리 우주의 모든 물질을 구성한 것이다. 만약 반대였다면, 양성자가 약간 더 무거웠다면 양성자가 붕괴하여 중성자가 되는 방식으로 원자가 형성되었을 것이다. 그랬다면 우리가 알고 있는 종류의 물질도 존재하지 못했을 것이고, 지금과 같은 은하계와 태양계도 존재하지 못했을 것이고, 우주의 구조도 유지되지 못 했을 것이다.

생명과 인간의 탄생이 불가능한 건 말할 것도 없다. 말하자면, 우리 우주의 숱한 값들은 그저 우연이라고 말하기에는 너무나 세밀하게 조율되어 있다는 것이다. 이를 미세 조정문제라고 한다. 이 거대한 우주는 마치 인간이 탄생할 수 있도록 미세하게 조정되어 있는 것처럼 보인다.

창조론을 옹호하는 종교인들에게 미세 조정 문제는 환영할 만한 논쟁점이었다. 그들은 이것이 신이 우주에 개입한 결정적인 증거라고 생각했다. 실제로 많은 이가 지금까지도 미세조정 문제를 신의 존재 증명에 활용하고 있다.

존재(存在)

사르트르(Jean Paul Sartre)의 중요한 논문인 『자아의 초월성』에서 그는 특히 자아(ego)와 의식(conscience)과의 관계를 검토하고 있다. 자아는 일반적으로 의식의 주체로 여겨진다. 그러나 사르트르는 자아란 의식의 주체, 즉 의식을 가능케 하는 실체가 아니라 오히려 의식의 결과물이라고 주장한다. 그러니까 자아란 의식이 의식을 의식할 때 출현한다는 것이다.

사르트르는 이와 같은 사유를 통해 후설이 현상학적 환원을 통해 남는다고 주장했던 순수 자아를 비판하고 있다. 사르트르가 보기에 후설의 순수 자아는 '반성적 의식'에 의해 포착된 자아일 뿐이라는 것이다.

사르트르는 후설에 대한 이와 같은 비판을 토대로 포착한 '전(前) 반성적 의식' 또는 '비 반성적 의식'을 자기 자신의 존재론의 출발점으로 삼고 있다.

『후설 현상학의 근본 개념 : 지향성』이라는 논문에서 사르트르는 자기보다 앞선 프랑스 철학자들, 예를 들어 브륀스 뷔크, 라랑드, 메이예르송 등의 관념론을 비판하고 전통적 심리학을 공격하면서, 의식이란 아무런 내용물을 갖지 않은 채 그 자체로 텅 비어 있다는 사실을 주장하고, 이 의식의 본질을 밝히기 위해 후설이 주장했던 의식의 지향성 개념을 받아들이고 있다.

『상상적인 것 : 상상력에 대한 현상학적 심리학』에서 사르트르는 지각(perception)과 더불어 인간의 중요한 정신활동 가운데 하나인 상상작용(imagination)이 의식의 한 형태임을 밝히고 있다. 그에 따르면 상상 작용은 단순한 심리적 반응이나 연상(association)에 의한 것이 아니며, 현실 밖에 부재하는 대상을 설정하고 출현시키는 의식작용의 하나라는 것이다.

사르트르는 이처럼 '상상하는 의식'을 '지각하는 의식'과 구별하고 있다.

『존재와 무』의 출간 이후 이 저서로 대표되는 사르트르의 전기 사상은 실존주의(existentialism)라는 이름으로 불리게 된다.

실존주의는 개인으로 서의 인간의 주체적 존재성을 강조하는 철학으로 대상을 '본질'과 '존재'로 구분한다. 인간은 존재가 본질에 앞선다. 실존주의 철학의 주요한 개념인 기투(企投 : project)를 살펴보면, 기투는 말 그대로 보면 꾀할 기(企), 던질 투(投),

'던져 버린다'는 것이다. 기투란 인간이 한계를 넘어서 미래를 향해 자신 스스로를 던지는 실존의 방식을 말한다.

우리가 세상에 태어나는 데는 우리의 어떠한 의지도 작용하지 않는다. 인간은 '자신의 의지와 상관없이 이 세상에 던져진 존재' 즉 피투(被投) 된 존재, 목적 없이 던져 짐을 당한 존재이다. 그러나 다른 한 편으로 인간은 미래를 향해 자신을 스스로 던짐으로써(기투) 자신의 삶을 만들어나간다.

사르트르는 이렇게 말한다. '인간의 존재에는 어떠한 이유도 없기에 인간에게는 본질이 없다 '인간이란 본질로부터 절대적으로 자유롭도록 선고받은 존재이다. 그렇다면 인간은 자신 앞에 펼쳐진 미래의 가능성을 스스로 선택하고 '기투'할 수밖에 없는 존재라는 것이다.

사르트르는 『존재와 무』를 쓰면서 무엇보다도 먼저 신의 부재를 가정했다. 그는 신의 개념이 모순된 것이라는 점을 주장하였다. 이로 인해 이 저서는 사르트르의 다른 저서들과 마찬가지로 바티칸의 금서 목록에 포함되기도 했다.

사르트르는 『존재와 무』에서 이 세계의 의미를 결정하는 것은 결국 인간이라는 주장을 내 세웠다. 하지만 구조주의자들은 소쉬르의 언어학과 레비스트로스의 인류학의 영향으로 이 세계의 의미를 결정하는 것은, 이제 더 이상 인간이 아니라 그저 세계를 구성하는 요소들 간의 관계일 뿐이라는 사실을 주장한다.

사르트르는 『존재와 무』에서 신을 잃은 인간의 양면성을 여지없이 드러내고 있다. 이 저서는 인간의 위대함을 가장 높은 곳까지 끌어 올린 찬가임과 동시에, 인간의 나약함과 한계를 가장 깊은 곳까지 파 내려간 비가이기도 하다. "인간은 자유롭지 않은 자유가 없다."는 단언과 "인간은 무용한 정열이다."라는 단언이 그 증거이다.

사르트르의 『존재와 무』를 관통하는 가장 중요한 개념 가운데 하나는 '우연성(contingence)'일 것이다. 우연성이란 어떤 의미를 담고 있는 개념일까? 이 문제에 답을 하기 위해서는 『존재와 무』를 포함한 사르트르의 사유체계 전체가 '신(神)의 부정' 위에 정립되고 있다는 사실을 먼저 지적해야 할 것이다.

사르트르는 "만약 신이 존재하지 않는다면 모든 것은 허용될 것이다."라는 도스토예프스키(Dostoevsky)의 말을 빌려 신의 부재를 자신의 철학의 출발점으로 삼고 있다. 이 가정을 받아들인다면 결국 이 세계의 모든 존재는 반드시 거기에 있을 필연적인 이유가 없이 그냥 거기에 있게 되는 것이다. 이처럼 우연성은 이 세계에 '필연성'을 갖지 못한 상태로 있는 모든 존재의 존재론적 특성, 곧 존재의 무근거성(無根據性)을 의미한다고 할 수 있다.

이 세계의 모든 존재에 공통적으로 적용되는 이 우연성은 '잉여존재' '여분의 존재' 또는 존재의 '무상성' 등의 용어로 표현되기도 한다. 본질적인 것, 그것은 우연성이다. 원래 존재는 필연이 아니라는 말이다. 존재란 단순히 '거기에 있다'는 것뿐이다.

사르트르는 하나의 질문을 다시 발견했다. 셸링이 '가장 절망적인 질문'이라고 부른 바 있는 이 질문은 바로 이 세계에는 '왜 아무것도 없지 않고 무엇인가가 있는가'이다. 철학 분야 가운데 이 세계를 구성하고 있는 여러 존재들의 본질, 기원 관계, 양태

등에 주로 관심을 기울이는 분야가 이른바 존재론(ortology) 분야이다.

사르트르는 존재론을 "존재가 자신을 나타내는 그대로, 다시 말하면 아무런 매개도 없이 존재의 현상을 기술하는 것"이 될 것이라고 규정하고 있다.

사르트르는『존재와 무』에서 우연성에 의해 지배되는 이 세계의 모든 존재를 크게 두 영역으로 구분하고 있다. 사르트르가 이 두 영역을 가르는 기준은 의식(conscience)의 유무(有無)이다. 의식을 가진 존재는 유일하게 인간뿐이다. 따라서 사르트르에 의하면, 이 세계는 크게 의식을 가진 존저인 인간과 의식을 갖지 못한 존재로 대별된다.

사르트르의 존재론에서 의식을 가지지 못했다는 면에서 인간을 제외한 모든 존재—이것을 사물 존재로 지칭하자—가령, 모든 동물과 모든 식물은 같은 것으로 취급된다. 이 사물존재—사르트르는 이것을 '즉 자 존재'로 명명한다.—는 인간 존재의 의식과는 무관하게 독자적으로 이 세계에 존재한다. 그런데 이 세계의 무차별적이고 미분화 된 암흑상태를 꿰뚫는 빛은 인간 존재—사르트르는 이 존재를 '대자존재'로 명명한다—의 의식으로부터 온다.

인간이 의식을 통해 사유한다는 사실은 사르트르의 존재론에서 의식의 지향성 개념으로 설명된다. 이 개념은 "의식은 그 무엇인가에 관한 의식이다."로 설명된다. 그러니까 이 개념은 인간 존재가 자신의 의식을 통해 세계를 이해하고 또 이 세계와 관계를 맺는 기본적 구조를 지칭한다.

존재(存在) 403

사르트르는 지향성 개념을 통해 관념론과 실재론 사이의 대립, 그러니까 인식을 단순히 인식주체의 표상으로 환원시키려는 관념론과 인식대상의 객관적 존재만을 중요시하는 실재론 사이의 대립을 극복하려고 한다. 아무튼 중요한 것은 사르트르에게 의식은 존재가 아니라는 점이다. 사물 존재와는 달리 의식은 그 자체로는 독립적인 존재가 아니다. 이런 의미에서 의식은 무(無)라고 할 수 있다. 그렇다고 해서 의식이 전혀 아무것도 아닌 것은 아니다. 다만 의식은 내부를 가지고 있지 않을 뿐이다. 다시 말해서 의식의 내부는 아무것도 없이 텅 비어 있다.

사르트르의 철학에서 발견되는 것은 개인의 절대적인 자유이다. 인간을 규정하는 것은 사회도 아니고 심리적인 특질도 아니었다. 모든 인간은 자신이 원하는 바를 실천에 옮길 수 있는 절대적인 자유의 주체이고, 동시에 자신의 행위에 대해서 자기 자신이 무한한 책임을 스스로 부담해야 한다는 것이다.

내가 모종의 결단을 내려야 할 때에 그 주체는 언제나 나의 자유의지라는 것이다. 인간은 "자유라는 무시무시한 형벌을 받고 태어났다."는 사르트르의 사상은 그의 저서 『존재와 무』에 묘사되어 있다.

『존재와 무』라는 제목의 의미는 간단하다. 인간은 현재 눈앞에 존재하지 않는 일에도 몰두할 수 있는 유일한 동물이라는 것이다. 사르트르에 의하면 인간을 제외한 여타의 동물들에게는 복합적인 상상 능력이 결여되어 있어서, 더 이상 존재하지 않는 것이나 아직 도래하지 않은 것들은 사고의 대상이 되지 못한다는 것이다.

이에 비하면 인간은 여태껏 한 번도 존재하지 않았던 것들을 창안해 낼 수 있는 능력을 지니고 있어서 심지어는 거짓말을 할 수도 있는 것이다. 한 생명체의 상상력이 크면 클수록 상상의 대상도 그만큼 자유자재로 뻗어나간다는 것이다. 이 의미를 거꾸로 해석해 보면 실존적 의미에서 인간의 적나라한 모습은 사실상 실체가 전혀 없음을 의미하였다.

확정적인 본능과 행동 표본이 있는 동물들과는 달리 인간은 자신의 독자적인 행동양식을 그때그때 찾아내야만 하였고, 따라서 "실존은 언제나 본질에 앞서는 것"이다. 사르트르에 의하면 신학자와 철학자들은 대부분 이러한 사실을 오해하고 있기 때문에 인간을 정의하기 위하여 일정한 규칙과 본보기를 찾아내고자 하였다.

그러나 일정한 가치 또는 구속력이 있는 도덕적 원리에 기초를 두고 인간의 본질을 규정하는 것은 신이 없는 세계에서는 더 이상 의미가 없었다. 인간에게서 유일하게 실존적인 것은 구토, 불안, 걱정, 권태, 그리고 부조리함에 대한 자각과 감정이 전부라는 것이다. 사르트르는 자신의 철학을 '실존주의'라는 이름으로 불렀다.

존재의 의미

생텍쥐페리(Saint Exupery)는 『인간의 대지』에서 동료 비행사 기요메의 실종과 극적 생환에 대한 이야기를 들려준다. 안데스산맥을 횡단 비행하던 비행기는 악천후로 고도 7,000미터에 이르는 산맥 어딘가에 불시착한다. 계절은 겨울이었고 눈 덮인 산악

지대에서의 실종은 곧 죽음을 의미했다.

그는 쏟아지는 눈 속에서 부서진 비행기 밑으로 기어들어가 눈 속에 대피소를 파고, 우편낭을 뒤집어쓰고 48시간을 기다린다. 눈보라가 멎자 나흘 밤을 걷기 시작한다. 결국 지쳐 쓰러진 그에게 눈밭은 포근하게 느껴졌고, 그대로 눈을 감아도 좋을 듯 싶었다.

그때 양심의 밑바닥에서 가책이 밀려왔다. 순간 아내를 생각했고, 보험증서가 있으니 내가 죽더라도 비참한 생활은 하지 않으리라 여겼지만, 보험은 실종의 경우 법정 사망이 4년 뒤로 미루어진다. 그의 시체는 여름이 되면 흙탕에 섞여 안데스의 수많은 심연중 하나로 굴러떨어지리라.

그러나 50미터쯤 떨어진 앞쪽에 바위 하나가 우뚝 솟아 있으며, 다시 일어서면 저 바위까지 갈 수 있을 것 같았다. 그래서 내 몸을 바위에 기대어 두면, 여름이 되면 쉽게 발견이 될 것이라 생각되었다. 그래서 그는 다시 일어나 두 밤과 사흘 낮을 걸었다. 그리고 구사일생으로 구출되었다. 자신의 책임을 다하기 위해 걸어서 돌아온 그에게서 인간의 진정한 존엄성과 자부심, 참다운 용기와 책임감을 발견하게 되는 것이다.

생텍쥐페리는 인간은 혼자 서있는 것이 아니라, 자연과 외부세계, 다른 인간들과의 관계 속에서 의미를 가지는 존재라고 말한다. 즉 상공에서 또 대지 위에서 고독과 위협에 시달리면서 영혼의 눈을 뜨는 것이며, 타인들과의 관계 속에서 책임을 수행하며, 비로소 숭고한 인간이 된다는 말이다.

그는 높은 상공에서 수많은 별들과 대지를 바라보면서 인간이 대지와 연결되어 있으며, 또한 대지 위의 다른 모든 인간들과 연결되어 있음을 느낀다. 이런 깨달음을 통해 그는 인종과 언어의 장벽을 뛰어넘는 공동체 의식을 갖게 되는 것이다. 생텍쥐페리는 이 작품에 의무와 책임이라는 사회적 깨달음과 고독한 인간과 대자연의 교감이라는 실존적 서정을 함께 담았다. 또한 자연을 인간의 도구로만 여기는 인간 중심적인 세계관을 조용히 비판하고 있다.

연대(連帶, solidarity)란 동일한 가치관과 목표를 가진 누군가와 손을 잡는 것이다. 넓게 보면 기쁨과 슬픔, 환희와 고통에 대한 공감을 바탕으로 삼아 어디엔가 함께 속해 있다는 느낌을 나누면서 서로 돕는 것을 의미한다.

연대는 일과 놀이를 함께하고 사랑을 나누는 사람들과의 관계 속에서도 구현되지만 또한 그것을 넘어선다. 세금을 납부하고, 병역 의무를 이행하고, 투표를 하고, 정당을 만들고, 이웃을 돕고, 시위를 하고, 유기 동물을 보살피고, 아프리카 어린이의 교육을 후원하고 멸종위기에 처한 동식물을 구하고, 온실가스 배출과 에너지 소비를 자제하는 행위들은 모두 사회에, 국가에, 인류에, 생명에, 지구 행성에 대한 귀속감을 느끼고 표현하는 일이다.

연대에 참여하는 것은 일, 놀이, 사랑과 함께 의미 있고 기쁜 삶을 구성하는 본질적인 요소이다.

사람은 존엄성을 지키기 위해 살기도 하고 죽기도 한다. 그것이 인간이다. 존엄(尊嚴, dignity)이란 무엇인가? 존엄은 인간 언어생활에서는 존경과 고귀함을 의미한다. 철학자 임마뉴엘 칸트에 따르면 존엄한 것은 가치를 따질 수 없다. 어떤 것의 가치는 사람들이 가치를 인정하는지, 인정한다면 얼마만큼 높게 평가하는지에 좌우된다.

그러나 '그 자체가 목적인 것'은 가치를 따질 수 없다. 도덕적 차원을 가진 것, 옳은 것과 그른 것 사이의 선택을 나타내는 것만이 그 자체로 목적이 된다. 인간다움(humanity), 존엄성(dignity)이 그런 것이다.

인간 존엄성의 필수조건은 자유의지(free will)이다. 살든, 죽든, 인간의 존엄은 자신의 행동을 스스로 결정하는 능력과 관련되어 있다. 자유의지는 자신이 자기 삶의 주인임을 인식하면서 원하는 삶을 스스로 설계하고, 그 삶을 자신이 옳다고 생각하는 방식으로 밀고 나가는 정신의 태도와 능력이다.

내가 사랑하는 사람들, 그리고 나를 사랑해주는 사람들, 그들과 깊은 연대로 맺어져 살아가면서, 자유의지를 갖고, 내가 하고 싶은 일을 하고, 책임을 다하고, 행복을 추구하며 스스로 인간의 존엄을 지켜나갈 수 있다면, 그런대로 존재의 의미로써 는 충분하지 않을까?

홍제(弘濟)

조선의 제16대 왕은 인조(仁祖, 1595~1649)이며, 그는 1623년 인조반정이라 부르는 반란으로 당시의 왕이었던 광해군을 폐위시키고 왕위에 올랐다. 1636년 12월, 청 태종이 직접 12만의 대군을 거느리고 조선 침략에 나서는데, 이것이 이른바 병자호란(丙子胡亂)이다.

이 전란으로 인하여 수많은 조선 여인들이 오랑캐에게 끌려가 욕을 당했다. 여성들을 보호하지 못한 남자들은 오히려 몸을 더럽히고 돌아온 아내를 구박하며 외면하려 했다. 이때 조선왕은 딱한 처지에 놓인 여인들을 위해, 서대문 밖에 목욕탕을 만들어 놓고, 한번 들어갔다 나오면 깨끗하게 된 것으로 정해 안타까운 처지의 여인들을 구하고자 했다. 또한 그곳에 넓게 구제한다는 뜻의 홍제(弘濟)라는 이름을 붙였다고 한다.

광해군

1602년에 선조는 쉰 살의 나이로 열여덟 살의 계비를 맞아들였다. (광해군보다 아홉 살 어리다). 어린 계비인 인목왕후(仁穆王后)는 4년 뒤 아들 영창대군(永昌大君)을 낳는다. 후계문제로 조정은 양분이 되는데 대북(大北)은 광해군을 지지하는 세력이고, 소북(小

北은 영창대군을 지지하였으나, 결과는 1608년 광해군이 선조의 양위를 받아 즉위하면서 대북의 승리로 끝이 난다.

즉위 후 광해군은 형인 임해군을 유배시키고(이듬해에 역모죄로 사약을 받는다), 소북의 유영경(柳永慶)에게는 사약을 내렸다. 왕권 강화를 원했던 광해군은 측근 세력을 육성하기 위한 방책의 하나로 정인홍에게 신임을 보냈다.

1611년 정인홍은 성균관 유생들이 이황과 이언적(李彦迪)의 문묘종사를 지내려 할 때 거세게 반대하고 나선다. 왜 자기 스승은 제외하느냐는 것인데, 조식의 수제자로서 당연히 할 만한 주장이지만 성균관 유생들의 입장에서는 비위를 건드리는 일이 되고 말았다. 대학의 자율과 자유는 예나 지금이나 소중하게 여겨지는 덕목이므로 격분한 유생들은 정인홍을 유적(儒籍)에서 삭제해 버린다. 이에 대해 광해군은 성균관 유생 전원 제적이라는 극단적인 조치를 내린다.

이듬해인 1612년에는 황해도에서 허위 역모 사건이 꾸며졌다. 김경립(金景立)이라는 자가 군역을 피하기 위해 사기를 치다가 걸리자 봉산 군수 신율(申慄)은 그를 고문해서 김백함(金百緘)이라는 자가 역모를 꾀하고 있다는 허위 자백을 받아냈다.

김백함을 체포하니 그의 아버지 김직재(金直哉)가 일찍이 임진왜란 당시 아버지의 상중에 술과 고기를 먹었다가 파직된 사연이 드러났다. 고문에 못 이긴 김백함은 엉뚱하게도 인목왕후의 아버지이자 영창대군의 외조부인 김제남(金悌男)을 불었고, 때마침 충청도에서 강도질을 하다 잡힌 박응서(朴應犀)라는 자가 영창대군을 왕으로 옹립하기 위한 자금을 마련하려 했다는 사건까지 겹치면서 사태는 크게 번져갔다. 이를 빌미 삼아 광해군은 김제남에게 사약을 내리고, 그 이듬해에 영창대군을 유배시켰다가 죽였으며, 그 밖에 100명이 넘는 소북 세력을 숙청했다.

광해군은 왕권을 다지는 중에도 전란(임진왜란)으로 피폐해진 나라를 다시 일으켜 세우기 위한 노력을 게을리하지는 않았다. 창덕궁과 창경궁의 건축을 서두르고 토지와 조세제도를 바로잡기 위해 대동법(大同法)을 시행하였다.

대동법의 기본은 생산자들이 국가에 납부하는 모든 조세를 한 가지 품목, 즉 쌀로 통일하는 것이었다.[이 쌀을 대동미(大同米)라고 부른다.] 대동법이 실시되자 과세의 표준이 확립되었고, 지방관들의 수탈도 줄어들었으며, 탈세의 여지도 적어졌고, 면세지가 줄어 국가재정도 강화되는 효과를 보게 되었다. 대동법은 전국적으로 확대되어 19세기 말까지 조선의 기본적인 세제로 기능하게 된다.

16세기 말부터 만주 지역에 통일의 바람이 불어, 1593년 여진의 추장 누르하치가 그 주역으로 떠올랐다. 여진은 보통 만주족이라는 이름으로 부른다. 누르하치는 여진의 모든 부족들을 차례로 통합해 나갔으며, 1616년에는 북방 유목민족의 전통적 황제인 칸(汗)에 오르고 후 금(後金)이라는 국호와 천명(天命)이라는 연호를 정하였다.

누르하치는 여진 문자를 만들고, 전통적인 사냥방식을 응용해서 독특한 팔기군(八旗軍)을 육성하여 장차 중화세계를 병합할 준비를 해 나갔다. 광해군이 바깥의 정세에 주목한 이유는 바로 이러한 북방의 변호를 읽고 있었기 때문이다.

1618년 후 금이 중원 진출의 관문에 해당하는 랴오둥[요동(遼東)]을 공략하자, 이미 국정이 문란해져 힘을 잃고 있던 명의 조정에서는 조선의 군대를 징발해서 후 금을 막으려는 방책을 들고나왔다. 지금까지 큰 나라로 모시며 지극정성을 다해 오던 명의 요구를 묵살할 수도 없고 그렇다고 강력해진 후 금의 비위를 건드릴 수도 없어진 광해군은 절묘한 타개책을 생각해 냈다. 지원군을 보내되 싸우지는 않는 전략이 바로 그것이다.

　일단 그는 강홍립(姜弘立)을 원수로 삼아 1만 3천 명의 병력을 파견한다. 이로써 명나라의 명령은 이행한 것이다. 하지만 광해군은 측근들도 모르게 강홍립에게 후금군과 가급적 싸우지 말라는 비밀 지령을 내린다. 알아서 눈치껏 처신하라는 명령인데, 강홍립은 명나라의 제독 유정의 군대와 랴오둥에서 합류한 뒤 싸우는 척하다가 전군을 이끌고 후금에 투항해 버린다. 이로써 광해군의 줄타기 외교는 멋지게 성공한 셈이 되었다.

　그러나 중요한 국내 문제 때문에 그는 곤경에 처하게 된다. 대북 세력을 왕당파로 육성한 것은 다른 사대부 세력을 견제하는 데는 도움이 되었지만, 그들은 1617년에 인목대비를 대비 자리에서 폐위시켜야 한다는 요구를 들고나온 것이다. 실은 광해군도 인목대비에 대해서는 늘 꺼림직하게 여겨온 것이 그녀의 아들인 영창대군을 살해한 도덕적 책임이 있었기 때문이다.

　결국 인목대비는 대비 자리에서 물러나게 되고, 1622년에는 이이첨이 폐위된 인목대비를 살해하려다가 실패한 사건이 일어나 반대파의 공분을 자아내기에 이른다.

인조반정(仁祖反正)

현 정권에 항거했다 관직을 박탈당한 김류, 최명길, 김자점, 그리고 성균관 '제적생'으로 역시 현 정권에 원한이 깊은 심기원 등 소장파 서인들은 역모를 계획하게 된다.

능양군(綾陽君)을 추대하기로 한 그들은 황해도 평산 군수인 이귀와 황해도 병마절도사인 이괄 등을 포섭하여 1623년 3월 약 700명의 병력을 거느리고 남행길에 올랐으며, 경기방어사인 이서가 고양에서 700명의 병력으로 합류하면서 그 규모는 배로 늘어났다.

손쉽게 궁궐을 장악한 반란군은 서궁에 유폐되어 있던 인목대비에게 옥새를 건넨 다음 그녀의 손으로 광해군을 폐위시키고 능양군을 왕위에 올리게 했다. 그가 조선의 16대 왕인 인조(仁祖)이므로 이 사건을 인조반정이라 부른다.

정묘호란(丁卯胡亂)

광해군을 몰아내고 정권을 잡은 서인 세력들은 광해군의 외교 노선을 폐기해 버린다. 중화(명나라)와 오랑캐(후금)를 두고 저울질할 수는 없다는 것이다.

1626년 누르하치의 아들로 후 금의 2대 황제로 즉위한 홍타이지는 조선이 적대관계로 돌아서지 않는 한 조선을 침략할 의도는 없었다고 한다. 그러나 반정을 주도한 서인 세력이 수구로 돌아서면서 모든 사정이 변해버렸다.

1627년 1월 홍타이지는 아민이라는 부하에게 3만의 병력을 주면서 공격 명령을 내린다. 이것이 정묘호란의 시조이다. 한

달도 채 못되어 후 금군은 황해도까지 밀고 내려왔으며, 인조와 조정의 사대부들은 강화도로 피신하였다.

후금은 황해도에 주둔한 채 강화도의 피난정부에 화의를 제안한다. 그들의 요구 조건은 명나라의 연호를 사용하지 말고 조선의 왕자를 인질로 보내라는 것이다 즉, 후금은 장차 명나라를 칠 때 후방의 안전을 도모하려는 의도였던 것이다. 후 금군이 철수하는 조건으로 후 금과 조선은 형제 관계가 되었고, 왕자는 아직 나이가 어리므로 대신 왕족 가운데 한 명을 인질로 보내기로 했다. 명과의 관계 문제는 기존의 사대관계는 단절하되 명에 적대하지는 않겠다는 조선의 입장이 반영되었다.

병자호란(丙子胡亂)

1636년 2월 인열왕후(仁烈王后, 인조의 비)의 문상 차 조선에 온 후 금의 사신들이 군신의 예를 갖추라고 강요하자 조선 정부에서는 참았던 울분이 터져 나왔다. 사대부들은 일제히 일전불사를 외쳤다. 조선의 태도를 확인한 홍타이지는 우선 1636년 4월에 국호를 중국식 이름인 청(淸)으로 바꾸고, 조선에 대해서는 왕자를 인질로 보내고 청에 대해 호전적인 태도를 가진 주전론자들을 압송하라고 요구했다.

그해 12월 청 태종 홍타이지는 직접 12만의 대군을 거느리고 조선침략에 나서는데 이것이 이른바 병자호란이다. 인조와 조정 대신들은 한강을 건너 남한산성으로 들어갔으며, 지방에서 오는 군대도 자연히 남한산성으로 집결하면서 이곳은 조선의 임시 수도가 되었다. 산성 내의 임시정부에서는 항복과 항전을 놓고 논쟁이 벌어졌다.

　현실주의자인 최명길을 비롯해서 다수는 주화론의 입장이고, 김상헌 등 노장 서력은 주전론을 주장했다. 그러나 왕족과 관료들이 피신했던 강화도가 함락되었다는 소식이 들려오자, 나라보다 가족들 걱정이 먼저인 인조는 적의 요구를 무조건 수락하고 항복을 결정했다.

　1637년 1월 30일 인조가 세자와 함께 삼전도(三田渡, 현재 서울의 송파구 삼전동)에 나가 청 태종에게 항복의 예를 올림으로써 두 달 동안의 전란은 끝났다. 항복의 조건은 명과의 관계를 단절하고 앞으로는 청에게 사대하고, 왕족과 조정 대신들의 자제를 인질로 보내고 조공을 바치라는 것이다. 또한 형제 관계를 군신관계로 바꾸고, 청이 명나라를 공격할 때 지원군을 파견하라는 조항이 정식으로 포함되었다.

　전란이 일어나면 큰 피해를 입는 것은 죄 없는 백성들이다. 전란 중에 청군에 의해 붙잡혀간 사람이 50만 명에 달하였는데, 청나라는 돈이 있거나 신분이 높은 집안의 사람들, 특히 부녀자들을 마구잡이로 납치했다. 그 이유는 나중에 그들을 돌려보낼 때 몸값을 받아내기 위해서였다.

　제나라 백성들과 제집 여자들이 적에게 잡혀갔는데도 그 '가장'들은 책임을 느끼기는커녕 안쓰럽게 여기지도 않았다. 그들은 식솔들이 오랑캐에게 몸을 더럽혔다는 것을 맨 먼저 떠올렸다. 심지어 그들은 왜 스스로 목숨을 끊지 않고 더러운 몸으로 돌아올 마음을 먹었느냐고 분노하였다. 못난 정부와 못난 가장을 둔 탓에 적국에 끌려가 온갖 수모를 겪은 여성들은 오히려 한

양에 들어오기 전에 '더렵혀진 몸'을 씻어야 했고, 이후에도 환향녀(還鄕女)라는 손가락질을 받으며 굴욕적인 삶을 살아야 했다.

'고향에 돌아온 여자'라는 뜻의 환향녀라는 말에서 '화냥년'이라는 비어가 나왔다. 이것이 여성용 욕이라면 '후레자식'이라는 남성용 욕도 있으니 청나라 오랑캐에게 잡혀갔다 돌아온 여자가 낳은 아이를 '호로(胡虜)자식'이라 부른 데서 비롯된 욕설이다.

이러한 혹독한 전란을 겪고 나서 조선의 지배층들은 뭔가 반성하고 미래를 위한 개혁의 길로 나서기로 마음을 먹었을까? 천만의 말씀이다. 이제 명나라가 사라지고 오랑캐들의 세상이 되었으니 이제부터는 조선이 지구상에 남은 유일한 중화 세계임을 분명히 해야 한다는 것이다. 이것이 이른바 소중화(小中華) 이념으로 나타나게 된다. 그다음은 대내적으로 조선을 완벽한 사대부 국가로 만드는 작업에 박차를 가하는 일이다. 그들은 전보다 더 강력한 수구적 자세와 복고적 태도를 견지하면서 시대착오적인 길로 나아가기로 결심하는 것이다

후손들의 생각

"힘 없는 정의(正義)는 정의가 아니다."라고 했다. 힘이 없어 실컷 당하고 나서 정의를 외쳐봐야 공허한 메아리뿐이다. 물리적인 힘이 있을 때 속말로 말빨도 선다. 가정집에 흉기를 든 강도가 들이닥쳤다. 겁이 난 가장은 처자식 내팽개치고 잽싸게 도망가고, 여자는 능욕을 당하고 있는 돈, 패물 다 빼앗긴다. 뒤늦게 돌아온 남편은 몸을 더럽힌 여자를 더럽다고 욕하며 내쫓고자 한다. 참으로 비겁한 노릇 아닌가? 적어도 남자라면 목숨을

걸고서라도 처자식을 지키기 위해 흉한과 맞서 싸웠어야 옳다.

　정의를 실현하기 위해서 힘이 필요하다는 것은 동서고금을 관통하는 진리라 할 것이다. 힘은 어디에서 오는가? 경제력이 있어야 강한 군대를 키울 수 있다. 경제활동에 온 힘을 기울여야 하는 이유 중 하나라 할 것이다. 부국강병(富國強兵)이라 하지 않았던가?

　또한 성숙한 시민의식이 있어야 선진 문화를 이룩할 수 있고, 문화의 힘은 국경을 뛰어넘어 큰 영향력을 발휘한다. 하루가 다르게 넓어지는 세상에서, 우리가 어깨를 펴고 살 수 있는 자랑스러운 사회를 만들어서 후손들에게 물려주어야 하지 않겠는가?

휴머니즘(Humanism)

휴머니즘이란 라틴어 휴마니타스(humanitas)에서 유래한 용어인데 이 말은 원래 '인간다움' 혹은 인간성의 의미를 지니고 있었다. 그러므로 휴머니즘이란 '인간성, 곧 인간다운 삶을 실현하려는 노력'을 가리킨다. 휴머니즘에 대한 관심과 요구를 강렬하게 나타낸 근세의 휴머니즘 운동이 바로 그러한 사실을 잘 말해준다. 이러한 운동이 인문학에만 한정된 것이 아니라 문화 전체에 걸쳐 있었으므로 휴머니스트(Humanist)를 '인문주의자'로 번역하기 보다는 '인본주의자'로 번역하는 것이 더 합당하다.

르네상스 휴머니즘의 목표는 신이 아니라 인간이 중심이 되었던 고대의 언어, 문학, 예술, 철학 등을 연구하고 부활시켜 육성함으로써 중세 스콜라 철학과 가톨릭교회의 정신적인 지배를 무너뜨리고 교회의 권위로부터 독립된 지식과 이성에 근거를 둔 세계상 및 인간상의 창조에 있었다.

그러나 '인간다운 삶'이 무엇인가의 해석을 놓고 휴머니즘의 내용도 크게 달라질 수 있다. 관점의 차이에도 불구하고 휴머니즘은 인간을 중심에 놓고 인간의 참된 가치를 인정하고 그것을 실현하려는 노력이라고 말할 수 있다. 휴머니즘의 특성은 그러므로 인간을 인간답지 못하게 만드는 모든 것에 대한 저항과 투쟁이라는 모습을 지닌다.

휴머니즘과 비슷한 맥락에서 사용되는 '르네상스(renaissance)'라는 말은 '부활' '재생'을 의미하는 프랑스어이다. 인간 중심적인 문화를 다시 살리자는 운동이 르네상스이고 그러므로 르네상스는 필연적으로 인간의 존엄성을 강조하는 휴머니즘과 직결된다. 르네상스와 휴머니즘은 역사상 서로 분리될 수 없는 개념이다.

사람마다 가치 판단의 기준이 다른 것으로 보인다. 이는 아마도 각 개인의 성격, 성장환경, 교육 정도, 함께하는 사람들의 성향 등과 밀접한 관계가 있을 것이다. 그 사람이 어떤 가치관을 가지고 생각하고 행동하든지, 옳고 그름에 대한 판단을 섣불리 내릴 수는 없다. 사회 통념에 반하는 것이 아닌 한 그것은 그 사람 개인의 고유한 권리행사라고 봐야 할 것이다. 그것은 개인의 기호, 가치관, 신념 등 다분히 주관적인 요소가 저변에 깔려 있기 때문이다.

가치의 유형으로는 인간의 존엄성과 같은 기본적 가치와 자유, 정직, 평화 등 모든 사람들이 바람직하다고 생각하는 보편적 가치, 공익성과 같이 여러 사람의 이익이나 안전과 관련된 사회적 가치, 사랑이나 우정 등의 개인적 가치로 나누어 생각해 보는 것이 바람직할 것 같다.

가치를 따지는 데 있어서 가장 먼저 생각해야 하는 것은 생명의 소중함에 대한 문제일 것이다. 인간이든 식물이든 동물이든 모든 생명은 소중하다는 전제 없이는 나머지 가치에 대한 판단이 아무런 의미가 없기 때문이다.

식물이 있기에 초식동물이나 인간이 먹고 살 수 있을 뿐만 아니라, 숨을 쉴 수 있도록 탄소 동화작용을 통하여 산소를 공급하는 것 또한 식물의 중요한 작용이니 그 얼마나 소중한 것인가? 초식동물이 있어서 육식동물이 굶주리지 않으며 인간 또한 동물에게 많은 것을 기대어 살고 있지 않은가?

산림의 황폐화, 토양의 고갈, 기후변화로 인한 식물서식지의 변동, 잦은 가뭄과 홍수는 식물의 생장 환경에 많은 영향을 주고 있는 것으로 보인다. 만약에 식물이 사라진다면? 맨 먼저 사막화로 인해 마실 물이 사라질 것이고, 초식동물이 사라지고 이어서 육식동물이 사라지면 먹을 것을 마련할 수 없게 된 인간이 사라지는 것은 당연지사가 아니겠는가?

인간은 지금껏 생명을 너무 가볍게 여기며 살아온 것으로 생각된다. 인간의 손으로 멸종된 동식물이 헤아릴 수 없을 만큼 많고, 전쟁을 통하여 동일 종인 인간을 살육한 것이 또 얼마인가?

대규모 살상이 벌어진 역사적 사건들을 한번 살펴보자.

No	사건명	사망자
1	제2차 세계대전(1939~1945년)	6천5백만 명
2	중국 마오쩌둥 정권의 숙청(1949년부터)	4천5백만 명
3	제1차 세계대전(1914~1918년)	2천2백만 명
4	러시아 스탈린 정권의 숙청 (1950년부터)	1천3백만 명
5	한국 6·25 전쟁(1950년부터)	280만 명
6	수단 내전(1955년부터)	190만 명
7	캄보디아 크메르 루주(1975~1979년)	180만 명
8	베트남 독립전쟁(1954년부터)	170만 명
9	아프가니스탄 소련과의 전쟁 그리고 탈레반과의 전쟁(1980년부터)	160만 명
10	나이지리아 비아프라 분리 독립전쟁 (1967~1970년)	130만 명
11	이라크 대 이란 전쟁(1980~1988년)	120만 명

지금(2024년 현재)은 우크라이나에 대한 러시아의 침공으로 전쟁이 계속되고 있고, 이스라엘과 팔레스타인의 전쟁 또한 끝날 기미가 보이지 않는다. 인류의 역사가 다 하는 그날까지 또 얼마나 많은 전쟁이 우리를 기다리고 있는 것일까?

지구상에 존재하는 그 어느 것 하나 독자적으로 존재할 수 있는 것은 없을 것이다. 동식물은 말할 것도 없고 땅과 바다, 대기에 이르기까지 서로 간에 주고받으며 공존하는 것이다. 인간만이 살아가는 것은 불가능한 일이다.

생명은 존중받아야 마땅하고 인간의 생명은 특히 그러하다, 인간의 행위 여하에 따라 지구의 운명이 달라질 수도 있기 때문이다. 인간 존엄성(人間尊嚴性)이란 인간이 인간이라는 이유만으로도 존재가치가 있으며 그 인격은 존중받아야 한다는 이념이다. 인간다운 삶이란 단순히 생명을 유지하는 것이 아니라 인간 존엄성을 보장받으며 살아가는 것을 의미한다. 따라서 모든 인간은 절대적 가치를 지닌 존재이며 인간답게 살아갈 권리를 가지는데 이를 인권(人權)이라고 한다. 인간에게는 자유권, 평등권, 행복 추구권이 있다.

여기서 나는 오래된 단어 하나를 끄집어내어 검토해 보고자 한다. 그것은 낭만주의(浪漫主義)이다. 제러디 리프킨(Jeremy Rifkin)은 『공감의 시대(The Empathic Civilization)』에서 낭만주의에 대한 깊은 통찰을 보여준다.

낭만주의 운동은 이성을 맹신하는 계몽주의에 대한 반발이었다. 낭만주의는 계몽주의의 강력한 맞불이 되어 결혼과 육아에서부터 정의와 통치에 관한 개념에 이르기까지 모든 인습과 사회제도에 깊은 영향을 끼쳤다.

계몽 철학자들은 세계를 기계론적 관점에서 보았고, 인간이 천성적으로 탐욕적이라고 믿었으며, 진보를 물질적 형편이 나아지는 것으로 정의했다. 이와는 대조적으로 낭만주의는 세계를 유기적인 관계에서 바라보았고, 인간은 천성적으로 인정이 많고 사회적이라고 믿었으며, 진보란 상상력을 풀어헤치고 자기만족과 공동체 의식을 배양하는 인간의 창조력이라고 정의했다.

낭만주의 운동은 하나의 철학이자 느낌이다. 낭만주의 운동은 본질적으로 수학에서보다는 자연에서 영감을 찾았다. 낭만주의자들은 자연계의 감성에 운명을 맡기는 편이었고, 신(新)범신론자를 자처했다. 이들은 자연 만물에 신성한 빛이 깃들어 있다고 생각했다.

낭만주의 우주관에서 신은 자연의 창조주라기보다는 자연에 깃든 영혼이었다. 그들은 하느님과 자연을 하나로 보았다. 존 랜들 주니어는, 자연과 가까이 어울려 살고 자연의 변화에 맞추어 같이 변하는 것이 곧 신을 아는 것이고 자신을 신의 정령의 일부로 느끼는 것이라고 낭만주의를 설명한다.

그러므로 낭만주의자들은 프로테스탄트 금욕주의자나 계몽 철학자들처럼 자연을 거부한 것이 아니라 자연에 깊이 스며 있는 인간의 본성을 만끽하고 뜨거운 가슴으로 자연을 맞아들였다. 낭만주의자들은 자연은 곧 선(善)이며, 모든 창조성의 기반이라고 생각했다. 낭만주의자들은 깊은 자연 속에서 인간을 부각시키기보다 자연에 초자연적 성격을 부여하면서 자연 자체를 부각했다.

낭만주의자들은 자연을 영원히 고정된 것이 아닌, 끊임없이 스스로 초월하는 새로운 창조적 힘으로 생각했다. 루소의 주장처럼 자연의 흐름을 따름으로써 각 개인은 자신의 창조적 물결을 찾아 자연의 초월적 힘에 함께 휩쓸릴 수 있었다.

낭만주의자들의 개인주의는 종류가 달랐다. 그들에게 개인은 창조적 잠재력을 부여받은 고유한 존재였다. 따라서 스스로의 힘으로 성취하고 자기를 실현할 수 있는 기회를 최대로 활용하는 것이 진정 자유로운 삶이었다.

기독교 신앙이 초월성으로 향하는 길목을 열어주고, 이성이 계몽철학자들의 길잡이 역할을 했다면, 낭만주의자들에게는 상상력이 그 역할을 맡았다. 상상력으로 각 개인은 자연의 창조력을 활용할 수 있고, 자연과 더불어 세상을 함께 창조하여 신성한 과정에 참여한다.

자아에 대한 낭만주의적 개념은 그 어느 때보다도 더 대담했다. 인간의 정신이 자연에 깃든 것처럼 자연은 인간의 정신 속에 깃들어 있었다. 속박되었던 인간의 상상력을 풀어 놓음으로써, 각 개인은 만물의 자연적 도식 속에서 자신의 위치와 자신의 자연적 가치를 다시 발견하게 되었다.

인간이 자연과 더불어 세상을 만들어 가는 공동의 창조자라는 생각은 인간을 신의 비천한 종복으로 보는 기독교 신앙과는 너무도 대조되었고, 마찬가지로 물질적 진보만 강조하며 미리 짜여진 기계론적 우주의 진리에 매인 계몽철학과도 뚜렷하게 구분되었다.

그렇다면 어떻게 인간의 상상력을 해방시키는가? 낭만주의의 대부 루소는 누구나 자연상태에서는 무한한 가능성을 갖고 있지만 타락한 문명이 방해꾼이 되어 개인의 자연적 성향과 가능성을 억누른다고 주장했다. 따라서 문명을 개조하여 문명과 진정한 자연적 인간을 조화시키는 것만 이 해결책이다. 프랑스 혁명이 바로 그런 시도를 했지만 결과가 나빴을 뿐이다.

낭만주의의 주류 사상가들은 전혀 다른 생각으로 상상력의 영혼을 해방시킬 궁리를 하고 있었다. 그들은 인간의 본성이 기본적으로 곱고 선하며 다정다감하고 사교적이라고 믿었기 때문에, 어떻게 하면 그와 같은 존재의 본래적 상태를 다시 살려낼 수 있는가 자문했다.

다른 사람의 곤경을 자신의 곤경처럼 상상하고, 그래서 그들을 돕고 위로함으로써, 모든 개인은 모든 다른 살아있는 존재와의 우애와 연관성을 깊이 이해하고, 진화하는 자연에서 공동의 창조자로서 자신의 입장을 깨닫게 된다.

다른 사람과 '상상력을 통해 하나가 되는 것'은 공감의 낭만적 표현이다. 낭만주의 운동은 다른 사람을 자신처럼 상상하는 것을 중요시했다는 이유로 공감의식의 진화라는 역사에서 하나의 전환점에 위치한다.

결함이야 있겠지만 그래도 낭만주의 운동은 르네 데카르트와 아이작 뉴턴의 수학적이고 기계적인 우주를 반박하는 정교한 우주론을 제공했다. 데카르트가 수학법칙에서, 그리고 뉴턴이 중력을 지배하는 법칙에서 우주적 통일성을 찾은 반면에, 낭만주의자들은 모든 살아있는 존재들의 신성한 상호 연관성에서 우주적 통일성을 보았다.

계몽주의적 합리주의자들과 마찬가지로 낭만주의자들도 진보를 믿었지간, 그들에게 진보란 부의 축적이 아니라 자연적 지혜의 축적과 관계가 있었다.

존 랜들은 역사 속에 펼쳐지는 자연과 인간의 본성과 인간의 역할을 일목요연하게 압축한다.

낭만주의자들은 산다는 것이 곧 성장하는 것이고, 자연의 풍요와 더 많이 동화하는 것이며, 인간의 본성에 깃든 구한한 가능성을 생활환경의 배경에 더 많이 투사하고, 그렇게 함으로써 모든 인간을 서로 묶어주고 그들이 가장 고귀하게 드러나는 우주의 위대한 힘과 무한한 결속을 더 많이 알게 되는 것이라고 믿었다. 한 마디로 살아간다는 것은, 더 높고 더 좋고 더 풍요로운 세상을 창조하기 위해 각자의 모든 에너지를 묶는 것이고 우주에 갖든 신을 그 자체로 깨닫는 것이다. 낭만주의자들은 인간을 자연에 돌려줌으로써 자연과 인간의 불화를 치유하려 했다.

낭만의 시대는 오래전에 끝났다. 지금은 자본주의가 정점에 이른 시기이며 모든 것은 물질의 지배를 받는다. 자본주의가 진리가 아니라는 사실은 모든 사람들이 익히 알고 있다. 그렇다고 다른 대안이 있는 것도 아니다. 부를 일구고 넘쳐나는 물질의 홍수 뒤에는 하루에 1달러 미만의 돈으로 살아가는 사람들이 있고, 호화찬란한 쇼윈도의 뒷골목에서는 마약과 범죄가 도사리고 있는 것이 지상천국이라고 흔히들 이야기하는 선진국의 진정한 모습이다.

휴머니즘(Humanism) **425**

돈이 모든 것의 시작과 끝이다. 너도나도 돈을 좇아 달려간다. 주위를 돌아볼 겨를도 없다. 한눈파는 사이에 누군가에게 추월당하고 빼앗길까 두려운 것이다. 그래서 행복한가? 마음은 평화로운가? 내 영혼은 어디에서 안식을 얻을 것인가? 아직 영혼을 빼앗기지 않고 지니고 있기나 한 것일까?

이제는 모두들 조금 천천히 갔으면 좋겠다. 주위도 둘러보면서 여기가 어디쯤인지 가늠도 해보면서 소위 낭만도 추구해 가면서 말이다. 조금 부족하면 어떠한가? 생명의 소중함, 인간의 존엄(尊嚴)을 최고의 가치로 삼고 모든 것과 공존하는 마음으로 산다면 조금 더 행복해지지 않을까?

3장
역사

사라진 고대 문명과 신세계
대륙의 백제(百濟)
미인도(美人圖)
신화와 역사
역사는 진보하는가?
전쟁(戰爭)의 품격(品格)
정립(正立)

사라진 고대 문명과 신세계

모로코의 제벨 이르후드(Jebel Irhoud) 근처 동굴에서 초기 인간의 유골 일부와 돌 도구들이 발견되었는데, 이것은 해부학적 현생인류의 나이를 10만 년 정도나 더 이전으로 끌어올린 발견이었다. 그 이전까지는 호모 사피엔스의 가장 오래된 화석은 1967년에 에티오피아 키비쉬(Kibish)에서 발견된 것으로 대략 19만 5,000년 정도 되었다. 또한 2003년에 역시 에티오피아의 헤르토(Herto)에서 발견된 유골로 약 15만 년 전 것이었다.

그런데 모로코의 유골 발견으로 현생인류의 시작은 동아프리카에서 북서부 아프리카로, 그리고 시기도 약 30만 년 전으로 옮겨진 것이다.

기원전 40000년부터 시작된 마지막 빙하기는 인간과 동물의 대규모 이동을 초래하지만, 동시에 동굴 속 인간의 예술과 종교를 심화한다. 기원전 20000년 무렵부터 그려진 동굴 벽화는 종교(마법)적이고 예술적이다. 알타미라 동굴 벽화는 18500년 전부터, 라스코 동굴 벽화는 16000~14000년 전에 그려졌다.

인간의 조상들은 구석기 시대의 생존 방식을 자발적으로 버린 것이 아니라고 한다. 환경 악화의 압력 아래에서 떠돌이 식량 채집 생활양식을 버리고, 식량생산 방식을 채택함으로써 인류는 비로소 마지못해 신석기 시대로 들어선다. 마지막 빙하기 말인 1만 2천 년 전 무렵에 신석기 혁명이 시작되었다.

비교적 짧은 기간에도 불구하고 신석기는 지리적으로 확산되었을 뿐 아니라, 특정 지역에서는 대략 1만 2천 년 전에서 5천 년 전까지 수천 년에 이르는 기간을 존속했다. 대략 5천 년 전이 되어서야 신석기 시대는 근동의 문명에 자리를 내주었다.

후기 신석기 시대 사람들은 운반력을 얻기 위해 동물을 길렀으며, 중세 유럽의 도로와 비교해서도 결코 뒤지지 않는 도로에서 바퀴 달린 탈것을 사용했던 것 같다.

기원전 4500년 경부터 사람들은 배를 만들어 타고 강과 바다를 교통과 운송로로 삼기 시작했다. 육로 교통을 질적으로 발전시킨 것은 기원전 4000년부터 시작된 말 사육이다. 말의 조상은 6천만 년 전 태어났고 중앙아시아의 원시인들이 먹이로 사냥을 하다가 길들여 짐을 끌게 하거나 타고 다녔다. 스키타이 사람들이 처음으로 안장과 박차를 사용했고, 히타이트, 아시리아, 바빌로니아 사람들이 맨 처음 말을 타고 싸움에 나섰다.

옷과 저장용 그릇의 수요가 증가하면서 방직기술이 꽃을 피우게 된 것은 신석기 시대에 이르러서였다. 직물 생산에는 서로 연관된 여러 기술—양털 깎기 혹은 아마 나 목화의 재배 및 수확, 재료처리, 실 잣기(이 일은 1만 년 후 산업혁명이 일어날 때까지 여성들의 삶에서 떼어 놓을 수 없는 부분을 이루었다.), 베틀 제작, 염색, 직물 짜기 기술 등—이 필요하다. 신석기 시대에 시작된 직물 생산을 자세히 들여다보면, 옷 모양에 대한 고려와 그것의 상징적 역할과 정보전달 기능도 지나칠 수 없다.

세계 곳곳의 여러 중심지에서 독립적으로 발생한 도기(陶器) 역시 신석기 혁명의 핵심적인 부분을 이루는 또 하나의 신기술이다. 신석기 시대의 가마는 섭씨 900도 이상의 온도에 도달할 수 있었다. 이와같이 도기를 제작하기 위한 신석기 시대의 불 조작 기술은 훗날 청동기 시대와 철기 시대의 야금(metallurgy) 기술을 가능케 했다.

후기 신석기 시대에는 진정한 의미의 도시들이 등장했다. 전형적인 예로 신석기 도시 가운데 특히 부유했던 예리코(Jericho)가 있는데, 예리코는 이미 기원전 7350년에 2천 명 이상의 인구가 짐승 떼와 주변의 밭을 돌보며 사는, 잘 갖춰진 수로와 벽돌로 건설된 건축물들을 가진, 참된 도시의 형태를 띠었다. 예리코에는 높이 9미터, 지름 10미터인 탑과 두께 3미터, 높이 4미터, 총 길이 700미터인 유명한 성벽이 있었는데, 그것은 잉여 저장물의 약탈을 막기 위한 것이었다. 신석기 시대에 이르러 인간은 최초로 잉여식량과 함께 빼앗거나 지킬 가치가 있는 부를 산출해 냈다. 신석기 문화의 생태학적 귀결은 길들여진 것이 야생의 것을 몰아내는 변화였다.

영국 남서부 솔즈베리 평원에 있는 유명한 스톤헨지(Stonehenge) 유적은 가장 잘 연구되었으며 가장 극적인 사례다. 현재 방사성 탄소연대 측정법에 의해 판명된 바에 따르면 스톤헨지는 기원전 3100년에서 1500년까지 1600년에 걸쳐 다양한 집단에 의해 세 번의 주요 기간에 건설되었다. 스톤헨지가 천문학을 위한 장치라는 생각은 오늘날에 이르러서야 입증되었다. 이 기념물은 의식장소와 계절의 변화를 추적하는 '관측소'로 사용되었다.

오늘날의 학자들은 스톤헨지가 솔즈베리 평원의 신석기인들에 의해 건설된, 의식과 숭배의 장소라는 사실에 동의한다. 이와 같은 솔즈베리 평원의 기념물이 가진 천문학적 기능은 그것이 태양과 달의 숭배를 위한 종교적 시설인 동시에 달력의 역할을 했음을 시사한다.

스톤헨지의 기념물은 하지의 일출 지점뿐 아니라 동지와 춘분, 추분의 일출 지점도 표시한다. 또 그 지점들 각각에서의 일몰 지점을 표시하며, 태양의 운동보다 더 복잡한 달의 수평선상 왕복운동도 4개의 끝점을 통해서 표시한다. 스톤헨지는 주요 천체들과 어쩌면 몇몇 별의 주요 운동을 표시하는 일종의 시계라고 생각하는 것이 더 합당할 듯하다. 더 나아가 스톤헨지는 하루 단위까지 정확하고 신뢰성 있게 계절의 변화를 알리는 달력의 역할을 했던 것이 분명하다. 스톤헨지는 달력으로서 태양년을 표시했고, 더 나아가 좀더 복잡한 달의 주기적 운동과 태양의 운동을 조화시켰다.

사라진 문명의 흔적들

중앙아메리카 올메카(Olmeca) 문명

멕시코만 저지대 남부에서 기원전 1200~기원전 400년에 번영한 메소 아메리카 최초의 자생문명이며, 올메카는 최초의 도시이자 국가였다. 올메카는 나우아틀(Nahuatl)어로 '고무 땅 사람'이란 뜻으로 스페인 침입 이전 멕시코만 저지대 남부에 살던 사람들에 대한 통칭이다.

여러 유적에서는 왕의 얼굴을 형상화한 거석 인두상, 왕좌, 석비, 그리고 돌로 조각한 인물상과 동물상 등 많은 유물이 출토되었다.

이스터(Easter)섬 혹은 라파누이(Rapa Nui)

면적이 74제곱킬로미터에 불과한 섬이며, 기원후 300년 이후, 바다를 건너 이스터섬에 도착한 폴리네시아인들은 고구마 농사를 짓고, 낚시를 하고, 아열대 야자를 채취하면서 번성했다. 그들의 경제 형태는 정착 구석기 경제 혹은 단순한 신석기 경제였으나 자원이 풍부했으며, 1천 년 동안 인구가 꾸준히 증가하여 기원후 1200~1500년 무렵의 전성기에는 7천~9천 명에 달했다.(2만 명 이상이었다고 주장하는 학자들도 있다.)

섬사람들은 의식을 거행하는 장소인, 바다가 보이는 광활한 장소에 250여 개의 모아이 석상을 조각하여 세웠다. 모아이의 평균 높이는 3.7미터, 무게는 거의 14톤이며 55~70명으로 이루어진 집단에 의해 최대 9.7킬로미터 떨어진 곳에서 육로로 운반되었다.

외딴 이스터섬의 숲은 섬사람들의 주식인 돌고래와 참치 낚시에 필요한 배를 만드는 재료와 땔감으로 벌목되어 완전히 황폐해졌다. 1500년에 야자나무가 사라지고 토착 조류가 멸종했으며, 인구증가에 따른 압력이 극도로 심해졌다. 섬사람들은 더욱 많은 닭을 사육하기 시작했으며, 쥐와 사람을 잡아먹었다. 인구는 순식간에 거의 1/10 수준으로 줄어들었고, 그들의 슬픈 잔재는 1722년에 유럽인들에 의해 발견되었다.

이집트 문명

이집트의 거석 건조물들은 메소포타미아의 지구라트나 중남미 마야의 피라미드와는 전혀 다르게 우리가 알고 있는 역사시대 이전인, 적어도 기원전 10000년 무렵(1만 2천 년 전)에 현대 인류를 훨씬 능가하는 지성을 가졌던 인류들—이를테면 사라진 아틀란티스인 이거나 외계인들이든지 또는 다른 어떤 인류—에 의해 건축된 것이 아닐까 하는 의심을 하는 사람들이 많이 존재한다.

그들이 그러한 추측을 하는 이유는 충분히 공감이 간다. 입이 떡 벌어지는 어마어마한 규모와 상상이 안 가는 건축방식, 현재의 기술과 중장비로도 엄두가 안 나는 돌의 무게와 운반기술, 채석장에서 어떻게 이 돌들을 떼어 냈을까 하는 의문(당시에는 폭약도 없던 시절이 아닌가?), 그리고 석기시대인 그 당시에 공구도 기계장치도 없이 무슨 수로 그 거대한 작업을 수행했을지 가히 상상이 되지 않기 때문이다.

최근의 연구 결과에 의하면 이 거대 건조물이 종래의 역사가들 사이의 정설처럼 기원전 25세기 무렵이 아니라, 실로 일찍이 1만 년 전에 세워졌을 것이라는 주장이 지구 과학적(및 천문학적) 증거를 내세워 등장하였다.

역사가 헤로도토스에 의하면, 이집트 제1왕조가 시작되었던 기원전 3600년 이전의 초고대고부터 멀리 거슬러 올라가면 약 4만 년 전부터 신왕(神王)들이 이 나라를 다스리고 있었으며, 신왕 오시리스 시대는 약 1만 7천 년 전이었다고 추측하였다.

가장 큰 쿠푸왕의 피라미드의 밑면은 1/20도 오차의 직각으로 이루어진 정사각형임이 이미 충분히 입증되었다. 측면은 모두 완전한 정삼각형으로, 정북, 정남, 정동, 정서 방향에 맞춰져 있다. 밑면 각 변의 길이는 히브리 큐빗으로 365.2422큐빗이어서, 1년의 길이와 정확히 일치한다.

옆면의 경사각으로 인해 피라미드의 높이는 232.52큐빗이다. 네 밑변의 길이를 높이로 나눈 값의 절반이 3.14159다. 이 수치에 지름을 곱하던 원의 둘레가 나온다. 피라미드 밑면의 둘레는 반지름이 이 피라미드의 높이와 같은 원의 둘레와 정확히 일치하는 것이다.

경사면의 각도 때문에 피라미드를 10미터 올라가면 고도는 9미터 높아진다. 대피라미드의 실제고도(마일 환산 수치)에 10의 9제곱을 곱하면 9,184만으로, 태양과 지구 사이의 거리와 정확히 일치한다.

게다가 건설자들은 지축의 기울기(23.5도), 위도(관찰자가 적도에서 더 멀어지면서 달라진다)와 지구의 세차(歲差) 주기를 정확히 계산하는 법 역시 분명히 알았다. (세차운동 : 지구의 자전축이 2만 5,920년을 한 주기로 위치를 소폭적으로 변동시키는 것. 이와 같은 자전축의 소폭적인 방향 변동이 지구에서 보이는 별들의 방향을 뚜렷하게 변화시키게 된다.)

화성에도 피라미드 형상이 있다는 이야기가 있어 관심 있는 사람들의 호기심을 끌고 있다.

매리너 9호는 임무수행에 들어간 지 2개월째에 접어든 1972년 2월 8일, 엘리시움 사각지대라고 부르는 지역을 통과하면서 사진을 촬영했다. 북위 15도, 서경 198도 지역을 촬영한 사진 MTVS 4205에는 사면체 피라미드 형상이 몇 개 포착되어 있다. 이 지역을 8월 7일 다시 촬영한 사진 MTVS 4296도 동일한 지형을 포착했는데, 여기에도 피라미드 형상들이 존재한다.

칼 세이건이 말한 것처럼, 그 거대한 "지구인을 부르는 피라미드 군"은 엘리시움 평원의 지면에서 1킬로미터나 솟아 있다. 가장 큰 피라미드 형상은 이집트의 대피라미드보다 1,000배 더 크며 높이는 10배에 이르는 것으로 계산 결과 밝혀졌다.

엘리시움에는 네 개의 사면체 피라미드 형상이 있다. 큰 것과 작은 것이 하나씩 가까운 거리에 위치하여 메마른 평원을 가로질러 마주 보며 짝을 이루고 있다.

기제의 피라미드는 엄청난 규모 때문에 사람들에게 많은 상상을 불러일으키고 피라미드의 건설과 관련한 여러 가지 설이 난무한다. 그중 하나를 들어 보자.

많은 역사가들이 오랫동안 주장해 온 것과는 달리, 기제 평원의 대피라미드를 실제로 누가 건설했는지는 아무도 모른다. 파라오 쿠푸는 기원전 2500년경이 되어서야, 이미 존재하고 있던 그 피라미드(아마도 2500년 전에 건설되었다가 버려진 피라미드)를 자기 것으로 삼고 자기 이름을 붙이기로 결심한다.

나중에 그의 서사들은 그를 선전하기 위해 역사를 새로 쓰고, 파라오 쿠푸가 피라미드 건설을 명령했으며 기록적인 시간인 20년 만에 건설에 성공했다고 믿게 한다. 그 성과를 재현하는 것은 오늘날에도 어렵거나 불가능하다. 몇 가지 예를 들어 보자.

쇠도 없고 바퀴(기원전 3500년경 수메르에서 발명)도 없을 만큼 도구가 초보적이던 시절에 그들은 점토질 언덕을 밀어 6만 제곱미터의 평원을 만들었다.

그들은 아스완에 있던 채석장으로부터 900킬로미터나 떨어진 곳으로 하나에 70톤이나 나가는 화강암 덩어리 130개를 옮겼고

(배나 썰매를 가지고는 실현하기가 불가능한 일), 그것들을 바닥에서 70미터 높이까지 올렸다. (오늘날의 기중기로도 실현하기가 어려운 일)

그들은 130개 화강암 덩어리 주위에 작은 덩어리 2백만 개를 배치했다. 크기는 작고 형태는 제각각이지만 큰 덩어리와 아귀가 딱딱 맞아떨어지는 것들이었다. 전체적으로 보면 틈이 벌어져 있지 않다. 돌덩어리들 사이에 시멘트 같은 것을 부어 움직이지 않게 한 것도 아닌데 세 차례쯤 큰 지진이 닥쳐왔을 때에도 꿋꿋하게 버텨낸 것이다.

그들은 피라미드의 사면이 정확하게 사방을 향하게 했다.

그들이 고안한 형태는 완전한 조화의 의미를 담고 있다. 1859년 영국의 이집트 연구가 존 테일러는 이 피라미드의 높이와 둘레를 계산한 뒤에 둘레의 반을 높이로 나누었다. 그랬더니 원주율을 나타내는 파이, 즉 3.14를 얻었다.

인더스 문명(Indus civilization)

인도 역사의 초창기에 비교적 덜 알려진 하나의 문명이 존재하고 있었다. 약 5천 년 전에 발흥하여 1500년 가까이 존속했던 것으로 보이는 인더스 문명 또는 하라파 문명이 그것이다. 이 문명의 중추를 이루었던 것은 하라파와 모헨조다로라는 두 도시였다.

두 도시의 전체 인구는 약 8만 명이었던 것으로 추산된다. 당시로서는 상당히 많은 인구였다. 이 문명에서는 막강한 권력을 상징하는 왕궁이나 신전 따위가 발견되지 않는 대신 치밀한 도시계획이 두드러져 보인다. 시가지는 동서남북으로 뻗은 대로를 주축으로 바둑판 모양으로 구획되어 있었고, 인류 역사를 통틀어 가장 먼저 설계된 수로와 하수도 망이 갖추어져 있었다.

이 문명은 어떻게 생겨났을까? 누구도 분명하게 말할 수 없지만, 일부 연구자들은 수메르 문명에서 그 기원을 찾는다. 서쪽에서 침입한 아리아인들을 피해 인더스강 유역으로 온 수메르인들이 하라파와 모헨조다로를 건설했을 것으로 추측하는 것이다.

이 문명이 사라진 이유 역시 오랫동안 수수께끼로 남아있었다. 그러다가 최근 들어 수 천구의 시신과 하라파시대의 물건들이 묻혀 있는 구덩이가 발견되고 고고학자들의 연구가 진척됨에 따라 하라파인들의 역사가 점차로 재구성되기에 이르렀다.

하라파인들은 견고한 성벽을 건설함으로써 외적의 잇따른 침입에 저항할 수 있었다. 그렇게 도시의 안전이 어느 정도 확보된 가운데 그들은 특별한 문화와 예술과 아주 세련된 언어를 발전시켰다. 그들의 문자 가운데 수백 개의 그림 글자가 알려져 있지만 아직 해독되지 않고 있다.

그들은 면화를 재배하여 이웃 민족에게 팔았으며, 구리나 석회암이나 보석 등으로 그릇이나 장신구를 제작하기도 했다. 그들이 수출한 청금석은 많은 민족의 종교의식에서 사용되었다. 당시에 청금석은 그 지역에서만 구할 수 있었고, 그 교역로는 이집트까지 닿아 있었다. 파라오들의 관에서 청금석으로 만든 물건들이 발견되고 있는 사실이 그 점을 말해준다.

그런데 아리아인들은 하라파를 군사적으로 침략하려다가 실패한 뒤에도 도시 주위에 계속 남아있었다. 세월이 흐른 뒤 하라파인 들은 집과 도로와 수로를 건설하기 위한 노동력으로 아리아인들을 고용했고, 마침내 하라파인의 도시 안에서 살아가는 아리아인들의 노동계급이 생겨났다. 그들은 당시의 노예제 관습에 비추어 상당히 좋은 대접을 받았다.

아리아인들의 후손들은 이내 강력한 패거리를 지어 교역로를 오가는 대상(隊商)들을 공격했고, 도시를 점차로 파괴했다. 도시 안에 살던 아리아인들은 마침내 내전을 일으켰고, 결국은 하라파인 들을 붙잡아 커다란 구덩이 앞에 모은 다음 모두 죽여서 한데 묻어버렸다.

하라파와 모헨조다로를 약탈한 아리아인들은 도시를 어떻게 관리해야 할지 몰랐기 때문에 그냥 몰락해 가도록 방치하다가 결국은 도시를 버리고 떠나 버렸다. 그들 뒤에 남은 것은 유령 도시들과 시신으로 가득 찬 구덩이들뿐이었다.

바빌로니아

복원된 고대 바빌로니아기(기원전 2000~1600년)의 수천 점의 점토판은 1차, 2차 방정식과 기하학적 계산 결과를 담고 있다. 거기에는 또한 곱셈표, 제곱, 제곱근, 역수의 표까지 나와 있다.

바빌로니아인들은 서양에서는 피타고라스가 발명한 것이라고 여기는 정리도 알고 있었던 듯하다. 기원전 1700년의 것으로 추정되는 플림프톤(Plimpton) 322 점토판은 피타고라스가 태어나기 천 년 전의 것인데, 직각 삼각형의 빗변의 제곱이 다른 두 변의 제곱의 합과 같다는 값을 기록하고 있다. ($a^2+b^2=c^2$)

홍산문화(紅山文化)

1960년대 이후 최근까지 북방 민족의 요람인 중국 내몽골 자치구와 랴오닝성 일대의 랴오허(요하)지역에서 세계 4대 문명권에 앞서는 이른 시기의 훌륭한 문화 유적들이 쏟아져 나왔다.

중국 랴오닝성(요녕성)의 내몽골 자치구 접경지역인 우하량 제2 지구 유적지에는 옛 신전이 들어섰던 터와 여신의 묘가 있던 터 등이 곳곳에 남아있다.

1983~1985년 이 지역에서는 기원전 3500~3000년경 초기 중앙집권 국가의 흔적을 보여주는 적석총, 여신 묘, 대형 제단, 옥기 등 유적, 유물이 쏟아져 나왔다. 이들 유물의 발견은 계급이 완전분화되고, 사회적 분업이 이뤄진 중앙집권 국가가 존재했음을 입증한다.

이 문명은 중국사 어디에도 나타나지 않는, 그동안 중국이 자신들의 문화나 문명이라고 주장한바 없었던 지역에서 홀연히 나타났다. 세계 4대 문명권보다 적어도 1000년 이상 앞서는 고대 문명으로, 이것이 홍산문화이다.

이 문화는 황하문명보다 약 1000년가량 앞서기 때문에 세계 고대 문명사는 바뀌어야 할 것으로 보인다. 특히 신석기 시대에 이미 국가 성립단계에 들어섰다는 것은 종래 서구 학자들이 주장한 청동기 시대 국가 성립설은 바뀌어야만 한다는 획기적인 발전상을 보여준다.

그런데 멸망의 과정만은 인더스 문명과 비슷하다. 홍산문화는 기원전 2700년 이후에 갑자기 사라졌고, 거대한 니우허량의 제사 터는 그냥 버려졌다. 홍산문화를 만들었던 사람들은 이 제사 터를 완전히 버리고 어디론가 사라졌다.

샤자뎬 하층문화(夏家店下層文化)

샤자뎬 하층문화는 기원전 2200년부터 1600년경까지 현재의 내몽골 자치구 동남부, 내몽골 자치구 동부, 랴오닝성 동부, 랴오닝성 서부를 중심으로 한 고고 문화를 말한다. 이 문화 역시 중국의 황하문명과는 전혀 다른 독자적인 북방민족의 문명권이다.

이들은 옥기 대신에 청동기를 사용했고, 강을 따라서 거대한 성을 수백 개나 건설했다. 중국 학계에서는 샤자뎬 하층문화를 중국의 하 나라에 비견하는 국가의 등장으로 본다.

괴베클리 테페(Göbekli Tepe)

괴베클리 테페는 튀르키예어로 '배불뚝이 언덕'이라는 이름의 지명으로, 튀르키예 남동쪽 샨느우르파 도에 있는 석기시대의 유적을 가리킨다.

2,010년 발표된 결과로는 가장 오래된 부분이 기원전 9675년 무렵이다. 즉 이 구조물은 약 1만 1,700년 전에 세워졌다는 이야기가 되는데, 그렇다면 토기 없는 신석기시대(PPNA, Pre-Pottery Neolithic Age : 기원전 1만~9천 년) 초기까지 거슬러 올라간다.

유적이 위치한 아나톨리아 지역은 현재까지 발견된 도시 중 가장 오래되고, 초기 밀 농사를 시작했다고 추정되는 유적들도 발견되므로, 수렵인들이 이런 종교시설을 건축하며 모여 살다가 농사를 지으며 정착민으로 변하지 않았을까 하는 새로운 학설이 제시되었다.

2019년, 괴베클리 테페에서 38km 떨어진 카라한 테페(Karahan

Tepe)에서 T자형 기둥이 250개나 발견되는 등 괴베클리 테페보다 더 거대한 신전이 있었고, 괴베클리 테페와 카라한 테페 이외에도 주변지역 각지에서 T자형 기둥신전이 잇따라 발견되어 상상 이상으로 거대한 집단으로 드러났다.

신전 주변에서도 곡식을 빻기 위해 필요한 맷돌과 탄화된 곡물 또한 대량으로 발굴되어 구석기 시대라 여기던 시절에 초기 농업사회가 탄생했음이 밝혀졌다.

고고학계의 기존 학설에 따르면, 인류가 이러한 거대 유적을 조성하려면 체계적으로 토목 활동이 가능한 대규모 노동력이 필요하고, 이를 뒷받침하려면 농경 생활에 따른 체계화된 사회조직이 등장해야 한다.

괴베클리 테페는 세워진 뒤 약 2천 년간 신전으로 사용된 듯하다. 기원전 8000년쯤 괴베클리 테페는 버려져 땅속에 묻혔다. 특이한 점은 사람들이 고의적으로 땅을 파 기둥을 메운 뒤, 그 위에 석회 자갈과 석기 도구들, 동물과 인간의 뼈를 묻고 버렸다는 사실이다. 이 때문에 고의적으로 신전을 매장한 흔적이 있는 것으로 볼 때 종교 혹은 정치적인 분쟁이나 지배계급에 맞선 반란 등에 휘말렸을 것으로 보는 시각이 있다.

신세계의 수난

콜럼버스가 아메리카 대륙에 발을 들이기 이전에는 치명적인 얼룩날개 모기와 숲 모기들은 아직 아메리카 대륙에 발을 들인 적이 없었다. 물론 아메리카 대륙에도 모기떼가 없었던 것은 아니지만, 질병의 매개가 아니라 그저 귀찮고 가려운 벌레에 불과했다.

콜럼버스가 열어준 길을 따라 모기들이 아메리카 대륙에 상륙하였고, 집단 학살에 가까운 사망자를 발생시키는 질병, 이를테면 말라리아와 황열을 전파했으며, 이들은 급속도로 원주민을 습격하여 죽음에 이르게 했다.

600만 명의 아즈텍족을 점령한 것은 에르난 코르테스(Hernan Cortes)가 아니었으며, 1천만 명의 잉카족을 예속시킨 것도 프란시스코 피사로(Francisco Pizarro)가 아니었다. 이 두 명의 콩키스타도르(15~17세기에 아메리카 대륙에 침입한 스페인 정복자들을 이르는 말)는 천연두와 말라리아 열 유행병으로 무너진 아즈텍족과 잉카족을 찾아가 소수의 병든 생존자들을 긁어모은 뒤 노예로 팔아넘겼을 뿐이었다.

1531년 피사로가 페루 해안에 당도했을 때는 그보다 5년 앞서 찾아온 천연두가 그곳을 대대적으로 파괴해둔 이후였으므로, 피사로와 168명의 개척자들은 10년 전만 하더라도 수백만 명의 인구를 자랑했던 잉카문명을 정복할 수 있었다.

코르테스는 1521년 고작 600여 명의 개척자들 및 수백여 명의 지역 동맹군과 함께 75일간 테노치티틀란(오늘날의 멕시코 시티)을 포위 공격하여 함락했다. 아즈테카의 수도였던 테노치티틀란은 한때 유럽의 어느 도시보다 많은 25만 명의 인구를 거느린 도시였다. 대부분의 경우 유럽의 식민지 개척자들이 원주민들을 쫓아내거나 파괴할 수 있었던 진짜 이유는 유럽인들이 데려온 질병과 그들이 가졌던 서로 다른 면역체계 덕분이었다.

콜럼버스 이전 미국의 토착 원주민 인구수는 1,200만에서

1,500만 명으로 추정되며, 들소도 6천여 마리 존재했던 것으로 추정된다. 신세계 전체를 통틀어 보았을 때 콜럼버스의 도착 이래 한두 세기 동안 인디언 인구의 감소율은 최대 95퍼센트였던 것으로 추정된다. 보수적으로 수치만 따져 보자면 아메리카 대륙 전역에서 9,500만 명이 사망했다는 말이다. 이는 인류 역사상 기록된 단일 인구재앙 중 가장 큰 규모로 거의 멸절에 가까운 사건이었다. 흑사병으로 인한 사망자보다도 훨씬 많다.

말라리아가 풍토병으로 자리 잡자 창의력을 발휘한 영국 정부는 인디언들과 아시아인들에게 아편이 말라리아 특효약이라고 주장했다. 1900년에 이르자 중국 인구 4억 명 중 무려 34퍼센트에 달하는 1억 3,500만 명이 하루에 한 번 이상 아편을 피웠다. 처음에는 말라리아 억제제로서, 중독된 이후에는 중독성을 충족하기 위해서였다.

최초의 말라리아 예방약이자 치료제인 퀴닌은 뒤늦게야 말라리아로 고통받던 지역에 공급되었으며, 말라리아 기생충의 헤모글로빈 물질대사를 차단하는 퀴닌의 발견은 그야말로 많은 이의 목숨을 구한 위대한 발견이었다.

1840년대 인도에 거주하던 영국의 시민 및 병사들은 예방을 목적으로 퀴닌을 섭취하면서 연간 700톤의 키나 나무껍질을 소비하였다. 쓴맛을 없애고 취기를 더하기 위해 여기에 진을 섞어 마시기도 했는데, 여기에서 진토닉 칵테일이 탄생하였다.

콜럼버스가 히스파니올라섬에 첫발을 내디딘 후 22년이 지난 1514년, 스페인 정부는 타이노족 생존자들을 식민지 개척자들에게 노예로 나누어 줄 목적으로 인구 조사를 실시했다. 그러나 한때 500만~800만 명까지 번성했던 타이노족이 고작 2만 6,000여 명밖에 남아있지 않았다. 원주민 수가 격감된 주된 이유는 바로 스페인 통치령 전역에 확산된 말라리아와 천연두, 결핵 그리고 황열병이었다.

유럽인들과 토착 원주민 모두가 말라리아를 비롯한 질병에 시달리고 있었기 때문에 담배와 설탕, 커피, 코코아 등 수익성 좋은 농업생산을 담당할 대체 노동력이 필요했고, 이로써 아프리카 노예무역은 콜럼버스의 신세계 개척의 소용돌이 속으로 들어오게 되었다.

아메리카 대륙 최초의 아프리카 노예들은 1502년 스페인 사제 바르톨로메 데 라스 카사스와 함께 콜럼버스의 제4차 항해를 따라 히스파니올라섬에 당도했다. 스페인 사제 라스 카사스는 아메리카 대륙의 토착민 노예들에 대해 미덕을 보여야 한다고 열정적으로 설파하면서도 아프리카 노예들은 재산으로 간주했다.

유럽의 제국주의는 식민지에서 얻은 풍부한 자원과 함께했다. 자본 수탈과 중상주의 경제 체제의 중추는 아프리카 노예무역이었으며, 여기에는 아프리카 태생의 숲모기와 얼룩날개 모기, 그리고 그 매개 질병들을 아메리카에 유입시키는 일도 포함되었다. 아프리카인들은 말라리아에 대한 유전적 면역 방어체계를 가지고 있었다. 또한 다수의 아프리카인이 이미 아프리카 현지에서 황열병에 길들여졌으므로 재감염될 가능성도 적었다.

고대 노예제는 인종이나 종교, 혹은 피부색과 관계없었다. 로마제국의 노예들은 다양한 지역 및 계층 출신이었으며, 그 수가 전 인구의 약 35퍼센트에 달했다. 범죄자와 채무자, 전쟁포로를 노예로 삼는 경우도 많았다. 아메리카 대륙의 토착 원주민부터 뉴질랜드 마오리족과 아프리카 반투족에 이르기까지 세계 곳곳에서 노예는 전투를 일으키는 주된 원인 중 하나이자 손꼽히는 전리품이었다.

노예와 관련된 고대의 법과 사회적 관습 및 전통에는 대부분 연민과 동정이 깃들어 있었고, 노예의 안녕과 평등한 대우가 놀라울 정도로 중시되었다. 다른 문화권에서도 노예제는 각 지역에 국한되었으며, 상대적으로 소규모였고, 노예를 재산으로 여겼던 아프리카 노예제와는 달리 고통스럽거나 잔인한 요소들이 없었다.

콜럼버스 이전의 노예제는 아메리카 대륙의 식민지화 이후 나타난 야만적인 제도와 전혀 달랐다. 콜럼버스 이후 고향에서 붙잡혀 노예로 팔려 온 아프리카인의 수는 포르투갈 전 인구의 3퍼센트인 10만 명에 이르렀다.

스페인은 1501년 서아프리카에 공식 노예요새를 건설했다. 1593년에 이르자 영국인 또한 이 끔찍한 노예무역 경쟁에 참여했다. 콜럼버스는 흑인 노예 물결의 정점에 서 있었으며, 그 물결은 곧 신세계 해안가에 닿아 설탕과 커피를 전해주었다.

이식 재배한 퀴닌으로 무장한 유럽 제국주의자들은 1880년을 기점으로 아프리카에 몰려든 이후 제1차 세계대전이 벌어지기 전 수십 년 동안 아프리카를 수탈했다. 벨기에 국왕 레오폴 2세의 지배와 정책으로 사망한 아프리카인만 약 1천만 명에 달했다. 그는 콩고 민주공화국에 대한 절대적 권리와 지배력을 얻어

냈으며, 상아와 고무, 금 거래를 통하여 사적으로 부를 축적하는 한편, 지역 주민을 대상으로 차마 입에 올릴 수도 없는 잔혹 행위를 벌였다. 아프리카 노예무역은 아프리카인들의 참여 의지 덕분에 성행했다. 수많은 아프리카인이 모기에 손발이 묶인 유럽인을 대신하여 동료들을 유럽의 노예제로 몰아넣었다.

18세기 중반에는 프랑스와 영국만 하더라도 매년 4만 명의 노예를 신세계에 수송했다. 아프리카 노예들은 모기 매개 질병에 대한 유전적 방어체계 덕분에 인기 절정의 상품으로 거듭났다. 그렇게 아프리카의 생태계가 아메리카 대륙에 수입된데 더하여 설탕과 코코아, 커피 등 아프리카 원산의 주요 플랜테이션 돈벌이 작물까지 아메리카로 들어오면서 생태계 순환고리가 완성되었다.

1820년 무렵 포르투갈령 식민지 브라질은 매년 4만 5,000명의 노예를 수입했다. 브라질에 수입된 노예는 총 500만 명에서 600만 명으로 대서양 노예무역 전체의 무려 40퍼센트에 이르는 규모이다.

유럽인들이 아메리카 대륙의 커피, 설탕, 담배, 코코아 플랜테이션을 바탕으로 중상주의 경제를 일구어낼 당시, 1,500만 명의 아프리카인들이 대서양 중간 항로를 거쳐 서반구의 농장과 광산에 발을 디뎠다. 여기에 더해 1천만 명이 납치 후 신세계 항구에 도달하기 전까지 항로 위에서 죽었으며, 또 다른 500만 명이 도보로 사하라 사막을 건너 카이로와 다마스쿠스, 바그다드, 이스탄불의 노예시장에 팔려 갔다. 즉 노예무역 시기 동안 이윤 창출을 목적으로 서아프리카와 중앙아프리카에서 납치된 아프리카인들은 도합 3천만 명에 달했다.

1600년 이전까지 신세계는 스페인 손아귀에 있었다. 스페인은 설탕 및 담배 플랜테이션 농장에서 경제적 이익을 거두어들이는 한편, 아프리카 노예무역에서 나오는 수익도 싹쓸이했다.

1807년, 영국이 노예무역을 금지했다. 이듬해 미국 또한 여기에 따랐으며, 1811년에는 스페인도 이들의 뒤를 이었다. 본국은 물론 식민지로 노예를 직수입하는 행위가 모두 범법이 되었다. 그럼에도 노예 인구는 지속적으로 증가했는데, 이는 노예제의 역겨운 특징 중 하나인 주인의 여성 노예 성폭행 때문이었다. 당시 법은 노예의 자식 또한 자연히 노예가 된다고 정의하고 있었다.

루시퍼 이펙트(Lucifer Effect)

루시퍼 이펙트는 필립 짐바르도(Philip Zimbardo)의 저서 제목이다. '빛을 가져오는 자(light bearer)'라는 의미의 루시퍼(Lucifer)는 하느님의 권위에 도전하여 그를 따르는 타락한 천사들의 무리와 함께 지옥으로 떨어지기 전까지는 하느님이 가장 사랑하던 천사였다.

밀턴의 『실낙원』에서 '신에 대항하는 자'로 묘사된 사탄은 "천국에서 복종하고 사느니 지옥에서 다스리는 것이 낫다."고 큰소리쳤다. 이 루시퍼 이자 사탄은 지옥에서, 오늘날 일부 국가 지도자들처럼, 창과 트럼펫을 앞세우고 허풍스러운 슬로건을 내거는 거짓말쟁이, 공허한 협잡꾼이 되었다.

영어로 cupidity에 해당하는 라틴어 cupiditas는 탐욕이나 허욕, 강렬한 물질적 욕망이나 권력욕을 의미한다. 큐피디타스는 자신이 아닌 모든 '다른' 것들을 자신의 것으로 만들거나 자신에게 포함시키고자 하는 욕망을 말한다. 예를 들어 육욕이나 강간도 큐피디타스의 한 형태다. 다른 사람을 자신의 욕망을 만족시키는데 이용하는 것이기 때문이다. 이는 카리타스(caritas)와 반대되는 개념이다.

카리타스는 한 사람 한 사람을 각 개인으로서도 존귀하게 여기지만, 또한 다른 이들과의 관계 속에서 그 가치를 발견하는, 사랑의 고리 속의 한 구성원으로 보는 관점이다. "무엇이든지 남에게 대접받고자 하는 대로 너희도 남을 대접하라."는 말은 카리타스의 소극적인 표현이다.

악(惡)이란 의도적인 행동으로 선량한 사람들을 해치거나, 학대하거나, 모욕하거나, 인간성을 말살하고 파괴하는 것—또는 자신의 권위와 조직적인 힘을 이용해서 다른 이들로 하여금 그와 같은 일을 하도록 만드는 것—이다. 간단히 말해서 악이란 "알면서도 나쁜 짓을 저지르는 것"이다.

악을 보는 관점에는 두 가지가 있다. 첫째는 악을 본질적으로 보는 것이다.

우리 대부분은 악을 어떤 실체, 그러니까 일부 사람들에게 내재되어 있고 다른 사람들에게는 존재하지 않는 특성으로 생각한다. 운명이 전개될에 따라 나쁜 씨앗은 궁극적으로 나쁜 열매를 맺게 될 것이라고 믿는다.

둘째는, 악을 점진적인 것으로 보는 것이다. 이 관점에 의하면 우리 모두 상황에 따라 악을 저지를 수 있다. 사람들은 특정 시점에 특정 속성(예컨대 지능, 자부심, 정직성, 사악함)을 더 많이 가질 수도 있고 더 적게 가질 수도 있다. 인간의 본성은 선한 쪽으로도 악한 쪽으로도 변화할 수 있다.

중세의 마녀재판은 국가와 교회로 하여금 인간의 완전 무결함이라는 이상의 대척점에 있는 고문 도구와 고문 기술을 사용하도록 부추겼다. 예술과 과학과 철학의 위대한 업적을 창조해내는 인간의 절묘한 정신적 자질이 타인의 의지를 꺾고 부수어 버리기 위해 고안된 '창조적 잔인성'에 유용된 것이다.

종교재판에서 사용되었던 고문 도구들은 오늘날에도 세계 곳곳의 감옥, 군대와 민간의 심문소 등에 전시되고 있으며, 그곳에서는 여전히 고문이 자행되고 있다.

인간의 잔인성

1915년부터 오스만 투르크는 150만 명의 아르메니아인을 살해했다.

20세기 중반 나치가 600만 명의 유대인과 300만 명의 소련군 전쟁 포로와, 200만 명의 폴란드인과 그 밖에 다수의 '바람직하지 못한' 사람들을 제거했다.

스탈린의 소비에트 정권이 2천만 명의 러시아인을 숙청하는 동안, 마오쩌둥 정부는 그보다 더 많은 자국민 3천만 명의 죽음을 초래했다.

크메르 루즈(1975~1979년까지 캄보디아를 통치한 급진 공산주의 혁명단체)의 공산주의 정권은 170만 명의 국민을 학살했다.

사담 후세인의 바트당은 이라크의 쿠르드인 10만 명을 죽인 혐의를 받고 있다.

2006년에는 수단의 다르푸르에서 대량학살이 벌어졌으나 세계 대부분 국가들은 이 사실을 외면했다.

중앙아프리카 르완다의 후투족 암살단은 농사짓는 칼과 징을 박은 몽둥이로 수천 명의 무고한 남성과 여성과 어린이들(투치족)을 살해했다. 유엔 보고서의 추정치에 따르면 약 석 달 동안 80만 명에서 100만 명의 르완다인이 살해되었다. 투치족 인구의 3/4 이 지구상에서 사라졌다.

1937년 고작 몇 개월 동안 일본군은 26만에서 35만 명의 중국인을 무참히 도륙했다.(난징 대학살) 또한 약 2만 명에서 8만 명의 여성이 강간당한 것으로 추정된다.

영국 군대도 미국 독립전쟁 때 민간인을 학살하고 강간했다.

소련의 붉은 군대는 제2차 세계대전이 끝날 때까지, 그리고 1945년과 1948년 사이에 10만 명의 베를린 여성을 강간한 것으로 추정된다.

1968년 밀라이 대학살에서 500명 이상의 민간인이 강간당하고 살해된 것 외에도 최근 미국 국방부에서 발표한 증거에 따르면 베트남인 및 캄보디아인을 상대로 한 미군의 잔혹행위가 320건 이상 추가로 발견되었다.

인류의 미래는 장밋빛인가?

히로시마와 나가사키를 파괴했던 폭탄들은 대략 25만 명의 사람을 죽였다. 오늘날 지구라는 행성에는 5만 5,000개의 핵무기가 있으며, 그 대부분은 일찍이 히로시마와 나가사키를 파괴했던 폭탄들보다 훨씬 더 강력하며, 또 그중 일부는 그 하나하나가 과거의 폭탄들보다 무려 1,000배나 더 강력하다.

이런 무기 가운데 대략 2만에서 2만 2,000개는 이른바 전략무기라고 불리며, 최대한 신속하게 발사될 수 있도록 배치되어 있고, 발사된 곳에서 지구 반대편에 있는 나라까지 충분히 날아갈 수 있는 성능을 지니고 있다.

2006년 현재 세계의 핵무기 보유고는 대략 2만 개로 감축되었다. 그래도 우리의 전 지구 문명을 파괴하는데 충분한 정도의 폭탄보다도 약 10배나 더 많은 양이다. 1985년 이래의 주요 감축은 1993년에 미국과 소련 사이에 체결된 스타트II 조약에 기인한 것이다.

핵전쟁을 방지하는데 있어서 종교가 여러 가지 면에서 큰 역할을 해야 할 것으로 보이지만 현실은 별로 그렇지 않은 것 같다. 종교적 편견과 이기적 자세를 버리지 않는 한 종교가 인류의 미래에 큰 역할을 할 것으로 보이지는 않는다. 우리의 삶은 여러 가지 복잡한 방식으로 다른 종들에 의존하고 있다. 우리 인간은 식물의 노폐물로 숨을 쉬고 있으며, 마찬가지로 식물은 우리 인간의 노폐물로 숨을 쉬고 있다는 가장 기본적인 사실을 상기할 필요가 있다.

오늘날 종교에서 극단적 근본주의가 대두하는 까닭은 그만큼 현대에 들어서 종교의 입지가 좁아졌기 때문이다. 이것은 당연한 귀결일 수밖에 없다. 유대교, 기독교, 이슬람교를 비롯한 오늘날의 주요 종교는 대부분 고대와 중세에 확립된 교리를 신봉하기 때문이다.

고대인과 현대인의 지식은 그 깊이나 넓이가 현저히 다를 수밖에 없다. 따라서 어느 정도의 현대화, 또는 취사선택은 필연적이다. 일점일획까지 따르려는 문자주의는 어리석은 고집에 불과하다. 칼 세이건은 종교가 실존적 차원에서는 유의미할 수도 있지만, 그 경계를 넘어서서 월권을 행사하는 순간부터는 큰 해악을 끼칠 수 있음을 지적하며 자중을 부탁한다. 제대로 알지도 못하는 영역에 들어와 신앙을 빙자해 순진한 사람들을 오도하지 말라는 당부인 것이다.

알프레드 아들러(Alfred Adler)는 오스트리아 출신의 정신 의학자이자 심리학자로 긍정적 사고를 강조하는 '개인 심리학'을 창시했다. 현대 심리학에 큰 영향을 끼친 아들러는 지크문트 프로이트, 구스타프 융과 어깨를 나란히 하며, '심리학의 3대 거장'으로 일컬어지고 있다.

오늘날 거의 상식처럼 되어버린 프로이트의 원인론을 정면으로 부정하고, 사람은 현재의 '목적'을 위해 행동한다는 목적론을 내놓았다. 아들러에 의하면 우리는 얼마든지 '변할 수 있는 존재'이며, 그러기 위해서는 지금의 나를 그대로 받아들이고 인생에 놓인 문제를 직시할 '용기'가 필요하다고 한다. 즉 자유도 행복도 모두 '용기'의 문제이지 환경이나 능력의 문제는 아니라는 것이다. 그렇기에 아들러의 심리학을 '용기의 심리학'이라고 부른다.

너무 가난하여 생존에 필요한 최소한의 것조차 구하기 힘들면 누구나 불행할 수밖에 없다는 것이 모든 연구가 공통으로 지적하고 있는 사실이다. 그러나 흥미롭게도 똑같은 연구를 통해 이들은 최소 수준의 경제적 요건이 충족되었을 때 그 이상의 재산 축적은 도리어 행복의 걸림돌로 작용한다는 사실도 아울러 밝혀냈다.

필요 이상의 재산은 오히려 불행을 가져다주고 우울, 걱정, 그 밖의 정신적, 신체적 질병에 걸리기 쉽고, 자신의 처지에 만족을 못 하는 상태가 된다는 것이다. 심리학 교수 팀 케이서는 그런 사실을 증명해주는 많은 연구를 인용하여 이렇게 결론 내린다. "부와 소유의 추구에 매달리는 사람들은 그런 쪽에 그만큼 관심을 갖지 않은 사람보다 심리적으로 더 행복을 느끼지 못한다."

제러미 리프킨도 『공감의 시대』에서 같은 내용의 이야기를 전한다. "물질적 가치가 생활의 중심이 될수록 삶의 질은 낮아진다."는 사실이 연구 결과 밝혀졌다. 이들 연구는 또한 기본적인 안락함을 누리는데 필요한 최소 수준의 경제적 요건 이상으로 부의 추구에 몰두하는 사람들은 다른 사람에게 공감하는 능력이 떨어진다는 사실도 밝혀냈다.

부의 소유는 결국 사람의 마음까지 소유해버려, 부를 추구하는 행위가 그 자체로 목적이 된다. 돈을 벌어야 한다는 강박관념에 사로잡힌 사람들은 수익을 올릴 수 있는 행동만 하고, 모든 사람과 사물을 자신의 부와 행복을 추구하기 위한 수단으로만 활용한다. 다른 사람은 더이상 고유하고 특별한 존재가 아니다. 다른 사람은 내 야망을 실현하기 위한 도구적 존재일 뿐이다. 결국 나는 주변의 애정과 우정으로부터 고립된다. 남는 것은 소외감뿐이다.

다른 사람을 수단으로 여기다 보면 나 자신의 영혼이 황폐해진다. 물질주의자들은 자신의 이익밖에 모으기 때문에 다른 사람들도 그럴 것이라고 생각한다. 결국 그것이 '인간의 본성'이라고 생각한다. 물질적 가치를 중시할수록 사람을 못 믿게 된다. 또한 물질적인 사람은 다른 사람에게 베풀 줄 모르고, 너그럽지 못한 것으로 드러났다. 이기심이 늘면 이타심은 줄어들었다.

서구 문명이 누리고 있는 부와 문명 수준은 따지고 보면 식민지에 대한 수탈과 노예무역 덕분이라고 이야기한다면 너무 지나친 단정이 될지도 모르지만, 현재 아프리카 각국의 국경선들이 어떻게 형성되어 있는지를 보면 그 실상이 적나라하게 드러난다. 식민지 확보 전쟁에서 자국의 이익을 위한 협상의 결과로 민족이나 종족 같은 개념은 없이 자를 대고 줄을 그어서 국경으로 삼은 것이다.

공산주의는 무너지고 민주주의와 자본주의의 승리로 일단락된 듯 싶고, 식민지 각국도 모두 독립하였고, 그럼에도 불구하고 제3세계는 여전히 가난하고 식량문제로 허덕이며, 사회 인프라 부족으로 고통을 받고있는 것이 현실이다. 서구 문명 우월주의는 여전하며 서구 문명, 물질문명이 최고인 것으로 알고 추종하는 제3세계 및 개발 도상국의 국민들이 무수히 많은 것도 현실이다.

세계 각지에서 크고 작은 전쟁은 계속되고 있으며 기후 위기는 하루가 다르게 심각성을 더해 가는데 힘의 논리, 경제적 논리가 우선하는 지구촌의 미래는 그렇게 밝아 보이지 않는다. 그렇게 오래지 않은 고대에 찬란하게 꽃을 피웠던 문명들이 초라한 흔적만을 남긴 채 사라져갔고 우리 또한 그렇게 사라져야 할 운명인지도 모른다. 바람이 있다면 히로시마나 나가사키 같은 참혹한 결말은 아니기를 바랄 뿐.

대륙의 백제(百濟)

고구려와 백제, 신라의 삼국이 자웅을 겨루던 시절에 백제가 중국대륙의 요하(遼河) 서쪽 요서 지역을 일정 기간 통치한 대륙 강국이었다는 주장이 있다. 이것을 백제의 요서 경략설(遼西經略說)이라고 하는데, 주류 사학계는 부정하고 있지만 이에 관한 적지 않은 사료들이 현존하기 때문에 논쟁이 끊이지 않는다고 한다.

이것에 대한 근거들은 중국 역사서, 그것도 야사가 아닌 정사(正史)에 실려 있는 내용들이 있어 쉽게 부정해 버릴 수 없는 면이 있다고 한다. 이에 대한 내용을 간략히 요약해 보면 다음과 같다.

중국 역사서들은 자고로 자신들에게 불리한 내용은 싣지 않는 전통이 있다. 백제의 요서 경략설은 그런 중국의 정사인 『송서(宋書)』, 『양서(梁書)』, 『남제서(南齊書)』의 『백제전』에 실려 있는 내용들이다. 『남사(南史)』, 『통전(通典)』 등의 다른 역사서는 이 내용을 그대로 인용해 싣기도 했다. 그만큼 중국의 역사가들은 백제의 요서 경략을 사실로 기술했다.

중국 역사서에 나오는 백제 요서 경략설을 한마디로 정리하면 대체로 진대(晉代)에 "백제가 요서를 차지해 진평군(晉平郡)과 진평현(晉平縣)을 두었다."는 내용이다. 이처럼 백제의 요서 경략 설은 여러 문헌과 그 시대의 정황 등이 사실로 전하는 역사적 진실이다. 사대주의 사관과 일제의 황국사관(식민사관)에 의해 부인되었을 뿐이다.

『송서』에 따르면, 백제는 요서(遼西)지역에 진출하여 진평군(晉平郡)과 백제군(百濟郡)을 설치했다고 한다. 진평군은 '진(晉)을 평정하고 설치한 군(郡)'이라는 의미가 담겨있다. 이곳은 백제의 해외 식민지로 간주된다. 백제군은 중국의 최남단 지역인 광서 장족 자치구의 '백제현'에 소재하였다.

『남제서』에 따르면, 백제가 488~490년 사이에 '백제 영내'로 처들어온 북위의 기병(騎兵) 수십만을 궤멸시켰고, 해상전에서까지 큰 승리를 거두었다고 한다. 게다가 5세기대에 백제의 태수(太守) 관할지역은 모두 중국대륙 일대였다.

한편 신라 말 최치원은 "고구려와 백제의 전성 시절에는 강병(强兵)이 백만이나 되어, 남쪽으로는 오월(吳越)을 침공하였고―(백제는)중국의 큰 좀이 되었다."고 하면서 해상을 통한 백제의 중국 남부 진출을 언급하였다. 『신당서』에서 백제의 서쪽 경계를 월주(越州 : 절강성 소흥시)라고 한 기록은 이러한 배경에서 연유한 것이다.

전우성은 『다시 쓴 한국 고대사』에서 이에 대해 비교적 자세한 설명을 내놓았기 때문에 그 내용 일부를 발췌해 보고자 한다.

『송서』에 의하면 "백제국은 본래 고려(고구려)와 함께 요동의 동쪽 1000여 리에 있었다. 그 후 고려가 요동을 차지하니, 백제는 요서를 차지하였다. 백제가 통치한 곳을 진평군 진평현이라 한다."로 되어있다.

『통전』에는 "처음 백가(百家)로서 바다를 건넜다 하여 백제라 한다. 진(晉) 나라 때에 구려(고구려)가 이미 요동을 차지하니, 백제 역시 요서 진평의 두 군을 차지하였다."고 되어있다.

송서, 통전 등 중국의 사료에 백제가 중국의 요서지방 일부를 차지하여 해상세력을 형성하였다는 기록이 있다. 다만, 우리의 역사책인 『삼국사기』에는 그러한 기록이 없지만, 위나라의 침입을 격퇴하였다는 기록이 있다. 이와 관련하여 이전의 교과서에는 '백제의 발전'이라는 제목의 휘하 단원에서 "백제는 수군을 증강시켜 중국의 요서 지방으로 진출하였고, 이어서 산둥 지방과 일본의 큐슈 지방에까지 진출하는 등 활발한 대의 활동을 벌였다."라고 설명하였다.

사서의 기록들을 보면 우리가 잘 알고 있는 한반도 한성(서울) 및 공주, 그리고 브여에 있었던 백제와는 다른 대륙의 백제가 존재한다. 대륙의 백제는 중국 대륙에서 활동하면서 특히 요서 지방을 지배했다.

『환단고기』에는 소서노가 대륙에서 백제를 건국하고 비류가 뒤를 이은 반면, 은조가 한반도로 옮겨 백제를 세운 후에 대륙 백제의 비류가 한반도의 백제에 합류된 것으로 기록하여 백제의 모든 역사적 사실을 포함했다.

이렇듯 백제는 중국대륙에서 구태에 의하였든 소서노 및 비류에 의하였든 백제 세력을 규합하여 북위와 전쟁을 벌이는 등 역사적 활동을 하다가 결국은 한반도의 백제와 함께 역사 속으로 사라진 것이 확실하다.

중국 남북조 시대의 남조 및 북조 계통의 역사서는 물론이고 그 이후의 『수서』, 『통전』에서도 백제의 대륙 활동을 서술하고 있다. 또한 당나라 시대를 서술한 『구당서』, 『신당서』는 단지 백제가 고구려와 바다를 건너 위치하였다고 기록하여 백제가 한반도의 백제가 아닌 것만 나타냈다.

특히 남조 계통의 역사서는 한결같이 "진(晉) 나라 때에 고구려가 이미 요동을 다스리자, 백제 역시 요서 진평 이 군의 땅을 점거하여 스스로 백제군을 두었다."라고 서술한다.

중국 제나라의 역사서 『남 제서』 백제전에는 이상한 전쟁의 기록이 남아있다. "위 나라는 기병 수십만을 동원해서 백제를 공격하여 그 국경안으로 쳐들어갔다. 동성왕은 사 법령, 찬수류, 해려곤, 목간나 등을 보내 위 나라 군을 습격하여 대파했다."

백제의 영토가 한반도 남서부로 국한했을 경우, 위 나라가 백제를 공격하기 위해서는 바다와 고구려의 영토를 지나서 백제를 공격했어야 하는 것인데 이는 둘 다 성립하기 어렵다. 첫째, 위 나라 군사는 수군이 아닌 기병이었고, 둘째, 강성했던 고구려가 위 나라 군사에게 길을 내 줄 리 만무했으며 그런 기록도 없다. 따라서 이 전쟁이 가능하려면 백제와 위 나라는 서로 국경을 맞대고 있어야 하는 것이다. 즉 중국 대륙에 백제의 영토가 있었다는 이야기다.

『양서』에도 같은 기록이 보이는데 "진(晉) 나라 때 고구려가 이미 요동을 공략하여 차지하자, 백제 역시 요서와 진평 두 군의 땅을 점령하여 백제군을 두었다."라고 되어있다.

일제 강점기의 스민 사학자들은 송서 나 양서의 이 기록들이 터무니없다며 잘못될 것으로 애서 부정했으나, 연구가 깊어질수록 신빙성이 높은 것으로 드러나고 있다. 이와 관련하여 눈여겨 볼 것은 『삼국사기』의 기록이다. "고구려와 백제는 전성기에 강병 100만을 거느렸다. 남으로는 오(吳), 월(越)을 침범하고, 북으로는 유(幽), 연(燕), 제(齊), 노(魯)지역을 뒤흔들어 중국의 커다란 고민거리가 되었다."

여기서 오, 월은 중국의 양자강 이남 지역이고, 북쪽의 유, 연은 지금의 북경 일대에서 만주 지역까지, 제 노는 산등성 일대를 가리킨다. 백제는 세력이 한창 강성할 대 고구려와 어깨를 견주었으며, 군대 100만을 보유한 강대국으로 중국 대륙으로의 팽창을 꿈꾸었다는 이야기다.

삼국 중 백제의 역사에는 유난히 수수께끼 같은 기톤이 많다. 『삼국사기』에 실린 동성 왕 10년(488년)의 기록도 그중 하나다. "위(魏)나라가 군사를 보내 침입했으나 백제 군사에게 패했다." 얼핏 보면 아무것도 아닌 것 같지만, 쉽게 납득하기 어려운 대목이다. 여기서 위 나라는 남북조 시대의 북위를 말한다. 북위와 백제 사이에는 고구려가 자리하고 있기 때문에, 이곳을 건너뛰어 두 나라가 싸운다는 것은 상식적으로 이해가 되지 않는다.

그런데 문제는 중국 측 자료인 『자치통감』에도 이와 똑같은 기록이 있다는 사실이다. 즉 "영명 6년(488년)에 위 나라 군대가 백제를 침략했으나 백제에 패했다."라는 기록이 바로 그것이다.

이뿐만이 아니다. 당시 북위와 경쟁 관계에 있던 남 제의 역사를 기록한 『남제서』에는 또 다른 전쟁기록이 더 구체적으로 서술되어 있다. "이 해(490년)에 위 나라가 다시 기병 수십만 명을 일으켜 백제를 공격하여 그 영역에 들어가니, 백제의 동성왕이 장군 사 법명, 찬 수류, 해례 곤, 목간나를 보내 기습 공격하여 크게 격파했다."

일부에서는 북위가 바다를 건너 쳐들어왔다는 견해를 내놓기도 하나, 북위는 기마민족인 선비족이 세운 나라이다. 이들이 기병 수십만을 배에 싣고 서해바다를 건너온다는 것 자체가 넌센스이다. 그래서 이것을 백제의 요서 경략설과 연결하여 해석하기도 한다. 다시 말해 당시 위 나라가 침략한 백제는 한반도 서남부의 백제가 아니라, 요서 지역의 백제 세력이라는 것이다.

역사를 전공하지도 않았고, 그저 취미생활의 일환으로 역사책을 몇 권 읽어온 것이 전부인 사람이 이에 대해 강력한 주장을 제기하고자 하는 것은 아니다. 다만 역사를 바라보는 시선이 조금은 달라져야 할 때라는 생각이 들어서 하는 말이다. 중국에서는 동북공정이라는 대규모 사업을 벌여서 역사를 재정립해 오고 있는데, 요점은 현재 자신들이 통치하고 있는 지역의 역사는 자신들의 역사라는 것이다. 다시 말해서 지금은 대부분이 중국의 영토로 되어있는 고구려나 발해의 역사가 모두 중국의 역사라는 것이다.

중국은 신석기시대에 해당하는 3황 5제의 시절을 증명하는 고고학적 노력인' 탐원(探源) 공정'과, 고조선과 비슷한 시기에 만들어진 '하(夏)―상(商)―주(周)' 왕조를 찾아 복원하여 중국의 기원을 밝히려는 노력인 '단 대(斷代) 공정'에 의하여 원래의 신화, 전설시대(선사시대)인 하 나라를 역사시대로 편입시키고 있다.

또한 중국 정부에서는 몽골 공정, 서남 공정(티베트 지역), 서북 공정(신장지역) 등을 동북공정을 추진하는 것과 동일한 맥락에서 현재 추진해 나가고 있다. 중국 문명이 주변에 끼친 영향을 찾아내고, 그 지역을 중국 역사와 정치 공간으로 만드는 것이 바로 동북공정이고, 서북, 서남 공정이다.

동북공정은 고구려를 비롯한 한 민족 북방사를 영원히 중국에 편입시키려는 정치적 작업이며, 한국이 북한과 통일을 이루더라도 통일 한국이 꾸려 나가야 할 역사 무대는 압록강-두만강 이남으로 한정해야 한다는 압박이기도 하다.

일본의 역사 왜곡은 터무니없기로 이미 정평이 나 있지만, 그 실상에 대해서는 제대로 정리를 해볼 필요가 있을 것으로 보인다.

일반적으로 임나일본부설의 주 근거 사료인『일본서기』는 8세기 초에 일본 왕가를 미화하기 위해 편찬된 책으로, 편찬 과정에서 상당한 조작이 가해졌던 것으로 평가된다. 그 과장과 왜곡은 일본 학계에서조차 인정할 정도라고 한다.

광개토대왕 비문을 보면, 서기 400년(영락 9년) 왜가 임나 가야를 비롯한 가야 지역과 신라 영토까지 점령했고, 이를 물리치기 위해 광개토대왕이 5만여 명의 군사를 직접 거느리고 출정한 것으로 기록되어 있다. 가야는 한때 자신들을 지배했던 왜를 진압하고 나서 어떻게 했을까? 당연히 왜의 세력을 통제할 기구가 필요했을 것이다. 그 기구가 바로 한일 역사학계의 최대 쟁점인 일본부이다.

이에 대해서는 한영우의『다시 찾는 우리 역사』에 비교적 상세히 나와 있기 때문에 이를 인용해 보고자 한다.

나쁜 사관의 피해를 가장 많이 받은 역사가 한국사이다. 일본의 황국사관(皇國史觀)과 식민주의 사관이 한국사에 치명적인 피해를 입히고, 그 사관은 지금까지도 일본 극우 정치인들에게 이어지고 있어, 한국인에게 깊은 상처를 주고 있다.

일본은 8세기 초에 『일본서기(日本書紀)』라는 역사책을 편찬했는데, 이 책에서는 기원전 7세기에 하늘의 후손 천황(天皇)이 지배하는 고대국가를 세우고, 기원전 4세기에는 나라의 세력이 커져서 한반도에 임나일본부(任那日本府)로 불리는 식민지를 건설하고, 삼국의 조공을 받은 것처럼 썼다.

또 한반도에서 많은 귀화인이 건너와서 유학, 불교, 의학, 그림, 음악, 불상 만드는 기술, 배 만드는 기술, 집 짓는 기술 등 수많은 기술을 가르쳐 주었다고 서술했다.

『일본서기』는 일본 고대국가를 건설한 백제인과 가야인이 쓴 것으로 신라가 한반도를 통일한 것에 큰 불만을 품고, 신라에 패망한 자신들이 세운 일본이 더 강하고 앞선 나라인 것처럼 보이기 위해 역사의 진실을 과장해서 쓴 책이었다.

우선 기원전 7세기에 고대국가가 세워졌다는 것은 거짓이다. 기원 4세기경에 국가가 세워진 것이 고고학상으로 증명되고 있기 때문이다. 기원전 7세기에서 기원 4세기에 이르는 천황의 역사는 조작된 것으로 기원 4세기경에 한반도에 식민지를 건설했다는 것도 거짓이다.

이 무렵 백제계와 가야계 일본인들은 '왜(倭)'라고 불렀는데, 이들이 한반도에 들어와 모국인 백제, 가야와 긴밀하게 교역을 하고 있어서 이들을 관리하는 '일본부'라는 기구가 있었다. 일본부의 위치는 경상도 고령 지방, 대마도, 또는 일본열도 안에 있다는 등 여러 학설이 있지만, 중요한 것은 일본이 한반도 남부를 식민통치한 사실은 없다는 점이다.

일본 천황은 한반도인이고, 일본이 세계에 자랑하는 국보 문화재가 한반도인이 만든 것임에도 불구하고 천황이 아마테라스 오미카미(천조대신：天照大神)이라 불리는 하느님의 후손으로 주장하는 것도 거짓이고, 한반도의 기술자들이 고대 문화건설에 마치 보조적인 일을 한 것처럼 쓴 것도 거짓이다. 이렇게『일본서기』는 거짓이 많은 역사책이기 때문에 사료적 가치가 많이 떨어진다.

1868년 메이지 유신(明治維新)으로 쇼군(將軍)이 지배하던 정치를 청산하고 천황국가를 재건하면서 조선을 정벌하자는 정한론(征韓論)이 일어나고, 제국대학을 만들어서 한국사를 대대적으로 연구하기 시작했는데, 이들은『일본서기』의 내용을 더욱 과장하여 고대 일본이 한국을 지배했다는 것과 한국과 일본이 같은 조상에서 나왔다는, 이른바 '일선동조론(日鮮同祖論)'을 강력하게 퍼뜨리고, 천황을 신처럼 떠받들고 나섰다. 이들의 사관이 바로 황국사관(皇國史觀)이다.

일제 강점기에는 유물사관이나 사회과학, 또는 랑케(Leopold Von Ranke. 1795~1856)의 실증주의 역사학을 하는 학자들이 한국사 연구에 박차를 가하고, 조선 총독부가 이를 적극적으로 후원하고 나섰다.

이들은 한국사를 창피하고 비참한 역사로 만들었다. 우선 한국은 주체성이 없이 역사적으로 중국의 지배를 받거나 일본의 지배를 받고 살아왔으며, 한국 문화는 독창성이 없고, 조선시대 정치는 당파싸움으로 얼룩지고, 한국인은 세 사람만 모이면 파당을 만들어 분열하고 싸우는 민족이며, 왕조가 바뀌어도 사회 발전이 없어 조선 말기의 모습이 일본의 고대국가 단계를 벗어나지 못한 후진사회로 해석했다.

그래서 일본의 힘을 빌어 비로소 근대화가 이루어지고 문명이 새롭게 발전하는 계기가 되었으므로 식민지 시대를 고맙게 여겨야 한다고 주입시켰다. 더 큰 문제는 일제 강점기에 학교에서 공부한 사람들이 이렇게 비참하게 왜곡된 한국사를 마치 진실인 것처럼 받아들이고, 8·15 광복 후에도 이런 사관을 되풀이하면서 학생들을 가르쳐 온 것이다.

한국의 근대 역사학은 일본과 서양으로부터 크게 네 가지 역사 방법론을 받아들였다. 하나는 19세기 전반 독일의 역사학자 랑케가 제시한 실증주의 방법론, 다른 하나는 일본의 황국사관에 자극을 받아 나타난 민족주의 사관, 세 번째는 독일의 칼 마르크스(Karl Marx : 1818~1883)가 주장한 유물사관(또는 계급사관), 그리고 문화주의 사관이다.

랑케의 방법론은 특정한 사관을 배제하고 '있는 사실 그대로의 과거'를 찾는 것이 중요하다고 보면서 엄밀한 문헌 고증을 통한 연구 방법론을 강조했는데, 일제 강점기 진단학회(震檀學會)를 이끌던 이병도(李丙燾)를 비롯한 일본 유학생들이 이런 방법론을 받아들여 한국사 연구를 전문적인 학문 분야로 발전시켰다. 지금 한국의 역사학의 주류는 이 방법론을 따르고 있다.

우리가 그동안 역사를 해석하는 가치는 지나치게 서구인이 만든 가치와 언어에 구속되어 있었던 것으로 보인다. 서구 문명은 장점도 있지만 단점도 있다는 것을 분명하게 알지 못한다. 서구인은 사물을 통합체로 바라보기보다는 개인과 개체로 나누어 분석적으로 바라본다. 개체와 개체 사이의 차이와 갈등과 충돌을 찾고, 선과 악을 구별하고, 갈등과 충돌이 진화를 가져온다고 믿는다.

그래서 서양의 역사는 전쟁과 투쟁과 정복으로 점철된 역사이고, 그 과정에서 과학과 기술의 진보가 이루어졌다. 서양 문명은 선과 악의 투쟁은 피할 수 없는 운명처럼 여긴다. 하지만 생명체 가운데 절대선(絶對善)과 절대악(絶對惡)이 뚜렷하게 구분될 수 있다고 보는 것은 잘못이다. 선(善) 속에 악(惡)이 있고, 악 속에도 선이 있으므로 선악을 서로 보완하는 것이 살아가는 지혜일 것이다.

동북공정 등으로 역사 재정립을 시도하고 있는 중국이나 틈만 나면 역사 왜곡에 열을 올리는 일본이나 속말로 밥 먹고 할 짓이 없어 그러고 있는 것은 아닐 것이다. 그만큼 어느 민족에 있어서 나 자신들이 지금 서 있는 곳이 어디이며, 자신들이 나아갈 길을 밝히는 데에는 조상들이 어떻게 살아왔는지를 제대로 알고 자부심을 가져도 좋은 것과 그렇지 못한 것을 구별하고, 자신들의 약점이 무엇인지를 파악하고 미래를 대비해 나가는 것, 그리고 무엇보다 중요한 것은 후손들에게 물려줄 자랑스러운 정신문화가 무엇인지를 밝혀 줌으로써 미래세대에게 안녕과 행복이 있기를 비는 마음이 아닌가 하는 것이다.

남들은 없는 역사도 만들어 내기 위해 안간힘을 쓰는데, 우리는 왜 엄연히 존재하는 역사마저 스스로 부정하고 축소 지향적인 모습을 보이는가? 없는 역사를 만들어 내자는 이야기도 아니고 부풀리자는 이야기도 아니지 않는가? 있는 그대로의 역사, 자랑스러운 것은 자랑스러운 대로, 또 부끄러운 것은 부끄러운 대로 좀더 세밀히 연구해서 후손들이 자긍심을 가지고 살 수 있도록 해주는 것이 우리에게 주어진 책무라고 해야 할 것이다.

미인도(美人圖)

중국의 주(周)나라는 무왕(武王)이 즉위해 12년 만에 서방의 제후를 규합해 상(商)나라를 정복하였다. 이를 은주혁명(殷周革命)이라 하는데, 기원전 1046년에 일어난 이 혁명으로 600년 가까이 지속되었던 상왕조가 멸망하게 된다.

주나라는 기원전 771년 융적(戎狄)의 침입을 받아 파괴되고 성주로 수도를 옮겼는데, 이때까지를 서주(西周)라 부르며, 그 이후 진(秦)이 전국을 통일할 때까지를 동주(東周)라 한다. 그리고 동주시대를 다시 둘로 나누어 전반기를 춘추(春秋)시대, 후반기를 전국(戰國)시대라 부른다.

춘추와 전국이라는 이름은 모두 이 시대를 대상으로 한 역사서에서 그 명칭을 따왔다. 『춘추』는 공자가 편찬했다고 하는 노나라의 연대기이고, 『전국책(戰國策)』은 각국을 돌아다니면서 군주에게 자신의 주장을 펴던 유세지사(遊說之士)의 담론을 모은 서적이다.

춘추는 기원전 722년부터 기원전 481년까지의 기록밖에 없지만, 일반적으로 춘추시대는 그보다 약 반세기 정도 소급해 주의 동천부터로 보고 있다. 그리고 전국시대의 개시는 한(韓), 위(魏), 조(趙)가 진(晉)을 삼등분한 기원전 453년 혹은 주 왕실이 이를 공인한 기원전 403년부터 잡는 것이 일반적이다.

춘추시대의 중기부터 방대한 영토와 인구 및 강대한 무력을 지닌 강국이 등장해 이름뿐인 동주의 황실 대신 국제정치의 주도권을 장악했다. 이들을 패자(覇者)라 하는데 춘추시대에는 5패가 유명하다. 이 5패가 누구인지에 대해서는 의견이 분분하지만 일반적으로는 제(齊) 환 공, 진(晉) 문 공, 초(楚) 장 왕, 오(吳)왕 합려(혹은 부차), 월(越)왕 구천을 꼽는다.

오왕 부차(夫差)는 월나라에 승리한 후 중원으로 진출해 맹주의 지위를 다투었지만, 결국 월왕 구천(勾踐)의 공격을 받아 오나라는 멸망했다. 오와 월의 악연은 전대로부터 이어져 내려온 것이었다. 국경을 마주한 오와 월은 세력 확장을 위해 필연적으로 맞설 수밖에 없는 입장이었으며, 잦은 전투 끝에 부차의 아버지 합려(闔閭)는 심한 부상을 입고 결국 죽고 만다. 임종 시에 합려는 아들 부차(夫差)에게 원수를 갚아 달라는 유언을 남겼다.

부차는 기필코 원수를 갚고야 말겠다는 일념으로 편한 잠을 사양한 채 매일 가시가 많은 장작 위에서 잠을 청하였다고 한다.([와신 : 臥薪, 신 나무 위에 몸을 눕힌다는 뜻이다) 그리고 자신의 방을 드나들 때 부하로 하여금 "월왕 구천이 아버지를 죽인 것을 잊지 말라."고 외치게 했다.

부차가 군비(軍備)에 열을 올리는 것을 보고 월왕 구천은 싸움의 주도권을 잡고자 먼저 공격에 나서지만 결국은 패하여 모든 것을 잃고 오나라로 끌려가게 된다. 그리고 부차의 노예가 되어 마구간에서 잠을 자며 온갖 궂은일을 도맡아 하는 신세로 전락하고 만다. 그러나 그는 처절하고 헌신적인 노력을 기울여 부차의 마음을 돌리는데 성공한다. 책사 오자서(伍子胥)의 반대에도 불구하고 부차는 구천을 월나라로 돌려보내 주었다. 구천은 매일 곰의 쓸개를 핥으면서 "회계산의 치욕을 잊지 말자."며 복수를 다짐했다.(상담 : 嘗膽, 쓰디 쓴 곰의 쓸개를 핥는다는 뜻이다)

구천의 신하 범려(范蠡)가 주군의 뜻을 받들어 복수를 위한 준비를 하게 되는데, 은밀히 군사를 조련하는 한편 서시(西施)라는 미인을 발탁하여 음악과 춤을 가르치게 된다. 미인계(美人計)를 쓰기 위한 준비였던 것이다. 서시의 미모가 어느 정도였는지 강변을 산책하는 서시를 보고 너무 아름다워 물고기가 넋을 잃고 바라보다 헤엄치는 것을 잊어버려 물 밑으로 가라앉았다는 전설이 전해 온다.(침어 서시, 侵漁西施)

준비를 마친 서시는 오나라의 부차에게 보내지고 그녀의 미모에 마음을 빼앗긴 부차는 정사를 소홀히 하여 오나라를 파국으로 몰고 간다. 한편으로 부차 몰래 강병을 육성해온 월왕 구천은 결국 오나라를 패망시키고 부차는 자결을 하고 만다. 오나라 멸망 이후 서시는 어떻게 되었는가? 부차를 따라 자결했다는 설도 있지만, 원쾌는 서시가 월나라의 중신인 범려와 사랑하는 사이였으며 모든 것이 끝난 후 범려와 서시는 함께 은거했다는 설도 있다.

범려는 자신의 임무가 끝났다고 생각하고 월 나라를 떠났지만, 함께 일을 도모했던 문종은 주저하다가 구천에게 목숨을 잃었다. 여기서 나온 고사성어가 토사구팽(兎死狗烹 : 토끼사냥이 끝나니 사냥개를 삶아 먹는다)이다. 오나라와 월나라 사이에서 오월동주(吳越同舟) 등의 많은 고사성어가 나왔으며, 그중에서도 와신상담

(臥薪嘗膽)이 가장 널리 알려져 있다.

서시는 중국 사람들이 역대 가장 아름다웠던 미인을 꼽을 때에 양귀비, 왕소군, 초선과 더불어 4대 미인의 반열에 올라있다.

왕소군(王昭君)은 서시나 양귀비보다 비교적 덜 알려진 인물이지만 그녀가 길을 걸어가며 비파를 연주하는 모습을 보고, 미모에 놀란 기러기들이 날갯짓을 하는 것을 잊어버려 땅으로 추락하였다는 전설을 가진 미인으로 알려져 있다. (낙안소군 : 落雁昭君)

기원전 1세기경의 인물로, 흉노의 호한야 선우(呼韓耶單于), 복주누약제 선우(復株累若鞮單于)의 처로 원래는 한 나라 4대 황제인 원제의 후궁이었다. 소군은 자이고 본명은 장(嬙)이다. 실제 이름은 왕장이었던 것이다. 호한야 선우는 왕소군을 영호(寧胡) 연지로 책봉했다.

『서경잡기』에 의하면, 평소 한 원제는 후궁이 많아서 화공에게 후궁들의 초상화를 그리게 한 뒤, 그걸 보고 누구와 동침할지를 결정했다고 한다. 당시에는 후궁으로 들어가서 황제의 얼굴 한번 못 보고 죽는 경우도 흔했기 때문에 후궁들은 화공 모연수에게 예쁘게 그려 달라고 뇌물을 주곤 했는데, 왕 장만이 뇌물을 주지않았기 때문에 괘씸하게 여긴 화공이 그녀의 초상화에 원래는 없는 점을 크게 그려 넣었다고 한다. 그 결과 추한 모습으로 그려진 그녀는 황제의 선택을 받지 못했고 결국은 흉노족에게 보내지게 되는 것이다.

당시 흉노와 전한(한나라는 전한과 후한으로 구분된다)은 평화를 유지하고 있었으나 흉노의 세력이 워낙 강하여 아직 힘을 제대로 키우지 못한 한 나라의 입장에서는 큰소리를 칠 형편은 아니었던 것으로 보인다. 이 시기 흉노의 지도자인 대 선우 호한야는 한족 궁녀를 보내 달라는 요청을 하게 되는데, 이에 전한에서는 적당히 후궁 중 한 명을 선발하여 보내기로 결정한다. 원제는 초상화만 보고 흉노로 보내도 아깝지 않을 왕 장을 보내기로 결정했던 것이다. 그런데 가기 전날 왕 장을 처음 만나본 원제는 왕 장이 천하절색임을 알고 넋이 나가고 말았지만, 이미 결정된 사안을 번복할 수도 없어서 왕 장을 흉노에게 보낼 수밖에 없었다고 한다. 흉노에게 보내기 전에 하룻밤을 함께 했다는 이야기도 있지만 그 진실이야 어떻게 알 수 있겠는가? 초상화를 잘못 그린 화공은 분노한 원제에 의해 처형되었다고 전해진다.

왕 장은 호한야 선우의 연지가 되어 아들을 낳았고, 호한야 선우의 사후, 당시 흉노족의 관습에 따라 호한야 선우의 아들인 복주누약제 선우의 처가 되어 딸을 낳게 된다. 지금은 물론 당시 한족의 생각으로도 아비의 처첩을 자식이 물려받는 것은 있을 수 없는 패륜이었기에 이를 왕 장의 비극이라고 하기도 하나, 유목민들의 사회에서는 자신을 낳은 생모(生母)나 적모(嫡母)를 제외한 아비의 처첩을 아들이 거두는 것은 당연히 해야 할 습속(習俗)이었던 것이다.

일설에 의하면 왕 장이 흉노의 수계혼(受繼婚) 풍습에 따라 의붓아들과의 합방을 강요받자 거부하고 자결했다고 하기도 하나, 사실은 이후로도 흉노 땅에서 오래 살면서 한족 문화를 흉노에 전파하는데 많은 기여를 했다고 전해진다.

왕 장이 비파를 켜자 기러기가 그 소리에 취해 떨어졌다고 하여 낙안(落雁)이라는 말이 생겼다는 이야기가 있는데, 사실과는 조금 다르다고 한다. 원래 이 말은 『장자(莊子)』의 '제물론(齊物論)' 편에 나온다. 제물론에서는 진헌공의 애첩인 여희의 아름다움을 묘사하면서 '침어낙안(沈魚落雁) 폐월수화(閉月羞花)'라는 표현을 사용하였다. '물고기가 가라앉고, 기러기가 떨어지고, 달은 숨고, 꽃도 고개를 숙이는 미모'라는 것이다. 그리고 이것이 각각 침어, 낙안, 폐월, 수화에 대응하여 4대 미녀를 표현하는 말로 정착된 것이라고 한다.

한 나라 초기, 아직은 국력이 강하지 못하여 야만으로 여기는 흉노에게 여자를 바쳐야 했던 당시의 상황을 안타까워 하며 후세의 중국인들은 왕 소군에 대해 각별한 애정을 가지고 있다고 한다.

훗날 왕 소군을 기리며 시를 쓴 사람들이 많은데 이태백도 2수를 남겼고, 당나라 시대의 시인 동방규가 지은 시 '소군원(昭君怨 : 왕 소군의 원망)'이라는 시에는 춘래불사춘(春來不似春 : 봄이 와도 봄 같지가 않구나)라는 귀절이 있어 왕 소군의 심정을 잘 표현한 것으로 알려져 있다. 소군원(昭君怨)이라는 시의 일부를 감상해 보기로 하자.

昭君怨(소군원) : 왕소군의 원망
漢道初全盛(한도초전성) : 한 나라 비로소 번성하여
朝廷足武臣(조정족무신) : 조정에는 무신들 넘쳐나건만
何須薄命妾(하수박명첩) : 어찌 하필 박명한 아녀자인가
辛苦遠和親(신고원화친) : 괴로워라 멀고 먼 화친 길
掩涕辭丹鳳(엄체사단봉) : 눈물을 삼키며 궁궐을 작별하고
銜悲向白龍(함비향백룡) : 슬픔을 머금고 흉노 땅으로 향하네

單于浪驚喜(단우낭경희) : 선우는 놀라 그저 기뻐하지만
無復舊時容(무복구시용) : 예전의 낯빛을 다시 찾을 길이 없구나
胡地無花草(호지무화초) : 오랑캐 땅에는 꽃이 없으니
春來不似春(춘래불사춘) : 봄이 와도 봄 같지가 않구나
自然衣帶緩(자연의대완) : 자연히 허리띠가 헐렁해지는데
非是爲腰身(비시위요신) : 이는 가는 허리 원해서 그런 것이 아니라네

중국의 미녀라면 아마도 양귀비가 가장 널리 알려진 인물일 것이다. 양귀비는 이름이 아니라 양(楊)씨 성에 귀비(貴妃)라는 직함이 붙은 호칭이다. 본명은 전하지 않지만 도사가 되었던 시기에 '태진(太眞)'이라는 도호(道號)를 사용했기 때문에 본명 대신 양태진(楊太眞)으로 칭했다. 아명은 일부 사료에 따르면 옥환(玉環)이었다고 하며 중국의 대중들은 흔히 양 옥환이라고 불렀다 한다.

양옥환은 어린 시절 부모를 여의고 숙부의 집에서 살다가 개원 23년(735, 옥환의 나이 17세)에 현종 황제의 제18황자이자 무혜비 소생인 수왕(壽王) 이모(李瑁)의 비(妃)가 되었다.

개원 25년(737, 19세)에 현종이 총애하던 후궁인 무혜비(武惠妃)가 죽자 우울해진 황제를 달래주기 위해 환관 고력사를 포함한 여러 대신들은 현종의 마음에 들만한 여인을 찾아다녔다. 그러던 어느 날 며느리인 수 왕비가 아름답다는 이야기를 듣고 개원 28년(740, 22세), 황제가 온천궁(溫泉宮)에 행행(行幸)했을 때 고력사를 포함한 대신들은 수왕비 양씨를 황제 앞에 소개해 준다.

현종은 한눈에 수왕비에게 반했지만 며느리를 강제로 데려와 후궁으로 삼을 수는 없는 노릇이므로 그녀를 왕부에서 나오게 한 다음 도관(道觀 : 도교 사원)으로 출가시켰고 옥환은 태진(太眞)

이란 도호를 받아 여도사(女道士)가 되었다. 도교에서는 일단 출가하면 그전의 생은 없던 것이 되므로 일종의 신분 세탁을 한 것으로 보아야 할 것이다. 이때 현종의 나이는 56세로 양태진과의 나이 차이가 33살에 달했지만 개의치 않았으며, 천보(天寶) 4재(745, 27세)때 현종은 정식으로 양태진을 귀비(貴妃)로 책립했다.

비록 황후는 아니었지만 황후였던 왕씨가 폐위된 후 황후 자리가 비어 있던 터라 사실상 양귀비는 황후나 다름없는 대우를 받았다. 그녀는 외모는 물론 가무(歌舞)에도 뛰어났고, 군주의 마음을 끌어당기고 눈치 빠르게 행동하는 총명함도 겸비했기 때문에 현종의 마음을 사로잡았다. 동시대의 시인 이백은 그녀를 활짝 핀 모란에 비유했으며, 당대의 사람들은 그녀의 미모에 꽃도 부끄러워 고개를 숙였다는 수화(羞花)라는 애칭을 붙여 주었다고 한다.

늘그막에 불타는 사랑에 빠진 현종은 양귀비에 대한 총애를 아끼지 않았으며, 승은 놀이를 단번에 폐지하고 온천을 좋아하는 양귀비를 위해 온천 궁궐인 화청궁으로 조정을 옮겨 국사에 임했으며, 양귀비의 옷을 만드는 전문 인력만 700명을 두었다고 한다. 또한 양귀비의 집안 친척들에게도 많은 혜택을 베풀고, 친척 오빠인 양국충을 발탁하여 재상으로 임명하게 되니 결과적으로는 지나친 총애가 화를 불러 나라를 파국으로 몰아가는 단초가 되고 만다.

양씨 일가의 국정 농단이 극에 이르자 결국 천보 14재(755, 37세)에 양국충을 처단한다는 명분을 내세우고 번장 안녹산이 난을 일으키게 된다. 이듬해인 천보 15 재(756, 38세)에는 안녹산의 군대가 수도 장안(長安) 가까이까지 치고 들어왔기 때문에 황제와 귀비 일행은 사천으로 도주했지만, 장안의 서쪽 마외역(馬嵬驛)에 이르렀을 때 황제를 호위했던 진현례(陳玄禮)와 호위병사들이 양씨 일문에 대한 불만을 폭발시키며 간신 양국충과 그 자매를 포함한 양씨 일족을 학살한 후 모든 사단의 원흉인 양귀비를 처단하지 않으면 더이상 움직이지 않겠다고 황제에게 항의하기에 이르른다. (마외병변)

황제도 병사들의 기세를 더이상 달랠 수 없었던 지라 결국 양귀비는 고력사의 도움을 받아 길가의 불당에서 목을 매어 자결했다.

정사(正史)에서는 양귀비를 자질풍염(資質豊艶), 즉 체구가 둥글고 풍만한 느낌의 미인이라고 묘사했으며 피부가 하얗고 깨끗했다고 한다. 야사에서는 양귀비의 겨드랑이 냄새(암내)가 심해서 하루에도 몇 번씩 목욕을 했다고 하는데 다행히도 현종은 고질적인 축농증이 있어 양귀비의 암내를 몰랐다고 한다.

훗날 시인 백거이(白居易)는 「장한가(長恨歌)」라는 제목의 장시를 써서 당나라 현종의 양귀비에 대한 사랑을 노래하였는데 그중 일부를 보면 다음과 같다.

後宮佳麗三千人(후궁가려삼천인) : 후궁에 빼어난 미인 3천이 있지만
三千寵愛在一身(삼천총애재일신) : 3천의 총애가 한 사람에 머물고
(중략)
姉妹弟兄皆列土(자매제형개열토) : 자매와 형제 모두가 봉토를 갖게 되니,
可憐光彩生門戶(가련광채생문호) : 아리따운 광채가 가문에 나는구나.
遂令天下父母心(수령천하부모심) : 비로소 천하의 부모들이

不重生男重生女(부중생남중생녀) : 아들보다 딸 낳기를 중히 여겼네.

초선(貂蟬)은 역사상 실존했던 인물이 아니라 소설 『삼국지연의』에 등장하는 가공의 인물이다. 지혜와 담력, 그리고 자신의 정조까지 대의를 위해 희생하는 초선은 대단한 인기에 힘입어 서시, 왕소군, 양귀비와 함께 중국의 4대 미녀로 일컬어진다. 이 4대 미인을 가리켜 '침어낙안(沈魚落雁)의 용모, 폐월수화(閉月羞花)의 아름다움'이라고 일컫는데 그 중 폐월(閉月)이 초선을 가리킨다.

삼국지연의에서 초선은 왕윤의 양녀로서, 황제를 겁박하고 국정을 농단하는 동탁을 제거하고자 하는 왕윤의 부탁을 받아들여 동탁과 장수 여포 사이를 갈라놓는 역할을 하게 된다. 왕윤은 먼저 여포를 불러들여 초선을 보여준 다음, 초선을 여포에게 첩으로 주겠다고 말을 띄워 둔다. 다음에는 동탁을 초청하여 초선의 가무를 보여주고 그의 첩이 되도록 만든다. 이에 격분한 여포는 결국 동탁을 죽이게 되고 초선은 여포의 첩이 된다는 스토리이다.

가공의 소설 속 인물인 초선보다는 초패왕 항우가 사랑했던 우미인이 4대 미인에 포함되어야 한다는 의견도 많다고 한다. 우(虞)는 흔히 우미인(虞美人) 혹은 우희(虞姬)로 알려져 있는 인물이다. 진 나라가 멸망한 후, 초한 전쟁 당시에 한 고조 유방(劉邦)과 더불어 천하를 놓고 싸웠던 초패왕 항우(項羽)가 사랑한 여인으로 유명하다.

사서에 나오는 우에 대한 묘사는 사마천의 『사기』에 실린 짧은 기록이 전부이다. 그에 따르면 우는 항우에게 총애를 받던 미녀로 늘 그를 따라다녔다고 한다.

[有美人名虞(유미인명우), 常幸從(상행종), 駿馬名騅(준마명추), 常騎之(상기지) : (항우에게는) 우(虞)라는 이름의 미인이 있어서 늘 총애를 받아 따라다녔고, 추(騅)라는 이름의 준마가 있어서 늘 이를 타고 다녔다.]

항우는 말년에 이르러 해하전투에서 사면초가의 위기에 처하였는데, 병력과 군량이 부족한 상태에서 우방의 군대에 포위되어 패색이 짙어진 상황이었다. 그날 밤, 항우는 자신의 최후를 예감했는지 군막에서 술을 마시면서 후세에 『해하가(垓下歌)』라는 이름으로 알려진 노래를 불렀다고 한다. 내용을 보면 다음과 같다.

力拔山兮氣蓋世(역발산혜기개세) : 힘은 산을 뽑고 기개는 세상을 덮으나
時不利兮騅不逝(시불리혜추불서) : 시운이 불리하니 추(騅) 차도 나아가지 못하는구나.
騅不逝兮可奈何(추불서혜가나하) : 추마저 나아가지 않으니 나는 어찌한단 말이요.
虞兮虞兮奈若何(우혜우혜내약하) : 우희(虞姬)여, 우희여! 그대를 어찌하면 좋은가.

항우가 노래를 부르자, 우희도 답가를 불렀다고 전해진다.

漢兵已略地(한병이략지) : 한 나라 군대가 이미 천하를 다 빼앗았으니
四面楚歌聲(사면초가성) : 사방에서 들려오는 것은 초나라의 노랫소리뿐
大王義氣盡(대왕의기진) : 대왕의 의로운 기운이 다 하셨다면

賤妾何聊生(천첩하료생) : 천첩이 살아서 무엇하리요.
—우희(虞姬)의「화항왕가(和項王歌)」

　다만 사기나 한서 등에 기록된 해하가와 달리「화항왕가」는 이들 역사서에는 기록되지 않았고, 당의『사기정의』에 수록되어 지금까지 전한다고 하는데, 실체 여부에 대해서는 검토가 필요한 것으로 여겨진다고 한다.
　항우는 최후에 자기 부하들을 돌려보내고 자신만 혼자 남아 자결하였으며, 상금이 탐난 유방의 부하들이 몰려들어 시체 훼손까지 하였다고 하니 일세를 풍미한 영웅의 말로 치고는 참으로 비참하다 할 것이다. 우희는 사면초가 상태에서 항우에게 짐이 되지 않기 위해 자결했다고 하나, 이는 후대의 창작으로 보이며, 정사에는 포위된 항우가 연 마지막 잔치에서 슬프게 춤추며 노래하자 모두 울었다는 이야기 이후로 언급이 없다고 한다. 항우와 우미인의 슬픈 이야기는 대중들에게 인기가 많아서, 경극 패왕별희(覇王別姬)의 소재가 되었다고 한다.
　미인박명(美人薄命)이라는 이야기가 괜한 이야기는 아닌 듯 싶기도 하다. 본인이 원하든, 원하지 않았든 상관없이 세상은 미인을 가만히 내버려두지 않는 것이 동서고금을 관통하는 진리가 아닌가 한다. 가장 평범하게 사는 것이 사실은 가장 행복하게 사는 것 일지도 모르는데 너무 눈에 띄는 미모는 그 평범한 삶을 용납하지 않는 것이다. 그러니 타고난 미인은 그것을 행운이라고 해야 하는 것인지 불행이라고 해야 하는 것인지…. 어쨌든 모든 여인의 소망이 아름다운 것, 아름다워지는 것이라고 한다면 일단은 아름답게 태어남을 행운이라 여겨야 하는 것이 아닐까?

　그 옛날 천하의 남심(男心)을 설레게 했던 미인들의 자취도, 그 미인들을 거느리면서 천하를 호령했던 군왕들도 이제는 모두 바람결에 흩어지고 술잔 속 이야깃거리로간 남아있다. 그래서 사람들은 무심한 세월이라고 이야기하는 것인가?

신화와 역사

신화

구약성경 창세기에는 하느님께서 천지를 창조하시고, 세상 만물을 만들어 내시는 과정이 상세히 묘사되어 있다. 첫날, 낮과 밤을 창조하였고, 이튿날, 하늘을 창조하였으며, 사흗날에는 땅과 바다를 만드시고 온갖 식물을 만들었다. 나흗날 하느님께서는 해와 달과 별을 만드셨다. 닷샛날에는 하늘과 땅과 물에서 사는 온갖 생명체를 창조하시고, 엿샛날에는 하느님께서 당신의 모습으로 사람을 창조하셨고, 이렇게 하늘과 땅과 그 안의 모든 것이 이루어지자 이렛날에는 하시던 일을 모두 마치시고 쉬셨다고 기록되어 있다.

『삼국유사(三國遺事)』의 단군왕검(檀君王儉)에 대한 기록을 보자. 『위서(魏書)』에 이렇게 말했다. [지금부터 2,000년 전에 단군왕검(檀君王儉)이 있어서 아사달(阿斯達)에 도읍을 정하고 나라를 열어 조선이라고 불렀으니, 바로 요(堯) 임금과 같은 시기다.]

『고기(古記)』에는 이렇게 말했다. [옛날 환인(桓因)의 서자 환웅(桓雄)이 자주 천하에 뜻을 두고 인간 세상을 탐내어 구했다. 아버지가 아들의 뜻을 알고는 삼위 태백(三危太伯)을 내려다보니 인간을 널리 이롭게 할 만하여 환웅에게 천부인(天符印) 세 개를 주어 즉시 내려보내 인간 세상을 다스리게 했다. 환웅이 무리 3,000명을 거느리고 태백산(太白山) 꼭대기 신단수(神壇樹) 아래로 내려왔다. 이곳을 신시(神市)라 하고 이분을 환웅천왕이라고 한다. 환웅천왕은 풍백(風伯)과 우사(雨師)와 운사(雲師)를 거느리고 곡식, 생명, 질병, 형벌, 선악 등 인간 세상의 360여 가지 일을 주관하여 세상을 다스리고 교화했다.

그 당시 곰 한 마리와 호랑이 한 마리가 같은 굴속에 살고 있었는데, 환웅에게 사람이 되게 해 달라고 항상 기원했다. 이 때 환웅이 신령스러운 쑥 한 다발과 마늘 스무 개를 주면서 말했다. '너희가 이것을 먹되, 백일 동안 햇빛을 보지 않으면 사람의 형상을 얻으리라.'

곰과 호랑이는 쑥과 마늘을 받아먹으면서 삼칠일(三七日) 동안 금기했는데, 곰은 여자의 몸이 되었지만, 금기를 지키지 못한 호랑이는 사람의 몸이 되지 못했다. 웅녀(雄女)는 혼인할 상대가 없어 매일 신단수 아래에서 아이를 갖게 해 달라고 빌었다.

환웅이 잠시 사람으로 변해 웅녀와 혼인하여 아들을 낳았으니 단군왕검이라고 불렀다. 단군왕검은 당요(唐堯)가 즉위한 지 50년이 되는 경인년(庚寅年)에 평양성(平壤城)에 도읍을 정하고 비로소 조선이라고 불렀다.

다시 도읍을 백악산 아사달로 옮겼는데, 그곳을 궁홀산(弓忽山) 또는 금미달(今彌達)이라고 부르기도 한다. 그는 1,500년 동안 백악산에서 나라를 다스렸다. 주(周)나라 무왕(武王)이 즉위하던 기묘년에 기자(箕子)를 조선에 봉했다. 그래서 단군은 장당경(藏唐京)으로 옮겼다가 그 후 아사달로 돌아와 숨어 살면서 산신이 되었는데 이때 나이가 1,908세였다.]

『삼국유사』를 집필한 일연(一然)은 국사(國師)에 오른 승려인 동시에 뛰어난 문인이요 시인이었다. 그는 고려 충렬왕이 왕위에 오르고 난 3년 뒤 1277년 임금의 명에 의해 청도의 운문사(雲門寺)로 옮겼는데, 이미 72세의 나이였다.

이곳에서 3년을 머물다가 그 당시 경주에 몽진와 있던 충렬왕을 모셨고, 국사(國師)로 책봉되기도 했다. 효성이 지극했던 그는 79세 때, 연로한 어머니를 모시기 위해 나라에서 수리해 준 인각사(麟角寺)로 다시 내려가 그곳에서 『삼국유사』를 완성하게 된다.

현대의 학자들은 『구약성서』가 일련의 수집과 개정 작업을 거쳐 편찬되었으며, 이 과정에서 오래된 부분과 새로운 부분이 합쳐졌고, 대개 그 책들의 저작을—예를 들면 모세—의 이름으로 돌렸다는 것을 알고 있다.

그러나 이러한 수정작업은 기원전 850년 이후에 이루어진 것으로 보인다. 「시편」은 수백 년에 걸쳐 수집된 저술임이 확실시 되고 있다. 구약성서 중 가장 뒤늦게 기록된 것은 전도서, 에스더기, 다니엘서인데 그것들은 대략 기원전 3세기경 이후에 작성되었으며, 외경은 히브리 문명이 거의 소멸될 때에야 비로소 등장했다고 한다.

여기서 하나의 질문을 던져 보고자 하는 것은 창세기와 단군신화는 신화인가 역사인가 하는 것이다. 독실한 기독교인이라면 이런 질문 자체에 펄쩍 뛰며 성서는 진리의 말씀이므로 무조건 믿어야 한다고 강변할 것이다.

그러면 단군신화는 어떠한가? 우리 한 민족의 최초의 조상에 대한 이야기인데 믿으면 안 되는 이유가 있는가? 그것은 단지 지어낸 이야기요, 신화일 뿐이라고?

일반적으로 인류의 역사는 기록의 유무에 따라 선사시대와 역사시대로 나눈다고 한다. 신화의 시대는 선사시대의 그 어느 때에 그 민족의 역사에 이정표가 될 만한 사건이 일어났고, 그 일 이후로 민족이 대대로 삶을 이어갈 수 있는 기본적인 토대가 마련되었던 것이라고 볼 수 있을 것이다. 이후 대를 이어 살아오면서 그들은 후손에게 그 일을 이야기하고 최초의 조상님들에 대한 기억을 떠올리며 조상님들의 은덕에 감사하며 제를 올렸을 것이다.

어느 나라 어느 민족이건 오늘의 자신들을 있게 해준 조상신에 대한 신화와 전설을 간직하고 있으며, 그것은 사실 여부를 떠나 민족의 자긍심을 고양시키고 오늘을 사는 우리 후손들이 지키고 따라야할 선조들의 격조 높은 삶의 자세나 정신과도 밀접한 연관이 있다 할 것이다.

구약성경은 히브리인의 신화와 전설, 그리고 역사가 기록된 책이다. 히브리인은 여러 신들 가운데 야훼라는 신을 선택하여 자신들의 민족신으로 삼았다. 자신들이 선택한 신 야훼와, 야훼가 선택한 히브리 민족 사이에는, 선택된 백성들을 어떠한 경우에도 보살펴 주리라는 신의 약속과, 그 대신 절대로 다른 신을 섬겨서는 안 된다는 신의 요구가 있었던 것이다

창세기는 그 신 야훼가 세상을 창조하고 인간을 창조한 이야기이다. 역사가 아니고 유대인의 신화인 것이다. 그 신화와 전설이 대를 이어 구전(口傳)되어 오다가 어느 시기에 문자화되어 기록으로 전승(傳承)되기에 이른 것이다.

중국 신화의 세계는 어떠한가? 반고는 중국 신화의 천지창조의 신이다. 복희, 여와보다 먼저 존재한다. 격렬한 혼돈의 소용돌이 속에서 태어난 우주의 창조자인 동시에 우주 최초의 생명이다. 세계가 커다란 알 속의 혼돈 상태일 때 그 안에서 1만 8천 년간 자다가 깨어나 도끼로 알을 깨고 나온다. 알 속의 물질은 세상 밖으로 흩어져 하늘과 땅이 된다. 반고는 하늘을 받치고 서 있다가 몸이 자라 하늘과 땅이 서로 멀어진다. 반고는 쓰러져 죽고, 그가 흘린 피는 강과 바다가 되고 그의 뼈와 살은 산과 들, 언덕이 된다. 그의 왼쪽 눈은 태양이 되고 오른쪽 눈은 달이 된다. 그의 머리와 몸은 중국의 5대산(오악)이 된다.

중국에서 최초의 국가형성과 출현을 암시하는 전승의 주인공은 삼황 오제(三皇五帝)이다. 『사기』의 기술에 따르면 신농씨(神農氏), 복희씨(伏羲氏), 여와씨를 삼황으로, 황제(皇帝), 전욱(顓頊), 제곡(帝嚳), 요(堯), 순(舜)을 오제로 보는 것이 일반적이다. 복희와 여와는 뱀의 몸뚱이에 사람의 얼굴을 하고 있으며, 인류에게 문자와 불, 그리고 혼인제도를 가르쳐 준 주인공이다.

신농은 사람의 몸뚱이에 소의 얼굴을 하고 있으며 농사짓는 법을 가르쳐 주어 농업과 관련된 태양신으로 추앙된다. 황제는 무력으로 중국을 통일한 최초의 군주이자 여러 문물을 창안한 창시자로서 숭배되고 있고, 전욱과 제곡에 대해서는 잘 알려져 있지 않다.

이들에 비해 가장 이상적인 제왕으로 추앙받는 것은 요와 순이다. 전통적으로 이상적인 태평시대를 열었다는 요·순 시대에는 개인적인 능력보다는 도덕적인 덕목을 통치자의 능력으로 중시했다. 따라서 지배자는 문화와 도덕의 체현자를 의미하게 되었다는 점에서 중요하며 또한 후대에 가장 이상적인 왕위계승의 형태인 선양(禪讓)의 방식을 채택했다는 점에서 의의가 있다.

이러한 전승 자체가 역사적 사실은 아니지만 그 내용에 반영되어 있는 불의 사용, 농경의 발명, 제위의 계승방식 등은 대략 신석기시대 혹은 그 말기에서 청동기 시대로 이행하는 과도기에 일어났음 직한 인류문물의 발전과정을 반영하고 있다고 보인다.

오제의 전설에 뒤이어 나타난 우(禹)의 치수 전설과 하(夏) 왕조의 건국에 대한 전설은 중국 최초의 국가 출현을 시사하고 있는데, 전승에 의하면 하는 우에서 걸에 이르기까지 17왕 472여 년 간(기원전 1600년경까지) 존속했던 것으로 전해진다

그리스의 신화와 전설은 매우 복잡하고 등장하는 신들의 수가 너무 많아서 신들의 계보(系譜)를 펼쳐 놓고 하나하나 짚어 내려가지 않으면 이해가 매우 힘든 구조로 되어있다. 제우스는 신들과 인간의 아버지로 불렸는데, 그 자신에게도 부모는 있었

다. 크로노스(사투르누스)가 아버지요 레아(옵스)가 어머니였다. 크로노스와 레아는 티탄족에 속하였는데, 이 종족은 카오스(혼돈)로부터 생겨난 땅과 하늘의 자식이었다.

주신 제우스, 그의 아내 헤라와 그의 자식들, 제우스가 외도를 해서 낳은 또 다른 자식들도 숫자가 많아서 일일이 이름을 기억하기도 힘들 지경이다. 제우스는 하늘을 맡아 다스렸고, 그의 형제들인 포세이돈은 바다, 하데스는 죽은 자들의 나라를 다스렸다. 제우스의 자식들 중에는 전쟁의 신 아레스, 음악의 신 아폴론, 사랑과 미의 여신 아프로디테(비너스), 사랑의 신 에로스(큐피드), 지혜의 여신 아테나(미네르바), 술의 신 디오니소스(바커스) 등 헤아릴 수 없이 많은 신들이 나와서 각양각색의 이야기를 만들어 내는 것이 그리스 신화의 내용이다.

그리스인들의 신화는 신화에서 그치지 않고 실생활로 이어졌으니 정치도 신탁을 바탕으로 이루어지고 신들에게 바치는 수없이 많은 건축물과 예술작품들이 신을 위해, 신으로부터의 영감에 의해 창조되고 소비되었으니 가히 신들의 나라였다고 해도 손색이 없을 것이다.

현대를 사는 우리는 이러한 신화와 전설을 어떻게 받아들여야 하는 것일까? 지어낸 이야기, 황당한 이야기로 치부하고 내던져버려야 하는 것일까? 그럴 수는 없는 것이 최초의 조상신에 대한 이야기에는 수천 년을 면면히 이어져 내려온 조상들의 숨결이 배어 있고, 그 이야기 속에 조상들이 꿈꾸었던 이상향에 대한 염원이 담겨있는 것이다. 시대적 배경이 달라졌다고 해서 그 이야기에 담긴 진정성까지 폄하해서는 아니 되리라고 본다.

현대에 사는 우리가 역사를 바라볼 때에 잊어서는 안 되는 것이 있으니 수천 년 전 역사의 태동기, 또는 그 이후의 역사적 발전단계의 '시대적 상황'이라는 것이다. 그때에 살았던 사람들은 지금처럼 많은 교육을 받지도 못했고 지구가 둥글다는 것도 몰랐으며, 전쟁에서 붙잡은 포로를 노예로 부리는 것이 왜 나쁜 것인지에 대한 인식도 없었다.

여자는 하나의 인간이라기보다는 재산목록 중의 하나일 뿐이었고 노동력을 보태는데 큰 도움이 되지 못하는 어린이나 노약자에 대한 배려 또한 크지 않았을 것이다.

자유 민주주의나 개인의 인권 같은 것들은 근세에 들어와서야 형성된 개념이니 현대를 살아가는 우리의 시각으로 그 시대를 평가해서는 안 될 것이다.

농업이 주요 산업이었던 시대에, 관개시설도 제대로 갖춰지지 않았던 시대에 하늘에서 내리쪼이는 햇빛과 풍족하게 내려주는 강우량에 모든 것을 기대어 살았던 우리의 조상들은 하늘에 기도하며, 하늘이 우리를 보살펴 주시어 농사가 잘되고 건강하게 잘 살아갈 수 있기를 기원했을 것이다. 선조들의 그러한 바램과 염원이 그 시대의 언어로 형상화되어 면면히 이어져 내려온 것이 신화와 전설이고 보면, 일견 무식해 보이기까지 하는 이야기를 탓해서는 안 되는 것이고 깊은 뜻을 헤아리는 지혜가 필요하다고 보는 것이다.

우리에게도 단군왕검과 같은 조상신이 있다는 사실을 자랑스러워해야 할 것이고 그분들이 펼치고자 했던 홍익인간(弘益人間 :

신화와 역사 489

널리 인간세계를 이롭게 한다는 뜻)의 이념을 되새겨볼 필요가 있는 것이다. 유대인의 민족 신인 야훼에 대한 믿음으로, 구약성서의 창세기는 철석같이 믿으면서, 우리 민족의 조상신에 대한 믿음은 왜 쓰레기통에 버려야 하는 것인지, 그들은 스스로 유대인이 되고자 하는 것인지 알 수 없는 노릇이라 아니할 수 없을 것이다. 신화와 전설은 그냥 신화와 전설로 받아들이면 될 일이다. 그 속에 담긴 조상님들의 깊은 뜻을 새기면 되는 것이다.

흔히들 쓰는 욕 중에 '애비 없는 후레자식'이라는 욕이 있다. 어원이나 그 뜻에 대해서는 여러 가지 설이 있으나 대체적으로는, 홀어미 밑에서 배운데 없이 제풀로 막되게 자라 교양이나 버릇이 없다는 의미이며 심한 경우에는 어미의 행실이 바르지 못해 애비가 누구인지 알 수 없다는 의미로도 쓰이는 욕이고 보면 욕 중에서도 상당히 심한 욕이라고 할 수 있을 것이다. 한마디로 근본을 모르는 놈이라는 욕이고 보면, 조상이 누구인지 알고 내 몸속에 흐르는 피의 근원을 안다는 것은 내 존재의 의미와 정체성을 확인한다는 의미에서 대단히 중요한 것이라 아니할 수 없을 것이다.

역사관

흔히들 『삼국사기(三國史記)』를 편찬한 김부식(金富軾)을 사대주의자(事大主義者) 혹은 모화주의자(慕華主義者)로 평하는 경우가 많은 것으로 보인다. 그가 삼국사기를 편찬함에 있어 우리 역사의 시작을 기원전 57년으로 잡았으며, 우리나라의 전통 자료와 문헌들을 무시하고 중국의 자료에 전적으로 의존하면서 저술하였고,

대륙으로 뻗어나가고자 했던 묘청 등 서경 세력이 천도를 주장하면서 난을 일으키자 원수로서 삼군을 지휘하여 난을 진압하였으며, 삼국사기의 내용 중 많은 부분이 사대주의자로서의 시각을 그대로 나타냈기 때문인 것으로 보인다.

사대주의라는 용어는 '한 국가가 자율성을 포기하고 강한 국가에 복종하거나 맹목적으로 추종하려는 사상 또는 외교방침'이라고 정의하는데, 지형적으로 반도의 끝에 위치한 우리나라는 군사적, 문화적, 경제적으로 월등히 앞서가는 거대 국가 중국의 지대한 영향을 받을 수밖에 없었고, 중국 대륙의 국가가 한반도를 정복할 만한 군사력을 가진 경우는 한나라, 당나라, 원나라를 제외하고 거의 없었다고는 하지만, 당시 동아시아에서 중국과의 교류는 전통적으로 사대의 형식으로만 가능했으며, 형식적으로 신하를 자처했을 때만 가능한 것이지 동등한 관계에서의 외교는 거의 불가능했던 것이다.

이러한 의미에서 '사대'는 외교의 한 형태로 활용되었다. 사대라는 건 그냥 형식적이고 명분적인 치레였을 뿐이다. 진심으로 따르는 것이라고 보기 힘든 것은 나당전쟁의 예로도 알 수 있다. 나당전쟁은 신라가 당나라를 먼저 공격하면서 시작되었던 것이다.

패권국가와 동맹관계를 유지하고, 앞선 문물을 받아들이려는 노력이 사실은 사대의 실체인데, 예나 지금이나 세계 각국에서 모든 국가가 자국의 생존 및 발전을 위해서 채택하고 있는 현실이 아닌가 싶다.

바다 위에서 지리적 조건 덕분에 강대국의 침략에서 자유로

왔던 섬나라 일본은 이러한 역사를 왜곡하여 사대주의라는 개념으로 한국의 역사를 깎아내렸다. 일제 강점기 일본의 사학자들은 중국과 조선 사이의 불균형한 역학관계를 들추어 '사대주의'라 이름하고 이를 한국사 전반의 특징으로 연관시켰고, 이를 조선총독부 관리들에게 조선 통치의 지침서로 제공하였던 것이다.

일본이 조선을 강제병합하고 통치하기 위해서 식민사관(植民史觀)을 만들었고, 그 식민사관을 교육받은 조선의 학자들이 일제와 부화뇌동(附和雷同)하여 또 그 사관을 열심히 전파하였으니 '한민족은 원래 열등한 민족으로서 홀로서기 어려워 중국에 빌붙어 살아왔으며 이제 그 역할을 일본이 맡아서 하겠다'는 말도 안 되는 논리를 내세웠던 것이다. 그러한 식민사관에 입각한 교육의 여파로 국민들 뇌리에는 어느 사이에 '우리는 해도 안 돼, 우리는 엽전일 뿐이야' 이런 자학적이고 자포 자기적인 생각이 또 아리를 틀게 되었던 것이다.

신라의 삼국통일에 대해서도 말이 많은 것이 사실이다. "신라의 삼국통일은 반쪽짜리 통일이고, 그나마 중국이라는 외세를 업고 들어와 동족인 고구려와 백제를 멸망시켰으니 부끄러워해야 할 일이 아닌가. 저 광활한 고구려의 영토를 모두 내어주고 이후로 더 이상 대륙으로 뻗어나가지 못했으니 신라의 삼국통일은 얻은 것보다 잃은 것이 더 많다."는 것이다.

일견 맞는 말이기는 하다. 그러나 우리가 간과해서는 안 되는 사실이, 그러한 논리는 현대를 사는 우리들의 시각에서이지, 그 당시 사람들의 시각은 아니었다는 사실이다. 민족이라는 개념은 훨씬 후인 근세에 들어와서 성립된 개념이며 당시의 사람들에겐 그저 국경을 맞댄 적국이 있었을 뿐이었던 것이다. 당시의 시대 상황에서는 적을 물리치지 않으면 내가 죽는 상황이니 가능한 모든 방법을 동원했을 것이 아닌가? 신라의 삼국통일을 잘된 일이라고 말하고자 하는 것은 아니며, 아쉬움이 많은 것 또한 사실이지만 역사를 바라보는 시각이 공정해야 한다는 이야기를 하는 것이다.

역사를 바라보는 시각은 시대에 따라, 사람에 따라 많은 차이를 보이는 것이 사실이나 현대에 들어와서 가장 많은 지지를 받는 것은 E. H. 카(Carr)의 역사관이라 할 것이다.

헤겔은 변증법적 발전을 주장하였는데, 변증법이란 사물, 그리고 역사가 정(正), 반(反), 합(合)의 3단계를 거쳐서 전개된다는 것이다. 예를 들어 현재 모순이 있음에도 그것을 알아채지 못하다가(正), 그 모순이 자각되어 밖으로 드러나고(反), 그리고 이와 같이 모순에 부딪침으로써 새로운 단계(合)로 발전한다. 즉 그는 "역사는 변증법적으로 발전한다."고 주장한다.

마르크스는 헤겔의 변증법적 발전론에 영향을 받아서 '역사발전 5 단계설'을 주장한다. 즉 역사는 필연적으로 생산력의 발전에 따른 생산관계의 변화에 따라 "원시 공동체 → 노예제 → 봉건제 → 자본주의 → 공산주의"로 발전한다는 것이다.

다윈은 생물은 생활환경에 적응하면서 "단순한 것에서 복잡한 것으로 발전하고 진화한다."고 주장한다. 즉 19세기에는 "세계는 발전하고 나아간다."는 것이 전제였다.

그러나 20세기에는 '역사는 진보한다'는 믿음이 송두리째 흔들린다. 1, 2차 세계대전, 그 이후에 등장한 냉전의 심화, 경제위기의 확산, 폭력과 테러리즘의 대두, 환경문제 등, 인류의 미래가 안전할지 더이상 장담할 수 없게 된다.

'역사는 정말 진보하는가?' 20세기의 사람들은 역사의 진보에 대해 회의를 품게 된다. 이 시기에 카는 『역사란 무엇인가』에서 "인류역사의 진보에 대한 신념과 낙관을 결코 포기할 수 없다."는 희망을 강력히 주장한다. 그리고 영웅주의적 역사관(토인비)과 실증주의적 역사관(랑케)을 그 예로 들어 비판하였다.

토인비의 영웅주의적 역사관에서는 역사를 '도전과 응전'의 원리로써 설명하였다. 즉 자연의 도전에 대한 인간의 응전이 바로 인간사회의 문명과 역사를 발전시키는 바탕이 되었다는 것이다. 사회를 변화시키고 이끌어 가는 것은 인간 개인의 창조성이라는 것이다.

이에 대해 카의 역사관은 개인이 처한 사회적 힘을 더 중요시 하였다. 역사에서 인간의 행동은 사회 속에 있는 개인 상호관계에 관한 행동이며, 그의 행동마저도 행위자 자신이 의도했던 것과는 정반대의 결과까지 초래하는 사회적 힘에 관한 일들이라는 것이다. 그렇기에 카는 역사에서 개인의 역할을 강조하는 토인비와 같은 입장에 반대하고, 결국 역사는 개인이 아니라 다수 즉 민중이 이끌어 나간다는 결론에 도달하였던 것이다.

랑케의 실증주의적 역사관은 어떠한가? 역사는 실제로 증명할 수 있는 것만을 대상으로 삼아야 한다는 주장이다. 역사가란 자기 자신을 죽이고 과거가 본래 어떠한 상태에 있었는가를 밝히는 것을 그 지상과제로 삼아야 하며, 오직 사실로 하여금 이야기하게 해야 한다는 것이다.

이탈리아의 크로체, 영국의 콜링우드는 역사란 본질적으로 현재의 눈을 통하여, 또 현재 문제의 관점에서 과거를 보는 데서 성립되는 것이며, 그렇기때문에 현재의 인물인 역사가의 임무가 막중하다는 것이다.

카 또한 이들과 같은 입장이다. 카는 '과거 중심의 역사관'과 '현재 중심의 역사관' 중에서 현재 중심의 역사관의 입장을 취하면서 과거 중심의 역사관을 포용하려고 한다. '역사란 역사가와 사실 사이의 부단한 상호 작용의 과정'이며 '과거와 현재와의 끊임없는 대화'라는 결론을 내린다.

역사는 역사가가 몸담고 있는 사회와 시대를 반영하는 것으로, 역사해석은 불변의 객관적 사실을 밝히는 것이 아니라, 역사가가 그 사실을 어떻게 수용하느냐에 따라 달라진다는 것이다. 이러한 역사관을 바탕으로 카는 프랑스 혁명 이후의 세계사를 이성을 통한 진보의 과정으로 파악하였으며, 이는 전 세계 역사학계에 적지 않은 영향을 미쳤다. 역사는 현재와 과거의 끊임없는 대화이다. 천재나 영웅이 아닌, 사회와 시대를 통해 역사는 움직인다는 것이다.

식민사관(植民史觀)

식민사관(植民史觀)이란 한마디로 일본 제극주의가 한국을 영구히 지배하기 위한 목적으로 창작한 역사관을 뜻한다. 정체성론, 반도성론등 여러 논리가 있지만 시기적으로는 고대사가 핵심이고, 그 두 축이 '한 사군 한반도설'과 '임나 일본부설'이다.

러일전쟁 승전의 분위기를 타고 만주까지 차지할 수 있겠다는 욕심에서 '만선사'가 주창되는데 그 주요 인물이 시라토리 구라키치였다. 시라토리는 독일인 리스에게서 이른바 랑케 사학의 실증주의 방법론을 배우고 일본의 왕족들이 다니는 카쿠슈인 대학에서 역사를 강의하게 되면서 일본의 동양사학계와 식민사학의 거두로 성장하기 시작했다.

그 자신과 그의 문하에서 배운 인물들이 일본에서 이른바 '관학(官學) 아카데미즘'을 주도하면서 어용 역사학을 일본 역사학의 특징으로 만들었다. 시라토리의 제자가 '한사군 한반도설'과 『삼국사기』 '초기기록 불신론'의 주창자로 유명한 쓰다 소기치이다. 쓰다 소기치는 훗날 조선사 편수회 식민사관의 핵심 내용이 되는 '한사군 한반도설'과 '삼국사기 초기기록 불신론'을 만들었다.

이나바 이와키치는 낙랑군 수성현을 황해도 수안군이라고 주장했다. 그리고 만리장성을 황해도까지 끌어들였는데 이는 한국의 식민사관 계승자들에 의해 해방후까지 그대로 유지되었다.

위의 인물들 외에 이마니시 류, 세노 우마쿠마 같은 어용학자들이 가세해 조선총독부 산하 조선사 편수회를 주도하면서, 외형만 한국인이었던 여러 한국 학자들을 가르치게 된다. 조선사 편수회는 하나의 독립된 관청으로서, 조선총독부는 한국사를 왜곡하는 전담 관청을 두어 더욱 본격적인 한국사 왜곡에 나서게 된다. 그만큼 식민 사관 전파는 식민통치에 핵심적인 요소였다.

1925년 정무총감이었던 도쿄제대 출신의 시모오카 주시가 조선사 편수회장이 되었고, 이완용, 박영효, 권중현 등의 친일 매국적들이 여전히 고문이었다. 조선사 편수회와 함께 국내에서 식민사관의 이론화 및 전파에 쌍두마차를 형성한 것이 1924년

문을 연 경성 제국대학이었다.

어용학자들은 1926년 경성제대에 설치된 법문학부에 자리를 잡고는 '아카데미즘'의 본산으로 자처하면서 식민사학을 연구하고, 전파시켜 나갔다. 경성제대와 조선사 편수회에서 식민사관 이론을 만들어 내면, 조선총독부는 자체의 행정력과 교육, 언론을 동원해 광범위하게 전파해 나갔다. 청구학회는 "조선과 만주를 중심으로 한 극동 문화를 연구하여 일반에게 그 성과를 보급한다."라는 취지를 내세운 데서 알 수 있듯이, 식민사관을 일반인에게까지 확대시키기 위해서 만든 조직이었는데, 일본인 학자들이 주축이었지만 한국인 학자들도 일부 참여했다.

해방 후 오랜 시간이 흘렀지만 식민사관이 물러나고 민족주의 사관이 들어섰다는 이야기는 들려오지 않는다. 민족주의 사관을 주창하는 사람들의 주장이 전부, 그리고 반드시 옳다는 이야기는 아니지만 일본인들이 식민통치를 위해 만들어낸 억지스러운 식민사관 논리를 진리인 양 떠받드는 것도 이제는 그 한계에 이르지 않았나 생각하게 되는 것이다.

기원전 2333년에 단군왕검이 세운 고조선이 건국되었다는 사실도 그들은 애써 부정하기 위해서, 청동기시대 이전에는 국가가 형성될 수 없었다는 그럴듯한 주장을 내세운다. 국사 교과서의 논리대로라면 95만㎢의 면적에, 700만 명이 넘는 인구를 갖고 있었던 잉카, 마야 제국은 석기시대이므로 국가가 아니라고 해야 한다. 석기시대에도 국가가 존재했다는 세계사의 상식이 한국에서는 통하지 않는 것이다. 문제는 일제 식민사학자들이 단군 조선을 부인하기 위해 고안한 '청동기 시대=국가성립'이라는 등식이 아직도 고수되는데 있다.

대한민국, 그리고 대한민국의 국민인 한국인, 그들의 정체성은 어디에 있는 것인가?

역사청산(歷史淸算)

제2차 세계대전이 끝난 후 세계 각국은 오염된 역사를 청산하기위해 두 팔을 걷어붙였다.

1940년 6월 독일에 점령당했던 프랑스는 1944년 8월 파리 해방 이후 나치 협력자들에 대한 숙청작업을 대대적으로 전개했다. 초기에는 레지스탕스가 이른바 '거리의 정의'로 불린 즉결처분을 통해 부역자 등을 만 명까지. 처형했다. 드골 임시정부 합법 절차를 통해 반역자를 처벌하기 위해 1,944년 6월 '협력 재판소'와 '시민 재판부'를 설치했다. 1948년 말까지 이들 재판소에서 모두 6703명의 나치 협력자들이 사형선고를 받았고, 이 중 767명이 처형되었다. 또 징역형과 시민권 박탈도 10만 명 수준에 이르렀다. 프랑스는 1990년대까지 과거사 청산 작업을 지속했다.

폴란드도 나치 협력자와 반역자 처벌을 위한 특별 군사재판소를 설치해 3천여 건의 사형선고를 내렸고, 실제 2,500건 가량이 집행되었다. 1944년 8월 나치 치하에서 해방된 이후에는 반역자 등을 처벌하기 위한 통일적 법령을 만들었다. 이를 통해 1946년부터 10년 동안 18,166건의 유죄가 선고됐고 이 중 사형은 1,212명, 무기형은 392명에 달했다.

네델란드는 해방 후 나치 협력자들에 대한 엄격한 처벌을 위해, 1870년 폐지됐던 사형제도를 특별 형법을 통해 부활시켰다. 특별법원이 다룬 사건은 모두 14,562건인데 사형이 선고된 154건 중 39건이 실제 집행되었다. 무기징역은 148명, 나머지는 징역형 등을 받았다. 상대적으로 경미한 사건은 별도의 인민재판소에서 다루었는데 징역형 35,615건, 재산몰수 11,489건, 권리박탈 37,493건에 이르렀다.

중국 국민당 정권은 일본 패망 후 일제와 협력한 이른바 한간(漢奸 : 중국에서 적과 내통한 사람을 이르던 말)을 처리하는 '한간 처리 안건조례' 등의 특별법을 제정해 1945년부터 1947년 7월까지 국민당 관할지역에서 모두 25,000여 건의 한간 사건을 처리했다. 그 중 369명이 사형, 979명이 무기징역, 13,570명이 유기징역을 받았다. 당시 중국 공산당도 관할지역에서 인민재판 형태로 한간을 처벌했고, 그 규모가 상당한 것으로 알려졌으나 구체적인 자료는 없다.

대한민국에서는 일제가 패망한 후 친일파들을 어떻게 처벌하였을까? 대답은 '아니요'이다. 왜? 나라를 갈아먹고, 동족을 팔아서 호의호식하며 온갖 영화를 누리던 친일파들을 왜 처벌하지 못하였단 말인가? 프랑스 사람들도, 폴란드 사람들도, 네덜란드 사람들도, 그리고 중국 사람들도 해냈던 민족 반역자에 대한 처벌을 왜 하지 못하였던가?

대한민국 정부수립 1년여 전인 1,947년 3월, 미군정 하의 남조선 과도 입법회의는 '부일 협력자, 민족 반역자, 간상배(奸商輩)에 대한 특별법 조례안'을 상정해 7월에 통과시켰다. 하지만 이 법은 미 군정이 인준을 거부해 사장되고 달았다.

해방 직후 바로 처단되었어야 할 총독부 관료나 일제 경찰 출신 등을 미 군정이 남한 통치의 편의를 위해 그대로 등용하고, 민족의 숙원이 담긴 '친일파 숙청 특별법'마저 거부하면서 친일 청산의 골든 타임이 허망하게 지나가 버렸다. 거기에다 남한 단독정부 수립 직후부터 국무위원에 친일파가 잇달아 등용되는 상황이 발생하고, 당시 가장 핵심적인 국가 통치기구인 경찰 조직의 80% 이상을 친일 경찰이 장악하게 되었던 것이다.

우여곡절 끝에 제헌의회에서 '정부내 친일파 숙청에 관한 건'과 '반민족행위 처벌법'이 압도적 찬성으로 통과되면서 친일청산이 순조롭게 이루어질 것이라는 기대감에 부풀었으나 상황이 그렇게 간단하게 흘러가지 않았다. 친일파들의 반격이 시작된 것이다.

1948년 9월 2일 '반민족행위 처벌법' 공포를 전후해 서울 시내와 국회에는 '친일파 청산을 주도하는 자는 빨갱이'라는 내용의 삐라가 일제히 살포되기 시작했다. 다음날 내무부가 주관한 반공 국민대회가 열렸다. 반공대회라고 했지만, 실상은 '반민족행위 처벌법' 반대 집회였다. '친일파 청산=공산주의'라는 더러운 여론몰이가 본격화되었다.

이승만 정부는 이 특별법에 의해 설립된 '반민족행위 특별 조사 위원회'를 무력화시키기 위해 끊임없이 법 개정을 시도했다. 특위 예산을 대폭 삭감하고, 사업비를 제대로 배정하지 않는 방법으로 정상적인 활동을 방해했으며, 각 정부기관은 반민특위의 자료 제출요구에도 제대로 응하지 않았다. 급기야 1949년 새해 벽두, 반민특위 요인 암살 기도 사건이 드러났다. 주모자들은 노덕술 등 일제 경찰 출신의 경찰 간부들이었다.

5월 18일에는 이문원 의원 등 소장파 국회의원 3명이 남로당 지시를 받았다는 혐의로 경찰에 끌려갔다. 6월에는 이른바 국회 프락치 사건으로 김약수 국회 부의장과 노일환 의원 등 반민특위 핵심 관계자들이 무더기로 체포되었다. 그리고 마침내 6월 6일, 경찰의 반민특위 사무실 습격으로 특위 활동은 사실상 무장 해제되었다. 설상가상으로 6월 29일 김구 선생이 암살됐다.

1949년 초여름, 극우 반공정국과 백색터러 공포가 남한사회를 뒤덮은 가운데 이승만 정부는 집요하게 '반민족행위 처벌법' 개정 공작을 시도했다. 결국 7월 6일, 공소시효를 1949년 8월 말까지로 대폭 단축하는 개정안이 통과된다. 다음날인 7월 7일 반민특위 위원 전원은 특위 활동을 지속하는 것이 더이상 의미가 없다고 판단하고 총사퇴했다. 이후 이승만 정부는 반민특위를 해체해 나가는 수순을 밟아 나갔다. 이로써 대한민국에는 외세에 빌붙은 기회주의 기득권 세력이 지배력을 재구축했고, 극우 반공 체제가 공고히 자리잡게 된다.

반민특위 설립에서 와해까지의 과정은 1945년 해방 직후 통일된 민족국가를 건설하지 못한 것과 더불어 우리 현대사에서 가장 뼈아픈 장면 중 하나일 것이다. 해방 이후 80년 가까이 되도록 극복하지 못하는 분단의 폐해는 말할 것도 없고, 친일 부역배들을 제대로 정리하지 못한 것은 이 나라를 가치가 전도된 아수라장으로 만들어 버린 핵심 요인이 되었다.

2000년대 들어 정치권에서는 60년 전 미완에 그친 친일청산 등 과거사 정리작업에 시동을 걸었다. '일제 강점하 친일 반민족행위 진상규명에 관한 특별법'이 2004년 3월 제정되었고, 이 법률에 근거해 2005년 대통령 직속 '친일 반민족행위 진상규명 위원회'가 출범했다.

이 위원회는 2009년 말 활동을 종료할 때까지 모두 3차례에 걸쳐 모두 1,006명의 친일 반민족 행위자의 명단과 그들의 친일 행위를 확정 공개했다. 2005년에는 '친일 반민족행위자 재산의 국가귀속에 관한 법률'이 만들어졌고, 이듬해 역시 대통령 직속 기관인 '친일 반민족행위자 재산조사 위원회'가 설립되었다. 이 위원회가 4년간 조사한 친일 반민족행위자는 160여 명이었고, 이들에게서 국고로 환수한 재산은 여의도 면적의 1.3배 가량인 천여만m^2에 달했다.

나라를 팔아먹고, 동족을 판 대가로 많은 재산과 작위와 권력을 얻어 호의 호식하던 친일파들은 해방 이후 미 군정 하에서 잽싸게 친미 반공주의자로 변신하는 기민성을 발휘한다. 당시 미국은 공산세력의 확산을 막기 위한 전략에 집중하던 때이고, 남한에 친미 반공국가를 세우는 일에 열중하였을 뿐 한민족의 민족감정이나 자긍심 같은 것은 안중에도 없었던 것으로 보인다. 이러한 목적을 달성하기 위해 미국은 협조세력으로서 친일 세력에 눈을 돌렸고 결국 그들을 새로운 국가 건립과 운용에 있어서 파트너로 삼기로 결정했던 것이다.

독립투사들을 붙잡아 각종 고문을 자행하던 일제의 경찰이 이제는 새로운 대한민국의 경찰 간부가 되어서 공산 세력 척결에 앞장선다는 장면이 펼쳐지고, 일제가 만든 만주군 출신 군인이 대한민국의 장교가 되고 핵심 정치세력으로 변신하게 되는 것이다. 일반 민중이 세끼를 해결하지 못해 기아에 허덕일 때에 친일 세력들은 자손들을 일본으로 미국으로 유학을 보내서 박사 학위를 받고 그렇게 돌아와서 정치, 사회, 문화, 학계, 재계 등 다양한 분야에서 그 위세를 과시하고 자기네 끼리 통혼을 통한 혼맥까지 구축해 가면서 기득권세력으로서 영향력을 행사하게 되는 것이다.

반면에 조국의 자주독립을 위해 모든 것을 바친 독립운동가의 후손들은 어떠한가? 조국을 떠나 이역만리를 떠돌며 독립운동에 매진하는 동안 목숨을 부지하기도 힘든 상황을 수도 없이 견디면서, 가진 재산은 모두 없어지고 무엇보다도 가족을 제대로 돌볼 수 없어서 그 후손들은 제대로 된 교육도 못 받은 채 궁핍한 생활로 내몰리게 되고 국가에서 지급하는 몇 푼 안 되는 국가 유공자에게 주는 연금에 기대어 어렵게 생활하는 처지에 놓이게 되었으니 독립된 조국, 새롭게 탄생한 조국의 주역이 되었어야 할 그들의 아픔은 어디에다 호소해야 하는 것인지.

새로운 조국에서 다시금 중심세력이 된 친일파들은 눈꼽만큼도 조국과 민족에 대해 미안한 마음은 없는 것으로 보인다. 과거사를 지우기 바쁘고 더 나아가서는 자신들의 과거 행적을 합리화하기 위해 온갖 해괴한 논리를 동원하고 있는 것이다. 이른바 '식민지 근대화론'뿐만 아니라 '식민지배 축복론'까지 등장하는 것이다.

친일과 독재를 옹호, 미화하는 뉴라이트 역사교과서 채택률이 사실상 제로에 가깝자 정부가 국정 역사 교과서를 만들겠다고 나섰다. 친일 청산 방해 책동의 최종 책임자였던 이승만 전 대통령을 국부라고 떠받드는 것도 별로 놀라운 일이 아니다. 일부 정치권 인사들조차 이승만 국부론을 공공연히 거론한다. 친일 행위 감싸기도 공격적으로 변해가고 있다. 그중에서도 가장 악질적인 것은 친일 청산을 좌파, 빨갱이들의 요구나 선동으로 몰아가는 것이다. 어떤 정치인은 입만 벌리면 '좌빨, 좌빨들'이라고 내뱉는다. 좌익 빨갱이를 줄여서 부르는 말인데 참으로 어처구니없는 역사 인식이 아닌가 싶다.

성공회대 이남주 교수는 역사교과서 국정화를 일종의 '저 강도 쿠데타'의 과정이라고 지적했다는데, 이 교수의 지적에 의하면 87년 민주항쟁 이후 우리 사회가 함께 쌓아 올린 민주화의 성과가 친일과 유신 잔재 세력의 저 강도 쿠데타 속에 하나둘씩 폐기되고 있다는 것이다.

기회주의 매국세력이 애국을 스스로 칭하고, 친일 독재세력이 '건국'이라는 이름을 가로채고, 친일 후손이 독립투사의 후손을 비웃고 능멸하는 일이 일상화되고 있다. 영구지배를 꾀하는 저 강도 쿠데타는 국민의 망각을 자양분으로 삼아 스멀스멀 진행되고 있다는 것이다.

우리 현대사에서 가장 뼈아픈 장면은 나라를 팔아먹고 동족을 배반한 행위를 해방 후 제대로 단죄하지 못한 것이다. 그리하여 불의가 정의를 대체한 가치의 전복, 매국이 애국을 이긴 뒤틀린 역사가 현재 진행형인 이 땅에서 그냥, 편한 대로 모두 잊고 지낼 것인가?

사대주의와 식민사관에 젖어 있는 사람들, 자신들의 뿌리가 어디에 닿아있는지를 잊은 채 권력에 취하고 돈에 취해서 하루

해가 저무는지를 모르는 사람들이 조국의 미래를 짊어지게 해서는 안 되리라고 본다. 유대인들이 2000여 년을 핍박 속에서 세계를 떠돌았으나 결국은 한 나라를 세운 것을 보면, 끈질기게 그리고 굳세게 자신들의 정체성을 지켜온 결과가 아니었겠나 생각하게 된다. 우리 민족의 정체성이 어디에 닿아있는지, 나는 올바른 역사관을 가지고 살고 있는지 한 번쯤 되돌아보아야 할 시점이 아닌가 한다.

역사는 진보하는가?

자연물의 운동을 어떤 목적을 향한 것으로 보는 인식론은 이미 종교적 또는 선험적 절대 존재를 설정하고 있다. 자연의 변화 또는 세계의 운동이 특정 목적을 향해 움직인다고 보는 자연관 또는 세계관의 이념적 구조를 목적론이라고 한다.

"어떤 목적을 위해 특별히 창조된 것처럼 보이는 새로운 유기체가 갑작스럽게 출현한다는 것은 있을 수 없다." 이것은 다윈(Charles Darwin)의 유명한 말이다.

그러나 다윈 이전 서구의 자연관은 목적론과 창조론의 바탕 위에 세워졌다. 예를 들어 종교적 창조론이나 생기론, 혹은 정령론 등 물질적인 것은 정신적인 것에 의해 움직이고 스스로 운동의 방향을 정할 수 없어서 그 자체로 의지와 계획을 가질 수 없지만, 정신적인 것은 스스로 의지와 계획을 가지며 또한 실현할 수 있으므로 목적을 스스로 품고 있는 그 무엇이라는 생각이 바로 목적론의 기본적 사유 구조이다.

진화에는 목적과 방향이 없다. 하지만 진화 특히 미시 진화의 과정 자체는 인과적이다. 예를 들면 변이는 우연적이지만 그 변이들 가운데 선택되는 과정은 인과적이다. 이것이 진화론의 중요한 특징가운데 하나다.

진화에는 목적성이 없다. 진화에 목적이 없다는 사실은 자연의 창조와 운동을 전적으로 지배하는 신 또는 특정 설계자의 존재를 필요로 하지 않는다는 점을 강조한다.

참고로 생기론(vitalism)은 전 근대 생물학의 원리로 작동하였으며, 물리학적 원리와 생물학적 원리는 기본적으로 동일하여 복잡한 생명현상 역시 궁극에는 물리법칙으로 설명될 수 있다고 생각하는 이론이다. 이를 물리적 환원주의라 하는데, 철학적 존재론의 관점에서는 일원론이다.

일원론에는 물리적 환원주의도 있지만 오로지 정신적인 그 무엇으로 물리적인 모든 것을 설명할 수 있다는 유심론적 일원론도 있다. 유심론중의 하나로 생명체 안에 생명을 이끌고 가는 신비한 기운이 생물학적 존재의 원동력이라고 보는 관점이 있다. 이것이 바로 생기론으로 19세기 이전만 해도 이런 관점이 널리 퍼져 있었다.

역사는 진보하는가? 라는 질문은 질문 자체가 잘못되어 있는 것인지도 모른다. 진보는 무엇을 기준으로 삼는가? 물질적인 풍요인가? 아니면 한 차원 높은 곳을 향하는 정신세계의 변화를 의미하는가?

포스트 모더니즘(posmodernism)에 대해 허승일은 『다시 역사란 무엇인가』에서 깊은 통찰을 보여주고 있으므로 그의 논리를 차용해 보고자 한다.

포스트 모던이라는 단어가 등장하게 된 계기는 1979년에 출간된 리오타르(Jean Lyotard)의 『포스트 모던 조건』에 의해서라고 한다. 그는 포스트 모던을 메타 내러티브(narrative)들에 대한 불신으로 정의를 내리고 있다. 메타 내러티브들—때때로 거대 담론이라는 말로도 쓰인다—은 역사는 진보한다느니, 과학으로 모든 것을 알 수 있다느니, 절대적인 자유가 가능하다느니 하는 따위의 거대하고 규모가 큰 세계에 대한 이론들과 철학들이다. 마르크스의 유물사관도 이에 해당된다. 이런 것들을 믿을 수 없다는 것이 포스트 모던 이라고 리오타르는 잘라 말한다.

1945년 이래로 세계에서 유럽의 위치는 변화한다. 더 이상 유럽이 세계의 중심이 아니며, 유럽사는 더 이상 세계사가 될 수 없었다. 거대 담론들, 전체사, 마르크스주의 그리고 절대적 진리들에 대해 반감을 품고 있는 사람들, 특히 젊은 학자들에게 포스트모더니즘은 커다란 매력이었다.

포스트모던 역사 이론의 형성에 가장 큰 영향을 끼친 선구자는 니체였다. 니체가 원한 진정한 역사가는 '위대한 예술적 능력, 창조적 부유(浮游), 즐거이 경험적 자료들 속으로의 몰입, 주어진 유형의 계속적인 시화(詩化)'를 추구하는, 요컨대 '예술가의 눈'을 가진 자였다.

니체는 인간의 삶에 필요한 것으로 세 가지 역사가 있다고 말한다. 기념비적 역사, 골동품적 역사, 비판적 역사이다. 위대한 것을 창작하려는 인간이 과거를 필요로 할 경우 기념비적 역사를, 습관적으로 된 것이나 예로부터 존경 받아온 것을 고수하려고 할 경우 골동품적 역사를, 현재의 고난 때문에 가슴이 짓눌리며, 그래서 어떤 값을 치르고서라도 이 무거운 짐을 벗어 던지려고 할 경우 비판적 역사의 도움을 필요로 한다는 것이다. 이것이 바로 니체가 드는 '삶'에 대한 역사의 유익함이다.

삶이 더 높고 지배적인 힘이라는 것은 아무도 의심치 않을 것이다. 왜냐하면 삶을 무(無)로 만드는 앎은 그 자체도 함께 무로 화할 것이기 때문이다.

우선 니체는 '비 역사적인 것'이란 망각할 수 있고 제한된 지평 안에 스스로를 가둘 수 있는 힘이라고 말한다. 과잉의 역사, 사치의 역사로 인해 인간은 무거운 과거의 무게에 짓눌려 삶은 엉망이 되고, 심지어 치명적이 될 경우도 있게 된다. 그래서 인간은 자신의 처지를 생각하고 가급적 많이 과거를 망각해야 한다. 그래야 삶은 활기를 띨 수 있다는 것이다.

이렇게 동물은 비역사적으로 산다. 기이한 분수(分數)를 남기는 어떤 수처럼 동물은 현재에 완전히 몰두하며, 꾸밀 줄도 모르고 아무것도 감추지 않으며, 매 순간 진정 있는 모습 그대로다. 다시 말해 동물은 정직하지 않을 수 없는 것이다. 니체는 가축처럼 인간도 과거를 완전히 망각하라, 이렇게 사는 것이 '비역사적인 것'으로서 저 역사병의 해악에서 풀려나는 첩경이라고 외치는 것이다.

그리스 비극을 사망에 이르게 한 자가 바로 이자, 곧 소크라테스가 저 술 취한 디오니소스의 광기와 광란을 무대에서 추방하고, 이성과 지성을 통해서 펼쳐지는 세계를 무대 위에 올렸다는 것이다.

한 걸음 더 나아가, 니체는 그리스 시대 이래로 서구인의 역사는 계속 그러한 질병의 역사가 되었다고 질타한다. 기독교와 실증주의 과학이다. 기독교는 내세를 강조함으로써 인간의 현재의 삶을 부정적인 측면으로 이끈다. 실증주의 과학은 인간을 오욕칠정(五慾七情)이 없는 비인간으로 만들어 인간의 삶에 치명적인 결과를 초래케 했다는 것이다.

감각이 지식의 주된 원천이요, 아마 유일의 원천일지도 모른다는 논리는 이미 고대 그리스인들이 밝힌 것이다. 근대에 영국의 경험론자인 버클리와 흄은 이것을 매우 강한 어조로 강조하여 사물들은 감각의 소산이라고 했다.

니체는 "우리의 몸에 뿌리박고 있는 우리의 감성적 인식이 이성적 인식보다 심층적인 것이고 우리는 이러한 감성적 인식을 통해 사물의 본질에 더 깊숙이 다다를 수 있을 것이다."고 전제한다. 개념적이고 반성적인 의식적, 이성적 사유는 이러한 감성적 사유에 뿌리를 두고 있을 뿐이므로, 스스로 자아낸 개념의 그물망과 '의식의 방'에 갇혀 있는 이성보다 감각과 감각의 능력인 감성이 대상을 훨씬 더 심층적으로 파악할 수 있다는 것이다.

"객관적이라 불리는 역사기술은 어리석은 생각이다. 객관적인 역사가는 파괴적이거나 둔감한 인간들이다."라고 하면서 니체는 오히려 주관적 관찰이 실은 객관적 관찰보다도 더 사실적이고 객관적일 수 있다고 강력히 주장한다. 그리하여 니체가 제시하는 가장 이상적인, 완벽한 역사가의 상은 이렇다. 위대한 예술적 능력, 창조적 부유(浮游), 즐거이 경험적 자료들 속으로의 몰입, 주어진 유형의 계속적인 시화(詩化)를 추구하는, 요컨대 '예술가의 눈'을 가진 역사가다.

니체가 강조하는 위대한 예술적 능력, 창조적 부유, 즐거이 경험적 자료들 속으로의 몰입, 주어진 유형의 계속적인 시화(詩

化를 추구하는 역사와 랑케(Leopold von Ranke)가 중시하는 시와 철학을 합일해 이념적인 것에서 현실적인 것으로 바꾸어, 이 둘을 역사 나름의 특유한 제3의 요소로 결합시켜 놓은 것이 역사라는 것과는 정말 어떤 차이가 있겠는가 하는 것이다. 결국 양자가 추구했던 이상적인 역사 서술은 동일했다고 말할 수 있을 것이다.

다만 차이점이 있다면, 그것은 목적을 달성하려는 방법에서 나타날 뿐이다. 랑케는 과거의 진실이 어떠했는가를 보여주어 독자로 하여금 마음껏 상상의 날개를 펴 과거 진실의 참다운 모습을 그리도록 유도하는 방법을 썼던 것에 비해, 니체는 역사가 자신이 몸소 날카로운 예술가의 기질을 마음껏 발휘하여 과거 진실의 모습을 독자에게 제시해야 할 것이라는 데 역점을 두고 있는 것이다.

니체를 선두 주자로 삼는 오늘날의 포스트모던 역사 이론가들이나 역사가들은 이 점을 특히 염두에 두어야 한다. 랑케는 역사가가 과거는 본래 어떤 상태에 있었는가를 쓸 때에 자기 자신을 '죽이고' 쓰되, 독자들로 하여금 역사적 상상의 날개를 마음껏 펴 보이도록 하라고 역설하였던 것이다. 바로 이 독자의 상상력을 하나하나 개별적으로 구체적인 사론과 역사로 나타낸 결과물들이 포스트모던 사론과 포스트모던 시대의 역사물이라 할 것이다.

역사가로서의 랑케는 역사를 어떻게 쓸 것인가라는 문제에 대해 자신의 기본 입장을 다음과 같이 밝히고 있다. "결정적인 순간에 번번이 우리가 우연 또는 운명이라고 부르는 것, 신의 손가락이 나타난다."는 나의 문장은 결코 근거가 없는 것이 아니다. 역사를 창조하는 것은 어디까지나 인간이다. 그렇지만 인간이 창출한 그 역사 과정을 가만히 들여 다 보면, 거기에는 우연, 운명, 신의 손가락이 개입해 작용하고 있음을 알 수가 있다는 것이다.

단순히 우연이 있다고 믿는 카(Edward Carr)는 그러나 역사가들이 우연이라고 하는 것은 그것의 원인을 따지려는 생각을 하지 않기 때문에 그렇게 말하는 것이지, 우연에도 반드시 원인이 있다고 하면서 이성의 힘으로 우연 속에 감춰져 있는 필연성을 찾아내는 부지런함을 보여야 할 것이라고 설파한다.

그러나 우리는 또한 경험상 한 개인이나 국가의 역사를 이성에 맞춰 합리적으로 설명할 수 없는 우연의 경우가 허다함을 보고 느낀다. 장차 아무리 인간의 이성이 확대되고 과학이 발달한다 해도, 인간과 그 인간의 행적(行蹟)인 역사를 완벽하게 설명할 수 없는 이상, 역사가는 예술가로서 온갖 재능을 다 발휘하여 과거를 창출하려고 노력해야 하지만, 그래도 미진한 것이 있다면 그것은 신이 명하는 대로 따라야 할 것이라는 랑케의 말에 일리가 있음을 종교의 유무를 떠나 다소 인정해야 할 것이다.

어찌 되었건 내가 주장하고 싶은 것은 그런 것이다. 역사란 인간이 살아온 삶의 궤적이며, 그저 현상이 변화해 가는 것일 뿐, 역사에는 진보도 퇴보도 없다는 것이다. 세상이, 인간이 어떤 목적을 정해 놓고 그 목적을 향해 움직이는 존재는 아니라는 것이다.

실존주의에서 말하는 것처럼 아무런 이유도 목적도 없이 그냥 내 던져진 존재인 인간이 살아가기 위해 몸부림치는 과정이 바로 역사가 되는 것이고, 어제보다 뭔가 나아진 것처럼 보일 때 사람들은 그것을 진보라고 부를 뿐이다. 모든 생명체의 경우도 마찬가지가 아니겠는가? 길가에 피어 있는 야생화 한 송이에 무슨 목적이 있을까? 그저 바람에 씨가 흩날려 거기까지 왔을 뿐이고, 흙이 있고 물이 있고 햇빛이 좋아서 싹을 틔우고 꽃을 피워 올렸을 뿐이다. 그러나 꽃들은 아무도 돌보아주지 않는데도 불구하고 색깔과 모양이 한껏 아름답고 향기까지 품은 꽃을 피워내지 않는가? 아무런 목적없이 내 던져졌지만 최대한 열심히 살아내야 하는 것이, 또한 최대한 잘 살아내야 하는 것이 생명체에게 주어진 자연의 명령이고 생명체가 따라야 하는 숙명 같은 것인지도 모른다.

시장경제와 자유민주주의는 흔히 서구 문명이 일구어 온 금자탑인 양 이야기되고 있는 것이 현실이다. 세계사는 곧 서구 문명의 역사인 양 이야기되는 현실이고 경제력, 군사력, 문화적인 면에서 그들이 선두주자로 달리고 있으니 그렇게 생각하는 것이 당연한 것인지도 모른다.

일부 유럽인들은 자신들이 서구의 부상과 아시아, 아프리카, 라틴 아메리카의 퇴보를 설명하기 위한 과학적인 근거를 갖추었다고 생각했다. 그것은 바로 '사회 진화론'과 '우생학(과학적 인종주의)'이었다. 사회 진화론자들은 가난한 사람들, 아시아인들, 아프리카인들, 아메리카 원주민들이 그런 비참한 운명을 맞이하는 것은 당연한 결과라고 생각했으며, 그들에게 그것은 자연적 현상이었다.

　유럽과 미국에서 우생학은 선천적으로 백인들이 우월하고 남부와 동부의 유럽인들을 비롯해 아시아, 아프리카, 아메리카 원주민들은 열등하다는 인종주의적 사상이 성립하는데 기여했다. 더욱이 20세기에 접어들어 이러한 사이비 과학은 나치의 지도자 아돌프 히틀러가 끔찍한 대량 학살을 자행하는 근거로도 활용되었다.

　정말로 그러한지 우리는 역사를 면밀히 살펴보지 않으면 안 된다. 로버트. B. 마르크스(Robert. B. Marks)는 『어떻게 세계는 서양이 주도하게 되었는가(The Origins of the Modern World)』에서 이러한 역사적 관점이 잘못되었음을 소상히 밝혀주고 있다.

　미국, 일본, 영국, 프랑스, 독일, 이탈리아, 캐나다 등 소위 G7 이라는 국가들은 전 세계 경제 생산과 부의 2/3를 담당하고 있다. 그런데 불과 200년 전만 하더라도 다른 두 국가(인도와 중국)가 전 세계 경제 생산의 2/3를 담당했다.

　또한 1400년대에 세계에서 가장 큰 25개 대 도시들을 살펴보면 당시 세계 최대의 도시인 난징을 포함한 9개 도시가 모두 중국에 있었다. 두 번째로 큰 도시는 인도의 비자야나가르였고, 세 번째로 큰 도시는 이집트의 카이로였다. 유럽에 속한 도시는 겨우 5개가 전부였다.

　18세기 당시 세계의 상황은 유럽이 아시아보다 상대적으로 빈곤했고 산업의 생산성도 열악했기 때문에 유럽이 아시아 시장에서 우위를 점하기 위해 내부적으로 치열한 경쟁을 벌였다. 세계적 관점으로 역사를 보기 위해서는 우선 역사적 우연, 역사적 사건, 역사적 사태가 서로 결합되어 상호 작용하면서 한 시기의 역사가 형성된다는 점을 인지해야 한다.

1750년대에 아시아뿐만 아니라 유럽까지 포함하는 유라시아 대륙의 최고 선진국에 속했던 아시아의 선진국들은 더 이상 성장할 수 없는 '환경적 및 생태적 한계'에 직면하게 되었다.

그런데 영국에서는 1800년대 초반 새롭게 개발된 증기 동력이 군사적 용도로 활용되면서 아시아는 주도권을 상실했고 유럽은 영국을 필두로 세계 지배에 나서기 시작했다. 여기에서 핵심은 서구의 부상이 결코 필연적인 것이 아니라 지극히 '우연적'이라는 사실이다.

엄청난 석탄층을 보유한 영국은 급속도로 경제성장을 이루었다. 결국 인류 역사의 관점에서 석탄층의 분포는 우연한 사건이었지만 산업화된 국가들과 그렇지 못한 국가들에게 미친 영향은 너무나 컸다. 또한 유럽인들은 엄청난 양의 은을 신세계에서 발견했으며, 그 결과 각대한 양의 은이 중국, 더불어 인도에까지 유입되고 아시아의 비단, 향신료, 도자기가 유럽과 신세계에 보급되면서 세계화의 첫 번째 단계가 형성되었다. 이것이 바로 역사적 사태다.

서구의 부상은 오히려 흑사병, 설탕, 아프리카 노예, 은, 아편, 총, 전쟁과 더 많은 관계가 있다. 단지 우연하게도 유럽의 땅에는, 특히 영국에는 석탄이 풍부하게 매장되어 있었고, 그것을 이용해 증기기관 동력을 만들어 내고 산업혁명을 이룰 수 있었던 것이다. 또한 엄청난 은광과 노동력이 풍부한 식민지가 없었다면 새로운 경제체제를 만들어 낼 수도 없었을 것이다.

1400년대를 살았던 사람들에게 식량부족, 기근, 기아는 모두 생존과 직결되는 중요한 문제였다. 결국 농민사회의 기아는 자연 현상이라기보다는 오히려 사회현상에 가까웠다. 이 사실을 이해하는 것은 대단히 중요하다. 왜냐하면 바로 이런 맥락에서 농민계층이 자신들의 사회적 권리를 인식하고 어떤 상황에서 그 권리를 주장할 수 있는지 판단했기 때문이다.

일본에서는 1590년부터 1871년까지 단순 방화에서 무력 봉기에 이르기까지 무려 3천 번도 넘는 농민 반란이 일어났다. 중국에서도 1600년대 중반의 민란과 1800년대 중반의 태평천국 운동처럼 대규모 농민 반란이 일어났다.

러시아 또한 수많은 농민 반란을 겪었는데, 그중에서도 1700년대 푸가초프(Pugachev)의 난이 가장 대표적인 사례였다. 농민 반란이 일어날 수 있는 전형적인 환경에 처했던 프랑스는 특히 1789년 프랑스 혁명과 더불어 여러 차례 농민 반란이 일어났다.

1346년 발생한 흑사병은 유럽의 인구를 불과 몇 년 사이에 8천만 명에서 6천만 명으로 감소시켰다. 중국에서는 흑사병이 1350년대와 1360년대에 일어난 내란과 함께 발병했던 탓에 1200년대 1억 2천만 명에 달했던 인구가 1393년에는 8천5백만 명으로 급감했다.

이슬람 세계는 책과 도서관을 대단히 소중히 여겼는데, 실제로 8세기부터 15세기까지 세계에서 가장 큰 도서관들은 모두 이슬람 영역에 있었다.

노예들은 모든 사회들에 존재했다. 중국, 인도, 유럽, 이슬람 제국은 모두 노예제도를 운영했다. 실제로 노예의 최대 공급원은 유럽 동부지역으로, 특히 흑해 연안에 거주하던 슬라브족이 가장 대표적이었다. 오늘날 우리가 사용하는 노예(slave)라는 단어도 바로 이 슬라브(Slav)족이라는 명칭에서 유래한 것이다.

당시에는 세계적인 노예시장이 존재했고 유럽과 이슬람 상인들이 가장 적극적으로 노예를 공급하는 역할을 담당했다. 아프리카에도 노예는 존재했다. 아프리카에서는 전통적으로 토지를 사유재산으로 생각하는 사유 자체가 존재하지 않았기 때문에, 토지를 사유재산으로 만들 수 없는 상황은 결국 아프리카에서 노예제도가 확산되는 원인이 되었다. 학자들은 750년부터 1500년까지 아프리카에서는 해마다 1만 명의 사람들이 노예로 전락했고 그 750년의 기간 동안 생겨난 노예는 총 5백만 명에서 1천만 명에 달할 것이라고 추산했다.

아프리카는 황금과 노예를 수출하고 주로 인도의 화려한 옷감과 중국의 도자기 같은 아시아의 제조품들을 수입하면서 세계 무역체제의 일부를 담당했다.

로마제국의 몰락과 지중해 무역의 차단은 유럽을 폐쇄적인 형태의 사회로 퇴화시켰다. 이 세계에서 토지, 그리고 농노들이 생산하는 농산물은 가장 중요한 목표였고, 높은 성은 그 토지를 지키기 위한 핵심적인 수단이었다.

14세기 후반에는 마침내 새로운 무기, 즉 화약을 이용한 대포가 등장했다. 화약과 대포는 11세기에 중국에서 발명되었다.

유럽에서는 겨울에 가축을 먹일 사료가 부족했기 때문에 부득이 많은 가축들을 도살해야만 했다. 그래서 유럽인들은 고기가 상하지 않도록 저장할 수 있는 방법을 찾아야만 했는데 이

때 가장 중요한 것이 바로 소금과 후추였다. 후추는 오직 아시아에서 수입해야만 했기 때문에 대단히 값이 비쌌다. 향신료는 인도네시아군도, 상아는 아프리카, 향은 중동, 금은 아프리카, 은은 일본에서 주로 생산되었다. 유럽은 양모와 무기를 제외하면 다른 세계와 교역할 수 있을 만한 물자가 거의 없었다.

신세계 경제를 성립시키는 데에는 아프리카 노예를 활용한 플랜테이션(plantation)제도의 확립과 성장이 크게 공헌했다. 신세계 플랜테이션으로 끌려와 일했던 아프리카 노예들의 수는, 1800년대 노예무역이 끝나던 시점에는 무려 9백만 명을 넘어섰다.

1700년대 초반 인도의 무굴 제국이 점차 세력을 잃으면서 영국은 그곳에 식민지 제국을 건설할 수 있게 되었다. 하지만 그때까지도 영국은 아시아 무역을 장악한 중국과 경쟁하기에는 턱없이 세력이 부족했다. 그리고 영국이 산업혁명의 수단을 전쟁에 활용하는 방법을 터득했을 때, 마침내 중국과 영국의 세력 균형은 영국으로 기울고 말았다.

1750년 전 세계 7억 5천만 명의 인구는 거주 지역이나 정치적, 경제적 체제와 관계없이 모두 생물학적 구제도에서 살고 있었다. 당시 모든 생활필수품, 즉 식량, 의복, 거주지, 연료 등은 토지에서 나왔다. 이런 상황은 1750년부터 1850년 사이에 사람들이 석탄을 가열하여 그 열에너지로 증기기관을 사용하면서 점차 변화하기 시작했다. 석탄의 활용은 엄청난 '혁신'이었다. 그것을 계기로 인간사회는 생물학적 구제도에서 벗어나 더이상 태양 에너지의 제한을 받지 않는 새로운 시대로 진입했다.

유럽에서 한창 전쟁을 벌이던 영국과 프랑스는 인도에서 무력으로 충돌했다. 프랑스는 세포이(sepoy)로 알려진 인도 병사들을 정규군에 수용하여 전투 능력을 증대시키면서 영국보다 우위를 점했다. 1750년대 영국 동인도 회사도 세포이를 수용했고 7년 전쟁이 벌어지기 전날 두 국가는 각각 1만 명에 달하는 무장한 병력을 인도 해안에 배치했다. 그 병력의 대부분은 인도인들이었다.

1760년, 7년 전쟁에서 영국이 결정적인 승리를 거두면서 프랑스를 인도에서 철수시켰다. 이 승리를 기점으로 영국은 인도에 제국을 건설하기 시작했고, 그 후 50년 동안 꾸준히 세력을 확장하여 1857년 인도를 공식적인 식민지로 합병했다. 7년 전쟁, 좀 더 정확히 말하자면 영국이 아메리카와 인도를 획득한 전쟁은 영국이 면직물 생산국으로 전환되는 과정에서 대단히 중요한 부분을 차지했다.

카리브해와 남아메리카 전역에서는 플랜테이션을 통해 사탕수수, 담배, 목화 등을 재배했다. 과거 신세계의 대참사로 원주민 인구가 급감하고 유럽인들이 신세계 이주를 꺼리던 탓에 플랜테이션 농장은 부족한 노동력을 아프리카 노예들로 해결했다.

인도산 면직물은 아프리카 서부로 수출되어 노예들과 거래되었고 아프리카 노예들은 다시 카리브해로 수출되었다. 신세계의 생산물, 즉 사탕수수, 담배, 목화는 영국으로 수출되었다. 대서양 삼각 무역의 세 지점에서 영국은 식민지 법령을 통해 신세계는 오직 천연자원만 생산하면서 영국의 공산품을 소비하도록 제한하여 막대한 이윤을 챙겼다.

역사는 진보하는가? **519**

1815년부터 1840년 사이에 여러 차례 혁신을 통해 증기기관을 응용한 방적기와 방직기가 개발되면서 맨체스터 공장들은 다시금 생산성을 높였다. 마침내 영국의 면직물은 가격이 더욱 하락하면서 세계시장에서 인도산 면직물과의 경쟁에서 우위를 점할 수 있는 능력을 갖추게 되었다. 실제로 19세기 세계 최 강국으로 부상한 영국은 자유무역을 이상적인 제도로 간주했다.

요컨대 석탄과 식민지가 없었다면 19세기 중국의 경우와 마찬가지로 영국도 점점 더 많은 토지와 노동력을 식량 생산에 투입하도록 압박하여 산업 생산에 투자할 자원을 더욱 제한하고 결국 산업적 혁명에 대한 희망을 소멸시켰을 것이다.

과학을 유럽의 고유한 특징으로 간주할 수 없는 이유는 과학적 사상이 대부분 유라시아 대륙 건너편의 중국과 페르시아에서 건너왔기 때문이다. 심지어 유럽의 르네상스도 이슬람 세계의 도서관에 보관된 고대 그리스의 문서들을 재발견하면서 진행된 것이다.

식민지에서 수입되는 설탕과 목장에서 생산되는 우유와 함께 차는 대규모로 성장하는 영국의 산업 노동자들에게 아주 중요한 영양 공급원이 되었다. 1760년에 영국은 5백만 톤에 달하는 차를 수입했는데 1800년에는 면직물 공장이 급증하면서 무려 1천 2백만 톤을 수입했다.

마침내 영국은 은을 대신해서 중국에서 차를 수입할 수 있는 다른 물자를 인도의 식민지에서 생산할 수 있게 되었다. 바로 중독성 강한 마약인 '아편'이었다. 마침내 영국과 중국은 아편전쟁(1839~1842)을 벌였다. 그리고 중국과 영국이 체결한 난징조약으로 아편전쟁은 종결되었다.

유럽은 그저 엄청난 양의 에너지(사탕수수, 목화, 목재, 대구 등)를 무상으로 공급하는 식민지를 보유했을 뿐이었다. 게다가 영국은 산림자원이 고갈되면 새로운 에너지원으로 사용할 수 있는 석탄이 인근에 매장되어 있었다.

중국의 은 수요와 신세계의 은 공급이 적절히 맞물리면서 유럽은 아시아의 막대한 물자와 무역망을 확보하여 부를 축적할 수 있었다. 아편이 중국으로 유입되고 중국의 은이 유출되면서 영국뿐만 아니라 미국도 엄청난 부를 축적했다. 미국은 주로 터키에서 아편을 생산했고, 영국은 인도에서 생산하는 아편을 독점했다.

이처럼 오늘날 제3세계 국가(수출을 위해 천연자원을 생산하면서 개발된 세계로부터 제조품을 수입하여 저 개발 상태에 머무르는 국가)라고 지칭하는 수준까지 인도가 쇠퇴한 과정은 단순히 경제학적 문제인 듯했지만 실제로는 전혀 그렇지 않았다. 그 과정은 자국의 이익을 추구하던 영국에 의해 계획된 것이다. 자유무역과 경제에 대한 정부 간섭의 최소화는 인도를 식량 생산지와 천연자원의 수출지로 전락시켰다.

중국의 아편 수요와 더불어 인도의 산업구조 파괴가 영국의 세계 자본주의 체제에 막대한 이익을 제공했다는 사실은 분명하다. 만약 아편이 없었다면, 아마도 대영제국은 존재하지 않았을 것이다. 최초로 산업화에 성공하고 그 열매를 군대에 활용한 영국은 세계 최강국으로 도약했고, 다른 국가들에 비해 산업과 군사력에서 모두 우위를 점했다. 실질적인 측면에서 중국의 아편

수요와 영국의 아편 무역은 1873년부터 1896년까지 자본주의 세계 경제가 침체를 헤쳐나갈 수 있도록 만들었던 한 가지 요인이었다.

아프리카를 차지하기 위한 유럽의 쟁탈전은 1871년 독일에 패배하여 사회불안에 시달리던 프랑스, 국왕 레오폴 2세의 은밀한 계획을 앞세운 벨기에, 인도 식민지의 이권을 보호하기 위한 영국에 의해 1870년대부터 시작되었다. 1870년대 유럽인들은 제국의 도구를 앞세워 아프리카 영토를 차례로 점령했다. 아프리카인들은 용감히 싸우며 저항했지만 뛰어난 성능을 자랑하는 맥심 기관총 앞에서 전혀 상대가 되지 않았다. 1900년에 이르러 영국을 비롯해 프랑스, 독일, 벨기에까지 유럽의 열강들은 이런 기술적인 우위를 바탕으로 아프리카 대륙의 대부분을 분할했다.

엘니뇨 현상은 무려 세 차례(1876~1879년, 1889~1891년, 1896~1902년)에 걸쳐 극심한 가뭄을 유발하여 오늘날 제삼 세계에 해당하는 지역들에게 막대한 피해를 입혔다. 결국 아시아 전역과 아프리카, 라틴 아메리카 일부 지역들에서 발생한 기아 때문에 약 3천만에서 5천만 명에 달하는 사람들이 끔찍한 죽음을 맞았다. 인도 식민지를 통치하던 영국인들은 이처럼 심각한 기아로 인한 질병이나 죽음을 예방하는 것보다 더 많은 이익을 창출하고 자유무역 체제를 강화하는 것에 더 관심을 두었다.

서구의 부상은 오히려 흑사병, 설탕, 흑인 노예, 은, 아편, 총, 전쟁과 더 많은 관계가 있다. 이런 이점들을 앞세워 20세기 초반에 유럽인들은 아시아, 아프리카, 라틴 아메리카의 대부분을 통치하거나 지배했다.

이상에서 살펴본 바와 같이 서구 문명의 대두는 우연적이라 할 수 있는 여러 가지 행운, 즉 증기기관의 발명과 석탄을 이용한 산업화의 성공, 그리고 그것을 무기로 군사력을 증강하고, 식민지를 개척하고 또 그 식민지에서 자원을 수탈하고 아프리카의 노예를 이용해서 플랜테이션을 운영하고 거기서 나오는 각종 산물을 이용한 자유무역에 열을 올리고, 그러는 와중에 고통받는 식민지의 백성과 아프리카 노예들의 고통은 철저히 외면되었다는 사실이다.

20세기 물리학의 발전은 세계가 우리의 의식과 독립되어 있지 않은 것처럼 보인다는 사실에 혼란을 느꼈다. 21세기에 들어서며 유럽에서는 서양의 물질 중심적 세계관의 대안으로 인도와 동양의 고전에 관심이 쏠리고 있다.

세계는 문명의 상징이자 계몽의 주체로서의 '서양'과 야만의 상징이자 계몽의 대상으로서 '동양'으로 이분화되었다. 이것이 유럽 제국주의의 아시아 침략을 정당화함으로써 서구에 의한 착취와 이에 따른 풍요를 합리화했다. 하지만 이러한 긍정적인 측면은 다만 주체의 관점일 뿐, 대상으로 규정된 존재의 억압과 폭력은 은폐되었다. 이것이 이원론의 부정적인 면이다.

산업화를 거치며 자연은 파괴되었고, 식민지 동양은 유린되었으며, 여성은 오랜 시간 억압받았고, 이성에 대비되는 감정과 욕망과 몸은 불결한 것으로 낙인찍혀 교화와 교정의 대상이 되었다. 너무나 오랜 시간 동안 서구사회는 세계 절반의 고통에 무관심했다. 이원론이 분절된 절반의 세계의 가치만을 인정하고 필연적으로 나머지 절반의 세계에 폭력을 가하게 된다는 비극은 근현대에 이르러서야 비로소 서구사회가 깨달은 실상이었다.

이것을 선명하게 지적했던 인물은 프리드리히 니체(Friedrich Nietzsche)였다. 19세기 독일에서 활동했던 그는 유럽인이 병들었다고 진단했다. 그리고 그 원인이 플라톤주의, 즉 이원론과 주체 중심주의였음을 날카롭게 밝혀냈다.

그래서 니체 이후의 서양철학은 플라톤주의를 전복한다. 또한 플라톤이 가치 절하했던, 생성되고 사라지며 변화무쌍한 불완전한 것들을 복권해 내는데 집중한다. 이것이 포스트모더니즘(Postmodernism)이라 명명된 20세기의 사회, 문화, 정치, 경제, 학문, 예술 등 전 분야에서 일어난 사상적 흐름의 실체다.

17세기까지 동아시아의 과학과 기술은 서양이 따라오지 못할 정도로 최고 수준을 유지하고 있었다. 동아시아가 이런 우월한 자리를 서양에게 빼앗기게 된 이유는 서양에서 기계론적 자연관에 기초한 고전역학이 탄생하였기 때문이다.

갈릴레이와 뉴턴으로 상징되는 고전역학으로 서양은 과학혁명을 달성한다. 모든 사물과 자연현상이 마치 하나의 기계인 것처럼 분석되고 수학적으로 설명될 수 있다는 신념체계가 바로 '기계론적 자연관'이다. 역설적인 것은 '기계론적 자연관'으로 무장한 서양의 과학과 기술이 승승장구하다가 스스로 위기를 자초하게 되었다는 점이다. 지구를 완전히 파괴할 정도의 핵전쟁을 가능하게 만들었으며, 나아가 자연환경을 회복할 수 없는 지경으로 파괴하고 있기 때문이다.

우리는 지난 세기 동안 국난을 극복하고 산업화를 이루는데 있어서 서구 문명을 그 모델로 삼아 온갖 노력을 경주해 온 것이 사실이다. 그러나 그 과정에서 지나치게 자유 민주주의와 물질주의, 자본주의, 개인주의에 경도되어 우리의 전통문화, 오랜 관습, 잊어서는 안 될 조상들의 훌륭한 정신세계까지도 버려야 할 거추장스러운 과거의 유산인양 생각해 왔던 것이 사실이다.

일제가 심어 놓은 식민사관에 물들어서 우리 민족은 열등한 민족이기 때문에 노력해도 안 된다는 둥 스스로를 비하하여 엽전들이라고 부르는 등 사회 지도층이라는 사람들까지도 은연중 그런 생각을 품어오지 않았는가 하는 것이다.

서구 문명에 열광하는 사람들이 알아야 할 것은 서구의 가치와 철학의 모든 것이 이미 오래전에 동양에 존재해 왔다는 사실이다. 공자, 맹자의 사상을 필두로 노자와 장자에 이르기까지, 그리고 이러한 사상들이 체계적으로 정리된 성리학에 이르기까지 우리의 조상들이 믿고 따랐던 가치체계가 결코 가치 없고 시대착오적인 것이 아니었다는 사실을 깨닫는 것은 대단히 중요하다고 생각된다.

서구 문명이 이미 한계에 봉착했음을 깨닫고 동양사상에서 그 해결책을 찾아보고자 하는 것이 현재 서구 지식인들의 동향이라면, 우리는 지금 조상들의 자랑스러운 유산은 내팽개친 채 오직 서구 문명이 최고인 양 모방하기에 바쁘지 않았나 생각해 보는 것이다. 최근에 한류 붐을 타고 우리 문화가 세계적인 수준으로 올라서고 있는 것은 대단히 고무적인 사실이지만 지나치게 개인주의에 경도된 나머지 공동체 의식이나 공중도덕, 타인에 대한 배려심은 없어지고 이기주의가 만연해가는 사회현상은 결코 예사롭지 않은 사건인 것으로 보인다.

세상 만물은 홀로 존재할 수 없다는 것, 공존(共存)할 수밖에 없다는 것은 만고의 진리라 할 것이다. 길가에 아무렇게 나 뿌리를 박고 존재하는 잡초 하나가 사실은 햇빛을 차단하여 수분의 증발을 막고, 토양의 유실을 막아주어 사막화가 되는 것을 방지하게 해주는 소중한 역할을 하는 것이며, 초식 동물들에게는 소중한 먹이가 되고 그 토양 속에 존재하는 수많은 미생물들과 지렁이까지도 생명을 유지 할 수 있도록 돕고 있다는 사실은 자연의 신비가 아닐 수 없는 것이다.

과유불급(過猶不及)이라는 말은 '지나침은 미치지 못함과 같다'는 뜻으로 중용(中庸)이 중요함을 강조하는 말이다. 중용이란 어느 한쪽으로 치우치지 않는, 즉 지나치거나 미치지 못하는 것이 없는 보편성을 지니는 이치이다. 하늘의 명령에 따라 사람이 당연히 행해야 할, 사리에 가장 알맞은 상태라고 할 수 있다.

도는 항상 사람과 함께 있다고 한다. 다만 사람들이 그것을 알지 못할 뿐이다. 유학에서는 충서(忠恕)가 중용에 도달하는 지름길이라고 말한다. 충(忠)은 중(中)과 심(心)으로 구성된 글자다. 즉 중심이니 어느 한쪽으로 치우치지 않은 상태다. 이렇게 중심이 잡힌 상태를 유지하기 위해 늘 최선을 다한다는 것이 충이다. 자신에 대한 최선이라는 말도 된다. 그래서 주자는 "자기 마음을 다하는 것이 충이라고 한다."라고 하였다.

서(恕)는 여(如)와 심(心)으로 이루어진 글자다. 자기의 마음처럼 남의 마음도 알아주라는 말이다. 자신의 입장에서만 남의 마음을 헤아리거나, 자신이 하기 싫은 일을 남에게 강요하지 말라는 뜻이다. 주자는 이를 "자신의 마음을 미루어 남에게 미치는 것을 서라고 한다."라고 하였다.

　내가 좋아하는 일은 남도 좋아하고 내가 싫은 일은 남도 싫어한다. 그러니 입장을 바꿔 생각해 보면 다른 사람의 처지를 더욱 잘 알게 된다는 것이다. 또한 공자는 "자신을 지키지 못했다."는 겸손한 말로써 군자의 네 가지 도에 대해 이야기하였다.

　"부모를 섬기는 일은 효도이며, 임금을 섬기는 일은 충성이다. 그리고 어른은 공경으로 대해야 하며, 벗은 믿음으로 사귀어야 한다. 이러한 것들을 남이 나에게 해주기를 바라는 마음으로 남에게 베푸는 마음이 바로 충서(忠恕)다." 군자의 도는 가까운 곳에 있다는 것을 강조한 말이라고 할 것이다.

　아무리 먼 곳일지라도 가까운 땅을 밟지 않고서는 갈 수 없다. 또한 높은 산을 오르려면 반드시 낮은 기슭부터 밟아야 한다. 이렇듯 군자의 도 또한 일상의 작은 일에서부터 성실하게 실천해야 한다. 작은 일을 가볍게 여기는 사람에게는 큰일을 맡길 수 없다. 일상을 떠난 도는 우리에게 아무런 의미가 없다.는 것이다.

　요컨대 서구 문명이든 우리의 전통문화든, 각기 장점과 단점이 있으니 서구 문명을 무조건 추종할 것도 아니요 우리의 전통문화를 보잘것없는 것으로 간주하고 내버릴 일도 아니라는 것이다. 서구 문명이 우리보다 한 단계 진보된 문명이 아니라 사실은 서로 다른 문화의 차이일 뿐이라고 이해하는 것이 좋을 것으로 생각된다. 역사에는 진보도 퇴보도 없다는 것이다. 단지 사람들의 삶이 변화해 갈 뿐이라는 것이다.

전쟁(戰爭)의 품격(品格)

전쟁, 하나

전쟁은 오래전부터 있어 왔다. 중국의 경우 그들 민족의 조종(祖宗)이라고 할 수 있는 염제(炎帝)나 황제(黃帝) 때에도 치열하게 싸우고 또 싸웠지만 만족할 만한 해답은 얻지 못했던 것으로 보인다.

인간이 생존하기 위해서는 기본적인 자원이 필요하다. 의식주(衣食住)의 해결을 위해서, 먹고 살기 위해서 식량과 옷가지와 집이 필요했다. 유목민의 경우에는 자주 식량부족에 시달렸고 상대적으로 형편이 나은 농경민의 식량을 약탈하기 위해 전쟁을 벌일 수밖에 없었다. 그래서 초기 전쟁의 형태는 유목민의 침략에 대한 농경민의 방어라는 개념으로 틀지워질 수밖에 없었던 것으로 보인다. 한 마디로 자원확보 전쟁인 것이다.

인구가 늘어나고 그에 따른 사회조직의 다변화 및 계급의 탄생에 즈음하여 계급에 따르는 권력이 탄생했고, 권력은 더 큰 권력에의 욕구를 부추겨 전쟁이 발생할 수밖에 없는 상황을 만들어 갔다.

'전쟁이란 국가 간에 무력을 사용하여 상대방에게 자신의 의지를 강제하는 행위'로 정의된다. 전쟁이 언제부터 시작되었는지는 알 수 없지만, 기원전 12000~15000년 사이의 신석기시대 제벨 사하바(Jebel Schaba)유적에서도 전쟁의 상흔으로 보이는 유물과 유골이 발견되는 것으로 보아 그 역사는 사뭇 오래된 것으로 짐작이 된다. 제벨 사하바는 이집트 남쪽과 수단 북쪽 국경이 마주하는 나일강 상류에 존재하는 선사시대 유적이며, 이 장소는 인류사 초기의 전장 모습을 보여주는 것으로 여겨진다.

실제로 신석기시대의 주된 식량 획득 수단은 사냥이 아닌 채집이었으며, 농경기 서서히 시작되고 있었는데도 무기가 비정상적으로 많이 출토되는 것으로 보아 과거에 전쟁이 수시로 벌어지고 있었음을 추측케 한다.

고대에는 전쟁의 원인이 비교적 명확했다. 농사가 될 만한 강유역의 쓸 만한 땅이 부족했고, 평화가 계속되는 동안 인구가 증가하여 새로운 땅이 필요했기 때문이다. 타 부족을 침략하여 땅과 노동력(노예), 여성을 얻을 수 있었고 이를 통해 부를 축적할 수 있었던 것이다.

그러나 관개시설이 발달하고 농업생산력이 인구 부양의 단계를 넘어서자 이러한 이유의 전쟁은 점차 사라지고 정치적, 종교적 이유로 인한 전쟁이 그 자리를 대신했다. 일반적으로 전쟁의 목적은 영토, 자원, 종교, 사상, 이권 쟁탈 등이 있는데, 그 외에도 정치적인 기본 원리, 심지어는 심리적인 것에서 그 원인을 찾는 견해들도 존재한다.

인간의 심리적 본성이 공격적이라서 이것이 전쟁의 원인이 된다는 견해도 있으나 반대로 전쟁을 하지 않는 건 인간의 평화적 본성 때문이라고 이야기할 수도 있으므로, 진정으로 전쟁의 원인을 찾아 나가는 데는 별다른 도움이 되지 못하는 것으로 보인다.

그러나 전쟁의 형태는 역사의 발전에 따라 변화해 왔다. 중국의 경우 상고시대에는 별다른 규칙이 없었고, 춘추시대에는 규칙을 중시했으며, 전국시대에는 그 최저선이라 일컬을 수 있는 어떤 한계도 존재하지 않았다.

염제나 황제 시절은 아직 개화된 시대가 아니었다. 따라서 당시의 전쟁은 무슨 규칙이나 절차가 따로 없이 마치 일반사람들이 의견충돌이 일어 맞붙어 싸우는 것처럼 몽둥이를 들고 달려나가 서로 때리고 맞는 것일 뿐이었다.

그러나 춘추시대로 넘어오면서 전쟁에 나름의 규칙과 방식이 생겨났다. 이에 대해서는 중국의 역사학자 이중텐(易中天, 이중천)이 그의 저서 『사람을 말하다 : 원제 中國智慧』에서 비교적 상세히 설명해주고 있으므로 그를 인용해보고자 한다.

춘추시대 전쟁의 규칙 중 첫째는 시간이다. 춘추시대의 전쟁은 원칙적으로 하루 동안 이루어진다. 해가 떠오르면 집합해 전쟁을 시작하는데 아침밥은 전쟁이 끝난 뒤에 먹는다. 아무리 길어도 일단 해가 지면 더이상 싸우지 않았다.

둘째는 장소이다. 전쟁은 국경선에서 이루어졌다. 국경선이란 표지가 있는 곳이다. 구체적으로 쟁기로 도랑을 파서 물을 흘려보내고, 파낸 흙을 양쪽에 쌓아 놓는다. 그리고 그 위에 나무를 심는다. 이러한 행위를 '봉(封)'이라고 하며 '봉강(封疆)'이라고 부르기도 한다. 봉강의 장소는 국경 지역에 있기 때문에 '변강(邊疆)'이란 말을 하기도 한다. 만약 두 나라 병사들이 전쟁을 할 경우 변강 양쪽에서 맞붙었기 때문에 이를 '강장(疆場)'이라고 한다.

셋째, 예의이다. 쌍방의 군대는 국경에 도착하면 일단 숙영에 들어간다. 다음날 날이 밝으면 포진을 시작한다. 이쪽저쪽으로 군사를 배치하는 것이 마치 축구시합을 할 때 선수들이 등장해 각자의 포지션에 따라 자리를 잡는 것과 같다. 포진이 끝나면 각기 장군이나 사절을 파견해 대화를 시작한다. 쌍방의 태도는 물론 상당히 점잖고, 사용하는 말 또한 외교적인 수사가 주를 이룬다.

이렇게 대화가 끝난 후 때로는 좀더 겸양한 후에 싸움을 시작하는 것이 상례였다. 결전을 벌여 승부가 나면 그것으로 끝이었다. 그래서 아무리 길어야 하루를 넘지 않았던 것이다.

넷째는 유희 규칙을 중시했다는 것이다. 춘추시대는 전쟁이 마치 놀이처럼 재미있는 규칙에 따랐다. 우선 적진에서 온 사자는 절대로 죽이는 법이 없었다. 이는 많은 사람들이 잘 알고 있는 바와 같다.

두 번째는 '불고불성렬(不鼓不成列)'이다. 상대가 전열을 정돈하지 않은 상태에서 공격하지 않는다는 뜻이다. 세 번째는 거듭 상해를 입히지 않음이다. 비록 서로 싸우고 있기는 하지만 일단 다친 사람을 계속 공격하지 않는다. 만약 상대가 이미 상처를 입었을 경우 어느 곳을 다쳤든 더이상 공격하지 않았다는 뜻이다.

네 번째는 '불금이모(不擒二毛)'이다. 머리가 흰 사람(노인)은 포로로 삼지 않고 흑발 청년만 포로로 삼는다는 뜻이다. 다섯 번째는 '불축북(不逐北)'이다. 적군이 패배해서 도망치더라도 더이상 쫓아가 잡지 않는다는 뜻이다. 물론 어느 정도 쫓아가는 것은 허용되었으나 일반적으로 오십 보를 넘지 않았다. 일단 오십 보를 넘게 도망치면 잡을 수 없었다. 이런 의미에서 본다면 『맹자』에 나오는 '오십 보 백 보(五十步百步)' 이야기를 보다 쉽게 이해할 수 있을 것이다. 오십 보만 도망쳐도 붙잡히지 않는데 굳이 백 보씩이나 뛰어간들 무슨 차이가 있겠는가?

가장 불가사의한 것은 전쟁에서 승리한 쪽에서 실패해 도망치는 적군을 돕는 경우도 있었다는 점이다.

춘추시대의 전쟁이 이런 규칙으로 행해질 수 있었던 것은 나름의 원인이 있는데, 대략 두 가지로 꼽아볼 수 있다.

첫째, 당시의 전쟁은 주로 정치적인 목적에서 나온 것이다. 우리가 현재 말하는 '중국'이란 당시에는 '천하'로 불렸다. 천하는 곧 전 세계를 의미한다. 천하에서 가장 높은 지위를 가진 이는 '천자' 즉 '하늘의 원자(元子)'이다. 다시 말해 천자가 바로 세계의 왕인 것이다.

천자는 천하를 제후들에게 나누어 주었는데, 제후들이 차지하고 있던 지역이 '국(國)'이다. 국은, '봉국(封國)' 또는 '열국(列國)'이라고 불렸으니 '여러 나라'라는 뜻이다. 국의 원수는 제후(諸侯)라고 불렸는데, 이 역시 '여러 후(侯)'라는 뜻이다. 제후는 '나라의 군주'이니 '국군(國君)'이라고 불렸다. 국군은 국을 여러 대부들에게 나누어 주었다. 대부가 차지한 지역은 '가(家)'이다. 가의 원수는 대부이니 대부를 '가의 군주'라는 뜻에서 '가군(家君)'이라고 불렸다.

그렇다면 전쟁의 목적은 무엇인가? 이러한 국제질서를 유지하는 것이다. 원래 이러한 질서는 당연히 천자가 유지해야 할 일이다. 그는 세계의 왕이기 때문이다. 그러나 춘추시대로 넘어오면 주(周)나라 천자가 더이상 천하를 다스릴 수 없는 상황이 되고 만다. 대신 실력이 막강한 '초강대국'에서 천하의 질서를 다스리게 되는데, 이른바 '국제경찰'의 출현이다. 이를 일러 '쟁패(爭霸)'라고 했으며, 또한 그러한 나라의 군주를 일러 '패주(霸主)' 또는 패자라고 했다.

춘추시대에는 다섯 명의 패주가 있었으니, 그들을 춘추오패(春秋五霸)라고 한다. 그러나 패주가 제아무리 강해도 반드시 천자를 의식하지 않을 수는 없었으니, 천자만이 유일한 '천하공주(天下共主)'라고 인식되었기 때문이다. 그래서 춘추시대에 어떤 제후가 다른 제후를 공격할 때에는 이론적으로나마 반드시 주나라 천자의 수권(授權)이 필요했다.

출전은 주 천자를 보위하기 위함이며 자신은 주 나라 천자가 보낸 질서 유지 강화부대라고 할 수밖에 없었던 것이다. 따라서 전쟁 자체가 지나칠 이유가 없었다. 상대를 굴복시켜 조약을 맺고, 일단 쟁패의 목적만 달성하면 더이상 싸울 필요가 없었다는 뜻이다. 만약 계속 싸운다면 이는 사리에 어긋나는 일일뿐더러 경우에도 없는 일이다. 당연히 국제사회에서 고립되고 만다. 이것이 첫 번째 원인이다.

둘째, 당시의 전사들은 대부분 귀족들이었다. 이는 춘추시대의 중요한 특징 가운데 하나이다.

춘추시대 사람은 귀족과 평민, 그리고 노예로 구분되는데 이

전쟁(戰爭)의 품격(品格) 533

를 계급이라고 한다. 귀족계급은 다시 천자, 제후, 대부, 사(士)로 나뉘는데 이를 등급이라고 한다. 네 가지 등급 가운데 앞의 세 가지 귀족은 모두 영지를 지니고 있기 때문에 '영주(領主)'라고 부른다. 그러나 '사'는 영지가 없이 단지 권리만 가지고 있다. 무슨 권리인가? 세 가지이다. 제사권, 참정권, 그리고 참전권이다.

이렇게 해서 전쟁은 귀족의 전매품이 되었다. 일단 전쟁이 일어나면 원칙적으로 국군이 통수가 되며, 대부가 장군, 그리고 사는 전사가 된다. 전사라는 말은 바로 여기에서 나온 것으로 전투에 참가하는 '사'라는 뜻이다. 그들은 몸에 갑옷을 입었기 때문에 '갑사(甲士)'라고 불렀다. 또한 종군한다는 뜻에서 '무사(武士)'라 고 부르기도 했다.

평민과 노예는 참전했으나 싸울 수 있는 무사가 될 수는 없었다. 그들은 물건을 지고 나르는 일을 했다. 먹을 양식이며 무기, 수레를 끌 말과 말에게 먹일 건초 등, 양식과 무기를 비롯한 장비를 나르는 일은 모두 평민과 노예의 몫이었다. 그리고 귀족들이 하는 일은 점잖게 전투에 임하는 일뿐이다. 전쟁이 이렇듯 체면을 차리는 일 이자 귀족의 일이었으니 당연히 귀족다운 기풍이나 품격을 갖춰야만 했다. 반드시 예의를 갖추고 유희 규칙을 준수하며 이른바 페어플레이를 강조하지 않을 수 없었다. 이것이 바로 춘추시대의 전쟁이다.

전국시대로 넘어오면 전쟁의 양상이 완전히 달라진다. 우선 전쟁의 목적이 달랐다. 더이상 '쟁패(爭霸)'가 아니라 '겸병(兼倂)' 즉 다른 나라를 병탄(倂呑)하는 것이 목적이었다. 그 결과 역시 맹약을 체결하는 것이 아니라 멸국(滅國)에 있었다.

두 번째로, 전쟁의 주력군도 달라졌다. 이전에는 주로 귀족들이었으나 전국시대에는 평민이 주력군이었다. 따라서 무슨 '풍도'라 고 할 만한 것이 없었다. 세 번째로, 전쟁의 방식도 달랐다. 이전에는 승패를 겨루는 것이 핵심이었으나 전국시대에는 살인(殺人)이 주된 목적이었다. 예를 들어 당시 진(秦)나라의 경우 적군의 수급(首級)으로 전공을 논할 정도였다. 전국시대에는 전쟁이 더욱 더 잔혹해졌고, 살인을 밥 먹듯이 했으며, 적군을 살상하는데 수단과 방법을 전혀 가리지 않았고, 오랫동안 지속되었다.

춘추 전국시대의 전쟁을 살펴보는 과정에 필히 보아야만 할 것이 손자병법(孫子兵法)이 아닌가 한다. 『손자병법』은 처음에 이렇게 시작한다. "전쟁은 나라의 큰일이며, 백성들의 생사와 국가의 존망과 관련된 것이니 깊이 살피지 않을 수 없다.(兵者, 國之大事, 死生之地, 存亡之道, 不可不察也)"이 말의 뜻은 분명하다. 전쟁은 지극히 중요한 일로 국가의 생사존망과 관련되니 진지하게 연구하지 않을 수 없다는 뜻이다. 손자가 얻은 결론은 쉽게 전쟁을 일으켜서는 안 된다는 것이다. 왜 그런가? 세 가지 이유가 있다.

첫째, 재정적으로 과다한 비용이 들기 때문이다.

둘째, 오랜 시간이 걸리기 때문이다. 전쟁을 하는데 중요한 것은 속전속결로 승리하는 것이며, 가장 이롭지 못한 것은 지구전이다. 전쟁에 있어서 시간이 곧 돈이고 효율이 바로 생명이기 때문이다.

셋째, 패배의 결과가 참혹하기 때문이다. 손자는 "나라에 이롭지 않으면 전쟁을 일으키지 말고, 승리를 얻을 수 없으면 군대를 사용하지 말며, 나라가 위기에 처한 것이 아니라면 경솔하게 싸우지 말아야 한다.(非利不動, 非得不用, 非危不戰)"라고 말했던 것이다.

전쟁, 둘

가나안과 팔레스타인의 분쟁은 그 역사가 매우 오래되었다. 기원전 13세기 여호수아의 지도로 장정 숫자만 60만여 명이었던 유대인들이 40년간의 광야 생활을 거쳐 고향 가나안으로 돌아왔다.

유대인에게 처음 붙은 명칭은 아브라함과 그 자녀들에게 붙여진 이브리(Ivree)였다. 이브리란 단어는 '강 건너에서 옮겨온 사람들'이란 뜻이다. 여기서 히브리(Hebrew)가 나왔다.

이집트의 노예 생활에서 벗어나 약속의 땅으로 들어가는 시점에서부터 '이스라엘'이라 불리운 것은 야곱, 곧 이스라엘의 자손이라는 의미인데 야곱은 꿈에 하느님과 씨름했다고 '이스라엘'이라는 이름을 얻었고 지금 이스라엘의 국호는 여기서 유래했다. 이스라엘은 '하느님과 씨름하다'는 뜻이다.

이삭이 살던 시기에 남부 해안에 바다의 민족인 필리스틴 (Philistine) 사람들이 이주해 왔다. 이 사람들이 현재의 팔레스타인(Palestine)인들이다. 이스라엘 사람들이 청동제 무기를 쓰고 있을 때 이들은 이미 철제 무기를 썼다. 이들은 이집트에서 돌아온 이스라엘인들과 비슷한 시기에 남부에서 올라와 가나안 지방에 정착했으며, 마차와 철제 무기로 무장한 이들은 이스라엘 사람들과 충돌 및 영토분쟁을 일으키기 시작했다.

이스라엘과 팔레스타인이 갈등을 벌이는 가자지구도 고대 필리스티아 사람들이 건설한 곳이다. 필리스티아 사람들은 『성경』에서는 '블레셋 사람들'이라 불리웠고, 훗날 다윗과 싸우는 블레셋 거인 장수 골리앗이 바로 필리스티아 사람이다.

유대인들은 기원전 1025년경에 히브리왕국을 건설하였으며 다윗의 시대에 이르러 매우 강성해졌다. 다윗은 필리스티아인을 도륙하고, 그들의 경토를 남쪽 해안의 좁은 지역에 국한시켰다. 그는 12개의 부족을 통합하여 하나의 국가로 만들고 예루살렘에 거대한 수도를 건설하기 시작했다. 그의 아들인 솔로몬은 엄청난 비용을 들여 예루살렘에 신전을 축조했다.

솔로몬 사후 반란이 일어나 북부의 10개 지파는 분리해 나가 독자적인 왕국을 건설했다(이스라엘 왕국). 그들은 사마리아에 도읍을 정했고, 남쪽의 두 지파는 '유다' 왕국으로서 예루살렘을 계속해서 도읍으로 삼았다.

기원전 722년에 북쪽의 이스라엘 왕국은 아시리아에 의해 정복되고 만다. 유다 왕국은 아시리아의 위협을 막아내면서 이스라엘 왕국보다 백년 이상을 더 살아남았으나, 기원전 586년에 그들 역시 칼데아(신바빌로니아)의 네부카드네자르에 의해 멸망 당하고 말았다. 예루살렘은 약탈, 방화되었고 지도층 유대인들은 바빌론에 포로로 잡혀갔다. 그 후 페르시아의 키루스가 칼데아를 정복했을 때, 그는 유대인을 풀어주고 고향으로 돌아갈 수 있도록 허용했다. 바빌론 유수로부터 해방되어 예루살렘에 돌아온 유대인들은 예루살렘과 바빌론 두 곳에 민족의 기틀을 마련했다.

기원전 539년~322년까지 팔레스타인은 페르시아의 속국이었다. 기원전 322년에는 알렉산드로스에게 정복당했고, 그의 사후에는 이집트의 지배를 받았다. 그리고 기원전 63년에는 로마의 보호령이 되었다.

제1차 유대-로마 전쟁은 기원후 66~70년에 일어났으며, 이때 로마군 사령관 티투스 장군이 로마의 힘을 내외에 과시하기 위해 성전을 허물고 교훈적으로 남겨둔 것이 바로 '통곡의 벽(The Wailing Wall)'이다. 원래 이름은 서쪽 벽이지만 오늘날 통곡의 벽으로 더 유명하다.

이 전쟁으로 팔레스타인에 살던 유대인 240만 명 가운데 절반 가까운 110만여 명이 살육되거나 굶어 죽었다. 당시에 잡혀간 전쟁포로 노예의 숫자가 10만여 명이었으며, 이때 잡혀간 유대인 노예들이 8년간에 걸쳐 건설한 것이 그 유명한 콜로세움이다.

전쟁은 끝이 났으나 마지막으로 끝까지 굴복하지 않은 '열심당원'들은 절벽 위에 위치한 요새 '마사다'(히브리어로 요새라는 뜻이다)에서 배수의 진을 치고 로마제국에 대항했다. 여자와 어린아이까지 모두 960명이 로마의 10군단과 맞서 싸웠다. 그들은 그렇게 3년을 버티다 결국 마사다의 함락을 앞두고 집단 자결을 선택했다. 960 명 가운데 여자 두 명과 어린이 다섯 명만 살아남고 모두 숨졌다. 지금도 유대인들은 그때를 잊지 않으려고 '마사다'에서 사관학교 임관식을 치르며, 군인정신을 선서한다.

마사다(Masada)는 이스라엘 유대 사막의 깎아지른 절벽 위에 있었던 요새이다. 기원전 2세기에 셀레우코스 왕국의 지배에 맞서 유대의 독립을 쟁취했던 하스몬 가문의 왕자들이 이곳을 수비대의 주둔지로 삼음으로써 요새로 만들어지기 시작했다.

1세기의 유대인 역사가 플라비우스 요세푸스의 기록에 따르면, 이곳에 본격적인 요새를 건설한 것은 기원전 1세기 후반에 유대를 지배했던 헤로데 왕이다. 헤로데 왕은 유대인이 아니고 에돔 출신의 로마 지방 장관 안티파테로스의 아들이었지만, 로마인들은 조세 징수를 확실히 하기 위해 그를 유대왕국의 왕으로 삼았다.

66년 열심 당원들이 예루살렘에서 반란을 일으켰고, 이때 그들 가운데 일부는 성벽 밑을 지나는 땅굴을 통해 아내와 자식들을 데리고 탈출했다. 그들은 마사다에 이르러 거기에 주둔하고 있던 로마 수비대를 물리쳤다. 이어서 로마인들과 타협한 공식적인 유대교를 거부하는 에세네파 유대인들이 그 반란집단에 합류했다. (에세네파는 세례자 요한, 즉 예수에게 세례를 주고 나중에 유대 왕비 헤로디아의 딸 살로메의 요청에 따라 목이 잘렸던 예언자를 배출한 유대인 공동체였다.)

마사다 요새에서 에세네파와 열심 당원들은 모두가 자유롭고 평등한 자주 관리 공동체를 건설했다.

70년, 로마인들은 마사다 요새의 소탕 작전에 나섰으며, 로마의 유대 주둔군 사령관 실바 장군이 10군단을 이끌고 진군했다. 마사다 농성전은 3년에 걸쳐 계속되었다. 그러나 끝내 그들은 항복을 거부하고 집단 자결을 선택했다.

그런데 이 공동체가 비통한 종말을 맞기 직전에 에세네파 일부가 비밀통로를 통하여 탈출할 수 있었다. 그들은 자기네 역사와 지식을 기록한 문서를 가져가서 사해 연안의 쿰란 지구에 있는 동굴에 감추었다. 그 뒤로 2천 년 가까운 세월이 흐른 뒤에 한 양치기 청년이 길 잃은 양을 찾으러 동굴에 들어갔다가 사해문서라 불리는 그 유명한 두루마리들을 발견했다. 이 문헌들에는 '태초부터 계속되어 온 빛의 자식들과 어둠의 자식들 사이의 전쟁'이 언급되어 있다고 한다.

기원후 132년에 시작된 2차 유대인의 반란은 현지 주둔 로마 군단을 전멸시킬 만큼 거셌다. 이 반란은 2차유대전쟁이라 일컬어진다. 이 전쟁에서의 패배로 유대인의 나라는 이제 역사의 무대에서 완전히 사라졌다. 로마제국과의 이 전쟁에서 국민의 삼분의 이가 죽었으며, 이때부터 2천 년에 걸친 유랑의 시대가 시작된다. 로마제국은 유대인들의 예루살렘 입성을 금지하였으며, 하드리아누스 황제는 2차 유대 반란을 계기로 이스라엘 땅에서 유대인의 기억을 완전히 지우기 위해 이스라엘 땅의 이름을 유대에서 팔레스타인으로 바꾸었다.

유대인의 속담에 "망각은 포로 상태로 이어진다. 그러나 기억은 구원의 비밀이다."라는 말이 있다. 유대인은 역사를 망각하는 민족은 미래 또한 없다고 믿는다. 유대 민족은 세계 각지에서 랍비를 중심으로 하는 신앙 공동체로 살아갔다. 이를 '디아스포라(Diaspora)'라고 한다. 디아스포라는 '흩어진 사람' 곧 이산이라는 뜻이다.

디아스포라 수칙의 핵심은 '모든 유대인들은 그의 형제들을 지키는 보호자이고, 유대인은 모두 한 형제이다'라는 것이다. 종교를 기반으로 한 유대인 고유의 공동체 의식이 유대 사회를 발전시켰다. 그리고 세계 각지의 디아스포라를 하나로 묶어 놓았다. 이 원칙들은 시대에 따른 개혁을 거쳐 오늘날까지 굳건히 이어지고 있다. 유대인이 강한 이유 중 하나다.

전쟁, 셋

제1차 세계대전 발발 전, 보스니아는 쇠락하는 오스만 제국에서 독립한 발칸반도의 신생국 중 하나였다. 이 지역은 로마 가톨릭의 유럽이 그리스 정교회와 이슬람교를 만나 충돌한 곳으로, 오랫동안 지속된 종교적, 인종적 대립으로 화약고와 같은 상태였다.

러시아와 오스트리아-헝가리 제국은 약체인 신생국들을 쉽게 손에 넣고 영토를 넓힐 수 있을 것이라 생각했다. 1914년 6월 28일, 보스니아의 수도 사라예보에서 오스트리아-헝가리 제국의 계승자인 페르디난트 대공 부부가 암살자의 총에 맞아 숨졌다. 대공의 죽음으로 독일, 오스트리아-헝가리 제국, 이탈리아는 프랑스, 영국, 러시아에 맞서 전쟁을 일으켰다.

얼마 후 이탈리아는 입장을 선회했고, 러시아는 전쟁에서 발을 뺐으며, 미국이 프랑스와 영국 편에 합류했다. 새로운 공격 수단은 비행기, 화학 가스, 탱크, 기관총으로 발전했지만, 방호 수단은 진흙 속에 참호를 파고 숨는 원시적인 수준이었다. 이 전쟁에서 사상자의 수는, 프랑스 북동부 베르둔과 솜므강의 전투에서만 각각 100만 명이 목숨을 잃었다.

1918년 11월 11일 11시에 제1차 세계대전이 종식되었다. 1919년 승전국인 영국, 프랑스, 미국, 이탈리아, 일본은 베르사유 궁정에 모여 평화를 약속하고, 패전국인 독일의 처리 문제를 결정하는 베르사유 조약을 맺었다. 독일은 전쟁 주도국임을 인정하고, 영국과 프랑스에 그 대가를 지불해야 했다.

아시아의 식민지는 일본에, 아프리카의 식민지는 영국과 프랑스에 나누어 넘겼다. 1870년 프랑스-프러시아 전쟁에서 획득한 알자스—로렌 지방은 프랑스에 돌려주었다. 동쪽 국경, 단치히 회랑으로 알려진 길쭉한 지역은 신생국 폴란드의 일부로 편제되었다.

독일은 제1차 세계대전에 의해 말 그대로 지도를 다시 그려야 했다. 오스트리아—헝가리 제국은 오스트리아, 헝가리, 체코슬로바키아로 분할되었다. 또 이탈리아, 루마니아, 불가리아에 영토를 양보했다. 보스니아, 세르비아, 알바니아는 통합되어 유고슬라비아가 되었다. 서아시아는 새로운 핀란드, 폴란드의 일부, 에스토니아, 라트비아, 리투아니아 등의 더 작은 국가로 나뉘었다.

아시아의 지도 역시 바뀌었다. 오스만 제국이 멸망했다. 그 전에 이미 오스만 제국은 유럽 동남쪽에 있는 발칸 국가들에 영토를 빼앗겼고, 오늘날의 서남아시아에 있는 영토를 잃었다. 시리아, 이라크, 요르단과 권세 있는 사우드 가문의 이름을 딴 사우디 아라비아 등의 신생국들이 생겨났는데, 중 사우디아라비아는 매우 보수적인 이슬람 국가로 음주가 법적으로 금지되었다. 오스만 제국의 중심인 이스탄불과 아시아 아나톨리아 평원은 1923년 유럽과 아시아에 걸친 국가인 터키가 되었다.

제1차 세계대전이 다섯 달째로 접어드는 1914년 12월 24일

저녁, 프랑스 플랑드르 지방에서는 수많은 군인들이 급조한 참호 속에서 아무렇게나 몸을 웅크린 채 추위와 싸우고 있었다.

전장에 땅거미가 깔릴 무렵, 독일군 병사들이 크리스마스트리 수천 개에 촛불을 붙이기 시작했다. 위문용으로 보내진 자그마한 트리였다. 트리를 밝힌 병사들은 캐럴을 부르기 시작했다. <고요한 밤>을 시작으로 여러 곡이 이어졌다. 영국군들은 넋을 잃고 바라보았다. 영국 병사 몇몇이 머뭇거리며 박수를 쳤다. 조금 뒤에는 환호성까지 질렀다.

영국 병사들도 캐럴을 부르며 적에게 화답했고, 그들 또한 똑같이 열렬한 박수를 받았다. 양쪽에서 몇몇 병사들이 참호 밖으로 기어 나와 무인지대를 가로질러 서로를 향해 걷기 시작했다. 그러자 수백 명이 뒤를 따랐고, 곧이어 수천 명의 병사가 참호 밖으로 쏟아져 나왔다.

그들은 악수를 나누고 담배와 비스킷을 건넸으며 가족사진을 꺼내 보여주었다. 서로 고향 이야기를 하며 지나간 크리스마스 추억을 나누었고 이 터무니없는 전쟁을 키득거리며 비웃었다.

다음 날 아침, 크리스마스의 태양이 유럽의 전장 위로 솟아올랐을 때도 수천 명의 병사들은 여전히 조용히 이야기를 나누고 있었다. 어림잡아 10만 명이 넘는 숫자였을 것이다. 불과 24시간 전만해도 적이었던 그들은 서로 도와가며 죽은 동료들을 묻었다. 축구시합을 벌였다는 보도도 있었다. 장교도 가담했다.

이러한 임시 휴전이 병사들의 사기를 해칠 수도 있다고 생각한 장군들은 발 빠르게 전열을 수습했다. 크리스마스 휴전은 시작만큼이나 갑자기 끝나 버렸다. 그야말로 순식간의 해프닝이었고, 전쟁은 결국 1918년 11월에 850만 명의 병사의 죽음을 뒤로 하고 그때까지의 기록으로 역사상 가장 큰 인명피해를 내며 끝났다. 겨우 하루, 몇 시간이라는 짧은 순간이지만 수만 명의 인간들은 장교, 사병 할 거 없이 계급을 가리지 않고 상부와 국가에 대한 충성심도 접어 둔 채 오직 보편적인 인간성만 보여주었다.

플랑드르의 병사들이 보여준 것은 보다 심오한 인간적 감정이었다. 그리고 그것은 인간의 실존적 상황에서 드러난 감정으로 시대와 사상을 초월하는 것이었다. 그들은 인간이기를 택했다. 그들이 드러낸 인간 능력의 한복판에 자리잡고 있었던 것은 서로에 대한 공감이었다. 인간의 능력 가운데 가장 으뜸가는 것이면서도 소홀히 다루어졌던 공감능력은 사실 모든 인간에게서 볼 수 있는 보편적 조건이다. 공감할 수 없다는 것은 모두 핑계이고, 억지이고, 거짓일 뿐이다.

공감적 고통(empathic distress : 남의 고통을 자신의 고통처럼 느끼는 상태를 일컫는 심리학 용어)은 우리 인종만큼이나 역사가 깊어, 멀리 거슬러 올라가면 인간의 친척인 영장류, 그리고 포유류의 조상에게까지 연결된다.

- **전쟁, 그 품격**

인류의 역사 이래 계속되어 온 전쟁을 두고 품격 운운한다면 아마도 미쳤다고들 할 것이다. 피 튀기는 전쟁에서 품격이라니 그런 한가하고 말도 안 되는 이야기가 어디 있느냐고? 전쟁을 안 했으면 좋겠지만 그것이 불가능하다면, 최소한의 지켜야 할

선을 정해보자는 것이고 이는 어제오늘의 새로운 이야기가 아니라는 것은 누구나 다 알고 있는 사실이다.

서유럽에서 크리스마스 정전은 제1차 세계대전 초기까지만 해도 그리 특별한 상황은 아니었다고 한다. 길게 참호로 연결된 전선에서는 당일 서로 간에 교전을 벌일지 휴식을 취할지에 대해 약속하는 '살아남은 자는 살아남은 대로(Live and let live)'의 관행이 있었다는 것이다. 정전을 약속한 날에는 전사자의 시체를 운구하고 부상병을 치료하였다. 일부 지역에서는 적군이 일을 하거나 무인지대에 모습을 드러내도 정전을 한 날에는 총격을 가하지 않았다.

전시국제법(戰時國際法, Law of war)은 국가 간의 개전 선언 및 전시행위와 관련하여 적용되는 법을 말하며 전쟁법(戰爭法)이라고도 한다. 전시국제법의 내용 및 공신력은 크게 조약과 관행에서 유래한다. 본래는 관습법으로 발달해 왔으나 19세기 후반부터는 국제조약 등의 형식으로 성문화되었다. 1864년~1949년 사이에 4차례에 걸쳐 이루어진 제네바 회의에서는 전쟁법의 주요 내용들이 만들어지고 비준되었다. 의료시설 및 의료요원의 안전보장, 적십자를 전시 상병자 치료를 위한 중립적 의료기관으로의 인정, 전쟁포로를 잔대행위로부터 보호하는 내용, 전시 민간인 보호 등이 조약으로 확인되고 비준되었다.

전시국제법의 기본원칙은 여러 가지가 있으나, 우리가 주목해서 보아야 할 부분은 '분별의 원칙'과 '인도주의 원칙'이다. 분별의 원칙은, "군사작전은 교전자만을 상대로 하며 교전자가 아닌 민간인이나 포로, 상병자 등은 전쟁 중에도 공격대상이 될 수

전쟁(戰爭)의 품격(品格) 545

없다. 따라서 의료기관이나 민간인 부지를 공격하는 것은 전쟁법에 위배된다."는 것이다.

인도주의 원칙은 전시국제법에 명시되어 있지는 않지만 관행에 따라 원칙으로 여겨지는 사항이다. 즉 "인도주의 원칙에 따르면, 전쟁 목적상에 필요하지 않은 폭력행위는 그 종류와 정도를 막론하고 허용되지 않는다. 예를 들어, 상병자와 포로는 이미 적에 대해 위협이 되지 못하기 때문에 적대행위로부터 보호받을 권리가 있다."는 것이다.

전시국제법에서 말하는 바는 명확하다. 교전 중에도 포로는 인간적으로 대우해야 하며, 전투의지가 없는 포로를 살생해서는 안 된다. 교전 상태가 종료되면 법에 따라 포로는 송환한다. 전쟁 중이라도 전쟁의 승패에 영향을 끼칠 수 있는 전투행위가 아니라면 민간인이나 문화재는 보호해야 한다.

집단 살해와 같은 반 인도 범죄에 대해서는 장교와 사병도 엄히 처벌할 수 있다. 장교는 자신이 통솔하는 군대의 전쟁법 위반을 방지하려고 노력해야 하며, 그 범행을 몰랐다고 하더라도 범행에 대한 책임을 진다. 각 국가는 전범자를 재판하고 처벌할 일차적 책임을 진다. 전시국제법을 따르지 않는 군인은 형사 재판 및 처벌 대상이 될 수 있다.

그런데 문제는, 현재 존재하는 어떠한 초 국가적 조직도 법 위반자에 대한 처벌 권한을 가지지 않아, 법을 체계적으로 집행하는 것이 사실상 불가능하다는 것이다. 뿐만아니라 국제사회의 절대적 지지를 받는 체계적인 법이 존재하지 않는 것도 현재의 전시국제법이 가지는 한계인 것이 사실이다. 결국 기댈 곳은 개인의 양심과 집단의 양심, 최소한의 이성적 판단, 그런 것뿐일지도 모른다.

기사도(騎士道)는 12~13세기에 발전했던 일련의 행동규범으로 여겨진다. 역사적으로 이러한 기사도 같은 것은 무인들이 지배하던 사회체계를 안정시키는 과정에서 발생하였으며 규범과 도덕에 더해 미학적인 면까지 가미되어 심리적으로 이를 매우 중시하는 하나의 사회현상을 이루어 냈던 것으로 보인다. 이러한 윤리 규범이 제대로 지켜졌느냐 하는 것은 또한 별개의 문제라고 할 것이다.

기사에게 요구되는 가장 중요한 덕목은 충성과 독실한 신앙, 겸허, 용맹, 사랑, 관용, 그리고 부녀자와 약자 보호 등이었다. 이러한 기사도 정신은 중세 이후 기사 계급 자체가 사라지면서 일부는 사라지고 일부는 귀족과 같은 상류계급 전체의 일반적인 도덕 규범으로 바뀌게 된다. 특히 포로나 사신에 대한 대우라 던 가 장교에 대한 존중 같은 것은 기사도적 전투관습의 연장이라고 한다.

19세기에 거론된 기사도의 내용이나 11세기 〈롤랑의 노래〉에 실린 내용을 살펴보면 공히 "약자를 존중하고 보호하라, 과부와 고아들에게 친절을 베풀어라, 명예와 영광을 위해서 살아라, 불공정함과 비열함, 기만을 경멸하라, 조국을 사랑하라, 적에게 등을 돌리지 마라, 자비로워지고 모든 이에게 아낌없이 베풀라." 등 기사도의 의의는 무력을 갖춘 집단에게 도덕적 모델을 제시한 것에 있다고 할 수 있을 것이다.

현대에 이르러서도 제네바 협약을 준수하지 않고 군인이 무장하지 않은 자를 공격하거나 약탈, 강간, 학살 등을 저지르면 매우 더러운 행위로 간주되고 국제적으로도 강한 비판을 받을 수 있다. 한때는 시대착오적인 이상으로 치부되고 웃음거리가 되기도 했지만 중세의 기사도를 재평가해야 하는 이유는 그것이 전쟁 또는 전투에서 최소한의 품격을 유지시켜주는 중요한 도구가 되었다고 여겨지기 때문이다.

포탄이 터지는 전쟁터이지만 어떠한 경우에도 전투와 관계없는, 죄 없는 약자는 보호받아야 마땅하다. 부녀자와 노약자는 보호받아야 한다. 무엇보다도 어린아이는 죽어서도 안 되며 상처를 입어서도 안 되고 더더욱 굶주려서도 안 된다. 이것이 21세기 전쟁에서 우리가 지켜야 하는 최소한의 품격이다.

정립(正立)

요즈음은 인터넷에 정보가 넘쳐나기 때문에 백과사전을 찾는 사람은 거의 없는 것으로 보인다. 여기저기 책을 뒤적이는 것보다 스마트 폰에 몇 자만 입력하면 바로 원하는 정보를 얻을 수 있으니 얼마나 편한 세상인가.

30~40년 전만 해도 백과사전은 소중한 대접을 받으며 서가를 장식하던 시절이 있었다. 몇 년 전 서가 정리를 하면서 장소만 차지하는 백과사전을 치워버릴까 싶어 뒤적거리는데 이상한 지도가 눈에 띄었다. 중국의 만리장성이 압록강을 가르질러 황해도 지방까지 내려와 있는 것이다.

아무리 생각해 봐도 이런 이야기를 들어본 적이 없어 출판사를 보니 그것도 굴지의 이름있는 출판사인 것이다. 하기는 열댓 권이나 되는 백과사전을 소형 출판사에서 출간해 내기도 어려웠을 테니 충분히 수긍이 가는 상황이었다.

문제는 누군가 그렇게 집필한 사람이 있었다는 이야기인데, 한반도 동쪽에 중국이 두려워할 만큼 그렇게 강한 적이 있었다는 이야기를 들어본 적이 없고, 설사 그렇다 한들 지금의 황해도와 평안도지방이 그들의 땅도 아니었는데 무엇 때문에 남의 땅에 와서 성벽을 쌓는다는 말인가?

참으로 개가 웃을 일이 아닌가 말이다.

황당한 생각에 알아보니 최근까지도 일제의 식민사관은 진나라 만리장성의 동쪽 끝이 황해도 수안까지 이르렀다고 주장해 왔다 한다. 이런 논리를 처음 개발한 인물은 조선사 편수회의 이나바 이와키치였고, 한국의 식민사관 계승자들이 그 이론을 받들어 최근까지 한국 고대사학계의 하나뿐인 정설로 만들었다고 한다.

그런데 그 주장이 잘못되었다는 것은, 대부분의 사람들이 이미 여러 가지 사료를 근거로 잘 알고 있는데도 불구하고 왜 시정이 되지 않는 것인지 잘 수긍이 가지 않는다. 혹시나 우리 같은 비전문가들이 모르는 기막힌 이야기가 숨겨져 있는 것인지?

『사기 : 태강지리지』에는 "낙랑 수성현에 갈석산이 있고, (만리)장성의 기점이다."라고 되어 있다. 갈석산은 현재 중국 허베이성[하북성(河北省)] 창리시 북쪽에 있다.

그보다 더 서쪽으로 비정하는 학자도 있지만, 『수서(隨書)』를 비롯한 중국의 여러 고대 사료들은 창려현이 옛날의 수성현이었다고 말하고 있다. 그리고 그 근처에 만리장성의 동쪽 끝인 산하이관[산해관(山海關)]이 있다. 창려현 자체가 산하이관이 있는 친황다오[진황도(秦皇島)] 시 소속이다. 물론 진 나라 때 장성은 여기까지 오지도 못했다. 중국의 만리장성이 최대로 동쪽까지 온 것이 산하이관(산해관)이다. 황해도는 말도 안 되는 이야기다.

지금 『태강지리지』에서 말하는 것처럼 허베이성 창리현(옛 수성현)에는 갈석산이 있고, 그 북쪽에는 만리장성의 유지(遺址)가 있고, 그 동쪽에 명나라 때 만리장성의 동쪽 끝인 산하이관(산해관)

이 있다.

　우리나라에서는 한국사를 좀 더 적극적, 긍정적으로 서술하고자 하면 반드시 국수주의 운운하는 딱지를 붙이니 이 역시 우리가 반드시 극복해야 할 패배주의 이자 사대, 식민사학의 잔재가 아닐 수 없다.

　만주 대륙에서 한반도까지 광범위하게 분포하는 비파형 동검과 고인돌이 고조선의 강역을 나타내는 표지유물이라는 사실은 중국측에서 의도적으로 무시하고 있다고 한다. 고조선의 대륙성이 드러나면 동북공정의 논리가 설 자리가 없어지기 때문이다.

　한국 사학계도 얼마전까지는 고조선 강역을 평안남도 일대로 보아 왔으나 현재 국사학계의 대체적 견해를 나타내는 국사편찬위원회의 『한국사 4권』(1997년)은 최근 요동 지역의 고고학적 발굴성과와 문헌 고증에 의거할 때 고조선의 초기 중심지는 현재의 요동 지역으로 보는 것이 옳으리라 생각된다'라고 더욱 전향적으로 정리하고 있다. 국사 교과서가 단군왕검을 긍정적으로 기술한 것이 겨우 2007년의 일이니 갈 길은 아직 멀어 보인다.

　내몽고 적봉(赤峰)시에서 동쪽으로 110km쯤 떨어진 곳에 오한기(敖漢旗)가 있다. 이곳은 고조선 역사에서 대단히 중요한 지역이다. 비파형 동검의 용범(鎔范), 즉 거푸집이 출토되었기 때문이다. 거푸집이 나왔다는 사실은 비파형 동검의 생산지였음을 뜻하는 것으로 고조선의 중심지역의 하나였음을 나타낸다.

　오한기는 하가점(夏家店) 하층(下層) 문화의 한 부분이다. 하가점은 서쪽으로는 내몽고, 남쪽으로는 하북성(河北省), 동북쪽으로는 요령성(遼寧省)에 이르는 광범위한 지역의 통칭인데 중원의 청동

정립(正立) **551**

기 문화와는 다른 성격의 문화이다.

『오한기지』에 따르면 오한기에서는 무려 2,200여 개의 유적이 조사되었다고 한다. 청동기는 방사성 탄소측정 연대에 따르면 서기전 24세기 전후에 시작하는 것으로 조사되었다. 이는 일연(一然)이 『삼국유사』에서 기술한 고조선의 개국 연대와 맞아떨어지기 때문에 주목된다.

그간 우리 국사 교과서는 청동기의 상한 연대에 대해서 지나치게 중요성을 부여해 왔다. 청동기 시대에 '사유 재산 제도와 계급이 나타나게 되었다'라면서 이때에야 국가가 성립된다는 전제를 깔고 있기 때문이다. 즉 청동기 시대에야 고조선이 수립될 수 있다고 가르쳤던 것이다.

그러나 이집트 고 왕국이나 중남미의 잉카, 마야, 아즈텍 문명 등은 신석기시대에 건국되었지만 이들이 국가가 아니라고 주장하는 학자는 아무도 없다. 유독 우리나라만 청동기 시대에 국가가 수립된다고 가르쳐 왔는데, 그 이면에는 위만 조선만이 역사적 사실이고 단군 조선은 존재하지 않았다는 일제 식민사학의 논리가 있다.

일제 식민사학의 주요 논리 중 하나가 『삼국사기(三國史記)』의 앞부분은 김부식이 창작한 것이므로 믿을 수 없다는 이른바 『삼국사기』 초기기록 불신론'이다. 쓰다 소키치(津田左右吉)는 1913년에 쓴 『삼국사기 고구려 본기 비판』에서 '역사적 사실로서는 궁(宮, 태조 왕) 이전의 국왕의 세계는 전혀 알 수 없다'라고 태조왕 이전의 기록을 모두 부인했다.

이러한 『삼국사기』 초기기록 불신론을 결정적으로 부인하는 물증이 바로 아들 장스왕이 서기 414년에 세운 광개토대왕비이다. 호태왕비라고도 하는데 김부식이나 이규보는 이 비를 보지 못했다.

원시시대에는 여성이 남성을 지배하는 모계, 모권 사회가 있었다는 주장이 한때 제기된 적이 있었다. 즉 인류사회 초기의 결혼 형태는 아직 일정한 배우자가 정해져 있지 않은 난혼(亂婚) 상태로, 아버지가 누구인지 알 수 없었기 때문에, 어머니가 가족 관계나 상속에 관한 모든 문제를 결정했다는 것이다.

그러나 원시사회에 대한 연구가 본격적으로 진행되면서 이러한 주장은 잘못임이 밝혀졌다. 우선 혼인 관계에서 난혼이나 집단혼이 있었다는 근거를 찾기가 어려웠다. 인류는 일찍부터 특정한 배우자와 1대 1의 혼인 관계를 맺고 있었음이 어느 정도 확인되었기 때문에, 아버지를 알 수 없어서 모권 사회를 이루었다는 주장은 근거를 잃게 되었다.

이런 이야기를 새삼스레 하는 이유는 우리가 알고 있고, 알아낸 역사적 사실들이 진실임을 100% 보증할 수 있는 경우가 그렇게 많지 않다는 사실을 환기시키고 싶어서이다. 몇백 년, 길게는 몇천 년 전에 일어난 일에 대해 그 진상을 어떻게 정확히 알 수 있다는 말인가? 다만 남아있는 사료적 근거와 고고학적 연구 결과를 종합하여, 미루어 짐작한다는 것이 사실에 더 가깝지 않은가?

우리가 굳게 믿고 있던 역사적 사실들도 새로운 증거와 유물들이 발견되면서 극적인 반전을 맞는 경우도 많을 것이다. 일제가 만들어 놓은 식민사학이 엉터리라는 것은 이제는 웬만한 사람들도 다 아는 상식이 되어버렸다. 이 마당에 갖가지 논리를 끌어들여 기존의 역사관을 고수하고자 하는 것은 다소 무리가 있어 보인다. 이제는 말 그대로 우리의 역사를 제대로 정립(正立)시켜야 하는 시점이 아닌가 생각된다.

다윈은 말하기를 생물은 생활환경에 적응하면서 "단순한 것에서 복잡한 것으로 발전하고 진화한다."고 주장한다. 즉 19세기에는 "세계는 발전하고 나아간다."는 것이 전제였다.

그런데 20세기에 들어오면 '역사는 진보한다'는 믿음이 송두리째 흔들린다. 1, 2차 세계대전, 그 이후 등장한 냉전의 심화, 경제위기의 확산, 폭력과 테러리즘의 대두, 환경문제 등, 인류의 미래가 안전할지 더이상 장담할 수 없게 된다.

'역사는 정말 진보하는가?' 20세기의 사람들은 역사의 진보에 대해 회의를 품게 된다. 이 시기에 카 는『역사란 무엇인가』에서 '인류 역사의 진보에 대한 신념과 낙관을 결코 포기할 수 없다'는 희망을 강력히 주장한다. 그리고 영웅주의적 역사관(토인비)과 실증주의적 역사관(랑케)을 그 예로 들어 비판하였다.

에드워드 카(Edward Hallett Carr)는 개인이 처한 사회적 힘을 더 중요시 하였다. 역사에서 인간의 행동은 사회 속에 있는 개인 상호관계에 관한 행동이며, 그의 행동마저도 행위자 자신이 의도했던 것과는 정반대의 결과까지 초래하는 사회적 힘에 관한 일들이라는 것이다.

그렇기에 카는 역사에서 개인의 역할을 강조하는 토인비와 같은 입장에 반대하고, 결국 역사는 개인이 아니라 다수, 즉 민중이 이끌어 나간다는 결론에 도달하였던 것이다.

랑케의 역사관은 실증주의적 역사관이라고 불리는데, 역사는 실제로 증명할 수 있는 것만을 대상으로 삼아야 한다고 주장하였다. 역사란 자기 자신을 죽이고 과거가 본래 어떠한 상태에 있었는가를 밝히는 것을 그 지상과제로 삼아야 하며, 오직 사실로 하여금 이야기하게 해야 한다는 것이다.

이탈리아의 크로체, 영국의 콜링우드는 역사란 본질적으로 현재의 눈을 통하여, 또 현재 문제의 관점에서 과거를 보는 데서 성립되는 것이며, 그렇기 때문에 현재의 인물인 역사가의 임무가 막중하다는 것이다. 카 또한 이들과 같은 입장이다.

카는 '과거 중심의 역사관'과 '현재 중심의 역사관' 중에서 현재 중심의 역사관의 입장을 취하면서 과거 중심의 역사관을 포용하려고 한다. '역사란 역사가와 사실 사이의 부단한 상호작용의 과정'이며 '과거와 현재와의 끊임없는 대화'라는 결론을 내린다.

역사는 역사가가 몸담고 있는 사회와 시대를 반영하는 것으로, 역사해석은 불변의 객관적 사실을 밝히는 것이 아니라, 역사가가 그 사실을 어떻게 수용하느냐에 따라 달라진다. 이러한 역사관을 바탕으로 카는 프랑스 혁명 이후의 세계사를 이성을 통한 진보의 과정으로 파악하였다. 이는 전 세계 역사학계에 적지 않은 영향을 미쳤다.

내친김에 일제가 만든 식민사관에 대해 알아보고자 한다. 일제가 무엇 때문에 없는 역사를 조작해 냈고, 전파하였으며 지금까지도 위세를 떨치는 이유가 무엇인지에 대해서는 이덕일이 쓴 『우리 안의 식민사관』에 상세히 설명되어 있으므로 요약 인용해

보고자 한다.

식민사관(植民史觀)이란 한마디로 일본 제국주의가 한국을 영구히 지배하기 위한 목적으로 창작한 역사관을 뜻한다. 정체성론, 반도성론 등 여러 논리가 있지만 시기적으로는 고대사가 핵심이고, 그 두 축이 '한 사군 한반도설'과 '임나 일본부설'이다.

러일전쟁 승전의 분위기를 타고 만주까지 차지할 수 있겠다는 욕심에서 '만선사'가 주창되는데 그 주요 인물이 시라토리 구라키치였다. 시라토리는 독일인 리스에게서 이른바 랑케 사학의 실증주의 방법론을 배우고 일본의 왕족들이 다니는 카쿠슈인 대학에서 역사를 강의하게 되면서 일본의 동양사학계와 식민사학의 거두로 성장하기 시작했다.

그 자신과 그의 문하에서 배운 인물들이 일본에서 이른바 '관학(官學) 아카데미즘'을 주도하면서 어용 역사학을 일본 역사학의 특징으로 만들었다. 시라토리의 제자가 '한 사군 한반도설'과 『삼국사기』 초기 기록 불신론'의 주창자로 유명한 쓰다 소기치(津田左右吉)이다. 쓰다 소기치는 훗날 조선사 편수회 식민사관의 핵심 내용이 되는 '한 사군 한반도설'과 '삼국사기 초기기록 불신론'을 만들었으며, 이나바 이와키치는 낙랑군 수성현을 황해도 수안군이라고 주장했다. 그리고 만리장성을 황해도까지 끌어들였는데 이는 한국의 식민사관 계승자들에 의해 해방 후까지 그대로 유지되었다.

위의 인물들 외에 이마니시 류, 세노 우마쿠마 같은 어용학자들이 가세해 조선총독부 산하 조선사 편수회를 주도하면서, 외형만 한국인이었던 여러 한국 학자들을 가르치게 된다. 조선사 편수회는 하나의 독립된 관청으로서, 조선총독부는 한국사를 왜곡하는 전담 관청을 두어 더욱 본격적인 한국사 왜곡에 나서게 된다. 그만큼 식민 사관 전파는 식민통치에 핵심적인 요소였다.

1925년 정무 총감이었던 도쿄제대 출신의 시모오카 주시가 조선사 편수회장이 되었고, 이완용, 박영효, 권중현 등의 친일 매국적들이 여전히 고문이었다. 조선사 편수회와 함께 국내에서 식민사관의 이론화 및 전파에 쌍두마차를 형성한 것이 1,924년 문을 연 경성 제국대학이었다.

어용학자들은 1926년 경성제대에 설치된 법문학부에 자리를 잡고는 아카데미즘의 본산으로 자처하면서 식민사학을 연구하고, 전파시켜 나갔다. 경성제대와 조선사 편수회에서 식민사관 이론을 만들어 내며, 조선총독부는 자체의 행정력과 교육, 언론을 동원해 광범위하게 전파해 나갔다. 청구학회는 "조선과 만주를 중심으로 한 극동 문화를 연구하여 일반에게 그 성과를 보급한다."라는 취지를 내 세운데서 알 수 있듯이, 식민사관을 일반인에게까지 확대시키기 위해서 만든 조직이었는데, 일본인 학자들이 주축이었지만 한국인 학자들도 일부 참여했다.

해방 후 오랜 시간이 흘렀지만 식민사관이 물러나고 민족주의 사관이 들어섰다는 이야기는 들려오지 않는다. 민족주의 사관을 주창하는 사람들의 주장이 전부, 그리고 반드시 옳다는 이야기는 아니지만 일본인들이 식민통치를 위해 만들어 낸 억지스러운 식민사관 논리를 진리인 양 떠받드는 것도 이제는 그 한계에 이르지 않았나 생각하게 되는 것이다.

기원전 2333년에 단군왕검이 세운 고조선이 건국되었다는 사실도 그들은 애써 부정하기 위해서, 청동기 시대 이전에는 국가가 형성될 수 없었다는 그럴듯한 주장을 내세운다. 국사 교과서의 논리대로라면 95만㎢의 면적에, 700만 명이 넘는 인구를 갖고 있었던 잉카, 마야 제국은 석기시대이므로 국가가 아니라고 해야 한다. 석기시대에도 국가가 존재했다는 세계사의 상식이 한국에서는 통하지 않는 것이다. 문제는 일제 식민사학자들이 단군 조선을 부인하기 위해 고안한 '청동기 시대=국가성립'이라는 등식이 아직도 고수되는데 있다.

해방둥이들이 팔순 나이에 접어드는 지금, 우리 한국인의 교육수준과 의식구조는 가히 선진국 대열에 들어섰다고 해도 과언이 아닐 것이다. 아니 어떤 면에서는 서구 여러 선진국보다 앞서가는 면도 분명 존재한다. 이런 즈음에 주입식 교육을 일삼던 일제의 잔재와 그들의 허황한 조작된 역사를 추종함은 시대착오적인 행위임이 분명해 보인다. 이제는 우리의 역사를 정립(正立)할 때이다. 우리의 사랑스러운 후손들에게 자부심과 긍지로 가득 찬 유산을 물려주어야 할 것이 아닌가?

4장
종교

공(호)
종교는 나에게 무엇인가?

공(空)

법정(法頂) 스님의 책을 처음 접한 것은 학창 시절 『영혼의 모음(母音)』이라는 수필집이었는데, 강한 인상을 남긴 것은 그의 스승이었던 효봉(曉峰) 스님에 대한 것이었다.

법정에게 있어 효봉 스님은 '무소유'의 가르침을 준 부모와 같은 사람이기도 했지만, 법정이 쌀을 씻다가 실수로 수챗구멍에 흘리면 그 몇 알마저 다 주워 먹게 할 만큼 혹독하게 가르친 스승이기도 했다고 한다.

일제 강점기, 조선인으로서는 1호 판사였던 그(효봉 스님)는 자신의 판결로 사형선고를 받고 사형집행까지 마쳐버린 상황에서 진범이 잡히는 황당한 상황에 처하게 되었고, 한 인간이 또 다른 한 인간에게 죽음을 내릴 수 있는 자격이 있는 것인가에 대해 심한 충격과 회의를 품고 그 길로 집을 뛰쳐나왔다고 한다.

입고 있던 양복을 팔아 엿판을 하나 산 그는 엿장수로 전국을 헤매며 풍 찬 노숙(風餐露宿)으로 3년여를 방황한 끝에 금강산에 이르러 출가하게 되었다고 한다.

깨달음을 얻고자 용맹정진하였지만, 그것이 어디 하루아침에 이루어지는 것이었을까? 연비(신체의 일부를 태우는 의식 : 통상 새끼손가락을 태우는 경우가 많다고 한다)를 비롯하여 장 좌 불 와(長坐不臥 :

눕지않고 늘 좌선함)를 몇 개월씩 뜨거운 온돌방에서 시행한 결과로 엉덩이가 짓물러서 방석과 맞붙어 버리는 경우도 있었다고 한다. 그 일 이후 스님이 일체 불을 땐 방에서는 기거하지 않았던 관계로 상좌(上佐)로 지내는 기간은 내내 추워서 혼이 났었다는 법정 스님의 고백도 있었다.

피나는 노력에도 불구하고 깨달음에 진전이 없다고 판단한 효 봉 스님은, 급기야 토굴을 짓고 들어앉아 물그릇 하나 오갈 수 있는 구멍만 남겨놓고 봉해버린 후, 최소한의 식사만 하면서 자신이 스스로 걸어 나오기 전에는 건드리지 말라는 당부를 하였다고 한다.

결국 오래지 않아 그 벽은 부서졌고 스님 스스로 걸어 나왔으니, 깨달음을 얻고자 한 숙원을 이룬 것은 분명하지만 우리 같은 범인들이 그 경지를 미루어 짐작하기는 쉽지않은 일이라 생각된다.

선불교(禪佛敎)는 종교이자 철학이며, 삶의 방식이자 하나의 예술 양식이라고 알려져 있다. 이것은 서기 520년 보리 달마라는 사람으로부터 유래되었으며 그는 인도에서 중국의 낙양으로 왔다고 전해진다.

명상을 의미하는 선(禪)은 평정심을 유지하고 마음의 자유를 얻기 위해, 그리하여 궁극적으로 열반에 이르기 위해 명상이 중요하다고 강조한다. 선의 유형 가운데 가장 보편적인 것은 앉아서 명상하는 좌선이다. 선 불교 신자들은 특히 집단 명상을 매우 중요시 한다.

선불교는 중국의 도교와 유교로부터 많은 영향을 받았다고 한다. 선불교는 경상실행이 불경 공부보다 더 중요하다고 믿기 때문에 오래된 경전을 공부하라고 강조하지 않는다. 한국의 선불교는 한국에서 발견되는 가장 흔한 유형의 불교이다. 대승불교의 종파 가운데 하나인 선불교의 대표적인 특징은 간화선(看話禪)이라는 명상법을 사용한다는 점이다. 선불교에서 화두(話頭)는 자연스러운 각성 상태를 구현하는 전달이다.

화두(話頭)란 선불교에서 논리의 한계를 깨닫게 해주려고 던지는 역설적인 문장이다. 얼핏 들으면 터무니없는 말같이 보이는 문장이 우리의 정신으로 하여금 새로운 태도와 움직임을 취하도록 요구한다.

그리고 이러한 정신적 태도의 목적은 우리의 정신을 일깨워 현실을 새롭게 인식하게 해주는데 있다. 이런 이유로 지나치게 경직된 사고를 지닌 사람에게 화두는 고통스럽게 느껴질 수도 있다. 이 고통은 경직된 흑백 논리에서 나온다. 통상적으로 우리의 정신은 흑과 백, 선과 악, 좌와 우, 참과 거짓 등으로 사실을 명확히 구분하기 좋아하는 것이다. 화두는 우리로 하여금 이러한 사고의 통상적인 궤도를 벗어나게끔 강요한다.

산스크리트어 '사마디'를 음역한 삼매(三昧)라는 말은 힌두교와 불교의 중요한 개념이다. 평소에 우리의 생각은 하나에 고정되지 않고 이리저리 옮겨간다. 우리는 과거의 일에 마음을 빼앗겨서 또는 미래의 일을 생각하느라고 현재 하고 있는 일을 잊어버린다.

현재의 행위에 정신을 온전히 집중한 삼매 상태에서 우리는 자기 영혼의 주인이 된다. 삼매는 어떠한 생각이나 감정도 마음의 평온을 깨뜨리지 않는 최 고도의 집중상태이다. 삼매의 경지에서 우리의 오감을 통해 전해져 오는 것들은 아무런 의미를 갖지 못한다. 우리는 물질계와 일체의 집착에서 벗어난다. 진리를 깨달아 니르바나에 도달하고자 하는 단 하나의 동기가 있을 뿐이다.

우리는 세 단계를 거쳐서 이 경지에 도달할 수 있다. 첫 번째 단계는 '무상삼매(無相三昧)'이다. 이 단계에서는 우리의 마음을 구름이 끼지 않은 하늘과 같은 상태로 만들어야 한다. 구름은 검은빛이든 잿빛이든 금빛이든 하늘을 흐리게 한다. 우리의 생각은 구름과 같다. 구름이 나타나는 족족 몰아내어 하늘이 맑아지게 해야 한다.

두 번째 단계는 '무향삼매(無向三昧)'이다. 이 상태에서는 우리가 향하고 싶어하는 특별한 길이 없고, 어떤 곳을 다른 곳보다 더 좋게 여기는 마음도 전혀 없다. 평평한 바닥에 놓여 있지만, 어느 쪽으로도 굴러가지 않는 구체, 우리 마음은 바로 그런 구체와 같다.

세 번째 단계는 '공(空)의 삼매'이다. 이 경지에 도달하면 모든 것이 동일한 것으로 지각된다. 선이나 악도 없고, 유쾌한 것이나 불쾌한 것도 없으며, 과거나 미래도 없고, 가까운 것이나 먼 것도 없다. 모든 것이 동등하다. 그리고 모든 것이 동일하기 때문에 어느 것에 대해서도 다른 태도를 취할 까닭이 없다.

어느 것도 그 자체로서 무엇으로 정해진 것은 없다. 정해진 그 자체가 없이 단지 조건에 의해 생겨났다가 조건이 다하면 소멸할 뿐이라는 것이 '공(空)'이다.

법정 스님은 깨달음에 이르는 길에는 두 가지가 있다고 했다. 하나는 지혜의 길이요, 하나는 자비의 길이라 했다. 전자는 자신을 속속들이 지켜보면서 삶을 선하게 바꾸고 심화시켜 나가는 길이며, 후자는 사랑을 실천하는 길이라 했다.

　생 텍쥐페리(Saint Exupery)의 『어린 왕자』를 접하게 된 것도 법정 스님의 이야기에 호기심이 동했던 때문이 아니었나 싶다. 법정 스님은 스스로 고백하기를 자신은 처음 사람을 만날 때에 『어린 왕자』를 읽어보았는지 질문하고, 읽어 본 사람에게는 "아 이분하고는 대화가 통하겠구나." 하는 판단을 해보는 혼자만의 버릇이 생겼다고 한다.

　법정 스님의 무소유 사상에 감동을 받은 시인 백석의 연인 김영한 여사가 7천여 평의 대원각을 시주하여 길상사를 창건하게 되었을 때에도, 평생 주지할 생각이 없었던 그였기에 "1,000억 원 대의 재산은 백석의 시 한 줄에도 못 미치는 것"이라는 김영한 여사의 보시를 수차례 거절하기도 했다고 전한다.

　생전에 많은 글을 남겨 대중의 공감을 얻었던 스님이었지만, 입적(入寂)하기 전에 자신의 저작물을 모두 폐기할 것을 유언으로 남겼다고 하니, 생을 마감하는 시점에 모든 것이 다 공(空)이라는 것을 마지막으로 깨닫고 실천하고 싶었던 것일까?

종교는 나에게 무엇인가?

　과학과, 철학과, 종교, 나아가 모든 학문의 궁극적 질문은 결국 한군데로 모아지지 않나 싶다. "우리는 누구이며, 어디에서 와서 어디로 가는가?" 인류의 역사가 시작된 이래 정도의 차이는 있으나, 인간 누구나가 한 번쯤 품어 보았을 의문이 아닐는지. "밥 처먹고 할 일 없는 놈들이나 하는 짓거리지, 우리는 먹고살기 바빠서 그런 데다 신경 쓸 겨를 없다."고? "그런데 신경 쓴다고 밥이 나와 죽이 나와. 당장 돈 벌 궁리나 해. 이 한심한 놈들아." 맞는 이야기다. 생각해봐야 결론이 명확하게 나오는 이야기도 아니고, 그런 걸 깊이 탐구해 본다 한들 실생활에는 눈꼽만큼도 도움이 안 된다는 것 또한 사실이다.

　한 소년이 있었다. 시골에서 농사짓는 부모 밑에서 장남으로 태어난 그는 얼마 안 되는 농사로 여섯 식구가 겨우 먹고사는 가정형편으로, 고등학교 진학을 포기할 상황이었다. 이 사정을 전해 들은 목사님이 그를 거두어, 고등학교에 진학해서 학업을 마칠 수 있도록 도움을 주었다. 고등학교를 마친 그는 진로를 고민하며 한동안 방황하다 사찰로 들어가 행자 생활을 하게 되었고, 고된 행자 생활 끝에 사미(沙彌)계를 받고 승려가 되었다고 한다.

때 묻지 않은 성실한 태도를 주지 스님이 기특하게 여겨, D 대학교 국문과에 입학하도록 주선해 주었고, 그는 승복을 입은 채로 대학 생활을 하게 되었다. 그러나 거기에서도 청년의 정신적 방황과 고뇌는 계속되었던 듯, 절에서 보내주는 돈으로 승복을 입고 대학 생활을 한다는데 대해 자괴감이 들었을까? 어느 날 우연히 접한 사관학교 생도모집 광고를 보게 되었고, 시험에 응시하여 사관생도가 되었다. 사관학교 졸업 후 그는 장교로 임관되어 강원도에 있는 부대로 배치되었으며, 직업군인으로서의 길을 걷게 되었던 것이다.

장교로서, 직업군인으로서 그는 성실한 군 생활을 이어가는 가운데, 다시 교회에 나가기 시작했고, 매주 한 차례씩 각 중대 군종 사병들을 장교 숙소의 자신의 방으로 불러들여 기도 모임을 갖기도 하였는데, 우연치 않게 그와 한방을 쓰게 되었던 나 역시 싫든 좋든 그 모임을 옆에서 지켜볼 수밖에 없었던 것이다.

그렇게 2년여를 지내고, 병역의무를 마친 나와 직업군인인 그는 서로의 길을 갈 수밖에 없게 되었고 그렇게 헤어진 후 다시는 소식을 모른 채 오랜 세월이 흘러가 버렸다. 웬만하면 한방에 기거했던 인연으로 이후로도 소식을 주고받을 수 있었겠건만, 우스갯말로 세상에서 제일 재수 없는 꿈이 군대 두 번 가는 꿈이라는 말도 있듯이, 녹록지 않았던 군 생활에 대한 염증이, 지워버리고 싶은 기억으로 작동하지 않았나 싶기도 하다.

오래전 이야기지만 지금도 가끔 그 시절을 떠올려 볼 때면, 종단에서 발행한 승려 신분증을 지닌 채로 기독교의 기도 모임을 주관하는 이 사람은 기독교도인가 불교도인가 하는 의문에 사로잡히게 되는 것이다. 그리고, 그 이후 그 사람은 계속 기독교도로 살았을까? 아니면 다시 절로 돌아갔을까? 하는 것이 궁금해지기도 하는 것이다. 뭐, 그런 사람이 있냐고 할 수도 있겠지만, 인간의 적나라한 참모습이 바로 이런 것이 아닐까? 하고 생각해 보기도 한다. 대 자연 앞에서 한없이 나약한 존재, 저 광활한 우주와 어디에서부터 어디까지 흘러가는지도 모르는 영겁의 시간 속에서 한없이 나약한 인간이 할 수 있는 일이란 지극히 제한적이고, 의미 없는 몸놀림에 불과할 수도 있는데, 인간의 힘으로는 어찌해볼 수 없는 일들과 마주쳤을 때 "오, 하느님 제발!!"이라고 외치지 않을 수 있는 이가 과연 얼마나 될지 궁금해지기도 한다.

애니미즘(animism)이라는 말은 기식(氣息)이나 '영혼'을 의미하는 라틴어의 애니마(anima)에서 유래하며, 여러 가지 영적 존재(spiritual beings : 영혼, 신령, 정령, 생령, 사령, 조령, 요정, 요기 등)에 대한 신앙을 의미한다. 물신숭배(物神崇拜), 영혼신앙(靈魂信仰), 또는 만유정령설(萬有精靈說)이라고도 번역된다.

영국의 인류학자 E.B. 타일러가 『원시문화』(1871)에서 이 말을 처음 사용하였는데, 애니미즘적 사고방식은 '야만인의 철학'으로써 종교의 기원을 설명하는 동시에, 나아가서는 종교의 근본 원리가 되었다고 주장한데서 비롯된다.

타일러에 의하면, 애니미즘적 사고방식은 꿈과 죽음의 경험에서 추리되어 성립되었을 것이라고 한다. 가령 잠자고 있는 동안 몸은 원래의 자리에 그대로 있는데도 멀리 떠나 있는 꿈을 꾼다거나, 또는 죽음 직후에는 외관상 아무 변화는 없으나 살아 있을 때의 상태와는 다른 것을 느낀다. 그래서 육체와 유리되어 활동하는 원리, 즉 영혼을 상정(想定)하게 되었다. 수면과 가사(假死)는 영혼의 일시적 부재(不在) 상태이며, 죽음은 그 영원한 부재 상태이다.

그러나, 사람이 죽고 난 후에도 영혼은 독립하여 활동하기 때문에 그것을 숭배하는 데서 종교가 비롯되었으며, 동물이나 나아가서는 자연물에까지 영혼을 인정 함으로써 신의 관념이 생겨났다고 한다.

영적 존재라는 것은 무엇인가? 영적 존재의 전형인 영혼(靈魂 : soul)에 대해서 살펴보면, 그것은 인간의 신체에 머물고, 이를 살려서 그 숙체(신체)를 떠나도 독자적으로 존재할 수 있는 실체이다. 그것은 인간의 물질적, 신체적 특질이나 기능에 대해서 정신적, 인격적 특질이나 기능을 독립적인 존재로서 본 것이라고 할 수 있다. 영혼은 사물에 머물고 있는 한, 사물을 움직이고 있지만, 사물이 소멸해 사라져도 독자적으로 존재한다고 보기 때문에 초자연적(supernatural) 또는 초 인간적 존재(superhuman beings)라고도 하며, 통상 보통의 사람에게는 불 가시적 존재이기 때문에 영적(spiritual)이 되고, 나아가서 인간과 마찬가지로 희로애락의 마음을 가진다고 생각되기 때문에 인격적(personal)이라고 한다.

이와같이 모든 생물, 사물, 현상에 인정되는 영혼군을 일괄해서 영적 존재라고 하며, 이 존재에 대한 신앙을 애니미즘이라고 규정하고, 이로써 종교문화의 기원과 본질에 대해서 논한 것이 영국의 인류학자 E.B.타일러이다.

영혼이나 정령의 관념은 후에 진화해서 다신교나 일신교로 전개되었다. 애니미즘은 인간의 영혼에 대한 관념을 인간 이외의 여러 존재에도 인정하고, 그들과 밀접하게 관계를 맺으려는 행위이다. 일반적으로 애니미즘은 원시(미개) 사회나 원시종교의 특질로, 현대사회나 문명종교에서는 그 의의와 역할이 현저하게 상실될 것으로 생각되었다. 그러나 현대의 도시 생활에서도, 현대의 여러 종교에서도 영혼이나 사령, 조령 등 영적 존재와 무관계한 상황은 볼 수 없다.

현대의 불교, 기독교, 이슬람교에서도 그 기층 부분에는 애니미즘이 농후하게 나타난다. 이런 의미에서 애니미즘에서 종교의 본질을 찾아보려고 한 타일러의 주장은 오늘날 정당성을 가진다고 볼 수 있을 것이다.

천둥과 번개에 놀라고, 가뭄과 홍수, 태풍, 혹한 등 인간의 미약한 힘으로는 견디기 어려운 상황에 부딪혔을 때, 그 누구인지도 모르는 절대자를 찾고 그에게 빌며 자비를 구했던 우리의 조상들은 시간이 가면서 차츰 신의 형상을 만들고 그에게 의지해서 위안을 찾으려고 했을 것이다. 종교적 교리나 신학적인 타당성, 합리성 같은 것은 아무래도 좋았다. 기댈 수 있는 존재, 위안이 될 수 있는 존재면 좋았을 것이고 거기에 더해서 기대한 만큼의 소망도 이루어 주고 이적도 일으켜 주면 더없이 좋았을 것이다. 그래서 사람들은 신을 만들었고 그 신은 많을수록 좋았다. 그만큼 기회가 많아질 것이므로.

또한 죽음에 대한 관념의 변화가 종교적인 관념이 발전하는 계기가 되었으리라고 생각된다. 인류 최초의 장례는 약 12만 년 전에 현생인류인 호모 사피엔스와 함께 나타났다. 이스라엘의 나사렛 남동쪽에 있는 카프제 언덕의 동굴에서 무덤이 발견되었는데, 고고학자들은 이 유적지에서 현생인류의 유골과 부장품으로 보이는 물건들을 발굴했다.

장례는 사후세계에 대한 상상의 출발점이다. 여기에서 천국과 지옥과 이승의 삶에 대한 심판이라는 관념들이 나타났고, 나중에는 종교가 생겨났다. 인간이 다른 인간의 시신을 쓰레기 터에 버리던 때에는 죽으면 모든 것이 끝나는 것이었다. 인간이 먼저 세상을 떠난 다른 인간에게 특별한 대접을 해주게 되면서 종교심뿐만 아니라 경이로운 상상의 세계가 태어났다.

시간이 지나면서 사람들은 여러 신 중에서 하나의 신만을 선택해서 섬기며 따르는 일신교로 바뀌게 되었고, 자신들이 선택한 하나의 신만을 믿고 따르는 여러 형태의 일신교가 나타나게 된 것이다. 종교는 저마다의 방식으로 인간이 가장 두려워하는 문제, 즉 죽음에 대한 공포를 사후세계에 대한 믿음으로 극복할 수 있도록 해주었다. 천국과 지옥, 그리고 최후의 심판 등으로 이승에서의 선한 삶에 대한 동기부여를 위해 노력해 온 것도 사실이다. 모든 종교의 핵심 교리에는 하나같이 사랑과 자비가 포함되어 있다. 황금률(Golden Rule)이라 불리우는 "남에게 대접을 받고자 하는 대로 너희도 남을 대접하라"(마- 7:12)는 이야기는 시대를 초월한 진리임이 분명해 보인다.

그러나 인류의 역사를 더듬어 보건대 종교가 과연 얼마나 인간을 행복하게 해주었는가에 대해서는 고개를 저을 수밖에 없는 것이, 수많은 전쟁과 인간에 대한 학살이 모두 종교의 이름으로 행해졌다는 사실이다.

프랑스 출신 목사인 칼뱅(Jean Calvin, 1509~1564)은 장로교 창시자로서 스위스 제네바에서 종교개혁의 물결을 일으켰고, 종교법원을 주도하여 스페인 의사 세르베투스를 비롯한 56명을 이단으로 판결하고 처형하였다. 그것은 일종의 개신교적인 종교재판이었으며, 칼뱅은 자기의 성경해석과 조그만 차이라도 보이는 사람은 이단으로 낙인찍었다. 영국에서는 칼뱅주의의 영향을 받은 새 종교의 지지자들이 1560년부터 청교도(puritans)라 불렸다. 이들이 청렴결백을 강조했기 때문이다.

한 손에 칼을 들고, 다른 한 손에 코란을 들고, 아라비아의 반도에서 출발하여 이웃 나라인 시리아, 메소포타미아, 페르시아를 정복한 이슬람국가는 바그다드를 거점으로 강력한 봉건 체제를 완성하였으며, 그 후 다시 인도와 스페인을 침략하였다. 아랍인들은 자신들의 침략전쟁을 성전, 다시 말하면, '성스러운 전쟁'이라 불렀다. 성전이라는 미명아래 무고한 사람들이 목숨을 잃었다.

교황 우르바누스 2세는 신앙이 없는 무리로부터 주의 무덤을 구출해 내기 위해 예루살렘으로 가자고 호소했으며, 동방을 정복한 자에게는 많은 전리품이 기다리고 있다고 설득했다. 1099년에 드디어 1차 십자군이 예루살렘을 정복하였고, 이곳에 거주하던 유대인과 아랍인들이 잔인하게 학살되었다. 어린이나 노약자도 살아남지 못했다. 그때까지의 인류 역사에서 가장 잔인한 학살이 이루어진 것이다.

  콜럼버스가 4차에 걸쳐서 개척한 침략수로(侵略水路)를 뒤따른 천주교인들은, 하느님의 이름으로 선량한 원주민들을 약탈, 강간, 학살하였으며, 그들의 조상을 모시던 산소와 성지는 물론 국토 전체를 유린했다. 면역성이 없는 원주민들에게 기독교인들이 처음에 전달한 가장 살인적인 선물은 천연두, 홍역, 매독 같은 전염병이었다. 천주교인들이 처음 도착하였을 때 중미의 원주민 인구는 약 2,500만이었는데, 침략이 시작된 후 약 100년 동안에 그 인구가 100만으로 줄어들었다는 백인들의 기록이 남아있다.

  자기들의 침략행위를 개척과 발전이라는 미명과 기독교 선교라는 명목으로 자화자찬하면서, 약 350년 동안에 유럽의 네 배가 넘는 광대한 땅과 자원을 빼앗고, 1억 2천만의 원주민들을 무차별 학살하고 북, 중, 남미를 정복하고 말았다. 그리고 이 대륙에, 아프리카로부터 노예를 억지로 끌어들여 부족한 인구를 보충하였지만, 그들 흑인에게는 권리는커녕 권리의 흔적조차 주지 않았으며 가족이나 조국, 고향의 대륙에서 멀리 떠나 수용소 안에서 오직 강제노동에 시달리는 운명에 떨어지게 만들었다.

  기독교를 구실삼아 끊임없이 이단을 규탄하고, 성 바르톨로메오 축일의 학살(1572년 파리에서 일어난 신교도의 학살), 아르바(1508~1582년 네덜란드를 통치한 스페인의 잔인한 총독)에 의해 저질러진 18,000명에 이르는 네덜란드인의 처형이 있었다.

  히틀러가 자행한 600만 유대인의 학살도, 그 뿌리는 예수를 십자가에 매단 유대인에 대한 오랜 증오와 차별이 나치스라는 독일의 파시즘 정당을 만나면서 그 광기가 절정에 다다른 현상이라 볼 수 있을 것이다.

인간이 위안을 얻고자 만들어 낸 종교가 이제는 인간을 집어삼키고 인간의 삶을 좌지우지하는 괴물로 변하여 갔던 것이고, 천년, 이 천년, 세월이 흘러서 세상은 자꾸 변해가는데도 불구하고 절대 진리는 불변이라는 논리를 내세워 변화를 거부해 온 것이 또한 현존하는 종교들의 실상임을 안다면 이대로 계속해도 좋을 것인가에 대해 한 번쯤 되돌아볼 필요도 있을 것이다. 무엇보다도 중요한 것은 내 것만이 진실이고 내가 믿는 신만이 진리라는 아집이 아닌가 싶다. 내 생각과 다른 생각을 가진 사람을 무조건 적대시하고, 상대방을 존중하는 마음이 털끝만큼도 없는 상태에서는 증오와 배척이 상존할 수밖에 없을 것이다. 최근에 불교의 스님들과 천주교의 수녀님들이 상호 방문하고 교류를 이어 나가는 현상은 이런 관점에서 대단히 긍정적인 것으로 받아들여진다. 중요한 것은 교리나, 어떤 신이 더 진짜 신이냐가 아니라, 보통 사람들은 그저 믿고 기댈 수 있는 절대자, 그로 해서 내 마음의 평안을 얻을 수 있는 그런 존재를 찾고 있는 것이 아니겠는가. 믿음으로써 인간을 행복하게 해줄 수 있는 종교, 세계에 평화를 가져올 수 있는 종교라면 나 또한 모든 의심을 떨쳐버리고 진실한 신자로 거듭날 수 있지 않을까 생각해 본다.

무한한 우주와 끝도 없이 이어지는 시간들, 그 속에서 한 점 먼지와 같이 존재하며 한순간을 살다 가는 인간들이 현대에 이르러서도 '신'을 놓지 못하는 철학적인 이유는 무엇인가? 바로

'인간의 가치' 때문이라고 한다. 이 거대한 세계를 창조한 신이 인간의 기원일 것이라는 상상은 나의 존재론적 하찮음을 해소해 주기 때문이다.